ローリング・ストーンズ 完全版

責任編集　和久井光司

河出書房新社

Contents of This Book

［データ表記について］
◎基本的にオリジナル盤のデータを掲載しています。
◎国名は漢字表記です。例：英＝イギリス、米＝アメリカ、日＝日本
◎楽器は一部略号を使用しています。例：ds ＝ドラムス、kbd ＝キーボード、per ＝パーカッション

(gettyimages)

Introduction

転がる石に苔は生さない

和久井光司

ローリング・ストーンズぐらい長く「いる」と、彼らがどこで何をしたかよりも〝自分の中でのストーンズ〟の方が大切になっている。ボブ・ディランに対してはそうではいけないと思うのだが、ストーンズに関してはそれでいいと思う。この本を〝ツアー・データを含む編年体ディスク・ガイド〟という形にしたのは、読者それぞれが〝自分の中でのストーンズ〟を振り返れる本にしたかったからだ。

私は60歳になった年、2018年の1月から自分のフェイスブックで2年ぐらい、『60歳の中学生日記』というロック・エッセイを書き続けたのだが、その18年12月4日の回にストーンズが出てくる。読者の皆さんがこういう記憶を呼び覚ましてくれたら編者としてはいちばん嬉しいので、〝例〟としてこれを再録しておく。このシリーズのまえがきは、いつもアジ演説のようなつもりで書いているのだが、今回はこういうものの方がいいだろう。

＊　＊　＊　＊

46年前、1972年の12月初旬、我々は異常に興奮していた。今回の場合の「我々」とは、翌年一緒にバンドを始めて、スクリーンでもベースを弾くことになる小野章だ。

小野ちゃんは一人っ子で、両親は共働きだった。いま考えれば、お小遣いには不自由しなかったんだと思う。学年で最初に『ホワイト・アルバム』を買ったのも彼だったが、小野ちゃんのお母さんは几帳面な人で、小野家の電化製品には購入した日付がマジックで書かれていた。それを受け継いだ小野ちゃんは、レコードを買うとすぐにジャケ裏に「47・4・20」なんてボールペンで書いてしまう。「昭和47年4月20日」ということである。『ホワイト・アルバム』を買ったときも平気でこれをやったから、みんなに非難され、憤りを覚えた彼はお母さんに抗議した。「もう、オレは、日付は書かない！」と。おかげで小野家は大騒ぎになり、私まで日付論争に駆り出されることになった。

最初は私も小野家の習慣を笑っていたが、そういうわけにはいかなくなった。「個人の所有権」を主張する資本家であるお母さんと、「レコードはみんなの文化遺産だ」とする共産主義的労働者のような我々の闘いである。「だってアキラが買ったものでしょ！」と憤慨する母親に、「この白いジャケットに字を書いちゃいけないんだよ！」と返す息子を見て、私は必死で笑いをこらえた。

そんな我々が文化祭のステージを終えてひと段落しているところに、とんでもないニュースが飛び込んできた。

「ローリング・ストーンズ来日！」である。73年1月28日から2月1日まで、日本武道館で5日間連続のストーンズ公演が行われるというのだ。小野ちゃんは「どうやったらチケットが買えるんだろう?」とすでに興奮している。

当時コンサートのチケットは、横浜駅東口のスカイビルの中にあった帝都無線で買うのが横浜では最もポピュラーだったから、我々は早速そこに行ってみた。何も知らない中学生は、予約ができるかもしれないと思っていたのだ。そうしたら、「とんでもない」と言われた。「渋谷の東急本店で予約券を配るらしいから、ウチにも何枚入ってくるかわからない」と対応してくれたお兄さんは渋い顔をした。「たぶん前の日から並ぶ人がいるだろうから、気が重いよ」とも言っていた。

東急本店の予約券騒ぎは新聞記事にもなったが、中学生が徹夜で並ぶなんてことはできない。だから我々は、一般発売の初日である12月3日の日曜日に、開店前からスカイビルに並ぶことにした。

その日、横浜に着いたのは朝9時ごろだったと思う。スカイビルの開店1時間前だ。当時は東口の改札を出ると前に歩道橋があって、そこを渡るとスカイビルの2階に直結していた。駅舎を出た途端、絶望的な気持ちになった。もう歩道橋の上は人であふれていて、手前の階段下までロックな出立ちのお兄さんお姉さんが並んでいたからだ。

どちらからともなく、「ヤバいな」という囁きが漏れた。「ほかにプレイガイドってないのかな?」と私が言うと、小野ちゃんは「交番で訊いてみよう」と東口の駅前交番を指差した。お巡りさんは熱心に調べてくれて、「桜木町に読売プレイガイドっていうのがあるけど…」と言う。読売といえば野球じゃないか。コンサートのチケットなんて扱ってるのか?と思ったが、歩道橋でスカイビルの開店を待つ人たちに行き渡るほど、ストーンズのチケットが確保されているとは思えなかった。あッ、と閃いて、「プレイガイドはないかと訊いてきた人って、ぼくらのほかにいましたか?」と質問してみると、お巡りさんはのんびりした口調で、「いないなぁ。記憶にないぐらい」と言う。

やった！　望みはある！と思った。お巡りさんが書いてくれた乱暴な地図を頼りに桜木町のビル街に向かうと、小さなプレイガイドがあった。しかも開いている。ガラッと戸を開けて、「ローリング・ストーンズのチケット、ありますか?」と訊くと、60ぐらいのおばちゃんが、「あー、来てるわよ」と言う。声が詰まった。その場で飛び上がりたいほど嬉しかった。「ほら、これしかないけど」とおばちゃんが見せてくれたのは、5日間すべてのチケットだった。アリーナはなかったが、1階、2階の席なら選べる。愛想のないおばちゃんだったが、我々が迷っていると、「たぶん南スタンドが正面だから、これがいいんじゃない?」と2枚を選んでくれた。確か初日だったと思う。1階南スタンドの連番だ。2800円を払ってプレイガイドを出ると我々はガッツポーズを決め、思わず小躍りした。

翌日から学校では、和久井と小野がストーンズのチケットを手に入れた、と話題になった。「やったじゃん!」と褒めてくれるヤツもいた。しかし、我々の天下は一ヶ月半ぐらいで終わった。ご存知のように、このときストーンズは日本に入国できなかったのだ。

1月の最終週ぐらいだったか、また小野ちゃんと桜木町の読売プレイガイドに行った。払い戻しである。今度はおばちゃんよりさらに無愛想なおじちゃんがいて、事務的にお金を返してくれただけだった。当然だが、慰めの言葉などない。なんだか悲しかった。我々はその日スカイビルの帝都無線に寄って、戻ってきたお金でレコードを買った。

ストーンズをいつ聴き始めたのかは憶えていないが、中2のころにはもう、友だちと貸し借りして何枚もアルバムを聴いていた。六角形のジャケットの『スルー・ザ・パスト・ダークリー』は小野ちゃんのだ。ジャケのスミに日付の記憶があるもん(笑)。

自分でいちばん最初に買ったのは〈19回目の神経衰弱〉のシングルだ。71年にラジオ関東の特番でやった「ビートルズvsストーンズ」という番組で聴いて、いちばん気に入った曲だった。その次に買ったのが『ゼア・サタニック・マジェスティーズ・リクエスト』の3Dジャケのアメリカ盤。最初に買った輸入盤だったんじゃないかと思う。店頭でジャケを見てびっくりして、「これなら小野ちゃんの六角形に勝てる」と思った記憶がある。

でも、好きなのは最新作の『スティッキー・フィンガーズ』だった。それでアンディ・ウォーホルを知った。

だんだんストーンズにハマってきたときに出たのが〈ダイスをころがせ〉のシングルだった。これは発売日に小野ちゃんが買ったんじゃなかったかな。シングルなのに変形の穴あきジャケットというのに驚いたし、とにかく曲と演奏がカッコよかった。『メイン・ストリートのならず者』も小野ちゃんの担当だったような気がする。〈ダイスをころがせ〉の歌詞カードのスミには日付があり、『ならず者』の裏ジャケにはなかったような記憶があるから、日付論争は先行シングルとアルバムの間だったのか?(笑)私は来日記念盤として出た〈ジャンピン・ジャック・フラッシュ〉と〈ギミー・シェルター〉のカップリング・シングルを買ったが、中止を恨んだからか、〈アンジー〉にも『山羊の頭のスープ』にも気持ちが乗らなかった。

人の気持ちなんてそんなものだ。音楽は聴く側の心模様でずいぶん違ったものになる。73年1月28日に武道館でストーンズを観ていたら、私はどうなっていたんだろう?

＊　＊　＊

皆さんの中にも「こういうストーンズがいる」はずだ。それを蘇らせる本がつくれたと思う。自分に向けて心の中で叫ぼう。「転がる石に苔は生さない」と。

The Story of The Rolling Stones

MASANORI TERADA
KOJI WAKUI

現代的なアップデイト感が見えてきたレコード・デビュー60周年プロジェクト

和久井光司

本書は2022年暮れに出版する予定で完パケしていたものの「つくり直しヴァージョン」である。発売決定に至るまでの細かな経緯をここに書くことは控えるが、当初『ローリング・ストーンズの60年』と銘打って刊行する予定だった本書は、発売の遅れを逆手に取った編集チームの機転により、この9か月の間にリリースされた『フォーティ・リックス』のアナログ盤ほか、ストーンズの最新情報を追加し、さらにはストーンズ本体から正式な著作として許諾を得た、正真正銘の「完全版」として完成した。

ここに至るまでには紆余曲折があったが、私はサラリーマンではないから、9か月も刊行が遅れるということは、すなわちギャラの支払いも9か月遅れるという大変な事態で、タニマチ連中がみんなでお金を貸してくれたおかげで生きているというのが正直なところだ。

まぁ、周囲にそういう「信頼」を得られているのは、私の「人間力」だと思うし、それだけのことをやってきたという自負もある。現役ミュージシャンを続けている感覚から言えば、頼みもしないのにキャリアを集成する本をつくってくれる人がいたら拍手を贈りたいぐらいだが、今回の件でそれが通じないこともあるのがよくわかった。ということで、「発売延期の事情報告」としておきます。

60周年プロジェクトの概要

さて、そういった事情で、デビュー60周年を前祝いするつもりでつくっていた本に、「60周年プロジェクト」が書き加えられることになった。ポール・マッカートニー、リンゴ・スターが参加し、ビル・ワイマンが『スティール・ホイールズ』以来久々にレコーディングに加わったのも伝わってきている新作“Hackney Diamonds”については詳細がまだ発表にならないが、「チャーリー・ワッツをトリビュートしたアルバム」であることは既に公式サイトで告知されている。チャーリーが残したドラム・トラックを使った新曲も収録されているようだし、アルバムのリリースに合わせてツアーも行われるようだ（かつてのような「大規模なワールド・ツアー」は無理そうだが）。

ニュー・アルバムが60周年の目玉であることは間違いないし、ミック・ジャガー、キース・リチャーズ、ロン・ウッドがバラバラにレコーディング風景のショート動画をアップしてくれるのがここ数か月の楽しみでもあったが、喜ばしいのは３人ともすこぶる元気なことだ。

先日もミックの「４０００人斬り」がネット・ニュースになっていたが、80歳にもなってそういうアホらしい情報を流すのも「若さのアピール」であり、もはや中年以上になった世界のファンに「希望を与えるリップ・サーヴィス」だと思いたい。だって、ＬＧＢＴＱなんてことが取り沙汰されるのだって、人は死ぬまで誰かに恋していたいからで、その気持ちがどこに向かおうと認めるというのがもはや「人類の常識」なのだ。80の爺さんだからって老人ホームのベッドで寝てると思うなよ、というミックの気骨こそ「最先端の意識」だと受け取らないといけない。

60周年プロジェクトが意外と面白いのは、まず50周年ツアーのライヴ盤『ＧＲＲＲ Ｌｉｖｅ！』のリマスター版を

The Rolling Stones
GRRR LIVE！
Mercury Studios［US］ 0602448115683（LP）
発売：2023年２月10日

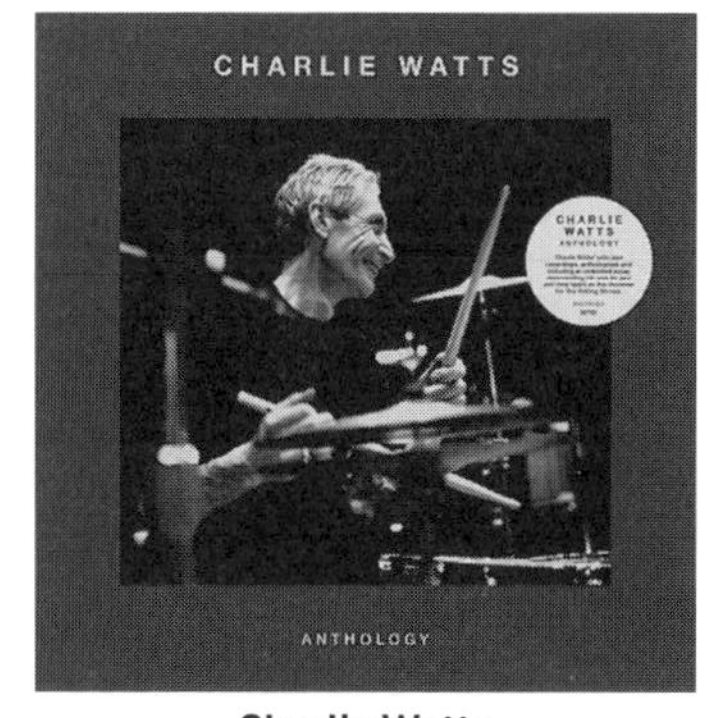

Charlie Watts
Anthology
ADA / BMG Rights Management［EU］BMGCAE816DLP（LP）
発売：2023年７月14日

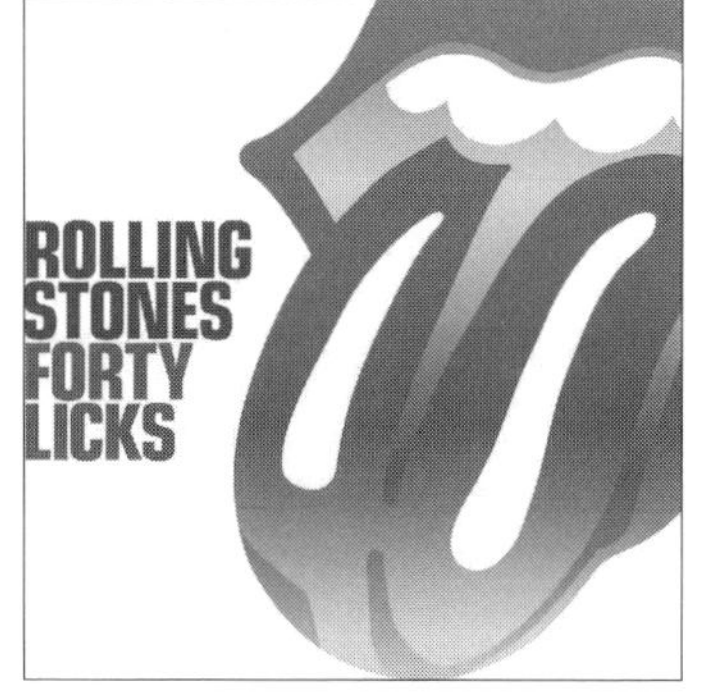

The Rolling Stones
Forty Licks
Abcko［US］ 0602455771384（LP）
発売：2023年７月23日

出し、次に40周年のときのオール・タイム・ベスト『フォーティ・リックス』をアナログ盤で再発したことだ。

『フォーティ・リックス』のあとのスタジオ盤は、05年の『ア・ビガー・バン』と、15年の『ブルー・アンド・ロンサム』だけ。個人的にはどちらも大好きだし、ストーンズが初めてブルーズのカヴァーに取り組んだ『ブルー・アンド・ロンサム』は、ダン・オーバックのブルーズ解釈と並べて語りたいほど「新しかった」。しかも19年には、71年にローリング・ストーンズ・レコーズを立ち上げてから『ブルー・アンド・ロンサム』までのオール・タイム・ベスト『ＨＯＮＫ』までリリースされているのだから、ヒット曲網羅のベス・オブ・ベストは『フォーティー・リックス』ということになるし、今世紀に入ってからのツアー中心の体制を集大成しているのは『ＧＲＲＲ Ｌｉｖｅ！』と判断されたのも頷ける。現代的なアナログ感を増すためにリマスターを施したと考えればどちらも理にかなっているし、妙なお祝い感を出すより粛々とした姿勢を見せる方がストーンズが貫いてきた流儀に合っているとも言えるはずだ。

その間にはチャーリーのソロ・アンソロジー（ＣＤ、ＬＰ）も出て、8月30日には公認の評伝『人生と時代とストーンズ』（日本版はシンコーミュージック・エンタテインメントから）が発売された。

そして10月4日には映像版のアンソロジー『ザ・ローリング・ストーンズ・ヒストリー １９６２－１９６９』と『同 １９６９－１９８３』が日本でも発売になるのだから、あとはニュー・アルバムを待つばかりとなるだろう。

ね、意外とちゃんとしていて、総体的には「出し直し」に終わらないプロジェクトなのである。

チャーリー追悼のヨーロッパ・ツアー“Sixty”（22年6月1日～8月3日）のあと、チャーリーが原盤権を持つソロ作品をストーンズが管理し、その売上はきちんと遺族に分配される契約が結ばれたことが発表されたが、ザ・ローリング・ストーンズという「会社」は世界を股にかけたビッグ・ビジネスを遂行しつつ、ミックとキースが地元でやっている不動産屋（譬えですよ）のような意識を失わないのが実に英国的だったりする。

小学校の同級生だったミックとキースが運命的な再会を果たしたダートフォードの駅前に、ふたりの銅像が建ったというニュースも微笑しいけれど、ストーンズの長い長いストーリーは結局１９６３年のロンドンのR&Bクラブの場面に戻っていくような気がしてならない。もちろん「気持ちだけ」、音は「アップデイトして」ということになるはずだ。

60年の活動で培われたストーンズの「人間力」

私がつくってきた本を何冊か読んでくれた方なら、私の名前がついた本は「かつて誰かがつくったものとは違う」のを気づいていると思う。河出のシリーズはこれが10冊目になるが、おかげさまでどれも好評で、全部買ってくれている人がたくさんいる。出版社側の編集者は内容についてはほとんど口を出さないし、デザイン、レイアウト、組版も全部チーム内でやっていて、私はときにミリ単位のデザイン変更を要求したりもするのである。ディスコグラフィの形態をとってはいるが、定石となっている並べ方（アルバム、シングル、参加作の発売順とか）をせず、可能なかぎり録音順にし、ディスコグラフィがそのミュージシャンのヒストリーを物語るようにしているのだ。だから「見せ方」のアップデイトは必須で、並びを決めるのがいちばん大変だったりする。

この本も録音順で、ライヴのデータもそこに組み込んだ。ツアーを重じてきたストーンズの活動がこれほどリアルに追えるものはないと思うし、ミックのビジネスの才とキースのミュージシャン・シップによって比類なき歴史が築かれてきたのがわかる仕組みになっている。

私は熱心なストーンズ・ファンではないが、ライヴは10回以上観ているし、セットなしに等しかった武道館と、センター・ステージでの演奏でキースがカポをつけずに弾き始め、ミックが苦笑しながら低いキイで唄った東京ドームなど、レアなステージも体験した。ウソみたいにいいときも、キースとチャーリーのノリがなかなか合わなかった日もあったが、巨大なセットを動かしているのはミックとキースとチャーリーとロンの「人間力」という感じがするのが、ストーンズが世界中で愛されてきた理由だと思うのだ。そういう在り方には多くを学ばせてもらったし、何をつくろうが根本に「ストーンズ主義」を持ち続けているという自覚が、私にはある。

いつかつくりたいと思っていたストーンズ本を60周年に間に合わせることができたのは、優秀なスタッフと河出書房新社の尽力ということになるが、どこにでも出ている基本的な情報はかなりカットしているので、Discogs や Wikipedia をうまく活用することをお勧めしたい。

80歳になったミックとキースがストーンズを続けているなんて、20年前でも誰も想像していなかったはずだ。それがまさかの現実になり、我々は彼らの60周年を祝うことができる。これは神様の粋な計らいかもしれない。

ロンドンの小さなクラブで生まれたR＆Bバンドが苦難を乗り越えロックし続けた60年

寺田正典

その歴史は62年7月、ロンドンのマーキー・クラブから

ザ・ローリング・ストーンズの活動の起点は、１９６２年7月12日のロンドンはマーキー・ジャズ・クラブでのコンサートとされている。きっかけはこうだ。同クラブの木曜夜のレギュラーは、ロンドンR&Bシーンの大物アレクシス・コーナーのブルーズ・インコーポレイテッドが務めていたが、ＢＢＣから彼らにこの日のラジオ番組「ジャズ・クラブ」への出演のオファーがあった。グループにとっては全国デビューのチャンスだ。それなら準レギュラーだった若手R&Bヴォーカリストを入れた編成で出ようと考えたが、ＢＢＣ側はエキストラ・ヴォーカリストの分のギャラは出せないという。そこでアレクシスとクラブのオーナー、ハロルド・ペンドルトンが話し合い、マーキーでは本来サポート・アクトの予定だったロング・ジョン・ボールドリーをメインにし、前座としてその若手ヴォーカリストと一緒に練習を積んでいるグループを立たせようということになった。そのヴォーカリストこそがミック・ジャガーであり、グループのリーダー、ブライアン・ジョーンズは、マーキーへの出演を告知するために急遽、マディ・ウォーターズの曲名にちなんだ“The Rollin' Stones”という名前をつけた。これがすべての始まりだった。

ブライアン・ジョーンズ（42年生まれ／ギター、ハーモニカ。当時のステージ名はエルモア・ジェイムズからとったエルモ・ルイス）がメンバーを集め始めてからおよそ2か月。同じ小学校に通っていたが、当時それぞれロンド

ン・スクール・オブ・エコノミクス（英国ではLSEとして知られる名門大学）とシドカップ・アート・カレッジという、別々の学校に通っていたミック・ジャガー（43年生まれ／ヴォーカル、ハーモニカ）とキース・リチャーズ（43年生まれ／ギター）の二人が地元ダートフォードの駅で運命の再会（61年10月17日）を果たしてからおよそ1年後のことだった。二人は友人のディック・テイラー（43年生まれ／ベース、後にプリティ・シングズ）とリトル・ブルー・ボーイ・ブルー・ボーイズなるアマチュア・グループを組んでいたが、ロンドンのR&B好きが集まっていたジ・イーリング・クラブで、若手ミュージシャンにチャンスを与えるのが好きだったアレクシスにブルーズ・インコーポレイテッドと共演させてもらったりするうちに、ブライアンとも知り合いになる。そして、ブライアンが進めていた新グループ構想に彼らが合流する形でバンドが出来上がっていった。

その4人と一緒にマーキーのステージに立ち、ブルーズやR&Bのカヴァーを演奏したのは、まずブライアンの募集に最初に応じたブギ・ウギ・ピアノの名手イアン・ステュアート（38年生まれ）。ドラマーは、ミック・エイヴォリー（のちにキンクス）かトニー・チャップマン（クリフトンズ）の二人のうちのどちらか。正式メンバーではなかったこともあって、証言者によって違っている。

間もなくミック、キース、ブライアンの3人は、チェルシー地区のイーディス・グローヴ102番地のアパートで共同生活を始め、その後、学業を続けるためにグループを抜けたディックに代わって、《VOXのACアンプやエコー・ユニットにバカでかいスピーカー等の機材をオーディション会場に持って現われた》という、これまた元クリフトンズのビル・ワイマン（36年生まれ／ベース）が加わり、翌年1月、広告会社でグラフィック・デザイナーとして働きながらセミプロのジャズ・ドラマーとしても活動し、当時ブルーズ・インコーポレイテッドに在籍していたチャーリー・ワッツ（41年生まれ）を引き入れることになる。

2022年に出たチャーリーの伝記によれば、彼はBBC出演時にもブルーズ・インコーポレイテッドのメンバーで、その収録後、マーキーでのストーンズのデビュー・ギグで、ブライアンのスライド・ギターを目撃していたという。ちなみに、その日の「ジャズ・クラブ」のものとされる音源が、23年8月現在インターネットにもアップされており、チャーリーや、ジャック・ブルースがメンバーとして紹介されるシーンが確認できる。ブルーズ・インコーポレイテッドのチャーリーの後任はジンジャー・ベイカー。チャーリーの推薦だった。ジャック・ブルース、ジンジャー・ベイカーが、のちにエリック・クラプトンとクリームを結成することは言うまでもない。

さて、ストーンズの6人はその後、ジョルジオ・ゴメルスキーが開いたリッチモンドのクロウダディ・クラブで定期的に演奏するようになり、ロンドンの先進的音楽ファンに注目されることになる。若いマネージャー、アンドルー・ルーグ・オールダム（44年生まれ）と出会ったのもこの頃のこと。ストーンズは63年6月、オーディションであのビートルズを落としてしまったことで焦っていたデッカ・レコーズの目に留まり、チャック・ベリー「カム・オン」のカヴァーでデビューする。すでに成功の階段を駆け上がっていたビートルズから8か月遅れであった。デビューに際し、アンドルーは「イメージがそぐわない」という理由でイアンを正規メンバーから外し、ピアニスト兼ロード・マネージャーに降格してしまう。またミックは大学を中退、本格的に音楽の人として突き進んでいくことになる。次のシングル「アイ・ウォナ・ビー・ユア・マン」はアンドルーのつてでジョン・レノン&ポール・マッカートニーから提供されることになったが、一方でアンドルーは〝ビートルズの対抗馬〟というイメージ操作を行ない、英国のポップ音楽界の中に居場所を確保することに成功する。

初めての英国ツアーは、エヴァリー・ブラザーズ、ボ・ディドリーら米国勢とのパッケージ・ショウだった。次にはやはり米国のガール・グループ、ザ・ロネッツらと回ったが、そのロネッツに付き添って英国入りした彼女たちのプロデューサー、フィル・スペクターも立ち会ってレコーディングされたファースト・アルバム『ザ・ローリング・ストーンズ』は64年4月に発表され、全英1位を獲得した。グループ名すらも印刷されておらず、シックな出で立ちの5人を捉えた写真を前面に押し出したシンプルなジャケットで成功を収めたのは快挙だった。

ストーンズが次に目指したのは米国だった。64年6月の初上陸こそ低調に終わったが、10月の再渡米時には「エド・サリヴァン・ショウ」に出演する。またこの2度の渡米中、マディ・ウォーターズやチャック・ベリーも使っていたシカゴのチェス・スタジオでの録音が実現したことは、次なる展開に向けての大きな糧となった。主な成果は米国での2枚目のアルバム『12×5』（64年10月）に収められることになる。その中から、ニューヨークのDJ、マレー・ザ・Kに薦められて録音した「イッツ・オール・オーヴァー・

ナウ」（オリジナルはボビー・ウォマックを擁するヴァレンティノズ）がカットされると、初の全英1位に輝いた。そこから2年ほどの間、ストーンズは米国でのレコーディングを重要視するようになる。LAのRCAスタジオでは、フィル・スペクター・サウンドの要であったアレンジャーのジャック・ニッチェが彼らの創作活動を見守ってくれた。

一方、アンドルーの勧めでミックとキースは曲作りに積極的に取り組むようになり、65年3月には初めてオリジナル曲「ラスト・タイム」で全英1位を獲得するが、これもLA録音だ。米国での成功を決定づける曲「サティスファクション」もそんな体制の中から生まれてくる。ファズ・ギターによる強力なリフに乗せて、若者のフラストレイションを高らかに歌い上げたこの曲は5月にリリースされると、7月にはついにストーンズに初の全米1位の栄冠をもたらした。ここからストーンズの活動は世界規模となっていく。そんなLAでの創作活動が頂点に達したのが、英国では66年4月に発売された『アフターマス』で、初めてオリジナル曲だけで構成したアルバムとなった。

充実した活動が続いていくかと思われたストーンズの落とし穴となったのが、67年のドラッグ裁判だ。キースの自宅レッドランズでのパーティに警察が踏み込んだことが発端となり、ミック、キース、そしてブライアンの3人が裁判にかけられることになったのだ。そのため、サイケデリックな実験作『サタニック・マジェスティーズ』（67年12月）の制作も難行、アンドルーとの関係も終焉を迎え、以後はサム・クックのマネジメントも手がけたことがあり、60年代半ば以降、ストーンズの米国でのプロモーション活動を任されていた会計士のアレン・クラインがマネジメントを担当することになる。さらに問題化したのはブライアンの精神状態で、その気持ちは次第にストーンズから離れ、スタジオでギターを弾くことも少なくなっていた。その一方で60年代半ばのカラフルな曲の多くは、この時期からスタジオでゲスト参加することが多くなったピアニスト、ニッキー・ホプキンスと共に、ブライアンが取り組んだシタール、マリンバ、リコーダーやメロトロンなどの楽器の役割が大きく、それが彼の才能を広く知らしめるという皮肉な結果にもつながった面がある。

そんな混迷から抜け出すきっかけになったのが、英国で68年5月に出されたシングル「ジャンピン・ジャック・フラッシュ」だった。ソリッドなギター・リフを持つこの曲は、併せて制作されたPVの鮮烈な印象もあって、久々に全英1位を獲得する。サウンド面での変身に手を貸したのは米国デトロイト出身のプロデューサー、ジミー・ミラーだった。12月に発表されたアルバム『ベガーズ・バンケット』は、英国のブルーズ・ブームにも呼応した原点回帰作となる。ミックが当時の恋人マリアンヌ・フェイスフルに薦められて読んだ、現在のウクライナ出身の作家ミハイル・ブルガーコフの『巨匠とマルガリータ』にヒントを得て〝悪魔〟を主人公にして書いた歌詞を持つ「シンパシー・フォー・ザ・デヴィル」のアフロ・ビート（メンバーは「サンバ」と呼んでいた）も先駆的だった。また、キースがフランスのパトカーのサイレン音にヒントを得た緊張感あるメロディに、ミックがフランス五月革命やヴェトナム反戦運動を題材に書いた歌詞を乗せた「ストリート・ファイティング・マン」は、米国で放送禁止になる。アルバムはジャケットを巡ってレコード会社と対立したことで発売が遅れ、トラブル・メイカーとしてのストーンズのイメージはこの時期に固まった。ジョン・レノン、エリック・クラプトンやザ・フーといった豪華ゲストを招いて制作したテレビ番組『ロックンロール・サーカス』を、自らお蔵入りにしてしまったのもその直後のことだ（96年にソフト化）。

69年にバンドは大きな決断を下す。不安要素となっていたブライアンに代えて、元ブルースブレイカーズの新鋭ギタリスト、ミック・テイラー（48年生まれ）を加入させることを発表したのだ。さらに衝撃的だったのは7月2日の深夜、自宅プールでブライアンが死体で発見されたこと。ストーンズは、その二日後にハイド・パークで予定されていたフリー・コンサートを、急遽ブライアン追悼のために行なうことにした。第2期ストーンズの不穏なスタートだった。それでもストーンズは、チャーリーに言わせると「レッド・ツェッペリンのせいで」一回あたりの演奏時間も長くなり、それまでにない規模で行なわれた3年ぶりの北米ツアーを無事に乗り切り、来るべき70年代の〝ロック・ビジネス〟の時代に見事に対応して見せる。7月発売のシングル「ホンキー・トンク・ウィメン」は英米で1位になり、12月に発表されたアルバム『レット・イット・ブリード』は、60年代の活動を集大成をするかのようなスケールの大きさを備えていた。しかし、ツアー終了後に急遽企画されたサンフランシスコ近郊オルタモントでのフリー・コンサートでつまずいてしまう。ストーンズの演奏中、一人の黒人青年が警備のために雇っていたヘルズ・エンジェルズに刺殺される事件が起こり、ストーンズは「愛と平和」のスローガンと共に終わっていくはずだったロックの60年代に、悲痛な幕引きをする役を負わされることになったのだ。ただし、翌年9月に発売されたニューヨーク公演を主に収めた『ゲット・ヤー・ヤ・ヤズ・アウト！』は、テイラーが加入した新生ストーンズの姿を見事に捉えたライヴの名盤として誉れ高い。

〝ならず者〟的な存在感が存分に発揮された70年代

70年代に入ると、ストーンズは自分たちの新レーベル「ローリング・ストーンズ」を、米アトランティックのアトコ傘下に設立する（世界的な配給はキニー・グループ）。レーベルのシンボル・マークとして、ロイヤル・カレッジ・オブ・アートの学生だったジョン・パッシュが、ミックに見せられたヒンドゥー教のカーリー神にインスパイアされてデザインしたベロ・マーク（Lips and Tongue）が採用された。一方、財務状況の立て直しのためアレン・クラインとの代理人契約を解消し、新たに雇った財務マネージャー、プリンス・ルパート・ローウェンスタインの提案で、英国の高税率から逃れるために、フランスに移住するという手段をとることになった。

新レーベルからの第1弾アルバム『スティッキー・フィンガーズ』は71年発表。アンディ・ウォーホルがデザインした本物のジッパー付きジャケットで世界を驚かせた。先行シングルだった「ブラウン・シュガー」（全米1位）は、キースが古いブルーズやライ・クーダーのプレイからヒントを得て作りだした〝オープンGチューニングによる5弦ギター〟ならではのリフによる曲だ。このリフ作りと独特のシンコペイションを持ったビート感は、70年代を迎えたストーンズ・サウンドの新たな魅力となっていく。また、この曲ではサックスを、以後ツアーに帯同することも多くなるテキサス州出身のボビー・キーズが吹いている。カントリーに造詣の深かったグラム・パーソンズとの交流から生まれた「ワイルド・ホーシズ」、さらにブルーズのカヴァーや、サザン・ソウルの影響を感じさせる曲も含む作品で、彼らの米大衆音楽研究が深化したことを示した。

続く『メイン・ストリートのならず者』（72年）の主要部分は移住先の南フランスで、ピアノのニッキー・ホプキンス、ホーン・セクションのボビー・キーズ、ジム・プライスらとレコーディングされた。LP2枚組全18曲の中には、「ブラウン・シュガー」のビート感を横にスライドさせたような「タンブリング・ダイス」や、キースが歌い、ステージでの彼のレパートリーになる「ハッピー」のようなロックンロールもあり、米国南部からさらに南に下ってカリブ海まで見据えたような音楽の要素がうまく取り込まれていた。アルバムはとくに80年代以降に高く評価され、今ではストーンズの最高傑作と呼ばれることも多い。南フランスではチャーリーがアイランド・レコーズのクリス・ブラックウェルが送ってくれたというレゲエのマニアックなシングルをミックと二人で聴き込んでいたという。伝記で明かされたこのエピソードも実に興味深い。

同アルバム発表後に、南フランスでのレコーディング・メンバーと共に回ることになった北米ツアーは、スキャンダラスな話題も大いにふりまいたが、音楽的にもメモリアルなものになった。翌73年1月には、当時のミックの妻ビアンカの故郷で、大地震に見舞われたニカラグアの救済のためのベネフィット・コンサートを、サンタナ、コメディアンのチーチ&チョンと共にLAで開催。その勢いのまま行なわれた73年初頭のパシフィック・ツアーでは、ハワイとニュージーランド公演の間に初来日公演も予定されていたものの、ミックにヴィザが下りずに中止されるという、日本のファンにはショックな出来事もあった。

その後も、レゲエの発祥地ジャマイカで録音され、バラード「アンジー」がヒットした（全米1位）『山羊の頭のスープ』（73年）をリリースしたあと、ビートルズとの共演でも有名だったキーボーディストのビリー・プレストンをゲストに迎えて、充実のヨーロッパ・ツアーを実施。翌年に少々屈折したロックンロール讃歌が話題性抜群だった『イッツ・オンリー・ロックン・ロール』（74年）を発表するなど、好調な活動が続いた。ただ、その讃歌は、もともとロン・ウッドの自宅でのセッションで録られたもので、実に示唆的だ。また、後者のアルバム制作中にジミー・ミラーを解任、この作品からプロデューサーとして、ミックとキースを表わすグリマー・トゥインズという名前がクレジットされるようになる。しかし74年12月に、今度はテイラーが脱退を表明。代表曲を多く生み、実り多かったストーンズの第2期はあっさりと終わりを告げてしまった。

再びメンバーを失ったストーンズは、次作のレコーディングを新ギタリスト探しを兼ねて進める一方、75年の北米ツアーはホーン・セクションを廃し、二人目のギタリストとしてフェイシズのロン・ウッド（47年生まれ、以下ロニー）をゲストに迎えて敢行。そこではテイラー在籍時とは違い、キースが「古代の織物芸術」と呼ぶ、ブライアンとの初期に近い自由なアンサンブルが聞かれた。そしてフェイシズ解散後の76年にロニーの正式加入が発表され、新作『ブラック・アンド・ブルー』（76年）のジャケットには、

5人のふてぶてしいメンバーの顔が並んだのだ。

ロニーの加入で再び動き始めたストーンズだが、今度は77年2月、カナダのトロントでキースがドラッグ不法所持で逮捕される。これは同地のライヴ・ハウス、エル・モカンボでシークレット・ギグを開く直前の出来事で、彼らの活動にまた暗雲が立ち込めてしまった。なお、そのエル・モカンボでのギグは、ライヴ盤『ラヴ・ユー・ライヴ』（77年）の一部として発表されたあと、22年になって単独アルバムとして発売され、高い評価を受けることになる。

そうした中、新たにEMIと配給契約を結んでパリで制作、同時代のパンク・ロックからの刺激も受けた性急なビートの曲を多く収めたアルバムが『女たち』（78年）だった。彼ら流のディスコ・ナンバーとして作られた「ミス・ユー」もヒット（全米1位）。続く北米ツアーでは、キーボードに元フェイシズのイアン・マクレガンだけという最小のサポート・メンバーでプレイ、ミックのステージ衣装まで含めてパンキッシュなストーンズを見せつけた。ツアー後の10月にトロントで下された判決は、ある盲目の少女の訴えが功を奏したこともあり、カナダの国立盲人協会のために特別コンサートを開くという条件の下での1年間の執行猶予付きだった。ストーンズの〝80年代〟は、この判決のおかげでやっと見えてきたのだった!!

ミックとキースの対立〜解散の危機を乗り越えた80年代

80年発表の『エモーショナル・レスキュー』は、レゲエやニュー・ウェイヴからの影響を受けた音響実験的な側面もあって賛否が分かれたが、70年代のものも含む未完成マテリアルに追加録音を行なって完成させた翌年の『刺青の男』からは「スタート・ミー・アップ」が大ヒット（全米2位）、81年の北米ツアーでは「アンダー・マイ・サム」でスタートし「タイム・イズ・オン・マイ・サイド」で泣かせるというように、60年代のレパートリーも効果的に配した選曲で2時間半のステージを連日繰り広げ、80年代のライヴ・シーンも自分たちが引っ張るんだという心意気を見せた。一方では、香水メーカーの《ジョーバン》を１００万ドルでツアー・スポンサーに付けるというロック界初の試みに踏み込んだ。結果、50公演で２２０万人を動員、チケットだけで5千万ドルを売り上げる成功を収めたことは、80年代以降ますます巨大化していくエンタテインメント・ビジネスに、良くも悪くもひとつの指針を与えることになる。ハル・アシュビー監督によって撮られた映画『レッツ・スペンド・ザ・ナイト・トゥゲザー』（83年）はこのツアーの規模と、70年代のコンサートとは異なるファンタジックなムードをよく捉えている。ツアーは翌年も舞台をヨーロッパに移して続けられ、現在まで長い付き合いとなるキーボーディストのチャック・リーヴェルが同行した。ツアー中に発売された前年のライヴ盤『スティル・ライフ』の、80年代らしいキラキラした音像も忘れがたい。

しかし好調なツアー活動の影で、ミックとキースとの関係がこじれてきたことが、曲作りやレコードの制作現場に再び暗い影を落とし始める。83年の『アンダーカヴァー』では「アンダーカヴァー・オブ・ザ・ナイト」のトンがったアイディアをメンバーは放り投げてしまい、エンジニア／アソシエイテッド・プロデューサーのクリス・キムジーが〝力業〟で何とか仕上げたという証言があり、その意味は重い。緊張をさらに高めたのが、ストーンズがCBSと配給契約を結んだ際の条件だったとも言われるミックのソロ作『シーズ・ザ・ボス』のリリース（85年）だった。直後に制作されたストーンズの『ダーティ・ワーク』（86年）からのシングル「ワン・ヒット」のPVは、二人の確執を逆手に取った過激なつくりになり、その軋みがファンにまで伝わってくるようになっていた。また、この時期チャーリーのドラッグ使用が問題化していたことも、のちに知られるようになった。86年2月にストーンズは初めて米国のグラミー賞（特別功労賞生涯業績賞）を受けたのだが、受賞の際のメンバーの写真を今見ると、チャーリーの頬が痩け、顔色もどこか青白かったりする。82年以来のツアーが行えない中、ついにキースもソロ・アルバム『トーク・イズ・チープ』を88年に発表。『ダーティ・ワーク』制作中の85年12月、音楽的にも支えであり続けたイアン・ステュアートが急逝したこともバンドを揺さぶることとなった。その一方、ソロでの動きが活発化したおかげで、ミックとロニーが88年に来日公演を行なうという幸運も日本のファンにはもたらされた。

89年の再結集、活発なライヴ活動は再び活発化

89年7月にニューヨークのグランド・セントラル・ステーションで開かれた記者会見に5人が揃った時の嬉しさは忘れられない。そこで発表されたのは新作『スティール・ホイールズ』のリリースと、7年ぶりの世界ツアーだった。実はその半年前にミックとキースは密かにバルバドスで再会、二人で曲作りに取り組み、モンセラットではメンバー

が集合してレコーディングが行なわれていた、ということが知られるのはのちのこと。バルバドスでのミーティングでは、〝マスター・プロモーター方式〟を編み出したカナダの新興企業BCLエンターテインメントとの契約が成立しており、新たなツアーは、マーク・フィッシャーらのデザインによる、もはや建築物と呼んだ方が良さそうな超大型のステージ・セットも相まってライヴ・エンタテインメント業界に新風をもたらすものになった。演奏面でも、キーボードにチャック・リーヴェルとマット・クリフォード、バック・コーラスにバーナード・ファウラー、リサ・フィッシャーら、さらにボビー・キーズを含むホーン・セクションという大編成で行なわれ、これ以降の彼らのライヴのプロトタイプとなる。翌90年には、ついにストーンズの初来日公演が東京ドーム10回連続という空前の規模で実現したのだ！

復活ツアーとなった89〜90年の世界ツアー終了後、スタジオ新録音の2曲を含むライヴ盤『フラッシュポイント』が91年にリリースされ、メンバーはソロ活動に入ったが、今回は安定したグループ活動の中休みだろうとファンも当初は安心して見守っていたのに、93年にはビルが脱退を表明するというショックなニュースが届く。これでストーンズの正式メンバーは4人となり、ベースには凄腕の米国人ダリル・ジョーンズを準メンバーとして迎え入れることになる。新たにヴァージン・レコードと契約を結んだストーンズはそのメンバーで94年に『ヴードゥー・ラウンジ』を発表。プロデューサーにドン・ウォズを迎え、当時のグランジ・ロック流行をふまえたレアな手触りの音像の中、70年代の自分たちのスタイルを再び取り戻そうと意気込んだ曲があったり、60年代後半の頃のポップな音色を思い出させてくれたりと、歴史の長いバンドの強みを存分に生かした多彩な曲を詰め込んでみせた。アルバム発表後に行なわれた北米ツアーでは米国のビル・クリントン政権の副大統領アール・ゴアが提唱したスーパー・ハイウェイ構想をイメージしたようなステージ・セットを建て、さらにほかのアーティストに先駆けて公式ウェブサイトを立ち上げる。また、冒頭5曲のたった30分ほどだけであり、どれだけの人がちゃんと観られたかも不明ながら、ダラスでのコンサートの生中継をメジャー・アーティストとしては初めてインターネットを使って行った。さらに翌年11月のMicrosoft Windows95の発売時には、ストーンズの「スタート・ミー・アップ」がCMに使われる。アルバムの世界をインタラクティヴに楽しめるCD－ROMまでリリースするという熱の入れようで、ロックのスーパー・ヴェテラン・バンドでありながら、パーソナル・コンピュータとインターネット大衆化時代の〝スタート〟に合わせて、自分たちの存在をしっかりとアピールすることに成功した。

95年には2度目の日本公演のあと、秋にはヨーロッパを回ったが、日本でのコンサートで設けられたアコースティック・セットからの流れで、アムステルダムではMTVの番組『アンプラグド』に呼応したライヴを行なったりもした。さらに日本のスタジオで録ったアコースティック・セッションなどとまとめられ、『ストリップド』という変則ライヴ盤という成果を生む。そこからカットされたボブ・ディランの代表曲「ライク・ア・ローリング・ストーン」のカヴァーも話題になった。

チャーリーのソロ活動が目立った96年を経て、97年にはLAで新たにダスト・ブラザーズやダニー・セイバーといった若手プロデューサーを招き、エッジの立ったアルバムの制作が始まる。完成前に次のツアー・コンセプトを、ミックがマーク・フィッシャーや劇作家のトム・ストッパードと話し合う中で〝橋〟というコンセプトが生まれ、『ブリッジズ・トゥ・バビロン』というアルバムとツアーのタイトルにも反映された。その世界ツアーでは、ステージ・セットに可動式の文字通りの〝橋〟が仕込まれ、演奏中盤で姿を表わす。メンバーがその〝橋〟を渡り、アリーナ席の真ん中に設置されたBステージで数曲演奏するという新しい演出が取り入れられたのだ。ツアーは翌98年春に日本に到達。その後はヨーロッパに上陸し、ツアーの名前を替えながら99年6月まで続けられた。世界ツアーが3年がかりになったのは英国での新しい税制度が関係したと言われている。なお、ツアー最初の2年間の音源からまとめられ、98年末にリリースされたライヴ盤『ノー・セキュリティ』には、途中、99年前半に北米でアリーナ・クラスの会場ばかりを回った〈ノー・セキュリティ〉ツアーの音源は収められていないという、少々ややこしいことになってしまっている（のちに映像作品としてリリースされた『ノー・セキュリティ－サンノゼ１９９９』は、〈ノー・セキュリティ〉ツアーからのものなので念のため）。その99年には、ストーンズの67年の曲「シーズ・ア・レインボウ」が、今度はマイクロソフトのライヴァルであるアップル・コンピュータのｉＭａｃのＣＭに使われて話題になった。

ソロ活動期を経てストーンズがまた動き出すのは、世紀をまたいだ２００２年。この年に録音した「ドント・ストップ」など新しい4曲を含み、レーベルを超えたストーンズ初のオール・タイム・ベスト『フォーティ・リックス』の発売後、世界ツアーを始めたのだ。スタジアム、アリーナ、シアターという3段階の会場の規模に合わせたステージ・セットとセット・リストを準備して回るというもので、03年3月には初めて日本武道館での公演が実現。73年に同じ武道館で予定されていた来日公演が中止になってから、実に30年目の出来事だった。世界ツアーの成果は4枚組DVD『フォー・フリックス』（03年）とアルバム『ライヴ・リックス』（04年）というかたちでまとめられた。

04年末からは久々にオリジナル・アルバムの制作に入り、翌05年の世界ツアー開始直後に『ア・ビガー・バン』というタイトルで発売される。3年にわたって続けられたこのツアーは、現在に至るまで彼らにとって最大規模のものとなった（このツアーの興行収入＝5億5400万ドルは、4年後、U2の〈360°Tour〉に追い抜かれるまでは歴代最高記録だった！）。同時に06年2月に米国で9070万人がテレビ中継を見たと言われる、NFLの第40回スーパー・ボウルのハーフタイム・ショウへの出演や、その直後に今度はブラジル、リオ・デ・ジャネイロのコパカバーナ海岸での世界最大級のコンサート（観衆150万人とも言われる）といったビッグ・イヴェントも成功させ、さらにワイト島フェスへも出演した。またマーティン・スコセッシ監督のコンサート映画『シャイン・ア・ライト』が撮影されたり、またも4枚組DVD『ビッゲスト・バン』がリリースされるといったあたりにも彼らの自信が窺われた。なお、その『シャイン・ア・ライト』のサウンドトラックCDからは、ストーンズの契約先はユニバーサルミュージック傘下のポリドール・レーベルになる。

活動開始50周年を超えて続けられる未知への旅

その後しばらくライヴ活動を休止するが、09年あたりからは自分たちの過去の素材を発掘してリリースする作業に力を入れていった。活動開始50周年を迎えた12年には、同時期のブルーノ・マーズの曲にも携わっていたエミール・ヘイニーとジェフ・バスカーを起用し、14年度のグラミー賞最優秀ロック楽曲賞にもノミネートされた「ドゥーム＆グルーム」を含む新録2曲を収録したオール・タイム・ベスト盤『GRRR！』をリリースし、〈50＆カウンティング〉と名づけられたツアーを再開。かつてのメンバー、ミック・テイラーも帯同した。さらに公演地ごとにレディ・ガガやテイラー・スウィフトといった話題性のあるゲストを招き、若い音楽ファンへのアピールにもなっただけでなく、メンバーの孫たちにも祖父たちの音楽の世界での存在の大きさを知らしめる効果があったようだ。50年以上活動してくると、メンバーも皆そんな世代になっていたのだ。

その後も〈14オン・ファイア〉〈ジップ・コード〉〈アメリカ・ラティーナ・オレ〉〈ノー・フィルター〉とタイトルを替えながらツアーは続けられ、14年には7回目の日本公演も実現するが、その中で最大のトピックとなったのは、キューバでのコンサートの実現だった。ストーンズは90年の日本上陸あたりから、例えば東ドイツ（〝壁〟崩壊直後の東ベルリン）、チェコスロヴァキア（90年）、南アフリカ、ハンガリー（95年）、ロシア（98年）、インド（03年）、中国（06年）、アラブ首長国連邦、イスラエル（14年）といったかつての〝東側〟も含む、自分たちにとっての未踏の地を次々と制覇してきた。言わばその集大成となったのが、16年3月に南米ツアーの最終公演として実現したハバナでの大規模フリー・コンサートだった。これは、米オバマ政権の対キューバ政策転換を象徴する出来事として、世界的なニュースにもなった。

同年4月には、彼らの50年以上にわたる歴史をさまざまな展示物を通して振り返ることができる回顧展《Exhibitionism》をロンドンでスタート。この展示会は世界の都市をいくつか経由して19年には《Exhibitionism–ザ・ローリング・ストーンズ展》として東京にも上陸した。その後もタイトルを《Unzipped》と替えて継続され、つい最近までカナダのウィニペグで開催されている。16年にはもうひとつ驚きがあった。制作中とも噂されていたオリジナルの新作ではなく、リトル・ウォルターなどのブルーズのカヴァーを短期間で録音して完成させたアルバム『ブルー&ロンサム』を暮れにリリースし、音楽的にも制作手法的にも原点に軽々と戻ってみせたのだ。

ただ不運なことに、20年になると新型コロナ感染症の感染拡大のため、ツアーが延期に追い込まれてしまった。思えば、21世紀に入ってチャーリーの咽頭がん（04年）、キースのフィジーでの転落事故（06年）、ロン・ウッドの2度の癌（17、19年）、ミックの恋人の自死による精神的ショック（14年）と心臓弁置換手術（19年）など、活動の継続に重大な影響を与えかねない厄難にも見舞われてきたが、ストーンズはその都度危機を脱している。それでも19年のツアーのマイアミでの最終公演がチャーリーの最後のステージになるとは、誰も想像ができなかった。

20年4月には、欧米の多くの都市で厳しいロックダウンが実施されている中、「WHO（世界保健機構）のための新型コロナウイルス感染症連帯対応基金」を支援するためのグローバル・ストリーミング・コンサートにストーンズも出演。ミック、キース、ロニー、チャーリーが、それぞれフランス、米国、英国の別々の地域にある自宅と思しき場所からオン・ラインで「ユー・キャント・オールウェイズ・ゲット・ホワット・ユー・ウォント」を演奏する。その時、四画面に分割されたうち、右下に映るチャーリーだけが、実際には楽器のない部屋から〝エア・ドラム〟で参加していた。楽しそうにドラマーを演じているチャーリーのコミカルな姿は、当時は彼らしいと評判になったものだが、これが実際にファンの前に姿を見せた最後の機会となってしまった。続いてストーンズが発表した、ロックダウン下での都市の状況を描いた新曲「リヴィング・イン・ア・ゴースト・タウン」には、前年にLAのスタジオで録られたベーシック・トラックが用いられたこともあって、しっかりとチャーリーのプレイが刻まれている。おかげでファンは安心したのだったが、その1年後、チャーリーは手術後の療養のため再開予定のツアーに参加せず、代役は彼の親友でもあったスティーヴ・ジョーダンが務めるとの発表がなされた後、8月24日に亡くなった。享年80歳だった。

生前はいつもツアーに出ることを躊躇していたチャーリーが、ミックに対して《ツアーはとにかくやるべき。（新型コロナウイルス感染症によるパンデミックのせいで）延期されていたんだから。二度目のキャンセルはできないよ》と病室で語っていたという。すでにリハーサル入りしていたストーンズは、チャーリーのその遺言通り、予定通り21年9月からツアーを再開した。彼らがプレイするステージのオープニングでは毎回、あの危ういまでに極上なグルーヴを聴かせるドラミングと彼の笑顔の映像が流された。

オリジナル・メンバーに限れば二人。途中参加のロニー（それでも48年間在籍！）を加えても三人で活動60周年を迎えたストーンズ。今年（23年）にはチャーリーのプレイも含むオリジナル・ニュー・アルバムをリリースするとメディアは報じている。彼らは年齢の壁を超えてロックし続けることがどこまで可能なのか？　とことんまで見せてくれるはずだ。ファンとしては、最後まで見届けるしかない。

（本項は、ユニバーサル・ミュージック・ジャパン公式サイトに掲載されたザ・ローリング・ストーンズのバイオグラフィを元に、原稿の筆者である寺田正典氏本人が大幅に加筆・修正したものです。）

4人のギタリストがつくってきたストーンズ・サウンド

和久井光司

ひとつのバンドが60年も続いてきたということは、フロントマンのミック・ジャガーが〝シンガー〟でいるよりも〝バンドマン〟でいたいと思っているからだろう。彼の最初のソロ・アルバム『シーズ・ザ・ボス』が出たときに、「なんだ、結局こういうのが好きなのね」と笑えたし、ソロのツアーで初めて日本にやってきたときのステージは、キースやチャーリーがいなくなってもこの人はストーンズを続けるかもしれない、と思わせるものだった。

ビルが抜けてもベーシストは正式メンバーとせず、4人体制になったときに、ようやくロンが幹部に昇格した〝会社経営〟はロック・バンドらしからぬものだが、そういう経済学を持ちながら音を出すときは〝バンドマン〟に徹しているミックが面白い。

おそらくミックは初期の段階から自分の〝多面性〟を意識していたんじゃないかと思う。アンドルー・オールダムはブライアン・エプスタインが確立した〝バンドを売る〟方法に則ってストーンズを売り出したのだろうが、クリフ・リチャード&ザ・シャドウズのような〝シンガー+バック・バンド〟には見えない〝全員でバンド〟の新しさに、どう見ても〝フロントマン〟のミックが従って、一歩引くことを受け容れたのが勝因だったはずだ。ビートルズより一人多いバンドの、いちばん目立つ男が写真ではセンターにいないし、ときにはブライアンやキースの方が前に出ている。それは、バンドのサウンド・プロデューサー的な役目を担っていたブライアンと、ソングライター・チーム〝ジャガー/リチャーズ〟の一方であるキースが「バンドの方向性を決めている」という意思表示でもあったはずで、だからようやく納得できたライヴ盤『ゲット・ヤー・ヤー・ヤズ・アウト』ではグルーヴ・マスターのチャーリーが2本のギターを持って飛んでいるのだ。

60年代には、彼らの意思がそこまで現れているとは思えなかったし、もちろん言語で指摘されたことはなかったが、いま考えれば、「ペイント・イット・ブラック」でシタールを弾き、「アンダー・マイ・サム」でマリンバを叩くブライアンの〝絵〟が残っているのだから、バンドの実態はきちんとヴィジュアル化されていたと言っていい。

そういう意識でアルバム・ジャケットを眺めていくと、力関係がみごとに記録されているように思えてくる。ファースト・アルバムでのブライアンの〝大きさ〟は、サウンド・プロデューサーとしての力量の証だし、『12×5』ではソングライター／リズム・ギタリストとしてバンドの方向性を決めるようになったキースが前に出てくる。『アウト・オブ・アワー・ヘッズ』でもキースとブライアンがミックより前にいるし、『ビトウィーン・ザ・バトンズ』でリズム・セクションのふたりの顔がはっきり見えてくるのだから、〝聴きどころ〟を示しているようではないか。

面白いのは、レコーディング・グループとしてビートルズを追いかけ、サイケデリック・ロックに迫った『ゼア・サタニック・マジェスティーズ・リクエスト』で初めてミックがセンターに居座り、一座の〝顔〟であることが明確になったことだ。『サージェント・ペパーズ』でビートルズからエールを贈られたことに対しての〝応え〟として『サタニック・マジェスティーズ』のヴィジュアルは申し分ないが、〝ここ〟でアンドルー・オールダムの思考をバンドが超えたという気もしてくる。

当初計画されたトイレのジャケットが使えなかった『ベガーズ・バンケット』は、直前にビートルズが『ホワイト・アルバム』を出してくれたのに救われて、ヴィジュアル・イメージで内容を伝えないカッコよさがクローズ・アップされるのだが、ブライアンが使い物にならなくなっていった過程を隠すことにもなった。

キースがデビュー前にブルーズやR&Bに惹かれたのとはレベルの違う理解度でアメリカのブルーズやカントリーに取り組み始めたとき、ギター・バンドにポップな装飾を施してきたブライアンがいらなくなったのもわかるが、バンド内の力関係は残酷だ。ソングライター・チームのクリエイティヴィティが〝必要とする音〟を、外部のミュージシャンを使って具現化しようという試みは『サタニック・

マジェスティーズ』で明確になっていたが、スワンプ・ロック的な路線を目指したキースにミックが同調してアメリカ志向が明確になったのだから、『レット・イット・ブリード』に、ライ・クーダー、リオン・ラッセル、アル・クーパーらが起用されたのは必然だろう。

けれど、ブライアンに代るギタリストとして正式メンバーとなったミック・テイラーには、ストーンズの〝バンド主義〟はいささか荷が重かったはずだ。

ピーター・グリーンの後釜としてジョン・メイオールのブルースブレイカーズでプレイしていたテイラーにとって、自由度の高いセッションでアルバムを完成させていくようになったストーンズのスタジオ・ワークや大きなワールド・ツアーは刺激になったはずだが、上手いギタリストでしかない彼には、ブライアンのような役目が果たせるわけはなかった。それはミックもキースも承知していたし、キースはギター・ソロを任せられるプレイヤーが欲しかったに違いない。しかし結果的に、いつまでもゲスト・ギタリストのような格好のまま、バンドをコントロールするメンバーとしては認められなかったことが、テイラーの評価を決めてしまったのは彼個人にとってはマイナスだったかもしれない。一生食っていけるほどストーンズで稼いだはずだが、目立つプレイも残しているだけに、後年は〝元ローリング・ストーンズ〟を代名詞とするしかなくなってしまったからである。

ブルースブレイカーズの卒業生たちは、〝次のバンド〟で成功して認められたエリック・クラプトン、ジャック・ブルース、ジンジャー・ベイカー（クリーム）と、ピーター・グリーン（フリートウッド・マック）に尽きるというのが世界的な評価であって、ストーンズに加入したテイラーはそれに続く者として名前が出てくるのが常だ。

それは〝バンド〟という制作集団においては「上手いプレイヤーであるだけでは弱い」ことを物語っているとも思えるし、実際テイラーは、ソングライター、シンガー、サウンド・クリエイターとしても、パフォーマーとしても（ストーンズ時代はあんなにルックスがよかったのに）〝バンドの中心者〟にはなれない人だった。

音だけ聴いていると何を演っているんだか判然としない曲も多いブライアンよりも、〝流麗なギター〟というわかりやすいプレイを残したはずのテイラーが、けれども〝ストーンズのメンバー〟としては影が薄いところに〝バンド音楽のキモ〟が見え隠れしていると言ってもいい。

彼をストーンズに推薦したジョン・メイオールは、ブルース・ブレイカーズの『ベア・ワイアーズ』と、ソロ名義の『ブルーズ・フロム・ローレル・キャニオン』であれだけのプレイをしたテイラーが、ストーンズでは小さくまとまってしまったように思えただろうし、〝世界最高のロック・バンド〟を引っぱっていくミックとキースの実力を思い知ったのではないかと思う。

「上手いプレイヤーであるだけでは弱い」を思い知ったストーンズが、次に選んだのがロン・ウッドだったのは私は大いに納得できたのだが、ギタリストとしてはキースと同じタイプのロンがどこまでストーンズと必要とされるかが当初は疑問視されたのも肯けることだった。フェイシズが大好きだった私はロンの最初のソロ・アルバム『俺と仲間』を愛聴していたから、彼がストーンズに入るかもしれないと囁かれ始めたときには、ミック・テイラーのようにつぶされてしまうならやらない方がいい、とさえ思ったぐらいだ。

74年12月12日にテイラーの脱退が公式発表され、75年1月22日から2月9日にかけて「グレイト・ギタリスト・ハント」と呼ばれることになるセッションがロッテルダムで行われた。真偽のほどは定かではないが、〝ストーンズのオーディションを受けた〟とされるギタリストは、ジェフ・ベック、ロリー・ギャラガー、ピーター・フランプトンといった英国の有名どころから、ヨウマ・カウコネン、ライ・クーダー、レスリー・ウエストといったアメリカ勢まで20人以上に及び、チャートにいた当時の最新作『イッツ・オンリー・ロックンロール』と、6月に始まるアメリカ・ツアーを大いに盛り上げることになった。

次の『ブラック・アンド・ブルー』に参加したギタリストは、ハーヴィ・マンデル、ウェイン・パーキンズ、ロン・ウッドだから、現実的にこの3人に絞られていたと見ていいだろうが、マンデルやパーキンズにはストーンズのステージに立てるほどのスター性はないから、ロンが残ったのは当然と言えば当然だ。

正式メンバーとして迎えながら、扱い（＝給料）が93年までサポート・メンバーと大して変わらなかったのは有名な話だし、ギター・パートの振り分けはキースの気分しだいで決まるようでもある。それでも堪えて、長い時間をかけて〝ストーンズの一方のギタリスト〟と誰もが認めるまでになったのだから、ロンは人としてエラいと思う。キースのリズム・ギターにチャーリーがどう応えるかで決まるストーンズのグルーヴのあいだを縫って弾くロンのラップ・スティールが、私はとても好きだったりする。

Ron
Mick
Keith
Brian
Four guitarists who created the Stones sound

1962 - 1969

KOJI WAKUI
YASUKUNI NOTAMI
JIRO MORI
KENZO SAEKI
KUNIHIKO FUJIMOTO
JUNICHI YAMADA

ロンドン型R&Bの誕生と、ストーンズが受け継いだコックニーのセンス

和久井光司

ストーンズを語るうえで意外と重要なのが、ロンドン子、つまり〝コックニー〟のセンスだ。北から来たビートルズに対抗するように、初期にはミックのヴォーカルの発音もかなりコックニーっぽかったし、ファッションも、アレクシス・コーナーら上の世代の英国流と、ザ・フーやスモール・フェイシズらのモッズ流に挟まれている感じで、普通よりちょっとオシャレな兄ちゃんという風情だ。

直接の交流があったのだから当然だが、音楽センスにもそれは表れていて、アレクシス・コーナーとシリル・デイヴィスが60年代に入ってすぐ標榜し始めた〝ロンドンR&B〟に直結した若手という雰囲気がファースト・アルバムには漂っている。キンクスとヤードバーズにもそれはあるが、ザ・フーやスモール・フェイシズになるとハード・ロックに向かうタテノリ感が出て来て、〝リズムの間〟が違ってくる。よく聴けば、チャーリーがアレクシスにいちばん近いところにいたことが腑に落ちるだろう。

49年ごろからトラッド・ジャズのシーンで活躍していたアレクシス・コーナーは、デキシーランド・ジャズの模倣から始まったために弦楽器はバンジョーというのが常だった英国のジャズ界（アメリカのビ・バップのようなジャズは50年代末までほとんどなかった）にあっては珍しい〝ギタリスト〟だった。シンガーをフィーチャーしたコーナーを設けたレヴュー形式のショウで人気を博したクリス・バーバーのバンドが54年に新たな試みとして〝スキッフル〟のコーナーを設け、そこから独立したロニー・ドネガンが英国初のギター弾き語りシンガーとなったことで、56年に

全英でスキッフル・ブームが巻き起こる。ドネガンの人気爆発はエルヴィス・プレスリーの英国デビューよりも3か月ほど早かっただけなのだが、アメリカのカントリー・ジャグ・バンドをニューオリンズで見てきたトランペット奏者のケン・コリヤーが、洗濯板や金盥に弦を張っただけの一弦ベースといった手づくり楽器で演奏できるスタイルをスキッフルと名づけたことから、のちのビートルズやストーンズにギターを持たせることになったのだ。

スキッフルのメッカだったのがロンドンのトゥー・アイズ・コーヒー・バーである。テレビ・プロデューサーのジャック・グッドやプロモーターのラリー・パーンズはトゥー・アイズで売れそうな若い歌手に白羽の矢を立て、58年にはクリフ・リチャードが英国初のロックンロール・スターとなった。ギターが弾けたアレクシスもスキッフル・シンガーとしてレコード・デビューを果たしていたが、アメリカ音楽の専門家としてラジオ番組を持つようになった彼は本格的にブルーズを研究するようになり、59年にハーモニカのシリル・デイヴィスと、まずはデュオでブルーズ・インコーポレイテッドを結成するのだ。ホテルのボール・ルームなどを借りて始めた〝ブルーズ・クラブ〟（文字どおりのクラブ活動）が、60年代に入ってクロウダディのような常設小屋に発展すると、彼らはインコーポレイテッドをセッション・バンド化し、実際に演奏しながらミュージシャンを交流させていくようになった。

そんな中から生まれたのがローリング・ストーンズだが、R&Bの台頭をロンドンの新しい波と受け取ったデッカがブルーズ・インコーポレイテッドのアルバムを企画しているときに、リヴァプールからオーディションを受けに来たもっさりした連中がビートルズだったのだから、「ダサくない？」と判断されたのもわからなくはない。

けれども落としたビートルズが1年3か月後に〝新時代のスター〟として英国を席巻し始める。トラッド・ジャズ～スキッフル～ブルーズ～R&Bとアメリカ音楽と格闘してきたアレクシスよりも若い、クリフ・リチャードと同年代のバンドがロックンロールを進化させ、〝バンド・ブーム〟を巻き起こそうとしていたのだから、ビートルズの対抗馬にふさわしいのは〝コックニーのバンド〟だった。

ジャズっぽくスウィングするアレクシスのギターを嫌っていたキースは、「チャック・ベリーみたいに弾けなきゃ古いよ」と否定的だったというが、ロックンロールをタテノリと判断した彼が5年後にはバンドをヨコにグルーヴさせることを考え始めるのだから、音楽は面白い。

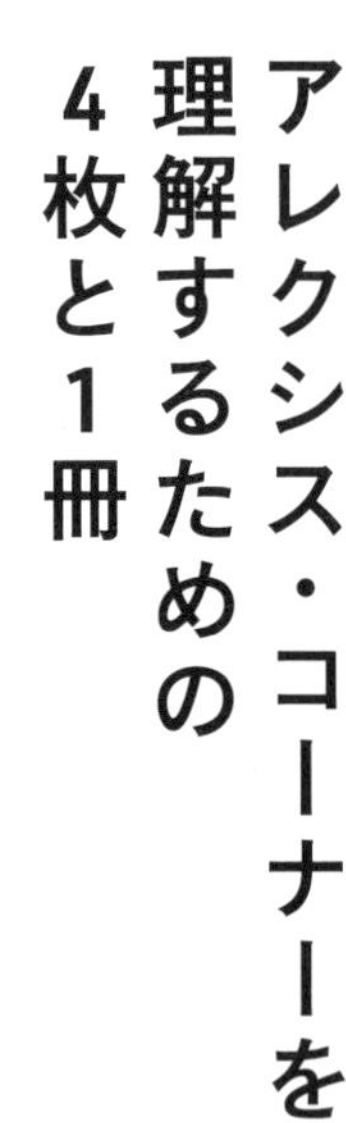

アレクシス・コーナーを理解するための4枚と1冊

和久井光司

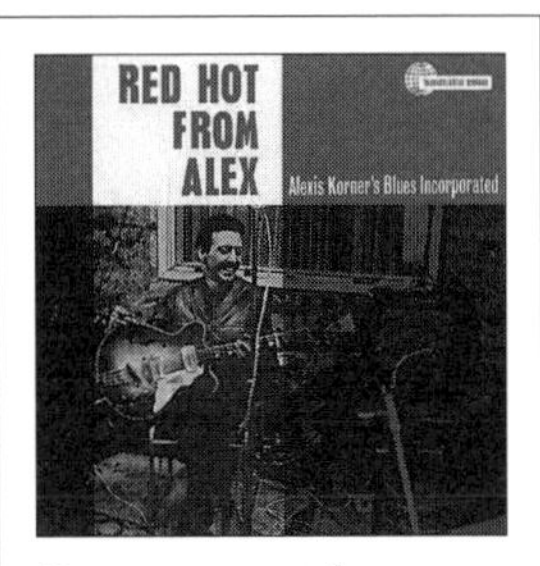

①Alexis Korner's Blues Incorporated
"Red Hot From Alex"

Transatlantic／TRA 117 (1964年)

有名な『R&B・フロム・ザ・マーキー』をヒットさせたあと、契約に縛られない活動に転じたためポップ畑からは遠くなってしまったが、ジャズ・ミュージシャンのようなスタンスで生涯リリースを続けられたのは良かったと思う。64年のこれは英国のジャズ世代が"R&B"をどう捉えていたかがわかる初期の傑作。CD化もされている。

②Alexis Korner
"Bootleg Him"

RAK／SRAKSP 51 (1972年)

40年代末からの活動を明らかにしたブックレットも秀逸な2枚組のコンピレイション。60年代半ばのブルーズ・インコーポレイテッドから、ニュー・チャーチ、CCSといったバンドのライヴや、デュオでの歌ものを並べて、アレクシスが目指した音楽を伝える名盤だ。歴代メンバーにはジャック・ブルースやジンジャー・ベイカー、ダニー・トンプソンらもいる。

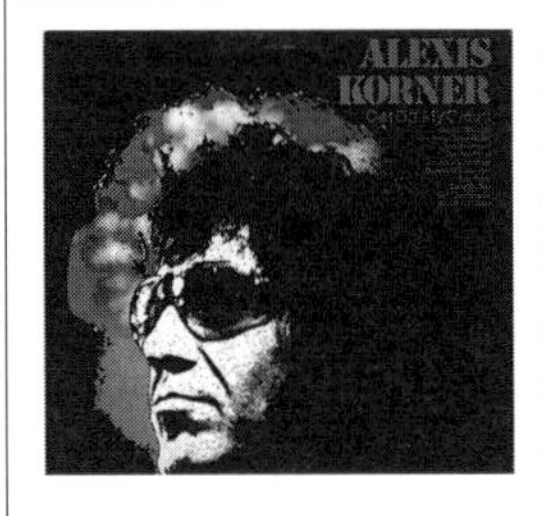

③Alexis Korner
"Get Off My Cloud"

CBS／69155 (1975年)

ストーンズ・ナンバーをタイトル曲にした70年代中期の傑作。アメリカ盤とはジャケ違いだし、ヨーロッパでは"Alexis Korner"とした出た盤もあるので要注意だが、これは必聴だ。ピーター・フランプトン、ニッキー・ホプキンス、ニール・ハバード、スティーヴ・マリオット、ココモの面々らと共に、キースが参加しているのがミソ。アレクシスの円熟ぶりがいい。

④Alexis Korner
"The BBC Sessions"

Music Club／MCCD 179 (1974年)

『ブートレッグ・ヒム』をBBC音源で再構成したようなアルバムで、貴重な録音も多い。入手しやすく、中古なら安いはずだから、アレクシス早わかりには最適だろう。バンドに縛られず、さまざまな形態でブルースを表現した半生は、いわゆる"スター"とは別ものだが、"生涯一ミュージシャン"の姿勢がカッコいい。英国では稀な"ブルーズマン"だ。

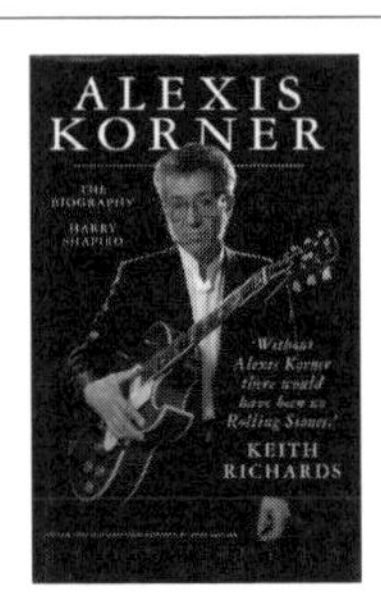

⑤Harry Shapiro
"Alexis Korner – The Biography"

Bloomsbury (1996年)

ハリー・シャピロによる評伝。キースが序文を寄せ、ミックとチャーリー、B.B.キング、ロバート・プラント、ピート・タウンゼンドもカヴァーにコメントしている。詳細なディスコグラフィやレア写真も掲載されているから、英国ロック史を語るうえでも一級の資料だ。もはや入手困難か？

●1963年6月7日にシングル「カム・オン」でレコード・デビューを果たしたストーンズは、ロンドン以外でもギグを行うようになる。その年の9月からは初めての英国ツアーに出た。ボ・ディドリーやエヴァリー・ブラザーズ（後半はリトル・リチャード）をヘッド・ライナーとするパッケージ・ツアーの一員として参加したのだ。ストーンズがメインとなるツアーは、64年から本格化することになる。

British Tour 1963

1963年9月29日〜11月3日

□共演
- The Everly Brothers
- Bo Diddley
- Little Richard
- Mickie Most
- Julie Grant
- The Flintstones

◆参加ミュージシャン：Ian Stewart (p)

◉演奏曲
- Poison Ivy
- Fortune Teller
- Come On
- Money
- Route 66
- Roll Over Beethoven
- Memphis Tennessee

1963-09-29 New Victoria Theatre, London
1963-10-01 Odeon Theatre, London
1963-10-02 Regal Theatre, London
1963-10-03 Odeon Theatre, Southend-on-Sea
1963-10-04 Odeon Theatre, Guildford
1963-10-05 Gaumont Theatre, Watford
1963-10-06 Capitol Theatre, Cardiff, Wales
1963-10-08 Odeon Theatre, Cheltenham
1963-10-09 Gaumont Theatre, Worcester
1963-10-10 Gaumont Theatre, Wolverhampton
1963-10-11 Gaumont Theatre, Derby
1963-10-12 Gaumont Theatre, Doncaster
1963-10-13 Odeon Theatre, Liverpool
1963-10-16 Odeon Theatre, Manchester
1963-10-17 Odeon Theatre, Glasgow, Scotland
1963-10-18 Odeon Theatre, Newcastle upon Tyne
1963-10-19 Gaumont Theatre, Bradford
1963-10-20 Gaumont Theatre, Hanley
1963-10-22 Gaumont Theatre, Sheffield
1963-10-23 Odeon Theatre, Nottingham
1963-10-24 Odeon Theatre, Birmingham
1963-10-25 Gaumont Theatre, Taunton
1963-10-26 Gaumont Theatre, Bournemouth
1963-10-27 Gaumont Theatre, Salisbury
1963-10-29 Gaumont Theatre, Southampton
1963-10-30 Odeon Theatre, St Albans
1963-10-31 Odeon Theatre, London
1963-11-01 Odeon Theatre, Rochester
1963-11-02 Gaumont Theatre, Ipswich
1963-11-03 Hammersmith Odeon, London

British Tour 1964 (Part.1)

1964年1月6日〜1月27日

◉セット・リスト
1. Girls
2. Come On
3. Mona
4. You Better Move On
5. Roll Over Beethoven
6. I Wanna Be Your Man
7. Money
8. Memphis Tennessee
9. Pretty Thing
10. I Can Tell
11. Road Runner
12. Bye Bye Johnny

1964-01-06 Granada Theater, London (2 Shows)
1964-01-07 Adelphi Cinema, Slough (2 Shows)
1964-01-08 Granada Cinema, Maidstone (2 Shows)
1964-01-09 Granada Theater, Kettering (2 Shows)
1964-01-10 Granada Cinema, London (2 Shows)
1964-01-12 Granada Cinema, London (2 Shows)
1964-01-14 Granada Cinema, Mansfield (2 Shows)
1964-01-15 Granada Cinema, Bedford (2 Shows)
1964-01-19 Coventry Theater, Coventry (2 Shows)
1964-01-20 Granada Cinema, London (2 Shows)
1964-01-21 Granada Theater, Aylesbury (2 Shows)
1964-01-22 Granada Theater, Shrewsbury (2 Shows)
1964-01-26 De Montfort Hall, Leicester (2 Shows)
1964-01-27 Colston Hall, Bristol (2 Shows)

British Tour 1964 (Part.1)

1964年2月8日〜3月7日

1964-02-08 Regal Theater, London (2 Shows)
1964-02-09 De Montfort Hall, Leicester (2 Shows)
1964-02-10 Odeon Theater, Cheltenham (2 Shows)
1964-02-11 Granada Theater, Rugby (2 Shows)
1964-02-12 Odeon Theater, Guildford (2 Shows)
1964-02-13 Granada Theater, London (2 Shows)
1964-02-14 Gaumont Theater, Watford (2 Shows)
1964-02-15 Odeon Theater, Rochester (2 Shows)
1964-02-16 Portsmouth Guildhall, Portsmouth (2 Shows)
1964-02-17 Granada Theater, London (2 Shows)
1964-02-18 Rank Theater, Colchester (2 Shows)
1964-02-19 Odeon Theater, Stockton (2 Shows)
1964-02-20 Odeon, Sunderland (2 Shows)
1964-02-21 Gaumont Theater, Stoke (2 Shows)
1964-02-22 Bournemouth Winter Gardens, Bournemouth (2 Shows)
1964-02-23 Birmingham Hippodrome, Birmingham (2 Shows)
1964-02-24 Odeon Theater, Southend (2 Shows)
1964-02-25 Odeon Cinema, London (2 Shows)
1964-02-26 Rialto Theater, York (2 Shows)
1964-02-27 Sheffield City Hall, Sheffield (2 Shows)
1964-02-28 Sophia Gardens, Cardiff, Wales (2 Shows)
1964-02-29 Brighton Hippodrome, Brighton (2 Shows)
1964-03-01 Empire Theater, Liverpool (2 Shows)
1964-03-02 Albert Hall, Nottingham (2 Shows)
1964-03-03 Blackpool Opera House, Blackpool (2 Shows)
1964-03-04 Gaumont Cinema, Bradford (2 Shows)
1964-03-05 Odeon Theater, Blackburn (2 Shows)
1964-03-06 Gaumont Cinema, Wolverhampton (2 Shows)
1964-03-07 Morecambe Winter Gardens, Morecambe (2 Shows)

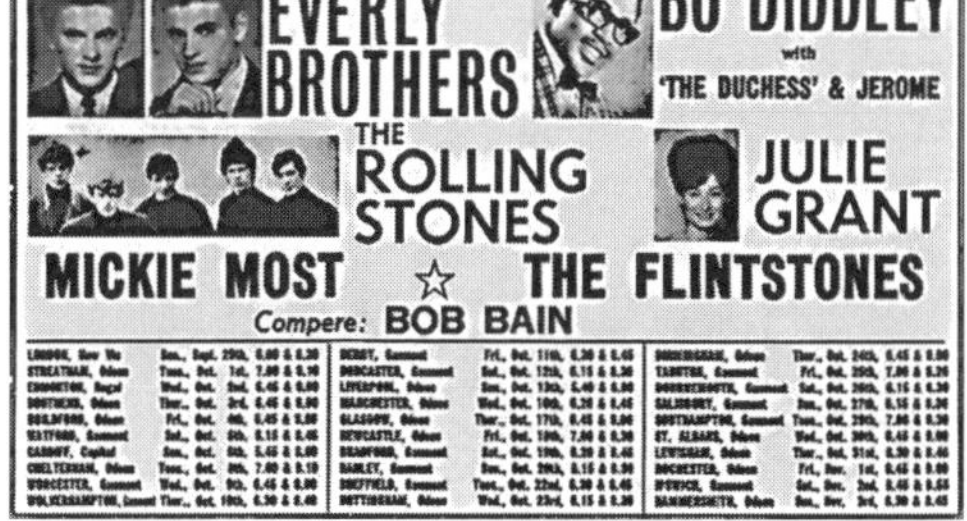

The Rolling Stones

英・Decca：LK 4605 (mono)
録音：1964年1月3日〜2月4日
発売：1964年4月16日
［A］1. Route 66 / 2. I Just Want To Make Love To You / 3. Honest I Do / 4. Mona / 5. Now I've Got A Witness / 6. Little By Little
［B］1. I'm A King Bee / 2. Carol / 3. Tell Me / 4. Can I Get A Witness / 5. You Can Make It You Try / 6. Walking The Dog
プロデューサー：Andrew Loog Oldham, Eric Easton
参加ミュージシャン：
Ian Stewart (organ, p)
Phil Spector (per)
Gene Pitney (p)

〝英国オリジナル盤〟と言っていいのは、デッカの赤／耳（ｆｆｒｒ）ラベルのモノラルだけだが、その中にもさまざまなヴァージョンがあるからややこしい。「モナ」が裏ジャケで「アイ・ニード・ユー・ベイビー」とクレジットされていたり（作曲者や出版社のクレジットもいいかげん）、「テル・ミー」のロング・ヴァージョンが入っている盤があったりするのだが、ジャリジャリした音なのはどれを聴いても同じで、英国産のガレージ・ロックという感じ。演奏は分派のダウンライナーズ・セクトの方がまとまっているから、「ストーンズなんて……」と言う人の気持ちもわからなくはないが、60年続くバンドのスタートがこれだったことを素直に受け容れた方が〝ロックの何たるか〟が摑めると思う。〝できていない〟のは本人たちがいちばんわかっているのだから、ガキのバンドが〝もがく姿〟を愛せないでどうする、と私は思うのだ。

　このレコードを日本でいちばん沢山売ったのは、先日亡くなった松本康さんが福岡でやっていたＪＵＫＥレコード（店主の死去により閉店）だろう。サンハウス〜シーナ＆ザ・ロケッツと共にあった松本さんが、チューリップや甲斐バンドを輩出した〝照和〟ばかりが「博多じゃなかばい」と、若いバンドマンにこのアルバムを勧めたことが〝めんたいビート〟に繋がっていったのだから、ショップの熱意は重要。あっちのビートルズに対してこっちはストーンズ、と、「どこでも買えるビートルズには力を入れなかったんや」と私に話してくれたことがあったが、そういう心意気が次の世代を育てるのである。

　アセンズのショップで働いていたＲ.Ｅ.Ｍ.のピーター・バックもそういうタイプだから、アメリカン・インディーズはあのエリアで本格化したのだろう。

和久井

England's Newest Hit Makers

米・London：LL 3375 (mono)／PS 375 (stereo)
録音：1964年1月3日～2月4日
発売：1964年5月30日
[A] 1. Not Fade Away / 2. Route 66 / 3. I Just Want To Make Love To You / 4. Honest I Do / 5. Now I've Got A Witness / 6. Little By Little /
[B] 1. I'm A King Bee / 2. Carol / 3. Tell Me / 4. Can I Get A Witness / 5. You Can Make It If You Try / 6.Walking The Dog
プロデューサー：Andrew Loog Oldham, Eric Easton
参加ミュージシャン：
Ian Stewart (org, p)
Phil Spector (per)
Gene Pitney (p)

6週間遅れのアメリカ盤は、アメリカでのデビュー・シングル「ノット・フェイド・アウェイ」を1曲目に持ってきて、同じようなボ・ディドリー・ビートの「モナ」をカットしている。リズムの強調がうまくいった「ノット・フェイド・アウェイ」が強烈な印象を残すため、アメリカ盤の選曲の方がよく聴こえるけれど、音が悪いのは同じ。マルーンと呼ばれる紫がかった赤色のロンドン・レーベル／モノラルがオリジナル盤だが、英国盤よりファットなマスタリングなのが効いて、ガレージ・ロック感は増している感もある。初期プレスにはジャケと同じ写真のミニ・ポスターが付いていて、英国の新しいヒット・メイカーを盛り上げようという意識も窺える。

寺田さんが指摘していたことがあるが、ジミー・リードの「ビッグ・ボス・マン」タイプの曲が多いのは、そのモダンな2ビートを〝最新のリズム〟と解釈していたからだろう。意識していたに違いないトミー・タッカーの「ハイヒール・スニーカーズ」は、64年に英国でヒット。ビート・バンドの手本となった曲として歴史に残るけれど、この時期のストーンズに同じような2ビートが多いのは、シャッフルをうまく演奏できなったからではないかと思う。だからビートルズより骨組みが粗っぽく、演奏がバラけるところがあるのだが、60年経ってもそういうところはあるのだから、ヘタに合わせるようにしないところがストーンズ、と解釈すべきだろう。

セッションに参加したフィル・スペクターがマラカスを振っているのは、リズムがバラバラなのをなんとか繋いであげようとした〝親心（?）〟からかもしれない。

しかし、どうもこの、文字の入ったアメリカ盤のジャケットには馴染めないんですよ。そういう人、多くないかな？　**和久井**

●ストーンズのファースト・アルバムが発売されたのは、英国では64年4月、米国では同年5月、初のアメリカ・ツアーが組まれたのは6月のことだ。連日行われたライヴ・パフォーマンスの間隙を縫うようにテレビ番組に出演し、さらにはチェス・スタジオで2日間のレコーディングを行っている。ゲストとしてディーン・マーティンのショウにも出演したようだ。帰国後も過酷なスケジュールが続いている。

American Tour 1964 (Part.1)

1964年6月5日〜6月20日

◉セット・リスト

1. Not Fade Away
2. Talkin' 'Bout You
3. I Wanna Be Your Man
4. Hi-Heeled Sneakers
5. Route 66
6. Walking The Dog
7. Tell Me
8. Beautiful Delilah
9. Can I Get a Witness
10. I Just Want To Make Love To You
11. I'm Alright

1964-06-05 Swing Auditorium, San Bernardino
1964-06-06 Joe Freeman Coliseum, San Antonio (2 shows)
1964-06-07 Joe Freeman Coliseum, San Antonio (2 shows)
1964-06-12 Excelsior Amusement Park, Excelsior
1964-06-13 Music Hall Auditorium, Omaha
1964-06-14 Olympia Stadium, Detroit
1964-06-17 West View Park, Pittsburgh
1964-06-19 Farm Show Arena, Harrisburg
1964-06-20 Carnegie Hall, New York City (2 shows)

British Tour 1964 (Part.3)

1964年8月1日〜8月24日

◉演奏曲

Not Fade Away
Walking The Dog
I Just Want to Make Love to You
If You Need Me
Around and Around
Hi-Heel Sneakers
I Wanna Be Your Man
I'm a King Bee
You Can Make It If You Try
Down in the Bottom
Carol
Tell Me
It's All Over Now
Suzie Q
Can I Get a Witness

1964-08-01 Belfast
1964-08-03 Longleat House
1964-08-07 Richmond Athletic Ground, London
1964-08-08 Kurzaal - Kurhaus, Scheveningen, Netherlands
1964-08-09 New Elizabethan Ballroom, Belle Vue, Manchester
1964-08-10 Tower Ballroom, New Brighton
1964-08-13 Palace Ballroom,Douglas, Isle of Man
1964-08-18 New Theatre Ballroom, St. Peter Port, Guernsey
1964-08-19 New Theatre Ballroom, St. Peter Port, Guernsey
1964-08-20 New Theatre Ballroom, St. Peter Port, Guernsey
1964-08-21 Springfield Hall, St. Helier, Jersey
1964-08-22 Springfield Hall, St. Helier, Jersey
1964-08-24 Weymouth, Dorset

British Tour 1964 (Part.4)

1964年9月5日〜10月11日

◉セット・リスト

1. Not Fade Away
2. I Just Want To Make Love To You
3. Walking The Dog
4. If You Need Me
5. Around and Around
6. I'm A King Bee
7. I'm Alright
8. It's All Over Now

1964-09-05 Astoria Theatre, Finsbury Park, London (2 shows)
1964-09-06 Odeon Theatre, Leicester (2 shows)
1964-09-08 Odeon Theatre, Colchester (2 shows)
1964-09-09 Odeon Theatre, Luton (2 shows)
1964-09-10 Odeon Theatre, Cheltenham (2 shows)
1964-09-11 Capitol Theatre, Cardiff, Wales (2 shows)
1964-09-13 Empire Theatre, Liverpool (2 shows)
1964-09-14 ABC Theatre, Chester (2 shows)
1964-09-15 Manchester (2 shows)
1964-09-16 ABC Theatre, Wigan (2 shows)
1964-09-17 ABC Theatre, Carlisle (2 shows)
1964-09-18 Odeon Theatre, Newcastle upon Tyne (2 shows)
1964-09-19 Usher Hall, Edinburgh, Scotland (2 shows)
1964-09-20 ABC Theatre, Stockton-on-Tees (2 shows)
1964-09-21 ABC Theatre, Kingston-upon-Hull (2 shows)
1964-09-22 ABC Theatre, Lincoln (2 shows)
1964-09-24 Gaumont Theatre, Doncaster (2 shows)
1964-09-25 Gaumont Theatre, Hanley (2 shows)
1964-09-26 Gaumont Theatre, Bradford (2 shows)
1964-09-27 Hippodrome Theatre, Birmingham (2 shows)
1964-09-28 Odeon Theatre, Romford (2 shows)
1964-09-29 Odeon Theatre, Guildford (2 shows)
1964-10-01 Colston Hall, Bristol (2 shows)
1964-10-02 Odeon Theatre, Exeter (2 shows)
1964-10-03 Regal Theatre, Edmonton, London (2 shows)
1964-10-04 Gaumont Theatre, Southampton (2 shows)
1964-10-05 Gaumont Theatre, Wolverhampton (2 shows)
1964-10-06 Gaumont Theatre, Watford (2 shows)
1964-10-08 Odeon Theatre, Lewisham, London (2 shows)
1964-10-09 Gaumont Theatre, Ipswich (2 shows)
1964-10-10 Odeon Theatre, Southend (2 shows)
1964-10-11 Hippodrome, Brighton (2 shows)

●アメリカでのセカンド・アルバム、『12×5』を64年10月17日に発売したストーンズは、再び米国ツアーを敢行した。16日間で10か所、11公演という短い日程だったが、西海岸のサン・ディエゴでプレイした翌日に中西部のクリーヴランドに現れるという、なかなかの強行軍である。

また、この頃からバンドにドラッグが入り込んできた。サーキットの後半にはブライアンが離脱する。

American Tour 1964 (Part.2)

1964年10月24日〜11月11日

◉セット・リスト

1. Not Fade Away
2. Walking The Dog
3. If You Need Me
4. Carol
5. Time Is On My Side
6. Around and Around
7. Tell Me
8. It's All Over Now
9. Hi-Heel Sneakers
10. You Can Make It If You Try
11. I'm A King Bee
12. I'm Alright

1964-10-30 Memorial Auditorium, Sacramento, California
1964-11-01 Civic Auditorium, Long Beach, California
1964-11-02 Balboa Park Bowl, San Diego, California
1964-11-03 Public Hall, Cleveland, Ohio
1964-11-04 Loews Theater, Providence, Rhode Island
1964-11-11 Auditorium, Milwaukee, Wisconsin (without Brian Jones)
1964-11-12 War Memorial Coliseum, Fort Wayne, Indiana (without Brian Jones)
1964-11-13 Wampler's Hara Arena, Dayton, Ohio (without Brian Jones)
1964-11-14 Memorial Auditorium, Louisville, Kentucky (2 shows) (without Brian Jones)
1964-11-15 Arie Crown Theatre, Chicago, Illinois

12X5

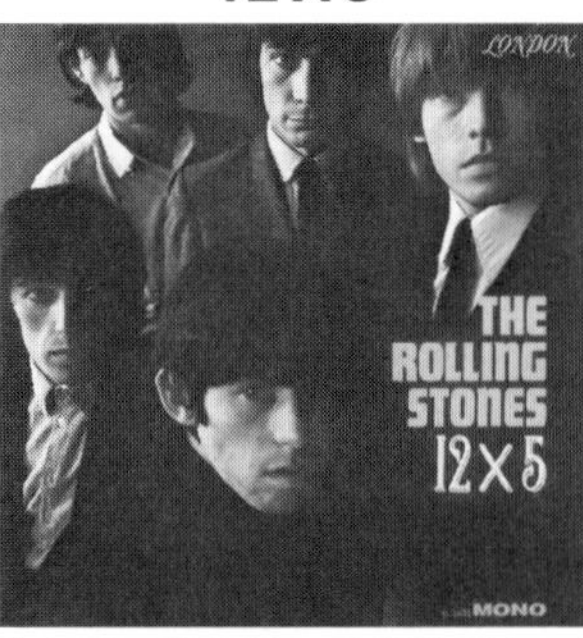

米・London：LL 3402 (mono)／PS 402 (stereo)
録音：1964年２月、６月、９月
発売：1964年10月17日
［A］1. Around And Around / 2. Confessin' The Blues / 3. Empty Heart / 4. Time Is On My Side / 5. Good Times, Bad Times / 6. It's All Over Now
［B］1. 2120 South Michigan Avenue / 2. Under The Boardwalk / 2. Congratulations / 3. Grown Up Wrong / 4. If You Need Me / 5. Susie Q
プロデューサー：Andrew Loog Oldham
参加ミュージシャン：
Ian Stewart (organ, p)

アメリカに初上陸した際に、憧れのチェス・スタジオで録音した7曲――すなわち「アラウンド・アンド・アラウンド」「コンフェッション・ザ・ブルーズ」「エンプティ・ハート」「タイム・イズ・オン・マイ・サイド」「イッツ・オール・オーヴァー・ナウ」「2010サウス・ミシガン・アヴェニュー」「イフ・ユー・ニード・ミー」を核とするアルバムということもあってか、アメリカ先行発売。タイトルは12曲を5人で演奏しているという意味だ。前作も全米11位という好成績だったが、これは3位まで上がり、ビートルズに続くバンドであることを強く印象づけた。

6月10、11日のチェス・セッションにはチャック・ベリー、バディ・ガイ、ウィリー・ディクソン、マディ・ウォーターズといった面々が挨拶に訪れ、ウォーターズにいたってはストーンズの荷物を運んでくれたというのだから感激もひとしおだったと思う。その気持ちが表れているのがスタジオの住所がタイトルになったお遊びのインスト・ナンバー「2010サウス・ミシガン・アヴェニュー」だが、これがなかなか微笑ましいのである。

伝説的な録音の多くを手掛けたチェス・スタジオのエンジニア、ロン・マロによる4トラック録音には納得がいったらしく、以後ストーンズは〝レコーディングはアメリカで〟を可能なかぎり実践していくことになるのだ。

「イッツ・オール・オーヴァー・ナウ」はニューヨークのDJ、マレー・ザ・Kに勧められたヴァレンティノズの最新曲をすぐさま取り上げたものだが、得意の2ビート・パターンに改変することで〝ストーンズらしさ〟を提示しているところは見逃せない。そこここにフレキシブルな姿勢が見て取れる初期の好盤だ。

和久井

The Rolling Stones No. 2

英・Decca：LK 4661 (mono)
録音：1964年2月、6月、9月、11月
発売：1965年1月16日
[A] 1. Everybody Needs Somebody To Love / 2. Down Home Girl / 3. You Can't Catch Me / 4. Time Is On My Side / 5. What A Shame / 6. Grown Up Wrong
[B] 1. Down The Road Apiece / 2. Under The Boardwalk / 3. I Can't Be Satisfied / 4. Pain In My Heart / 5. Off The Hook / 6. Suzie-Q
プロデューサー：Andrew Loog Oldham
参加ミュージシャン：
Ian Stewart (organ, p)
Jack Nitzsche (p, per)

チェス録音の「イッツ・オール・オーヴァー・ナウ」は英国で6月26日（アメリカでは7月14日）にシングルとしてリリースされ、英国ではストーンズにとって初めてのナンバー・ワン・ヒットとなった。

その勢いを加速させようとしたのか、英デッカは「アラウンド・アンド・アラウンド」（チャック・ベリー作）、「コンフェッション・ザ・ブルーズ」（ブルーズ・クラシックをリトル・ウォルターのヴァージョンを参考にカヴァー）、「エンプティ・ハート」（ジャガー／リチャーズ作）、インストの「2010サウス・ミシガン・アヴェニュー」、「イフ・ユー・ニード・ミー」（ソロモン・バークが63年にヒットさせたばかりだった）を、7インチ／5曲入りのEP“Five By Five”として8月14日にリリースしたのだ。

英国では続くシングル「リトル・レッド・ルースター」も1位になったから、アルバムはツアーに合わせたタイミングとなったのかもしれない。ジャケットはデイヴィット・ペイリーによる同じ写真だが、ファーストに倣って英国盤のフロント・カヴァーにはデッカのマークしか入れず、スタイリッシュに決めているのがいい。もちろん表のみコーティングのペラペラのスリーヴだし、音はアメリカ盤に敵わないが、デッカの赤／耳レーベル／モノラル盤こそが〝ストーンズのセカンドの本物〟という気がする。しょうがないよね、それは。

フランス、ドイツなどヨーロッパではあいだに編集盤『アラウンド・アンド・アラウンド』が出てしまったため、このアルバムのフランス盤、オランダ盤などはジャケットが同じ（表にタイトルなし）なのに、タイトルは『No.3』。コーティングで文字なしだから英国盤だと判断すると大間違いなので、裏を見ること。

和久井

Irish Tour 1965 (Part.1)

1965年1月6日～1月8日

◆参加ミュージシャン：Ian Stewart (p)

◉セット・リスト

1. (intro) Everybody Needs Somebody To Love
2. Pain In My Heart
3. Off The Hook
4. Route 66
5. Down The Road Apiece
6. I'm Moving On
7. Little Red Rooster
8. I'm Alright
9. The Last Time
10. Everybody Needs Somebody To Love (full version)

1965-01-06 ABC Theatre, Belfast, Northern Ireland (2 shows)
1965-01-07 Adelphi Theatre, Dublin, Ireland (2 shows)
1965-01-08 Savoy Theatre, Cork, Ireland (2 shows)

Far East Tour 1965

1965年1月22日～2月16日

◉セット・リスト

1. Not Fade Away
2. Walking The Dog
3. Under The Boardwalk
4. Little Red Rooster
5. Around and Around
6. Heart of Stone
7. Time Is On My Side
8. It's All Over Now

1965-01-22 Manufacturer's Auditorium - Agricultural Hall, Sydney, Australia (2 shows)
1965-01-23 Manufacturer's Auditorium - Agricultural Hall, Sydney, Australia (3 shows)
1965-01-25 City Hall, Brisbane, Australia (2 shows)
1965-01-26 City Hall, Brisbane, Australia (2 shows)
1965-01-27 Manufacturer's Auditorium - Agricultural Hall, Sydney, Australia (2 shows)
1965-01-28 Palais Theatre, St. Kilda, Australia (2 shows)
1965-01-29 Palais Theatre, St. Kilda, Australia (3 shows)
1965-02-01 Theatre Royal, Christchurch, New Zealand (2 shows)
1965-02-02 Civic Theatre, Invercargill, New Zealand (2 shows)
1965-02-03 Town Hall, Dunedin,New Zealand (2 shows)
1965-02-06 Town Hall, Auckland, New Zealand (2 shows)
1965-02-08 Town Hall, Wellington, New Zealand (2 shows)
1965-02-10 Palais Theatre, St. Kilda, Australia (2 shows)
1965-02-11 Centennial Hall, Adelaide, Australia (2 shows)
1965-02-13 Capitol Theatre, Perth, Australia (3 shows)
1965-02-16 Singapore Badminton Stadium (2 shows)

British Tour 1965 (Part.1)

1965年3月5日～3月18日

◉セット・リスト

1. (intro) Everybody Needs Somebody To Love
2. Pain In My Heart
3. Down The Road Apiece
4. Time Is On My Side
5. I'm Alright
6. Little Red Rooster
7. Route 66
8. I'm Moving On
9. The Last Time
10. Everybody Needs Somebody To Love (full version)

1965-03-05 Regal Theatre, London, Edmonton (2 shows)
1965-03-06 Empire Theatre, Liverpool (2 shows)
1965-03-07 Palace Theatre, Manchester (2 shows)
1965-03-08 Futurist Theatre, Scarborough (2 shows)
1965-03-09 Odeon Theatre, Sunderland (2 shows)
1965-03-10 ABC Theatre, Huddersfield (2 shows)
1965-03-11 City Hall, Sheffield (2 shows)
1965-03-12 Trocadero Theatre, Leicester (2 shows)
1965-03-13 Granada Theatre, Rugby (2 shows)
1965-03-14 Odeon Theatre, Rochester (2 shows)
1965-03-15 Odeon Theatre, Guildford (2 shows)
1965-03-16 Granada Theatre, Greenford (2 shows)
1965-03-17 Odeon Theatre, Southend (2 shows)
1965-03-18 ABC Theatre, Romford (2 shows)

European Tour 1965 (Part.1)

1965年3月26日～4月2日

◉セット・リスト

1. Everybody Needs Somebody To Love
2. Tell Me
3. Around And Around
4. Time Is On My Side
5. It's All Over Now
6. Little Red Rooster
7. Route 66
8. The Last Time

1965-03-26 Fyns Forum, Odense, Denmark (2 shows)
1965-03-28 Tivolis Koncertsal, Copenhagen, Denmark (2 shows)
1965-03-30 Tivolis Koncertsal, Copenhagen, Denmark (2 shows)
1965-03-31 Masshallen, Gothenburg, Sweden (2 shows)
1965-04-01 Kungliga Tennishallen, Stockholm, Sweden
1965-04-02 Kungliga Tennishallen, Stockholm, Sweden

European Tour 1965 (Part.2)

1965年4月16日～4月18日

◉セット・リスト

1. (intro) Everybody Needs Somebody To Love
2. Around And Around
3. Off The Hook
4. Time Is On My Side
5. Carol
6. It's All Over Now
7. Little Red Rooster
8. Route 66
9. Everybody Needs Somebody To Love (full version)
10. The Last Time
11. I'm Alright
12. Hey Crawdaddy

1965-04-16 L'Olympia, Paris, France
1965-04-17 L'Olympia, Paris, France
1965-04-18 L'Olympia, Paris, France

●英国で『ザ・ローリング・ストーンズNo.2』が発売されたのが、65年1月15日。前後してヨーロッパ、オセアニアを回るツアーが組まれている。『No.2』のオープニングを飾った「エヴリバディ・ニーズ・サムバディ・トゥ・ラヴ」をショウの最初と最後に配したセット・リストが残されているが、オーストラリア・ツアーでは外された。まだレコードとコンサートは別物の時代だったのである。

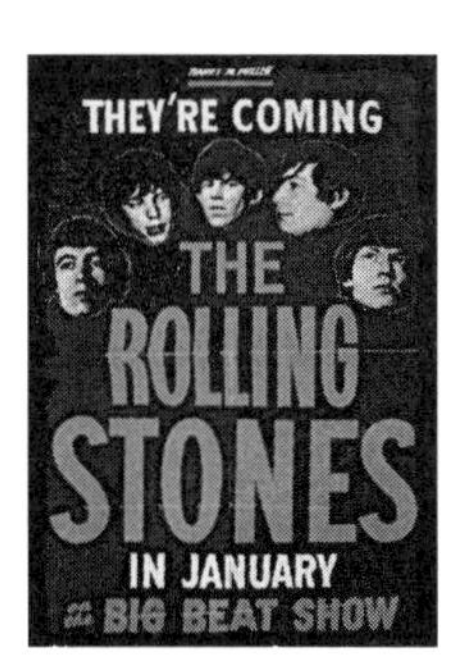

The Rolling Stones, Now!

米・London：LL 3420 (mono)／PS 420 (stereo)
録音：1964年7月、9月、11月
発売：1965年2月13日
［A］1. Everybody Needs Somebody To Love / 2. Down Home Girl / 3. You Can't Catch Me / 4. Heart Of Stone / 5. What A Shame / 6. Mona (I Need You Baby)
［B］1. Down The Road Apiece / 2. Off The Hook / 3. Pain In My Heart / 4. Oh Baby (We Got A Good Thing Goin') / 5. Little Red Rooster / 6. Surprise, Surprise
プロデューサー：Andrew Loog Oldham
参加ミュージシャン：
Ian Stewart (p)
Jack Nitzsche (p)

英国盤『No.2』の1か月後にリリースされたアメリカで3枚目のアルバムは、64年11月2、3日に行われた初のRCAスタジオ・セッションからの「エヴリバディ・ニーズ・サムバディ・トゥ・ラヴ」「ダウン・ホーム・ガール」「ハート・オブ・ストーン」「ペイン・イン・マイ・ハート」「オー・ベイビー」、8日に行われた2度目のチェス録音からの「ホワット・ア・シェイム」、1回目のチェス録音からの「ダウン・ザ・ロード・アピース」というアメリカ録音が核となっている。英国の女性ポップ・シンガー、ルルに提供した「サプライズ、サプライズ」など4曲がロンドン録音だが、やはりポイントとなるのはジャック・ニッチェやフィル・スペクターも参加してのRCAセッションだろう。

CDで差し替えになるまで、ミスでデモ・ヴァージョンが入ってしまった「エヴリバディ・ニーズ・サムバディ・トゥ・ラヴ」がそのままだったり、英国盤のファーストからの「モナ」がここで出てきたりしたのはいただけないが、ストーンズのレコーディング・キャリアの転換点と思えるところも多々あるので、実は重要作だ。

タイトルとジャケがいかにもアメリカ編集盤らしいし、英国盤に対応するものがないことが輪をかけていたから、私もCDで聴くまで軽視していたのだけれど、ジャック・ニッチェがビートルズにおけるジョージ・マーティンの役割を担っているのがよくわかったり、ブライアンのスライドが冴えわたるハウリン・ウルフのカヴァー「リトル・レッド・ルースター」（これが全英1位というのはスゴイことだった）を収録していたり、まさに〝ナウ〟という格好で、〝英国では出なかったサード・アルバム〟という趣なのである。ジャケットはこれもデイヴィッド・ペイリー。

和久井

●65年2月に米国で発売された『ザ・ローリング・ストーンズ、ナウ！』を引っさげて敢行された北米ツアー。最終日となった5月29日には、ニューヨークのアカデミー・オブ・ミュージックで3回の公演が行われている。1927年に建設された3400席の劇場で、この頃は映画館として使われていた。のちにコンサート・ホールとなり、ザ・バンドの『ロック・オブ・エイジズ』が録音されている。

American Tour 1965 (Part.1)

1965年4月23日〜5月29日

◉演奏曲

Everybody Needs Somebody To Love
Around And Around
Off The Hook
Little Red Rooster
Time Is On My Side
Carol
It's All Over Now
Route 66
I'm Alright
Pain In My Heart
The Last Time

1965-04-23 Maurice Richard Arena, Montreal, Canada
1965-04-24 Auditorium, Ottawa, Canada
1965-04-25 Maple Leaf Gardens, Toronto, Canada
1965-04-26 Treasure Island Gardens, London, Canada
1965-04-29 Palace Theatre, Albany, New York (2 shows)
1965-04-30 Memorial Auditorium, Worcester, Massachusetts
1965-05-01 Academy Of Music, New York City
1965-05-02 Convention Hall, Philadelphia, Pennsylvania
1965-05-04 Southern College - Hanner Gymnasium, Statesboro, Georgia
1965-05-06 Jack Russell Stadium, Clearwater, Florida
1965-05-07 Legion Field Stadium, Birmingham, Alabama
1965-05-08 Coliseum, Jacksonville, Florida
1965-05-09 Arie Crown Theater - McCormick Place, Chicago, Illinois
1965-05-14 New Civic Auditorium, San Francisco, California
1965-05-15 Swing Auditorium, San Bernardino, California
1965-05-16 Civic Auditorium, Long Beach, California
1965-05-17 Convention Hall - Community Concourse, San Diego, California
1965-05-21 Civic Auditorium, San Jose, California
1965-05-22 Ratcliffe Stadium - Municipal Auditorium, Fresno, California
1965-05-23 Municipal Auditorium, Sacramento, California
1965-05-29 Academy Of Music, New York City (3 shows)

(gettyimages)

Out Of Our Heads (US)

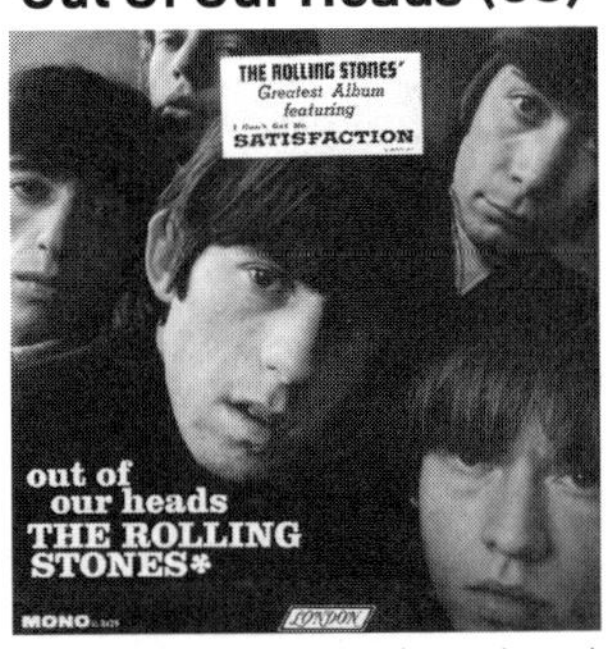

米・London：LL 3429 (mono)／PS 429 (stereo)
録音：1964年5月、11月、1965年5月
発売：1965年7月30日
[A] 1. Mercy, Mercy / 2. Hitch Hike / 3. The Last Time / 4. That's How Strong My Love Is / 5. Good Times / 6. I'm All Right
[B] 1. Satisfaction / 2. Cry To Me / 3. The Under Assistant West Coast Promotion Man / 4. Play With Fire / 5. The Spider And The Fly / 6. One More Try
プロデューサー：Andrew Loog Oldham
参加ミュージシャン：
Ian Stewart (p, marimba)
Jack Nitzsche (p, organ, per)

「サティスファクション」の大ヒットを受けて、ついに全米ナンバー・ワンに輝いた初期の傑作。英1位、米9位となったひとつ前のシングル曲「ラスト・タイム」を含んでいることもあって〝65年のストーンズ〟がくっきりと浮かび上がっている印象がある。黒人のミュージシャンに〝プラスティック・ソウル〟と揶揄されたというのはこのアルバムだったはずだが、それを面白がったポール・マッカートニーの発案によってビートルズの次のアルバムが『ラバー・ソウル』となったのだから、ロックの最前線にいた英国勢は「贋物でけっこう」と開き直っていたんだと思う。

録音は、「マーシー・マーシー」「ダウン・ホーム・ガール」「ザッツ・ハウ・ストロング・マイ・ラヴ・イズ」「ジ・アンダー・アシスタント・ウエスト・コースト・プロモーション・マン」が65年5月10日のチェス・スタジオ、「ヒッチ・ハイク」が64年11月のRCAスタジオ、「ラスト・タイム」と「プレイ・ウィズ・ファイアー」が65年1月17、18日、「グッド・タイムズ」「サティスファクション」「クライ・トゥ・ミー」「ザ・スパイダー・アンド・ザ・フライ」「ワン・モア・トライ」が同年5月12、13日のRCAスタジオである。つまりほとんどアメリカ録音。「アイム・オール・ライト」だけ、『ガット・ライヴ・イフ・ユー・ウォント・イット』に収録されることになるライヴ録音で、エンジニアはグリン・ジョンズである。

チェス・セッションでのフォーク・ロック調に納得がいかなかった「サフィスファクション」を、チャーリーのアイディアでワイルドなロック・チューンに改変するなど、スタジオ・ワークの充実ぶりが窺えるのがミソ。ジャケでキースがデカイのは、同曲のイントロのようではないか！**和久井**

Out Of Our Heads (UK)

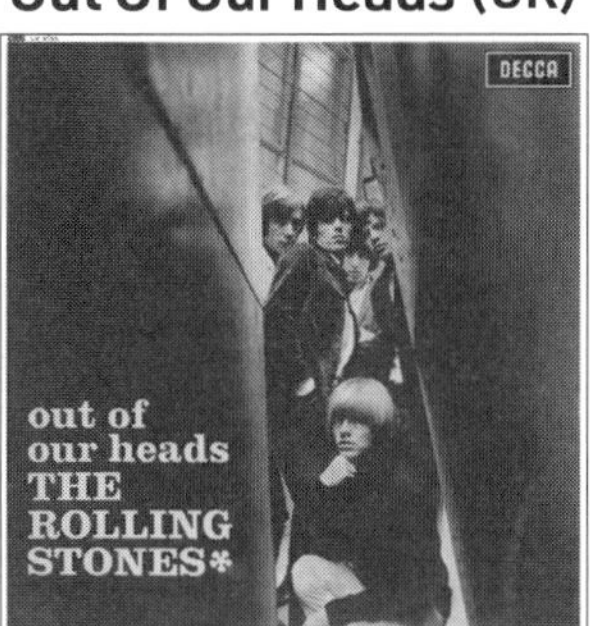

英・Decca：LK 4773 (mono)／SLK 4773 (stereo)
録音：1964年11月、1965年５月、９月
発売：1965年９月24日
［A］1. She Said Yeah / 2. Mercy, Mercy / 3. Hitch Hike / 4. That's How Strong My Love Is / 5. Good Times / 6. Gotta Get Away
［B］1. Talkin' 'Bout You / 2. Cry To Me / 3. Oh, Baby (We Got A Good Thing Going On) / 4. Heart Of Stone / 5. The Under Assistant West Coast Promotion Man / 6. I'm Free
プロデューサー：Andrew Loog Oldham
参加ミュージシャン：
Ian Stewart (p, marimba)
Jack Nitzsche (organ)

アメリカより2か月遅れてリリースされた英国盤は、ロンドンのバンドらしいスタイリッシュさが守られたジャケのポートレイトが何より印象に残る。ファーストから並べてみると、英国におけるストーンズが見えてくるような風情もあるのがいい。全英チャートでは2位まで上がった。

けれど、65年の象徴となるヒット曲「ラスト・タイム」と「サティスファクション」が収録されていないため、アメリカ盤よりかなり地味で、このころのストーンズのイケイケな感じは抑えられているのだ。シングルとアルバムの差を意識したのかもしれないが、ちょっと逆戻りしているように受け取れるのが残念。

その分、「ハート・オブ・ストーン」のモッドなソウル感が前に出ているから、後続のスモール・フェイシズやザ・フーに与えた影響が窺えたりする。つまり、「ブリティッシュ・ビート・バンドの歴史に並べるにはこっち」という気もしてくるのが面白いところなのだ。アンドルー・オールダムがこの年にイミディエイト・レコーズを興すことを考えると、〝モッズ受け〟するのはこういう音だろう、という彼の目論見があぶり出されてくるし、ジャケットも含めたトータル・パッケージとしての狙いにも納得がいくのである。

翌年、薬物問題でストーンズと距離ができたと言われているが、個人としては英国でのビジネスをいちばんに考えているアンドルーと、世界にどんどん出て行きたいストーンズの思惑は、このあたりからズレてきているようにも思えるわけで、米・英の盤を聴き比べると、優秀な息子を東大に行かせるか、ハーバードに留学させるか考えてしまう親の心境になってしまったりするのである。私は絶対に留学派だからアメリカ盤なのだけれど……。

和久井

●米国ツアーから戻ったストーンズは、6月にスコットランドを皮切りに、ヨーロッパを回る短いツアーに出た。そして、9月の英国盤『アウト・オブ・アワ・ヘッズ』リリースに合わせて、またもやアイルランドのショート・サーキットへと出向く。
英国では5月に発売された「サティスファクション」がセット・リストに定着し、カヴァー中心のステージから徐々に変化を遂げていった時期にあたる。

European Tour 1965 (Part.3)

1965年6月15日～6月29日

◉**演奏曲**

Not Fade Away
Route 66
Off The Hook
Little Red Rooster
Come On
Play With Fire
Pain In My Heart
It's All Over Now
The Last Time
I'm Moving On
I'm Alright
Around and Around
Time Is On My Side
Everybody Needs Somebody To Love

1965-06-15 Odeon Theatre, Glasgow, Scotland (2 shows)
1965-06-16 Usher Hall, Edinburgh, Scotland (2 shows)
1965-06-17 Capitol Theatre, Aberdeen, Scotland (2 shows)
1965-06-18 Caird Hall, Dundee, Scotland (2 shows)
1965-06-24 Messehallen, Oslo, Norway (2 shows)
1965-06-25 Yyteri Beach, Porin maalaiskunta, Finland
1965-06-26 Falkoner Centret, Copenhagen, Denmark (2 shows)
1965-06-29 Baltiska hallen, Malmö, Sweden (2 shows)

Irish Tour 1965 (Part.2)

1965年9月3日～9月4日

◉**演奏曲**

Everybody Needs Somebody To Love
Pain In My Heart
Around and Around
Time Is On My Side
I'm Moving On
The Last Time
(I Can't Get No) Satisfaction
I'm Alright

1965-09-03 Adelphi Theatre, Dublin, Ireland (2 shows)
1965-09-04 ABC Theatre, Belfast, Northern Ireland (2 shows)

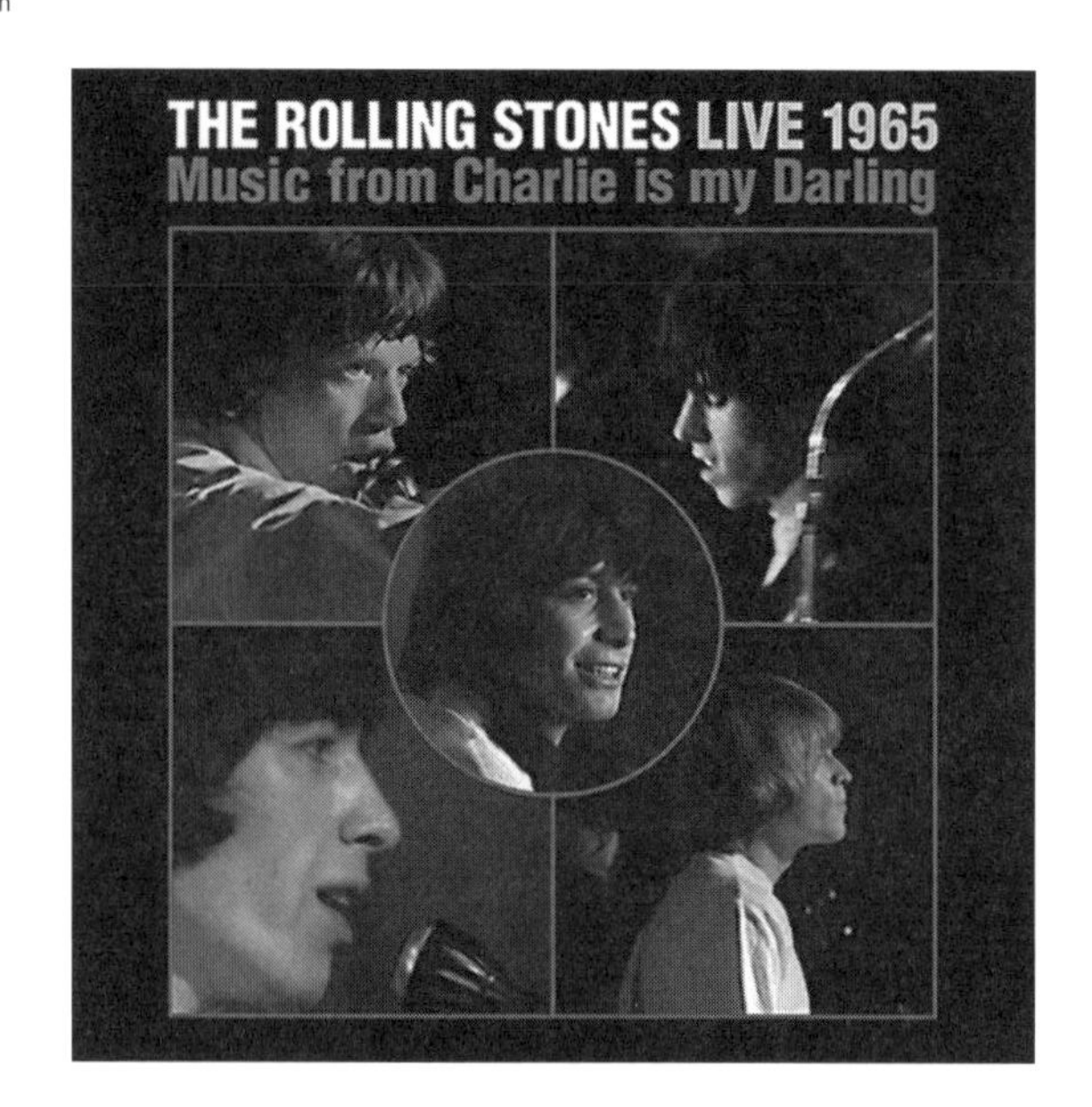

THE ROLLING STONES LIVE 1965
Music from Charlie is my Darling

Charlie Is My Darling : Ireland 1965

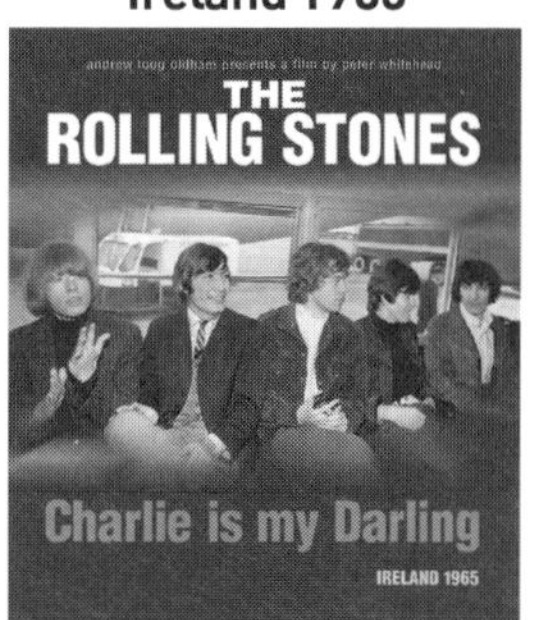

ABKCO Films:3878110069 [Blu-ray+DVD+CD+10″]
録音:1965年9月3日、4日
発売:2012年11月2日
[Blu-ray] Charlie Is My Darling - Ireland 1965
[DVD] Charlie Is My Darling - Ireland 1965
[CD1] Charlie Is My Darling Soundtrack:
1. Play With Fire / 2. Heart Of Stone / 3. Who Do You Like In The Group? / 4. The Last Time (Live) / 5. Time Is On My Side (Live) / 6. I'm Alright (Live) / 7. The Next House We'll Turn The Screaming Down / 8. Theme For A Rolling Stone / 9. Nice Tea /10. Maybe It's Because I'm A Londoner / 11. Play With Fire / 12. Tell Me / 13. Heart Of Stone / 14. Are You Going To The Show? / 15. Everybody Needs Somebody To Love (Live) / 16. Pain In My Heart (Live) 17. Blue Turns To Grey / 18. Subconsciously Supernatural / 19. (I Can't Get No) Satisfaction / 20. The Moon In June / 21. (I Can't Get No) Satisfaction (Live) / 22. Going Home
[CD2] Live In England, '65: 1. Show Intro / 2. Everybody Needs Somebody To Love / 3. Pain In My Heart / 4. Down The Road Apiece / 5. Time Is On My Side / 6. I'm Alright / 7. Off The Hook / 8.Charlie's Intro To Little Red Rooster / 9. Little Red Rooster / 10. Route 66 / 11. I'm Moving On / 12. The Last Time / 13. Everybody Needs Somebody To Love

[10″] Live In England, '65
プロデューサー:Andrew Loog Oldham (1966), Robin Klein (2012)

1966年のマンハイム映画祭で上映された映画『チャーリー・イズ・マイ・ダーリン』は、権利関係の問題で一般公開やソフト化がなされないまま、フィルムが散逸した。その元の素材から新たに再編集したのが、この『チャーリー・イズ・マイ・ダーリン:アイルランド1965』だ。上映時間は34分から64分へと大幅に増えた。65年9月のアイルランド・ツアーで撮影されたものだが、実質的には2012年の新作映画と言ってよい仕上がりになっている。

もともとは、ストーンズが映像的にどういう見え方をするか、検証するテストのために制作されたらしく、何らかのテーマを追うというよりも、アイルランド・ツアーに密着して、その様子全体をカメラに収めていくといった撮り方になっている。

それが結果的に良かった。再編集版での、未来の視点で当時のストーンズの姿を見ているような映像は、時代のうねりまでが捉えられているようにも思える。作品の中でミックは、「何もかもが変わったんだ」と繰り返すのだが、その変化の只中にいる自分たちを、冷静に俯瞰しているメンバーたちの姿が印象的だ。

ライヴ映像や、観客へのインタヴューからは、人気の上ではミックとブライアンのバンドだったことが分かる。一方、何度も挟まれるセッション風景ではキースのギターの重要性が描かれた。興味深い対比だ。

とくに、キースのアコースティック・ギターによるコード演奏に、メロディを乗せながら歌詞を紡ぐミックを捉えた「シッティン・オン・ア・フェンス」のセッションを、ライヴに興奮した客が何人もステージ上で暴れて、演奏が中止になるシーンの直後に挿入するところが上手い。

エンディングもセッション風景で締めた「分かっている」編集が良いのだ。 **納富**

●ストーンズは65年9月のアイルランド・ツアーのあと、間髪を入れずヨーロッパ、英国をサーキットした。記録によると英国では、9月24日のロンドンを皮切りに連続24日間、連日2ステージをこなしている。マンネリを避けるかのように、『アウト・オブ・アワ・ヘッズ』にも収録された「ザッツ・ハウ・ストロング・マイ・ラヴ・イズ」(O.V.ライト、オーティス・レディング)がレパートリーに加えられた。

European Tour 1965 (Part.4)

1965年9月11日〜17日

◉演奏曲

Everybody Needs Somebody To Love
Pain In My Heart
Around and Around
Time Is On My Side
I'm Moving On
The Last Time
(I Can't Get No) Satisfaction
I'm Alright

1965-09-11 Halle Münsterland, Münster, West Germany (2 shows)
1965-09-12 Grugahalle, Essen, West Germany (2 shows)
1965-09-13 Ernst-Merck-Halle, Hamburg, West Germany (2 shows)
1965-09-14 Zirkus Krone-Bau, Munich, West Germany (2 shows)
1965-09-15 Waldbühne, West Berlin, West Germany
1965-09-17 Stadthalle, Vienna, Austria

British Tour 1965 (Part.2)

1965年9月24日〜10月17日

◉演奏曲

She Said Yeah
Mercy, Mercy
Hitch Hike
Cry To Me
The Last Time
That's How Strong My Love Is
I'm Moving On
Talkin' 'Bout You
Oh Baby
(I Can't Get No) Satisfaction

1965-09-24 Astoria Theatre, London (2 shows)
1965-09-25 Gaumont Theatre, Southampton (2 shows)
1965-09-26 Colston Hall, Bristol (2 shows)
1965-09-27 Odeon Theatre, Cheltenham (2 shows)
1965-09-28 Capitol Theatre, Cardiff (2 shows)
1965-09-29 Granada Theatre, Shrewsbury (2 shows)
1965-09-30 Gaumont Theatre, Hanley (2 shows)
1965-10-01 ABC Theatre, Chester (2 shows)
1965-10-02 ABC Theatre, Wigan (2 shows)
1965-10-03 Odeon Theatre, Manchester (2 shows)
1965-10-04 Gaumont Theatre, Bradford (2 shows)
1965-10-05 ABC Theatre, Carlisle (2 shows)
1965-10-06 Odeon Theatre, Glasgow (2 shows)
1965-10-07 City Hall, Newcastle (2 shows)
1965-10-08 ABC Theatre, Stockton-on-Tees (2 shows)
1965-10-09 Odeon Theatre, Leeds (2 shows)
1965-10-10 Empire Theatre, Liverpool (2 shows)
1965-10-11 Gaumont Theatre, Sheffield (2 shows)
1965-10-12 Gaumont Theatre, Doncaster (2 shows)
1965-10-13 De Montfort Hall, Leicester (2 shows)
1965-10-14 Odeon Theatre, Birmingham (2 shows)
1965-10-15 Regal Theatre, Cambridge (2 shows)
1965-10-16 ABC Theatre, Northampton (2 shows)
1965-10-17 Granada Theatre, London (2 shows)

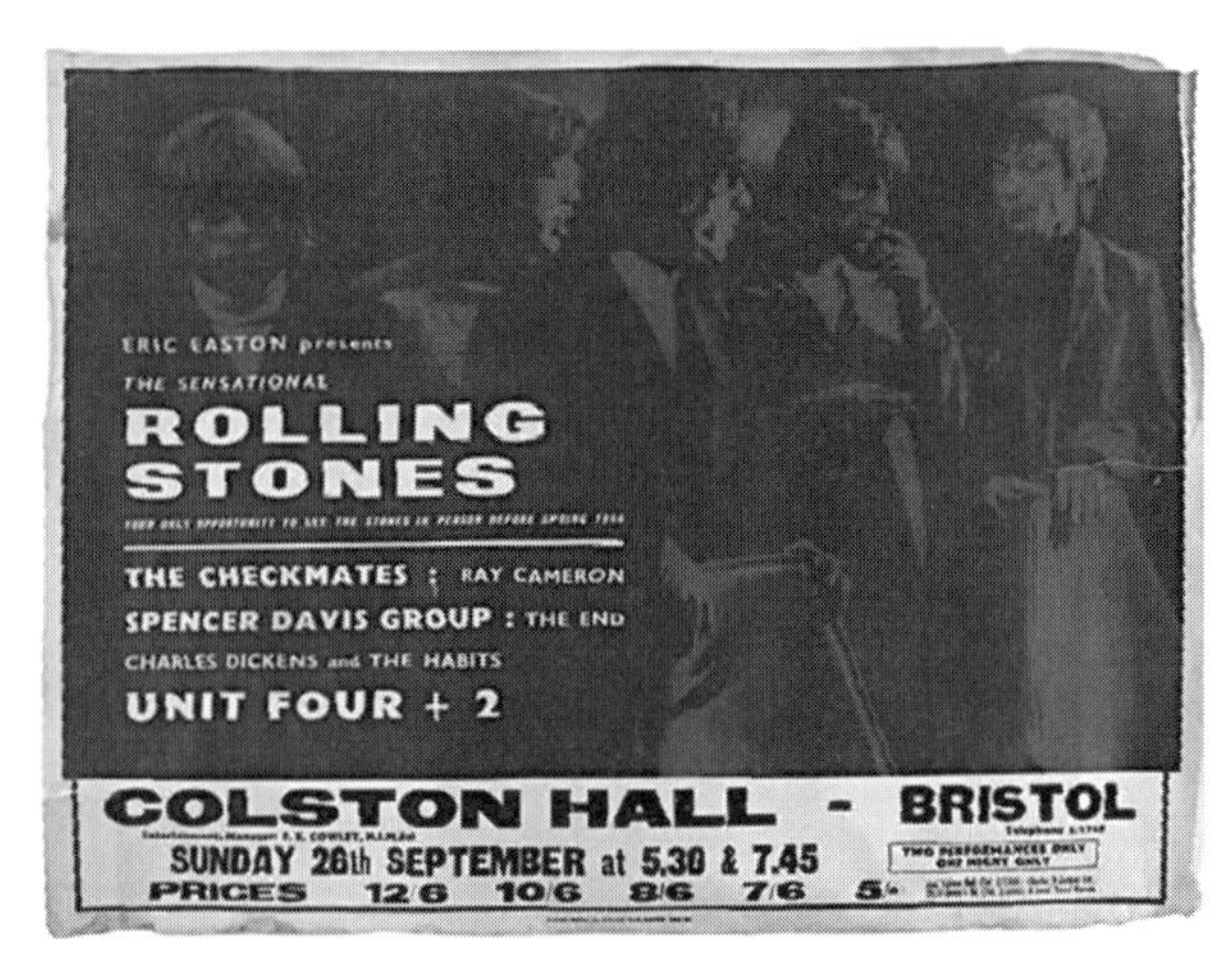

On Air

Polydor/ABKCO：B0027711-02［CD］
録音：1963年10月、1964年2月、4月、5月、7月、10月、1965年3月、8月、9月
発売：2017年12月1日
［1］1. Come On / 2. (I Can't Get No) Satisfaction / 3. Roll Over Beethoven / 4. The Spider And The Fly / 5. Cops And Robbers / 6. It's All Over Now / 7. Route 66 / 8. Memphis, Tennesse / 9. Down The Road Apiece / 10. The Last Time / 11. Cry To Me / 12. Mercy, Mercy / 13. Oh! Baby (We Got A Good Thing Goin') 14. Around And Around / 15. Hi Heel Sneakers / 16. Fannie Mae / 17. You Better Move On / 18. Mona
［2］1. I Wanna Be Your Man / 2. Carol / 3. I'm Moving On / 4. If You Need Me / 5. Walking The Dog / 6. Confessin' The Blues / 7. Everybody Needs Somebody To Love / 8. Little By Little / 9. Ain't That Loving You Baby /10 Beautiful Delilah / 11. Crackin' Up / 12. I Can't Be Satisfied / 13. I Just Want To Make Love To You / 14. 2120 South Michigan Avenue

英国BBCラジオの放送用に収録された、ストーンズのスタジオ・ライヴ集。ビートルズの『ライヴ・アット・ザ・BBC』から20年以上経っていたし、ザ・フーやクリームのBBC音源もとっくにリリースされていたので、いささか遅きに失した感がある。この時期のマスター・テープは残されておらず、他国へ配布された放送用ディスクなどを取り寄せて内容を吟味する時間が必要だったのだろう。選ばれた素材は、アビイ・ロード・スタジオでひとつのトラックから楽器ごとに音を分離する処理が行われた。ビートルズの『ライヴ・アット・ザ・ハリウッド・ボウル』に用いられた〝デミックス〟という技術だ。おかげで非常にくっきりとした音になっている。実際に当時のラジオから流れた音像とは別物と考えたほうがいい。

収録されたのは、63年10月から65年9月までのおよそ2年間。ストーンズにとっては63年6月のレコード・デビュー以降、レコーディングとライヴに明け暮れながら、しだいにR&Bのカヴァーからオリジナル曲が中心になっていった時期にあたる。アレンジにも変化が見られ、例えば最も初期の63年10月に演奏された「カム・オン」は、ライヴで培った成果なのか、すでにミックの歌い方などがデビュー・シングルとは違う。英盤シングル発売直後にあたる65年9月収録の「サティスファクション」も、歌い出しからレコードとはアプローチを変えてきている。

イアンがピアノを弾いたのは、65年3月の「ダウン・ザ・ロード・アピース」と「エヴリバディ・ニーズ・サムバディ・トゥ・ラヴ」の2曲のみ。基本は5人のメンバーでの一発録りだ。ラジオだけに大きく崩すことはないにしても、その時点でのバンドの有り様が記録されているのだ。 **森**

American Tour 1965 (Part.2)

1965年10月29日～12月5日

◉セット・リスト

1. She Said Yeah
2. Hitch Hike
3. Heart of Stone
4. Mercy, Mercy
5. That's How Strong My Love Is
6. Play With Fire
7. The Last Time
8. Good Times
9. Oh Baby
10. Get Off Of My Cloud
11. I'm Moving On
12. (I Can't Get No) Satisfaction

1965-10-29 Montreal Forum, Montreal, Canada
1965-10-30 Barton Hall, Cornell University, Ithaca
1965-10-30 War Memorial Hall, Syracuse
1965-10-31 Maple Leaf Gardens, Toronto, Canada
1965-11-01 Rochester Community War Memorial, Rochester
1965-11-03 Rhode Island Auditorium, Providence
1965-11-04 New Haven Arena, New Haven (2 shows)
1965-11-05 Boston Garden, Boston
1965-11-06 Academy of Music, New York City
1965-11-06 Philadelphia Convention Hall and Civic Center, Philadelphia
1965-11-07 Newark Symphony Hall, Newark (2 shows)
1965-11-10 Reynolds Coliseum, Raleigh
1965-11-12 Greensboro Coliseum, Greensboro
1965-11-13 Washington Coliseum, Washington, D.C.
1965-11-13 Baltimore Civic Center, Baltimore
1965-11-14 Knoxville Civic Coliseum, Knoxville
1965-11-15 Charlotte Coliseum, Charlotte
1965-11-16 Nashville Municipal Auditorium, Nashville
1965-11-17 Mid-South Coliseum, Memphis
1965-11-20 Hirsch Coliseum, State Fair Grounds, Shreveport
1965-11-21 Will Rogers Memorial Center, Fort Worth
1965-11-23 Assembly Center, Tulsa
1965-11-24 Civic Arena, Pittsburgh
1965-11-25 Milwaukee Arena, Milwaukee
1965-11-26 Cobo Hall, Detroit
1965-11-27 Hara Arena, Dayton
1965-11-27 Cincinnati Gardens, Cincinnati
1965-11-28 Arie Crown Theater, McCormick Place, Chicago (2 shows)
1965-11-29 Denver Coliseum, Denver
1965-11-30 Arizona Veterans Memorial Coliseum, Phoenix
1965-12-01 PNE Agrodome, Vancouver, Canada
1965-12-02 Seattle Coliseum, Seattle
1965-12-03 Sacramento Convention Center Complex, Sacramento (2 shows)
1965-12-04 San Jose Civic Auditorium, San Jose (2 shows)
1965-12-05 Community Concourse, Convention Hall, San Diego
1965-12-05 Los Angeles Memorial Sports Arena, Los Angeles

Australasian Tour 1966

1966年2月18日～3月1日

□サポート・アクト：The Searchers (in Sydney)

◉セット・リスト

1. Mercy, Mercy
2. She Said Yeah
3. Play With Fire
4. Not Fade Away
5. The Spider and the Fly
6. That's How Strong My Love Is
7. Get Off of My Cloud
8. 19th Nervous Breakdown
9. (I Can't Get No) Satisfaction

1966-02-18 Commemorative Auditorium Showgrounds, Sydney (2 shows)
1966-02-19 Commemorative Auditorium Showgrounds, Sydney (2 shows)
1966-02-21 Brisbane City Hall, Brisbane (2 shows)
1966-02-22 Centennial Hall, Adelaide (2 shows)
1966-02-24 Palais Theatre, St Kilda (2 shows)
1966-02-25 Palais Theatre, St Kilda (2 shows)
1966-02-26 Palais Theatre, St Kilda (2 shows)
1966-02-28 Town Hall, Wellington, New Zealand (2 shows)
1966-03-01 Civic Theatre, Auckland, New Zealand (2 shows)

●65年7月に発売になっていた米国盤『アウト・オブ・アワ・ヘッズ』のプロモーションを兼ねて、この年2回目のアメリカ・ツアーが行われた。ツアー・ファイナルに合わせるようにニュー・アルバム『ディッセンバーズ・チルドレン』をリリース。バンドはロサンゼルスに残り、ＲＣＡステジオでシングル「19thナーヴァス・ブレイクダウン」とアルバム『アフターマス』用のレコーディングを行っている。

European Tour 1966

1966年3月26日～4月5日

□サポート・アクト

Wayne Fontana & the Mindbenders
Ian Witcomb
Antoine et les Problèmes (les Charlots)
The Newbeats
Les Hou-Lops and Ronnie Bird

◉演奏曲

The Last Time
Mercy Mercy
She Said Yeah
Play With Fire
Not Fade Away
The Spider and the Fly
Time Is on My Side
19th Nervous Breakdown
Hang On Sloopy
Get Off of My Cloud
Around and Around
I'm All Right
(I Can't Get No) Satisfaction

1966-03-26 Brabanthal, Den Bosch, Netherlands
1966-03-27 Palais Des Sports, Schaerbeek, Belgium
1966-03-29 L'Olympia, Paris, France (2 shows)
1966-03-30 Salle Vallier, Marseille, France (2 shows)
1966-03-31 Palais d'Hiver, Lyon, France (2 shows)
1966-04-03 Kungliga Tennishallen, Stockholm, Sweden (2 shows)
1966-04-05 K.B. Hallen, Copenhagen, Denmark (2 shows)

December's Children (And Everybody's)

米・London：LL 3451 (mono)／PS 451 (stereo)
録音：1964年6月、1965年9月、10月
発売：1965年12月4日
[A] 1. She Said Yeah / 2. Talkin' About You / 3. You Better Move On / 4. Look What You've Done / 5. The Singer Not The Song / 6. Route 66
[B] 1. Get Off Of My Cloud / 2. I'm Free / 3. As Tears Go By / 4. Gotta Get Away / 5. Blue Turns To Grey / 6. I'm Moving On
プロデューサー：Andrew Loog Oldham
参加ミュージシャン：
Ian Stewart (p)

　ジャケットのポートレイト（ジェレッド・マンコーヴィッツによる）が英国盤『アウト・オブ・アワー・ヘッズ』と同じだから、在庫一掃セール的な編集盤だと思っている人も少なくないアルバムだが、「サティスファクション」に続く全米ナンバー・ワン・シングル「ゲット・オフ・マイ・クラウド」を完成させることになった65年9月6、7日のRCAスタジオ・セッション（ベーシック録りは7月2日〜12日）からのナンバーを中心にしたもので、「シー・セッド・イェー」「トーキン・アバウト・ユー」「ザ・シンガー・ノット・ザ・ソング」「ゲット・オフ・マイ・クラウド」「アイム・フリー」「ガッタ・ゲット・アウェイ」「ブルー・ターンズ・トゥ・グレイ」がそれにあたる。

　そのほかは、10月26日にロンドンで録音された「アズ・ティアーズ・ゴー・バイ」（ミック、キースとストリングスだけによるセッション）、最初のチェス録音の残り「ルック・ホワット・ユーアー・ドーン」、3月の英国ツアーで収録されたライヴ「ルート66」と「アイム・ムーヴィング・オン」、63年の初EPからの「ユー・ベター・ムーヴ・オン」という選曲。

　そうとう良いのだが、日本では長らく発売されなかったこともあって、ファンのあいだでも評価が低く、普通のロック・ファンにはほとんど聴かれていないのである。ストーンズでそんなアルバムがあるの？という声も聞こえてきそうだが、ミュージシャンがどういうつもりで録音しても、しょせんは商業音楽だから、レコード会社が一生懸命売ってくれないと「知られざる傑作」ということになってしまうのである。この本だってどうなるかワカンナイですよ、奥さん。全米4位となったアルバムなんですけどね、これは。

和久井

Aftermath (UK)

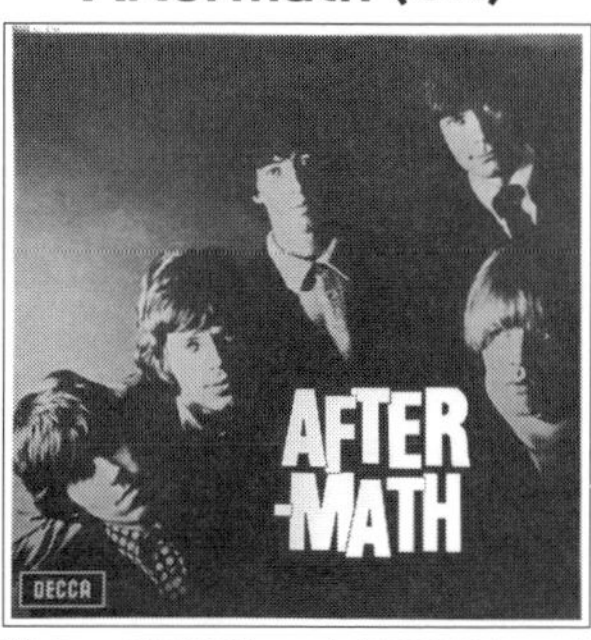

英・Decca：LK 4786 (mono)／SLK 4786 (stereo)
録音：1965年12月、1966年３月
発売：1966年４月15日
［A］1. Mothers Little Helper / 2. Stupid Girl / 3. Lady Jane / 4. Under My Thumb / 5. Doncha Bother Me / 6. Goin' Home
［B］1. Flight 505 / 2. High And Dry / 3. Out Of Time / 4. It's Not Easy / 5. I Am Waiting / 6. Take It Or Leave It / 7. Think / 8. What To Do
プロデューサー：Andrew Loog Oldham
参加ミュージシャン：
Ian Stewart (p, organ)
Jack Nitzsche (p, organ, per)

Shadow Cover
Decca：LK 478
1964年４月

もともとは65年末に依頼された映画のサントラ用に書かれた曲たちだったが、映画自体が頓挫したため、それらの曲でアルバムをつくろうということになった。当初は"Could You Walk On The Water?"というタイトルだったが、デッカは「ふざけすぎている」という理由で却下。その後、若干収録曲を入れ替えて完成したのがこの英国盤14曲入りヴァージョンだった（ちなみに"Could You Walk On The Water?"用に制作されたジャケットは、中綴じのブックレットも含めてアメリカ盤『ビッグ・ヒッツ』に転用されることになった）。

録音はすべてRCAスタジオ、ジャケットの写真はデイヴィッド・ベイリーとジェレット・マンコーヴィッツで、オリジナル曲で占められた初のアルバムである。

マリンバ、ハープシコード、シタール、ファズ・ベースから、さまざまなパーカッションが入ったカラフルなサウンドは、サントラ用だったとすれば腑に落ちるし、前年暮れに出たビートルズの『ラバー・ソウル』にも対応して、サイケデリック・ロックへの意識も窺える。ストーンズの場合、アメリカ録音なのにスウィンギン・ロンドンの香りがするのが面白いところで、二番手でありながらビートルズ以上に〝時代〟を感じさせるところもあるぐらいだ。

いずれにしても、ジャガー／リチャーズのソングライターとしての成長に、ブライアンがサウンド・クリエイターとして寄り添う姿が鮮やか。60年代中期にしかなかったこのイカした味を愛しているファンも、決して少なくないと思う。

なぜかジャケットのタイトル文字に影がついたヴァージョンが存在し、〝シャドウ・カヴァー〟と呼ばれて珍重されているのも憶えておきたい。ものすごい値段になっているから私はいらないが。

和久井

Aftermath (US)

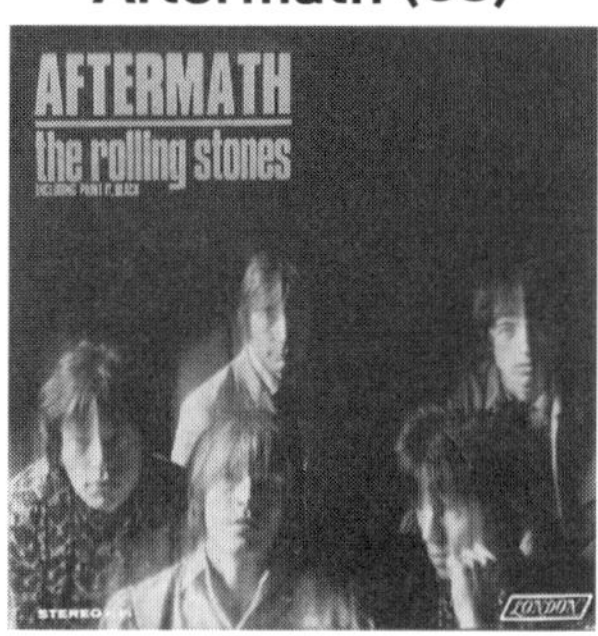

米・London：LL 3476 (mono)／PS 476 (stereo)
録音：1965年12月、1966年３月
発売：1966年７月２日
［A］1. Paint It, Black / 2. Stupid Girl / 3. Lady Jane / 4. Under My Thumb / 5. Doncha Bother Me / 6. Think
［B］1. Flight 505 / 2. High And Dry / 3. It's Not Easy / 4. I Am Waiting / 5.Going Home
プロデューサー：Andrew Loog Oldham
参加ミュージシャン：
Ian Stewart (p, organ)
Jack Nitzsche (p, organ, per, Nitzsche phone)

ジャケ違いのアメリカ盤は、慣例に則った12曲入り。シングルとして同時発売された「マザーズ・リトル・ヘルパー」を、ヒット中だった「ペイント・イット、ブラック」に差し替え、英国盤から3曲をカットすることになった。全米2位。

録音は、「19回目の神経衰弱」「マザーズ・リトル・ヘルパー」「ドンチャ・バザー・ミー」「シンク」「ゴーイン・ホーム」が65年12月7日〜10日、「ペイント・イット、ブラック」「ステューピッド・ガール」「レディ・ジェーン」「アンダー・マイ・サム」「フライト505」「ハイ・アンド・ドライ」「イッツ・ノット・イージー」「アイ・アム・ウェイティング」が66年3月6日〜9日。ビートルズやビーチ・ボーイズと比べたら短期間と思えるが、当時のビート・バンドとしてはかなり練り上げたものと言えるし、スタジオ・ワークの濃密さを考えるとストーンズの優秀さが見えてくる。ジャック・ニッチェの存在は大きいし、ときにはフィル・スペクターの助言もあったようだが、やはりブライアンの貢献度は高く、ジャケットの位置関係に納得がいってしまうのだ。

ヘンリー8世が3番目の妻ジェーンに贈ったラヴ・レターがもとになっているという「レディ・ジェーン」（ニッチェはハープシコード、ブライアンはダルシマーをプレイ）、女性蔑視を指摘された「アンダー・マイ・サム」（モータウンを意識した曲調が最高にカッコいい）など、歌詞の面でも新境地が感じられたり、「ゴーイン・ホーム」が「ミッドナイト・ランブラー」のプロト・タイプと思えたりするのも興味深いため、実に聴きどころが多いのだけれど、前作に続いて、ハデなアメリカ盤、シブい英国盤という印象である。ジャケは圧倒的に英国盤だけどね。

和久井

●『アフターマス』の英国盤は66年4月15日、米国盤は7月2日に発売された。先に米国ツアーが組まれ、英国ツアーは9月末から10月にかけて行われている。セット・リストはオリジナル曲が大半を占めるようになった。米国ツアーでは興奮する観客からメンバーを守ろうと、大勢のボディ・ガードが投入され、聴衆との間で軋轢が生じている。英国ツアーでも女性の叫び声がミックの動きを止めるほどだったという。

American Tour 1966

1966年6月24日〜7月28日

◉演奏曲

Not Fade Away
The Last Time
Paint It Black
Under My Thumb
Stupid Girl
Time Is On My Side
Lady Jane
Play With Fire
Doncha Bother Me
The Spider And The Fly
Mothers Little Helper
Get Off Of My Cloud
19th Nervous Breakdown
(I Can't Get No) Satisfaction

1966-06-25 Cleveland Arena, Cleveland
1966-06-25 Civic Arena, Pittsburgh
1966-06-26 Washington Coliseum, Washington, D.C.
1966-06-26 Baltimore Civic Center, Baltimore
1966-06-27 Dillon Stadium, Hartford
1966-06-28 Buffalo Memorial Auditorium, Buffalo
1966-06-29 Maple Leaf Gardens, Toronto, Canada
1966-06-30 Montreal Forum, Montreal, Canada
1966-07-01 Marine Ballroom, Atlantic City
1966-07-02 Forest Hills Tennis Stadiums, New York City Music Festival
1966-07-03 Asbury Park Convention Hall, Asbury Park
1966-07-04 Under the Dome Theater, Virginia Beach
1966-07-06 Onondaga County War Memorial, Syracuse
1966-07-08 Cobo Hall, Detroit
1966-07-09 Indiana State Fair Coliseum, Indianapolis
1966-07-10 Arie Crown Theater, Chicago
1966-07-11 Sam Houston Coliseum, Houston
1966-07-12 Kiel Auditorium, St. Louis
1966-07-14 Winnipeg Arena, Winnipeg, Canada
1966-07-15 Omaha Civic Auditorium, Omaha
1966-07-19 PNE Forum, Vancouver, Canada
1966-07-20 Seattle Center Coliseum, Seattle
1966-07-21 Memorial Coliseum, Portland
1966-07-22 Memorial Auditorium, Sacramento (2 shows)
1966-07-23 Davis County Lagoon, Salt Lake City
1966-07-24 Civic Auditorium, Bakersfield
1966-07-25 Hollywood Bowl, Los Angeles
1966-07-26 Cow Palace, Daly City
1966-07-28 Hawai'i International Center, Honolulu

British Tour 1966

1966年9月23日〜10月9日

□サポート・アクト

Ike & Tina Turner
The Yardbirds
Peter Jay and The New Jaywalkers
The Kings of Rhythm Orchestra

◉セット・リスト

1. Paint It, Black
2. Under My Thumb
3. Get Off of My Cloud
4. Lady Jane
5. Not Fade Away
6. The Last Time
7. 19th Nervous Breakdown
8. Have You Seen Your Mother, Baby, Standing In The Shadow?
9. (I Can't Get No) Satisfaction

1966-09-23 Royal Albert Hall, London
1966-09-24 Odeon Theatre, Leeds (2 shows)
1966-09-25 Empire Theatre, Liverpool (2 shows)
1966-09-28 Apollo Theatre, Ardwick (2 shows)
1966-09-29 ABC Theatre, Stockton-on-Tees (2 shows)
1966-09-30 Odeon Theatre, Glasgow, Scotland (2 shows)
1966-10-01 City Hall, Newcastle upon Tyne (2 shows)
1966-10-02 Gaumont Theatre, Ipswich (2 shows)
1966-10-06 Odeon Theatre, Birmingham (2 shows)
1966-10-07 Colston Hall, Bristol (2 shows)
1966-10-08 Capitol Theatre, Cardiff, Wales (2 shows)
1966-10-09 Gaumont Theatre, Southampton (2 shows)

Got Live If You Want It!

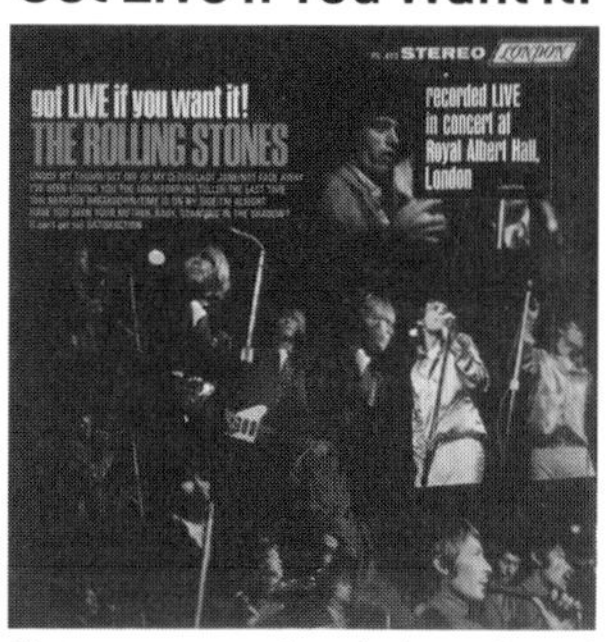

米・London：LL 3493 (mono)／PS 493 (stereo)
録音：1963年９月、1965年５月、1966年３月、10月１日、７日
発売：1966年12月10日
［A］1. Under My Thumb / 2. Get Off Of My Cloud / 3. Lady Jane / 4. Not Fade Away / 5. I've Been Loving You Too Long / 6. Fortune Teller
［B］1. The Last Time / 2. 19th Nervous Breakdown / 3. Time Is On My Side / 4. I'm Alright / 5. Have You Seen Your Mother, Baby, Standing In The Shadow? / 6. (I Can't Get No) Satisfaction
プロデューサー：Andrew Loog Oldham
参加ミュージシャン：
Ian Stewart (organ)

ロンドン・レコードの要請により、アンドルー・オールダム主導で編集されたライヴ盤。ストーンズ側がリリースに対して否定的な発言をしていることもあり、何となく準公式盤的な印象になってしまった。

しかし、〝公式初〟のライヴ盤とされる『ゲット・ヤー・ヤ・ヤズ・アウト』に記録された１９６９年のストーンズとは全く別物と言ってもいい、66年の演奏の凄まじさがきちんと刻まれている。

まだバンドとしての個性が定まる前の、新しい時代を作ろうとする性急さと生々しさが切なくもカッコいい。それは、スタジオ録音ヴァージョンに歓声をオーヴァー・ダビングした「アイヴ・ビーン・ラヴィン・ユー・トゥー・ロング」と「フォーチュン・テラー」の2曲と、それ以外の曲を聴き比べると一発で分かる。

まず驚くのは、そのアグレッシヴなほどのテンポの速さと、取り憑かれたような勢いで刻まれるギターのカッティング。そして、ロンドン・パンクを遥かに先取りしたミックの若さに任せた攻撃的なヴォーカルだ。このオーディエンスを置き去りにして突っ走る演奏に、客は身体を動かす方に夢中で、声を上げる余裕がなかったのではないか。だから、歓声をあとから被せるしかなかったのかもしれない。

ジャケットにはロイヤル・アルバート・ホールと書かれているが、実際はニュー・キャッスルの市民ホールやブリストルのコルストン・ホールでの演奏だとか、色々言われているけれど、この音が正規盤で聴けることを素直に喜びたい。

「アンダー・マイ・サム」のチャーリーのスネアや、「(アイ・キャント・ゲット・ノー)サティスファクション」のAメロでのキースのカッティングが、遠く現代のロックにまで呼応しているのだ。 **納富**

Between the Buttons (UK)

英・Decca：LK 4852 (mono)／SLK 4852 (stereo)
録音：1966年８月３日～11日、８月31日～９月２日、11月８日～26日、12月13日
発売：1967年１月20日
［A］1. Yesterday's Papers / 2. My Obsession / 3. Back Street Girl / 4. Connection / 5. She Smiled Sweetly / 6. Cool Calm And Collected
［B］1. All Sold Out / 2. Please Go Home / 3. Who's Been Sleeping Here / 4. Complicated / 5. Miss Amanda Jones / 6. Something Happened To Me Yesterday
プロデューサー：Andrew Loog Oldham
参加ミュージシャン：
Ian Stewart (p, organ)
Jack Nitzsche (p, organ)
Nick De Caro (accordion)

初のアメリカ・ツアーの際にチェス・スタジオに赴いたことから始まったストーンズのアメリカ録音は、66年3月4～7日のRCAスタジオ・セッションが最後となり、以後、彼らの創作拠点はロンドンのオリンピック・スタジオに移る。ツアーが減ったことと、ロンドンのスタジオ事情の進化が重なったからでもあったが、いわゆるブリティッシュ・インヴェイジョンの時代が終わり、英国ロックがファッショナブルでアーティスティックなものへと転換していっているという自覚があっての判断だったように私は思う。もちろんビートルズがツアーをやめたことも大きかったはずだ。

このアルバムの中核となったのは、66年11月8日～26日のセッションだが、8月～9月に曲出しとデモ録音、つまりプリプロを行っているのが注目すべきところで、ベーシックに時間をかけたことが〝アルバムに必要な要素〟を明確にしていったとも受け取れる。旧知のグリン・ジョンズがつきっきりになり、アメリカからジャック・ニッチェも呼んだ。そして、キーボードにニッキー・ホプキンスを加えているのだから、より豊かなサウンドになっていったのは当然で、レコーディング・グループとしての自信も感じさせる。

英国盤にはシングル曲「レッツ・スペンド・ザ・ナイト・トゥゲザー」と「ルビー・チューズデイ」が入っていないから、この時期のポップな面が存分に出ていない印象もあるが、その分ひとつひとつの曲をじっくり味わえるという利点もある。

ジャケットの写真はジェレッド・マンコーヴィッツ、裏面のイラストはチャーリーが描いたもの。写真の美しさはもちろん英国盤だが、このアルバムはアメリカ盤のモノラルがいちばんしっくりくるように思える。全英チャートでは2位。

和久井

Between the Buttons (US)

米・London：LL 3493 (mono)／PS 493 (stereo)
録音：1966年8月3日～11日、8月31日～9月2日、11月8日～26日、12月13日
発売：1967年2月11日
[A] 1. Let's Spend The Night Together / 2. Yesterdays' Papers / 3. Ruby Tuesday / 4. Connection / 5. She Smiled Sweetly / 6. Cool, Calm & Collected
[B] 1. All Sold Out / 2. My Obsession / 3. Who's Been Sleeping Here? / 4. Complicated / 5. Miss Amanda Jones / 6. Something Happened To Me Yesterday
プロデューサー：Andrew Loog Oldham
参加ミュージシャン：
Ian Stewart (p, organ)
Jack Nitzsche (p, organ)

本書のジャケット写真は、ステッカーがついた初期の盤を採用している。右上のタイトル部分は、アメリカの特徴であるシュリンクに貼られたものだから、違う位置に置かれたり、所有者が別の位置に貼り替えたものがあることをご理解いただきたい。

一か月遅れのアメリカ盤は、例によってシングル曲「レッツ・スペンド・ザ・ナイト・トゥゲザー」と「ルビー・チューズデイ」を含んでいる代わりに全12曲とされたヴァージョンだ。キースがベース、ニッチエがピアノを弾いた「レッツ・スペンド～」と、ブライアンがピアノとリコーダーを担当し、キースとふたりがかりで弾いた（押さえる役と、弦を弾く役）というダブル・ベースが入った「ルビー・チューズデイ」は、間違いなくこのレコーディングのハイライトだろう。だから、アルバムとしての評価は米英で変わってしまい、いまでは圧倒的にアメリカ盤が人気。

ブライアンがヴィブラフォン、ニッチがハープシコードの「イエスタデイズ・ペイパー」、ボブ・ディランからの影響がフォーク・ロック調に現れた「シー・スマイルド・スウィートリー」と「フーズ・ビーン・スリーピング・ヒア？」、ミックとキースのデュエットがいいヴォードヴィル調の「サムシング・ハプンド・トゥ・ミー・イエスタデイ」、そのパート2とも思えるサイケな「クール、クライム・アンド・コレクテッド」（ニッキー・ホプキンスがキンクスの「サニー・アフタヌーン」で弾いたピアノを〝ウチでも演って〟とリクエストしたに違いない）、ごく普通の8ビートが珍しい「ミス・アマンダ・ジョーンズ」など聴きどころは沢山あるが、一般的にはどうしても「レッツ・スペンド～」と「ルビー・チューズデイ」のアルバムということになるはずだ。全米2位。

和久井

European Tour 1967

1967年3月25日〜4月17日

□サポート・アクト

The Easybeats
The Creation
The Batman
Achim Reichel
The Move
Czerwono-Czarni
Stormy Six

◉セット・リスト

1. The Last Time
2. Paint It, Black
3. 19th Nervous Breakdown
4. Lady Jane
5. Get Off of My Cloud/Yesterday's Papers
6. Under My Thumb
7. Ruby Tuesday
8. Let's Spend the Night Together
9. Goin' Home
10. (I Can't Get No) Satisfaction

1967-03-25 Idrottens Hus, Helsingborg, Sweden (2 shows)
1967-03-27 Vinterstadion, Örebro, Sweden (2 shows)
1967-03-29 Stadthalle, Bremen, West Germany (2 shows)
1967-03-30 Sporthalle, Cologne, West Germany (2 shows)
1967-03-31 Westfalenhalle, Dortmund, West Germany
1967-04-01 Ernst-Merck-Halle, Hamburg, West Germany (2 shows)
1967-04-02 Stadthalle, Vienna, Austria (2 shows)
1967-04-05 Palazzo Dello Sport, Bologna, Italy (2 shows)
1967-04-06 Palazzo Dello Sport, Rome, Italy (2 shows)
1967-04-08 Palalido, Milan, Italy (2 shows)
1967-04-09 Palazzo Dello Sport, Genova, Italy (2 shows)
1967-04-11 L'Olympia, Paris, France (2 shows)
1967-04-13 Palace of Culture and Science, Congress Hall, Warsaw, Poland
1967-04-14 Hallenstadion, Zürich, Switzerland
1967-04-15 Houtrusthallen, The Hague, Netherlands
1967-04-17 Panathinaikos Stadion, Athens, Greece

●アルバム『ビトウィーン・ザ・バトンズ』、シングル「レッツ・スペンド・ザ・ナイト・トゥゲザー」「ルビー・チューズデイ」のプロモーションのためのツアー。4月13日には、西側のロック・バンドとして初めて共産圏のポーランドでコンサートを行った。このあと、69年7月のハイド・パークまでストーンズのフル・コンサートは行われず、結果的にブライアン・ジョーンズが参加した最後のツアーになったのだ。

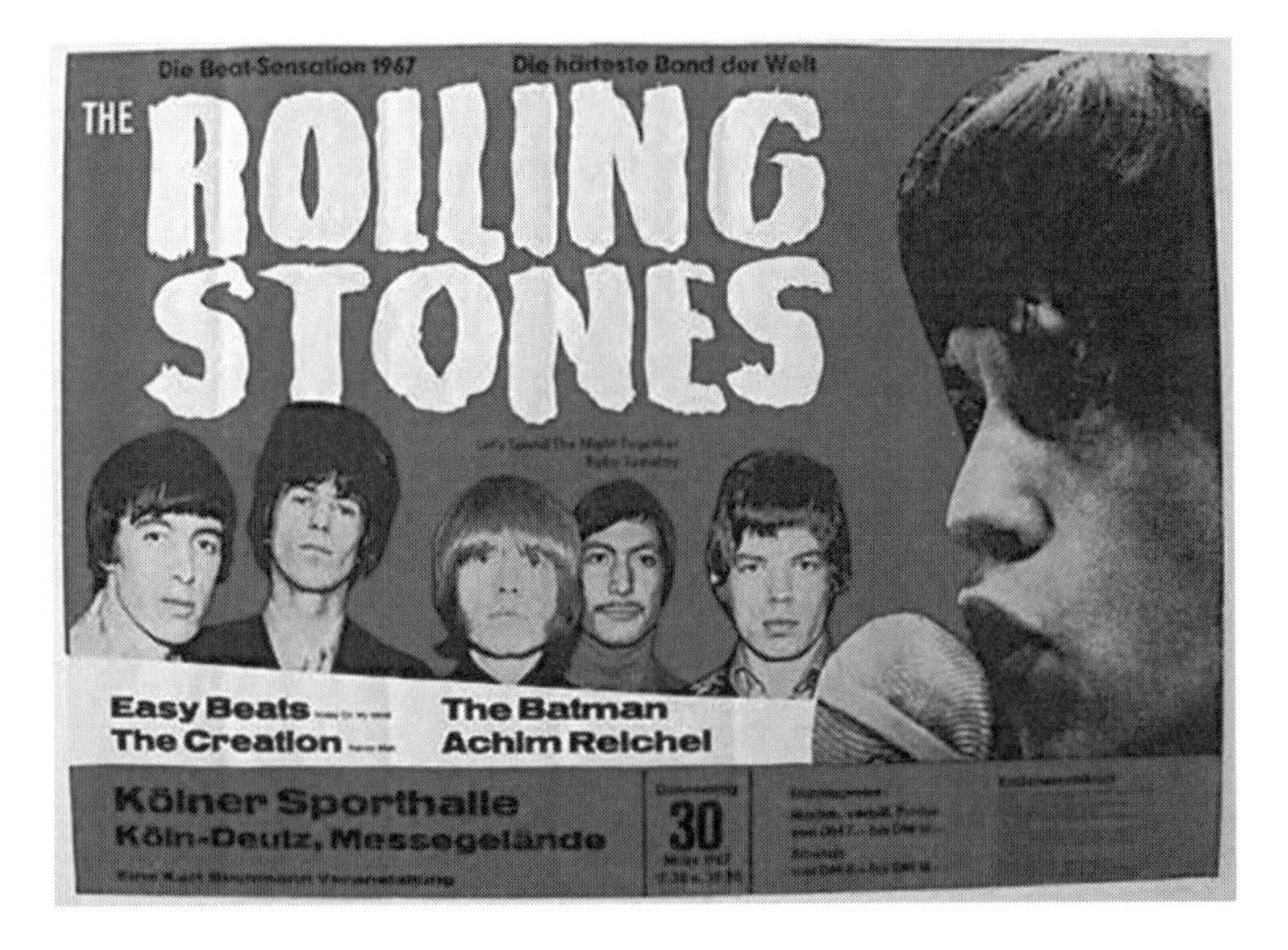

Flowers

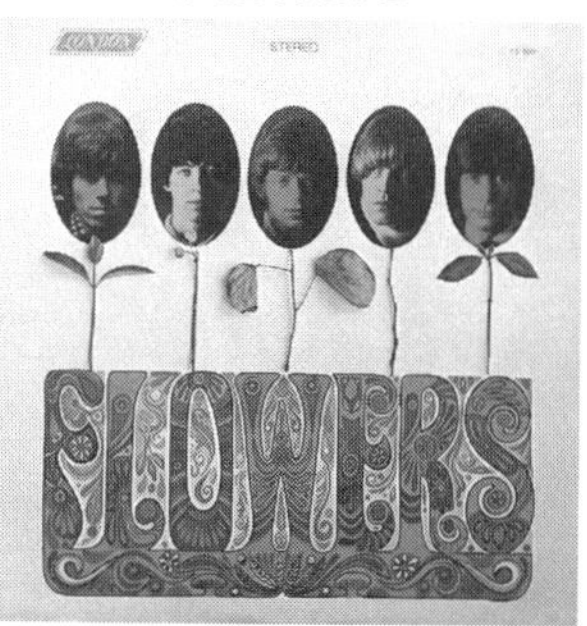

米・London：LL 3509 (mono)／PS 509 (stereo)
録音：1965年12月8日〜10日、1966年8月31日〜9月2日
発売：1967年7月15日
［A］1. Ruby Tuesday / 2. Have You Seen Your Mother, Baby, Standing In The Shadow? / 3. Let's Spend The Night Together / 4. Lady Jane / 5. Out Of Time / 6. My Girl
［B］1. Back Street Girl / 2. Please Go Home / 3. Mother's Little Helper / 4. Take It Or Leave It / 5. Ride On, Baby / 6. Sittin' On A Fence
プロデューサー：Andrew Loog Oldham
参加ミュージシャン：
Jack Nitzsche (p)
The Mike Leander Orchestra (strings)

US盤とUK盤で収録曲が違っていた時代ならではの、アメリカのファン向けのコンピレイション盤だったのだろう。それでも、日本盤は大体米国準拠だったし、輸入盤もアメリカものが圧倒的に安かったので、どうしてもUS盤を買うことが多かった私には、このアルバムはありがたかった。

『アフターマス』UK盤収録の「マザーズ・リトル・ヘルパー」や、『ビトゥイーン・ザ・バトンズ』UK盤収録の「バック・ストリート・ガール」、シングルのみの発売だった「ハヴ・ユー・シーン・ユア・マザー、ベイビー、スタンディング・イン・ザ・シャドウ？」といった曲は、このアルバムで初めて知って、今でも好きだ。そういう経緯もあって、いまだに聴き続けているのだから思い出は侮れない。

未発表曲も3つ収録。「(アイ・キャント・ゲット・ノー)サティスファクション」のセッションで録音された、ザ・テンプテイションズのカヴァー「マイ・ガール」は、ミックの物まね芸人的なヴォーカルが楽しいし、『アフターマス』のセッションで録音された「ライド・オン・ベイビー」、「シッティン・オン・ア・フェンス」の2曲も、ジャガー／リチャーズ・コンビのソング・ライティング能力の幅の広さを見せつける佳曲だ。

とくに、映画『チャーリー・イズ・マイ・ダーリン：アイルランド1965』で、セッション・シーンを見ることもできる「シッティン〜」の、イングランド民謡とボブ・ディラン風のフォーク・ソングが合体したような演奏は、今も新鮮だ。

コンピレイション盤のタイトルに『フラワーズ』とつけるセンスはシャレが利いていて悪くないが、ジャケット・デザインは、ストーンズのアルバム中随一と言ってよいくらいに購買欲をそそられない。 **納富**

Their Satanic Majesties Request

英・Decca：TXL 103 (mono)／TXS 103 (stereo)
米・London：NP-2 (mono)／NPS-2 (stereo)
録音：1967年2月9日～24日、5月17日～10月23日
発売：英・1967年12月8日／米・1967年12月9日
[A] 1. Sing This All Together / 2. Citadel / 3. In Another Land / 4. 2000 Man / 5. Sing This All Together (See What Happens)
[B] 1. She's A Rainbow / 2. The Lantern / 3. Gomper / 4. 2000 Light Years From Home / 5. On With The Show
プロデューサー：The Rolling Stones
参加ミュージシャン：
Ian Stewart (organ)
Nicky Hopkins (p, organ, kbd)
John Lennon & Paul McCartney (cho)
Steve Marriott (g, cho)
Ronnie Lane (cho)
John Paul Jones (strings arrangement)
Eddie Kramer (per)

こういう本はアタマからつくっていくわけではないことはご理解いただいていると思うが、奇しくも編者である私が50年前、いちばん初めに買ったストーンズのアルバムだった本作を書いて、全ページが埋まることになった。音楽をつくっていると、想いがちゃんと刻まれた作品は一般にはまったく売れなくても、誰かに届き、彼の人生のどこかの句読点となっていたことを当人にあとから教えられたりする。ミュージシャンをやっていてよかった、と感じるのはそういうときだから、ストーンズ史の中では異色となった〝『サージェント・ペパーズ～』追いかけすぎ〟のアルバムを、私は絶賛しておくことにする。

録音はオリンピック・スタジオで断続的に行われ、途中でシングル「ウィ・ラヴ・ユー」をリリース。ここから英米で当内容となり、ジャケットのアートワークも統一されたのだが、マイケル・クーパーに『サージェント～』以上のデザインをリクエストしたのが容易に想像できる3Dフォト貼り付けの見開きジャケと、内袋まで含めたトータル・アートワークが素晴らしい。

音もビートルズよりサイケで、「シーズ・ア・レインボウ」におけるニッキー・ホプキンスの美しいピアノは絶品だ。ジョン・ポール・ジョーンズの狂ったストリングス・アレンジも功を奏しているし、ビル初のオリジナル曲「イン・アナザー・ランド」に隣のスタジオに入っていたスティーヴ・マリオットが参加するなんてことも起こった。つまり、スウィンギン・ロンドンの華やかさが刻まれてもいるのだ。

英国モノラル盤のマトリクス1にステレオ感があるのは驚きだし、米国ステレオ盤は70年前後のベル・サウンド・カッティングが良かったりする。〝製品〟として実に面白いアルバムなのだ。

和久井

Their Satanic Majesties Request：50th Anniversary Special Edition

ABKCO/Decca/London/UMC／5002-1
［2LP+SACD］
録音：1967年2月9日〜24日、5月17日〜10月23日
発売：2017年9月22日
［LP1］Stereo Remastered
［LP2］Mono Remastered
［SACD］Stereo／Mono Remastered
プロデューサー：The Rolling Stones
リイシュー・プロデューサー：Teri Landi

2017年発売の50周年盤は、リマスターの帝王みたいな扱いのボブ・ラドウィグが音を決めて、ショーン・マギーがアビイ・ロード・スタジオでカッティングしたラッカー盤を、ステレオ、モノラルの両ヴァージョンでプレスした（SACDもあり）。

ジャケットは、もちろんオリジナルの3Dレンチキュラーを使った立体写真を復元。スタックス・レコードに関する著書などを出版している音楽ライターのロブ・ボウマンによるエッセイと、このアルバムや、ビートルズの『サージェント・ペパーズ・ロンリー・ハーツ・クラブ・バンド』のジャケットを担当したフォトグラファー、マイケル・クーパーによるフォト・セッションの写真を収録した、20ページのブックレットも付いている。

圧巻は、モノラル・ヴァージョンの音源だろう。ストーンズがモノラル／ステレオを両方出していた頃のアルバムは大体そうなのだけど、圧倒的にモノラル盤の方が良いのだ。このアルバムの場合は、例えば「2000ライト・イヤーズ・フロム・ホーム」での、ふわふわとした浮遊感と、その奥にある禍々しいムードは、モノラル盤にだけ感じられるもの。音の分離や、各楽器の演奏の細部は、ステレオ盤の方がクッキリと聴こえるし、当然音の広がりもある。しかし、それが曲の印象を散漫にしているように思うのだ。「シーズ・ア・レインボウ」でも、モノラル盤を聴いたあとでステレオ盤を聴くと、ヴォーカルにもピアノにも、迫ってくるものが足りないように思えてしまう。モノならではのゴチャッとした音の塊がこのアルバムでは重要だったのではないだろうか。

そのモノラル音源を180グラムの重量盤LPで聴けるのだから、未発表曲の収録がなくても買う価値は十分にある。 **納富**

Beggars Banquet

英・Decca：LK 4955 (mono)／SKL 4955 (stereo)
米・London：PS-539 (stereo)
録音：1968年３月17日〜７月23日
発売：英・1968年12月６日／米・1968年12月７日
［A］1. Sympathy For The Devil / 2. No Expectations / 3. Dear Doctor / 4. Parachute Woman / 5. Jig-Saw Puzzle
［B］1. Street Fighting Man / 2. Prodigal Son / 3. Stray Cat Blues / 4. Factory Girl / 5. Salt Of The Earth
プロデューサー：Jimmy Miller
参加ミュージシャン：
Nicky Hopkins (kbd)
Rocky Dzidzornu (per)
Ric Grech (fiddle)
Dave Mason (kbd, ds)
Watts Street Gospel Choir (cho)
Anita Pallenberg (cho)
Marianne Faithfull (cho)

Alternate Cover
Decca/ABKCO：SKDL 4955
1984年８月

サイケデリックからブルーズへと回帰した本作は、力強い黒人音楽志向への転換が成功して歴史的名盤となったが、実はシブい内容だ。ディープな「ノー・エクスペクテイションズ」からカントリー・ブルーズ「ディア・ドクター」への流れは、シングル志向のキッズ達には重すぎたはず。しかし、意外にもリアルタイムで受け入れられ、評価を確立した。その理由は、モノラル盤とステレオ盤の対比によって解明できる。

先行シングル「ストリート・ファイティング・マン」のようなジャンプ曲は、モノの集中力が強いインパクトを与えた。チャーリーが使ったトイ・ドラムと、キースがカセット・プレイヤーで録音したアコースティック・ギターの音を用いたサウンドは、過激な壮麗さがシングル・ヴァージョンで花開いたのだ。「サティスファクション」からの伝統にものっとっている。

ところがアコースティック・ブルーズの「ファクトリー・ガール」では、ステレオ盤に捨てがたい魅力がある。生楽器の録音に飛躍的な進化が見られ、分離された歯切れのよいサウンドに新しい感触が得られるようになったからだ。発見が大きかったのだろう、このアルバムではとくに生ギターが多用されている。さまざまなパーカッシヴなアイデアをすくい上げたジミー・ミラーの天才的なプロデュースが素晴らしい。

さらに斬新なサウンドだったのは、「ジグソウ・パズル」だ。グリン・ジョンズがバス・ドラムをくっきりと録音し、強いファンクとなって70年代ロックを先取りしている。こうした未来のサウンドを創り出したアルバムであると同時に、「悪魔を憐れむ歌」のようにラジオで大きな効果を発揮するシングル曲の魅力も詰まっている。シングルの時代からアルバムの時代への転換点を刻んだ傑作である。

サエキ

Beggars Banquet：50th Anniversary Edition

ABKCO/ London/UMC／00018771851615
［LP+12″+Flexi-disc 7″］
発売：2018年11月16日
［LP］ Stereo Remastered
［12″］ Mono Remastered
1. Sympathy For the Devil (mono)
［Flexi-disc 7″］
1. 'Hello, This Is Mick Jagger!' LONDON To TOKYO April 17, 1968
プロデューサー：Jimmy Miller
リイシュー・プロデューサー：Teri Landi

『ベガーズ・バンケット』の50周年記念エディションは、かなりあっさりとした内容だ。まずは、ボブ・ラドウィグによるステレオ盤オリジナル・アルバムのリマスター。米国では本作からモノラルが発売されなくなったこともあり、これは順当なところだろう。しかし、そのほかは「悪魔を憐れむ歌」のモノ・ヴァージョンと、発売当時、日本で直輸入盤に付属していたミックのインタヴュー「ハロー!ミック・ジャガーです」のみ。アナログのセットだと、前者は12インチ、後者はソノ・シートなので、マニア心はくすぐられるが、なんとも寂しい限りだ。

アルバムに伴うツアーも行われず、ブライアンとバンドの距離ができつつあった時期なので、使いものになる素材は無かったのかも知れない。それならば、16年発売のボックス・セット『ザ・ローリング・ストーンズ・イン・モノ』でモノラルのリマスタリングを行っていたのだから、『サタニック・マジェスティーズ』50周年盤のようにステレオ／モノの両方のアルバムを収録してもよかったんじゃないかと思う。さらに22年には日本でデッカ／ロンドン期のモノラル盤SHM－CDが紙ジャケットで発売されたので、余計にどれを買えばいいかわからなくなるじゃないか、と愚痴ってても仕方がない。本題に戻ろう。

この内容だと、本セットの価値はリマスターの結果次第、ということになるのだが、これがよくできている。それぞれの楽器の音がクリアになっているが、(もちろんリミックスしたわけではないので)大きくバランスが変わった印象もない。「悪魔を憐れむ歌」を例にとれば、パーカッションやピアノが分離よく聴こえてくるので新鮮だ。モノラルの圧の強さと、甲乙つけ難い。やはりほかの曲でも比べたくなった。 **森**

One Plus One［Film］

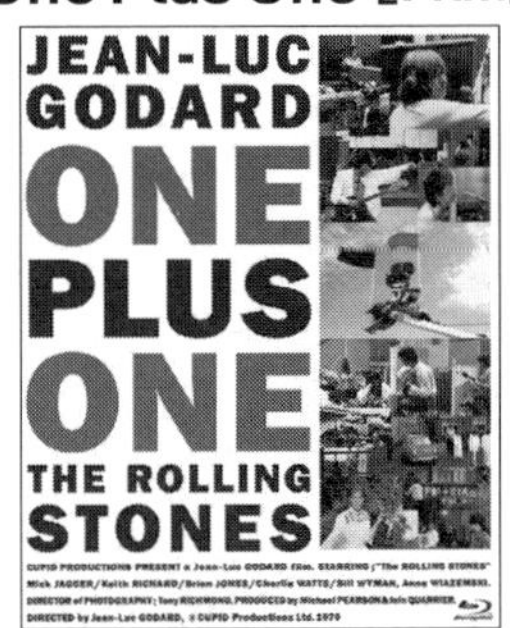

撮影：1968年 6 月 4 日〜10日
公開：1968年11月30日
1. Sympathy For The Devil
監督：Jean-Luc Godard
プロデューサー：Eleni Collard, Michael Pearson, Iain Quarrier
Robin Klein (2003年)

日・ロングライド：HPXR-1716［Blu-ray］
2022年

ゴダールは1968年5月に「カンヌ国際映画祭粉砕事件」を起こし、翌6月に『ワン・プラス・ワン』を撮影した。「悪魔を憐れむ歌」のレコーディング風景が中心の映画だが、ブラック・パンサーの闘士たちがアジり続けた挙げ句に白人女性2名を殺してしまったり、革命のヒロイン、イヴ・デモクラシーがテレビ局のインタヴューを受けたり、ポルノ書店の店主がヒトラーの『わが闘争』を朗読したりと、五月革命を体感できる場面がふんだんに盛り込まれた、アヴァンギャルドな作品だ。音源をずらしたコラージュもゴダールならではのもの。

もともとゴダールはビートルズを撮りたかったが実現せず、ストーンズを選んだと言うが、映画『ゲット・バック』との共通点も多い。どちらも撮影監督がアンソニー・B・リッチモンドで、エンジニアがグリン・ジョンズだ。しかも両バンドが行ったレコーディングのプロセスを丸ごと比較できる。ビートルズの4人が平等なのに対し、ストーンズはゴリゴリのタテ社会だ。ミックがアコースティック・ギターを達者に操り、コードをブライアンに教えるシーンが印象的。キースが入ってくると、個性的なストロークやオブリガードを縦横無尽に披露する。ビル・ワイマンは所在無げにベースをつまびくが、次のシーンでキースにベースを取られている。中盤ではゆるいサンバ的なリズムの反復が延々と続く。ミックがチャーリーに「まともなオカズを叩いてくれよ」と叱責するシーンもあり、グルーヴを固めていく強固な意思が感じられる。一貫してニッキー・ホプキンスが重要な役割を果たす一方で、ブライアン・ジョーンズは抜け殻のようにも見えるのだ。

22年版には、68年にプレミア上映されてゴダールを激怒させた改編版が107分の特典映像として収録された。

サエキ

Hyde Park Live 1969 (The Stones In The Park) ［Film］

撮影：1969年7月5日
放送：1969年9月2日
1. Midnight Rambler / 2. (I Can't Get No) Satisfaction / 3. I'm Free / 4. I'm Yours, She's Mine / 5. Jumpin' Jack Flash / 6. Honky Tonk Women / 7. Love In Vain / 8. Sympathy For The Devil
監督：Jo Durden-Smith, Leslie Woodhead

Rolling Stones Records/Eagle Vision/Universal Music Group：EVB335119［Blu-ray］
2015年

ミック・テイラー加入後の初ステージとなる、1969年7月5日にロンドンのハイド・パークで行われた2年ぶりのコンサートは、テレビ放映向けに撮影された。本番とは曲順も異なるが、見どころが満載だ。

4曲目に収録された「アイム・ユアーズ、シーズ・マイン」は、実は1曲目に演奏されたジョニー・ウィンターのカヴァーで、超貴重。ヘヴィでワイルド、勢いが物凄く、完全にストーンズのものになっている。

冒頭でミックがブライアン・ジョーンズに詩を捧げる場面も重要だ。パーシー・ビッシュ・シェリーがジョン・キーツの死を悼んで書いた「アドネイス」の朗読が終わると、2500匹もの蝶が放たれるシーンは必見。ただし、蝶の多くは酷暑のせいで死んでいたらしい。

野外という環境ではチューニングが狂いやすかったらしく、「サティスファクション」などは荒々しいが、この日だけのノリを感じる曲も多い。できたての「ミッドナイト・ランブラー」はのちのアレンジとは違い、アップテンポでご機嫌だ。テイラーは初々しくて良い演奏だし、時に座り込んで間近の客に向けて歌うミックも美しい。なにより大規模なツアーに出る直前の、未完成で手探りなパフォーマンスが新鮮だ。

「ウッドストック」におよそ1か月先駆けて集まった25万人以上の観客の、英国における60年代ヒッピー的な風体も興味深い。名作『真夏の夜のジャズ』を模したように描かれる美しいハイド・パークの情景や、ミックがマリアンヌ・フェイスフルと先夫ジョン・ダンバーとの息子、ニコラスと一緒にいるシーンも印象的。

11年版DVDなどには「マーシー・マーシー」「ストレイ・キャット・ブルーズ」「ノー・エクスペクテイションズ」がボーナス・トラックとして収録された。**サエキ**

The Rolling Stones
Rock and Roll Circus

米・Abkco：1268 2［CD］
録音：1968年12月10日〜12日
発売：1996年10月14日
1. Introduction Of Rock And Roll Circus / 2. Entry Of The Gladiators / 3. Introduction Of Jethro Tull / 4. Song For Jeffrey - Jethro Tull / Introduction Of The Who / 6. A Quick One While He's Away - The Who / 7. Over The Waves / 8. Ain't That A Lot Of Love - Taj Mahal / 9. Introduction Of Marianne Faithfull / 10. Something Better - Marianne Faithfull / 11.Introduction Of The Dirty Mac / 12. Yer Blues - The Dirty Mac / 13. Whole Lotta Yoko - Yoko Ono & Ivry Gitlis With The Dirty Mac / 14A. Introduction Of The Rolling Stones / 14B. Jumping Jack Flash / 15. Parachute Woman / 16. No Expectations / 17. You Can't Always Get What You Want / 18. Sympathy For The Devil / 19. Salt Of The Earth
プロデューサー：Jimmy Miller, Jody Klein, Lenne Allik
参加ミュージシャン：
Nicky Hopkins (kbd)
Rocky Dijon (per)

米・ABKCO：634 590-3［VHS］
プロデューサー：Robin Klein (1996年)

60年代末にビートルズとストーンズがトップの座を競い合う瞬間が垣間見える、決定的なドキュメンタリー。なんといっても監督・撮影は『レット・イット・ビー』と同じマイケル・リンゼイ＝ホッグとアンソニー・B・リッチモンドのコンビなのだ。

サーカスのテントを模した会場で、観客は同じデザインのカラフルな帽子とポンチョのような上着を被らされた。ストーンズのメンバーやジョン・レノンが、見世物小屋を真似たMCで出演者を紹介していく。

ジェスロ・タルの奇妙なパフォーマンスも強烈だが、ライヴの場数が多かったザ・フーの熱演が圧倒的。ミックはザ・フーのせいで霞んでしまったと感じて、ストーンズの演奏シーンを撮り直そうとしたとも伝えられている。タジ・マハールのバックには若きジェシ・エド・デイヴィスがいることも見逃してはいけない。マリアンヌ・フェイスフルの歌も素晴らしく、可憐だ。

しかし、何と言ってもジョン・レノンがエリック・クラプトン、ミッチ・ミッチェル、キース・リチャーズ（ベース！）と共に結成した〝ザ・ダーティ・マック〟は、数少ないビートルズ時代のソロ映像として貴重なことこの上ない。オノ・ヨーコが加わった演奏も迫力満点だ。

ストーンズは久々の観衆の前での演奏なので硬さがあるとはいえ、この日限りのアレンジの曲が多く、とくに「パラシュート・ウーマン」「ノー・エクスペクテイションズ」のパフォーマンスはほかでは見られないものだ。さらにロッキー・ディジョンのコンガをフィーチャーした「悪魔を憐れむ歌」で見せたミックの呪術的な動きは、ロック界を支配するようなオーラに満ちている。まるでひれ伏すように踊り狂うジョン・レノンの姿に、主役交代の予兆を感じるのは僕だけではあるまい。　**サエキ**

The Rolling Stones
Rock and Roll Circus：
Limited Deluxe Edition

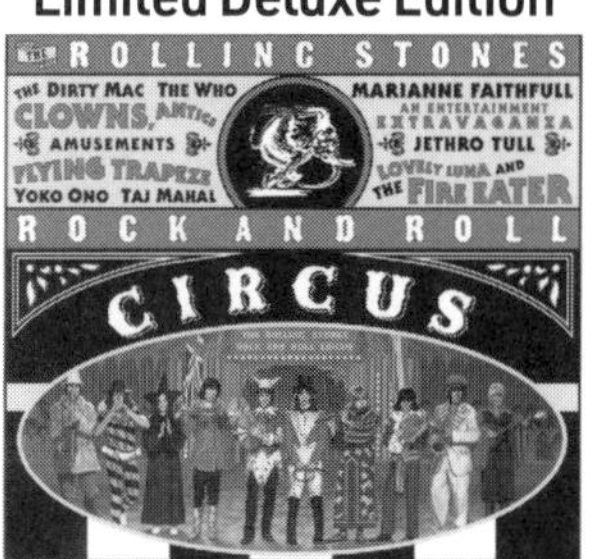

ABKCO：8120039［Blu-ray+DVD+CD］
録音・撮影：1968年12月10日〜12日
発売：2019年６月７日
［Blu-ray］［DVD］
Song For Jeffrey – Jethro Tull / A Quick One While He's Away – The Who / Ain't That A Lot Of Love – Taj Mahal / Something Better – Marianne Faithfull / Yer Blues – The Dirty Mac / Whole Lotta Yoko – Yoko Ono & Ivry Gitlis, and The Dirty Mac / Jumpin' Jack Flash / Parachute Woman / No Expectations / You Can't Always Get What You Want / Sympathy for the Devil / Salt Of The Earth
Extras: Widescreen Feature / Pete Townshend Interview / The Dirty Mac:'Yer Blues' Tk2 / Taj Mahal:– Checkin' Up On My Baby–Leaving Trunk–Corinna / Julius Katchen:–de Falla: Ritual Fire Dance–Mozart: Sonata In C Major–1st Movement / Bill Wyman & The Clowns / Lennon, Jagger, & Yoko backstage
FILM COMMENTARY TRACKS
Life Under The Big Top (Artists) Featuring: Mick Jagger, Ian Anderson, Taj Mahal, Yoko Ono, Bill Wyman, Keith Richards / Framing The Show (Director & Cinematographer) Featuring: Michael Lindsay Hogg, Tony Richmond / Musings (artists, writer, fan who was there) Featuring: Marianne Faithfull, David Dalton, David Stark
［CD1］1. Introduction Of Rock And Roll Circus / 2. Entry Of The Gladiators / 3. Introduction Of Jethro Tull / 4. Song For Jeffrey – Jethro Tull / Introduction Of The Who / 6. A Quick One While He's Away – The Who / 7. Over The Waves / 8. Ain't That A Lot Of Love – Taj Mahal / 9. Introduction Of Marianne Faithfull / 10. Something Better – Marianne Faithfull / 11.Introduction Of The Dirty Mac / 12. Yer Blues – The Dirty Mac / 13. Whole Lotta Yoko – Yoko Ono & Ivry Gitlis With The Dirty Mac / 14A. Introduction Of The Rolling Stones / 14B. Jumping Jack Flash / 15. Parachute Woman / 16. No Expectations / 17. You Can't Always Get What You Want / 18. Sympathy For The Devil / 19. Salt Of The Earth
［CD2］Checkin' Up On My Baby –Taj Mahal / 2. Leaving Trunk – Taj Mahal / 3. Corinna – Taj Mahal) / 4. Revolution (rehearsal) – The Dirty Mac / 5. Warmup Jam – The Dirty Mac / 6. Yer Blues (take 2) – The Dirty Mac / 7. Brian Jones' Introduction of Julius Katchen / 8. de Falla: Ritual Fire Dance – Julius Katchen / 9. Mozart: Sonata In C Major – 1st Movement – Julius Katchen
プロデューサー：Robin Klein

２０１９年に発売された『ロックンロール・サーカス』のリミテッド・デラックス・エディションは、４Kレストア版を収録したブルーレイ・ディスクと、同内容のDVD、サントラ盤CDに加え、ボーナス・トラックを９曲収録したCDを追加。さらに、44ページのブックレットも付属した豪華版になっている。

目玉は、初のブルーレイ化とボーナス・トラックだろう。４Kにレストアされた映像は、元のフィルムが露光不足で、粒子が荒れぎみだったこともあって、解像感や鮮明度には、さほど変わりがない。それよりも、色彩や光の変化などが微細に捉えられていることや、空気感がクリアになったことによる。人物の描写の瑞々しさが見どころだ。ピート・タウンゼントや、マリアンヌ・フェイスフルの表情が、ぐっと若々しく、生々しく見えるのは、全体の臨場感が増しているからだろう。

あと、アウト・テイクを16：9のビスタ・サイズで収録したワイドスクリーン・フィーチャーでは、ダーティー・マックの「ヤー・ブルース（テイク２）」での、ジョン・レノンの奔放なギター・プレイや、ミックやオノ・ヨーコらが喋っているバック・ステージの映像に、やっぱり興奮する。

ボーナス・ディスクでは、ダーティー・マックの、本編には未収録の「レヴォリューション」が白眉だろう。歯切れの良いジョンのギターとキースのベースによるソリッドなグルーヴが凄い。

続く「ウォームアップ・ジャム」のスピード感溢れるミッチ・ミッチェルのドラムスと、それに引っ張られるようにインタープレイを聴かせるジョンとエリック・クラプトンのスリリングな絡みがまた良い。リハーサルならではのラフなムードが心地よく、ずっと聴いていられるのだ。　**納富**

Let It Bleed

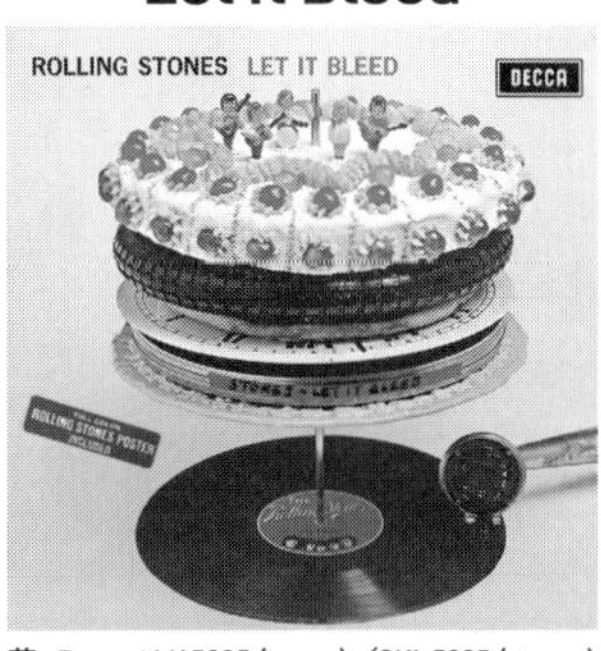

英・Decca：LK 5025 (mono)／SKL 5025 (stereo)
米・London：NPS-4 (stereo)
録音：1968年11月～1969年11月
発売：英・1969年12月5日／米・1969年11月28日
［A］ 1. Gimmie Shelter / 2. Love In Vain / 3. Country Honk / 4. Live With Me / 5. Let It Bleed
［B］ 1. Midnight Rambler / 2. You Got The Silver / 3. Monkey Man / 4. You Can't Always Get What You Want
プロデューサー：Jimmy Miller
参加ミュージシャン：
Ian Stewart (p)
Nicky Hopkins (kbd)
Ry Cooder (mandolin)
Leon Russell (p, horn arrangement)
Jack Nitzsche (choral arrangement)
Al Kooper (kbd, horn)
Bobby Keys (sax)
Merry Clayton (vo, cho)
Jimmy Miller (per)
Nanette Newman (cho)
Doris Troy (cho)
Madeline Bell (cho)
Rocky Dijon (per)
Byron Berline (fiddle)
The London Bach Choir (vo)

ステレオがモノに引導を渡した瞬間、つまりアルバムの時代の始まりを高らかに告げた屈指の名盤。リアルタイムにこの盤を買って聴いたのは小学生の時だったが、ウットリとする日向の香りがしたことをよく覚えている。ミュージック・ライフに掲載された「これからツアーに出るんだ」という、ミック・テイラーを従えた笑顔のバンドの写真も印象的だった。

その輝きを保証するのは、2曲目の「ラヴ・イン・ヴェイン」のサウンドである。ステレオでは左側のアコースティック・ギターに加えて右側にスライド・ギターが現れ、その芳醇で艶のあるサウンドといったらない。『ベガーズ・バンケット』ではアコースティックが素晴らしかったが、この盤ではエレクトリック・ギターの録音が画期的に進化した。その結果「ミッドナイト・ランブラー」のようなブルーズや、「モンキー・マン」のようなミディアムのエッジが猛烈に立つようになったのだ。モノラルの疾走感を必要とせず、じっくりとしたグルーヴのあるリフを楽しませる。それがストーンズがトップに立てた理由である。チャーリー・ワッツの奮闘ぶりも素晴らしい。タイトル曲における、ハネたスネアの音の抜け方は画期的なものがある。

ロサンゼルスのエレクトラ・スタジオでのセッションでは、メアリー・クレイトンによる「ギミー・シェルター」のコーラスや、「ブラウン・シュガー」の雛形となる「リヴ・ウィズ・ミー」でのボビー・キースの圧倒的なサックス・ソロといった大きな収穫があった。もちろん「無情の世界」におけるアル・クーパーのオルガンとフレンチ・ホルン、ジャック・ニッチェのコーラス・アレンジの味わい深さは格別だ。アメリカ勢の参加による音の拡がりは、本作に堂々たる風格をもたらしている。**サエキ**

Let It Bleed (50th Anniversary Limited Deluxe Edition)

ABKO/London/Decca/UMC／8578-1
［LP+CD+7″］
発売：2019年11月１日
［LP1］Let It Bleed: Stereo
［LP2］Let It Bleed: Mono
［CD1］Let It Bleed: Stereo
［CD2］Let It Bleed: Mono
［7″］1. Honky Tonk Women / 2. You Can't Always Get What You Want
リイシュー・プロデューサー：Jody H. Klein

元々の完成度が高いこともあって、『レット・イット・ブリード』の50周年記念盤は、ほかと比べると何となく地味な印象だ。

例によって、ボブ・ラドウィグがリマスタリングを担当。この人、あまり変なことはせず、録音自体の古くささだけを拭い取るような音作りなので、オリジナルとさほど印象が変わらない。その絶妙なさじ加減は名人芸と言えるが、想像の範囲内に収まっている感じがして物足りなくもある。

80ページもあるブックレットに掲載された、68年から72年までストーンズのメイン・フォトグラファーを務めたイーサン・ラッセルの写真が素晴らしい。イーサンは、このフォト・セッションのあと、ビートルズの『レット・イット・ビー』、ザ・フーの『フーズ・ネクスト』のジャケット写真を撮ることになるわけだ。ローリング・ストーン誌のデスクを務めたデヴィッド・フリックがテキストを担当している。

UK盤のみに付いていたというポスターが、なんとも70年代なデザインでとても良い感じ。ほかにモノラル音源の「ホンキー・トンク・ウィメン／ユー・キャント・オールウェイズ・ゲット・ホワット・ユー・ウォント」のシングルやリトグラフも付属。

そして、レコードはまたもやステレオ盤とモノラル盤の両方が入っている。ただ、何度も聴き比べているのだが、『サタニック・マジェスティーズ・リクエスト』ほどには、モノラルとステレオの間に差は感じられない。ステレオ盤の方が、各楽器の位置をハッキリさせている分、音が多少薄く感じるけれど、大音量で聴くと、むしろステレオの方が生々しかったりもする。

部屋で何となく聴くならモノラルが合う。それは、モノラル盤はラジオ用で、ステレオ盤は店頭で流されることを想定されて作られていたからではないだろうか。**納富**

●1969年7月5日に、ロンドンのハイド・パークで開催されたフリー・コンサートで、ミック・テイラーのお披露目が行われたものの、〝新生〟ストーンズのツアーは北米から始められた。B.B.キング、チャック・ベリーなど、ブルーズ、ソウル、ロックンロール畑の先輩を引っ張り出したのは、彼らなりの感謝の表れだったのだろう。ツアーは成功裡に終わるが、12月6日に〝オルタモントの悲劇〟が起こってしまう。

American Tour 1969

□サポート・アクト
- Ike & Tina Turner Revue
- B.B. King
- Chuck Berry
- Terry Reid
- Procol Harum (UK)

◆参加ミュージシャン：Ian Stewart (p)

◉セット・リスト
1. Jumpin' Jack Flash
2. Carol
3. Sympathy for the Devil
4. Stray Cat Blues
5. Love in Vain
6. Prodigal Son
7. You Gotta Move
8. Under My Thumb
9. I'm Free
10. Midnight Rambler
11. Live with Me
12. Little Queenie
13. (I Can't Get No) Satisfaction
14. Honky Tonk Women
15. Street Fighting Man

1969-11-07 Moby Gymnasium, Fort Collins
1969-11-08 The Forum, Inglewood (2 shows)
1969-11-09 Oakland-Alameda County Coliseum Arena, Oakland (2 shows)
1969-11-10 San Diego International Sports Center, San Diego
1969-11-11 Arizona Veterans Memorial Coliseum, Phoenix
1969-11-13 Moody Coliseum, University Park
1969-11-14 Memorial Coliseum, Auburn (2 shows)
1969-11-15 Assembly Hall, Champaign (2 shows)
1969-11-16 International Amphitheatre, Chicago (2 shows)
1969-11-24 Detroit Olympia, Detroit
1969-11-25 Spectrum, Philadelphia
1969-11-26 Baltimore Civic Center, Baltimore
1969-11-27 Madison Square Garden, New York City
1969-11-28 Madison Square Garden, New York City (2 shows)
1969-11-29 Boston Garden, Boston

(U.S. Festival)
1969-11-30 West Palm Beach International Music and Arts Festival, Jupiter
1969-12-06 Altamont Speedway Free Festival, Tracy

(U.K. Concerts)
1969-12-14 Saville Theatre, London (2 shows)
1969-12-21 Lyceum Ballroom, London (2 shows)

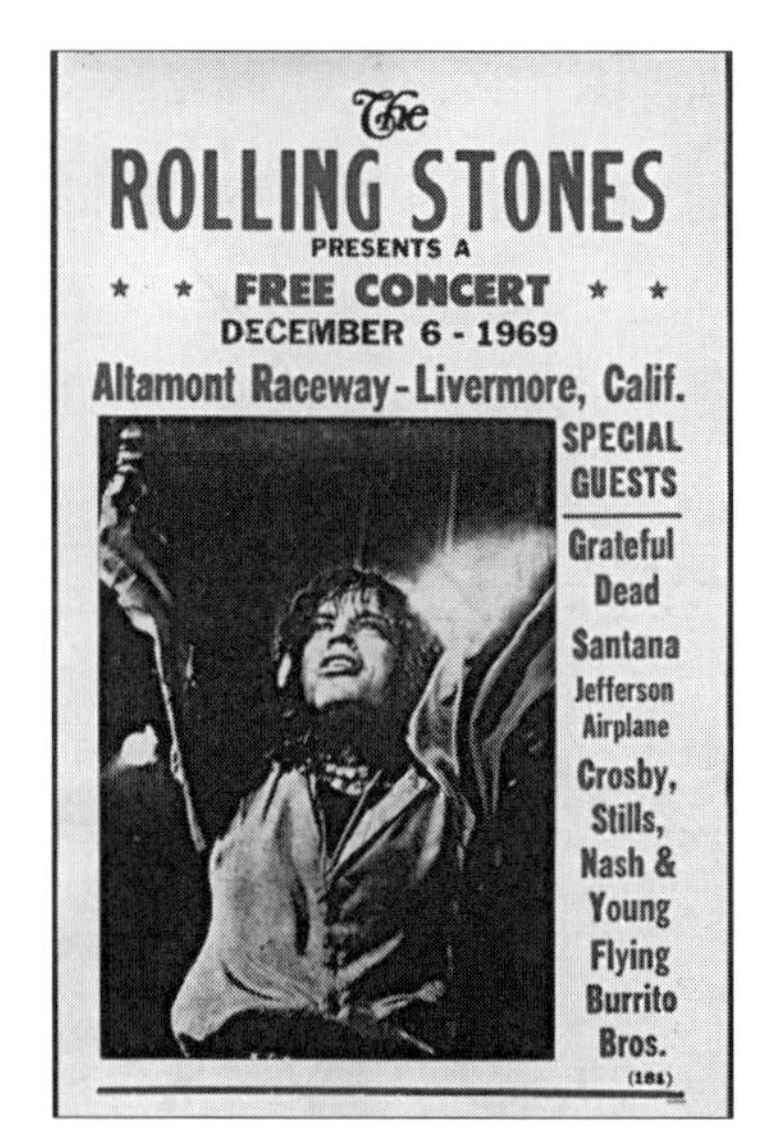

Gimme Shelter [Film]

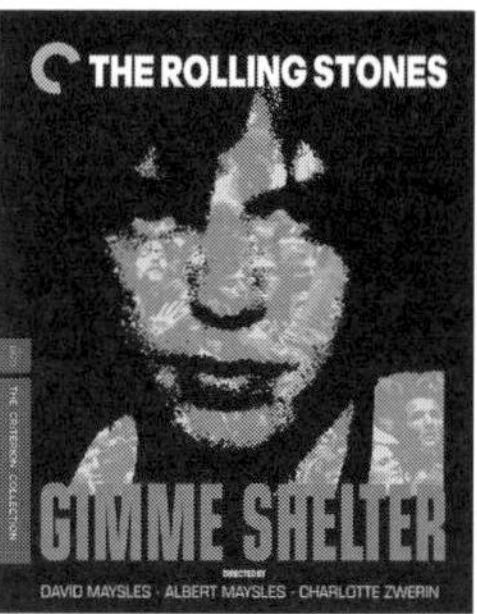

撮影：1969年11月28日、12月2日〜4日、6日
公開：1970年12月6日
1. Jumpin' Jack Flash / 2. (I Can't Get No) Satisfaction / 3. You Gotta Move / 4.Wild Horses / 5. Brown Sugar / 6. Love In Vain / 7. I've Been Loving You Too Long - Tina Turner / 8. Honky Tonk Women / 9. Street Fighting Man / 10. Six Days On The Road / 11. The Other Side Of This Life / 12. Sympathy For The Devil / 13. Under My Thumb / 14. Street Fighting Man / 15. Gimme Shelter
監督：Albert and David Maysles, Charlotte Zwerin
プロデューサー：Porter Bibb

米・The Criterion Collection／CC1853BD
[DVD]
2009年
Opening Credits / Welcome To The Breakfast Show / Well Done, Sonny / (I Can't Get No) Satisfaction / Creating A Microcosmic Society / You Gotta Move / Wild Horses / Brown Sugar / Love In Vain / It's Like The Lemmings Of The Sea / I've Been Loving You Too Long / Honky Tonk Woman / The Show Goes On / Street Fighting Man / They Hit Mick / Let It Happen / The Bummers Begin / The Greatest Party Of 1969 / The Other Side Of This Life / It Doen't Seem Right / Sympathy For The Devil / Everybody's Got To Cool Out / Why Are We Fighting? / Under My Thumb / He's Gotta Gun / Gimme Shelter / End Credits
1969 KSAN Radio Broadcast: Local Color / "The Hell With You, Brother" / Kitty Genovese Stories / The Allure Of Celebrity / John Burkes, Rolling Stone Magazine / "What About The Media?" / Pete, San Francisco Hell's Angels / Sam Cutler, Road Manager / Sonny Barger, Oakland Hell's Angels / Photographer Jim Marshall / Emmett Grogan / Wrap-Up / Bonus: The Rainbow Room Outtakes: Mixing "Little Queenie" / Little Queenie / Oh Carol / Prodigal Son / Backstage With Mick, Ike And Tina
Trailers: Gimme Shelter Theatrical Trailer 1 / Gimme Shelter Theatrical Trailer 2 / Gimme Shelter Re-release Trailer
プロデューサー：Kim Hendrickson

この映画を初めて見た時は、まだ、ロックのライヴ映画というもの自体が珍しかった。だから、演奏風景に飢えていたし、オルタモントの悲劇を捉えた映像というショッキングな情報が先行していたせいか、なんだかとても興奮して見た記憶がある。

しかし今見ると、物凄く変な映画だ。そもそも、このフィルムは何を目的として撮影されていたのかが、とても曖昧なのだ。事件は予見できなかったはずだけれど、少なくとも、ストーンズのライヴを見せたくて撮ったという感じは無い。

この映画の監督、メイズルズ兄弟が撮った『ザ・ビートルズ ファーストUSヴィジット』でも感じたことだが、多分、この監督は音楽としてのロックには興味がないのだろう。ステージ上からの仰角のアップか、観客の様子ばかりを映した映像は、全くライヴの記録になっていない。「シンパシー・フォー・ザ・デヴィル」の演奏中に犬がステージを横切る有名なシーンも、ステージを正面から捉えるカメラがあったら、どれだけ良い絵になっただろうと思う。

しかし、そう考えれば、オルタモントでフリー・コンサートを開くための交渉シーンや、続々と会場に向かう人や車の列の映像に時間が割かれているのも理解できる。

何だか、ストーンズやジェファーソン・エアプレインがダシに使われたような感じで、あまり居心地の良くないフィルムなのだが、それでも、撮影された演奏は残る。事件が起こる、その最中に演奏されていた「アンダー・マイ・サム」の、ミック・テイラーのギターが作る粘っこいリズムと、キース・リチャーズのルーズなコード・ストロークによる演奏のカッコいいこと。冒頭の、チャーリーから受け取った帽子をかぶり、Ωシャツを着たミックの姿と並び、この映画の本当のハイライトだ。 **納富**

Get Yer Ya-Ya's Out! (The Rolling Stones In Concert)

英・Decca：SKL 5065 (stereo)
米・London：NPS-5 (stereo)
録音：1969年11月26日、27日〜28日
発売：英・1970年９月４日／米・1970年９月４日
[A] 1. Jumpin' Jack Flash / 2. Carol / 3. Stray Cat Blues / 4. Love In Vain / 5. Midnight Rambler
[B] 1. Sympathy For The Devil / 2. Live With Me / 3. Little Queenie / 4. Honky Tonk Women / 5. Street Fighting Man
プロデューサー：The Rolling Stones, Glyn Johns
参加ミュージシャン：
Ian Stewart (p)

ビートルズが退場したあと、正真正銘のロック界の盟主となったストーンズの姿を捉えた、決定的なライヴ盤だ。69年北米ツアーの11月27日、28日のニューヨーク、マディソン・スクエア・ガーデンでの公演を収録。一聴してイアン・ステュアートを含むバンドが、最高な状態にあることが分かるだろう。

本作の意義は、グラム・ロックに連なる70年代的ブギー・スタイルの創出にあった。左右に分かれたキース・リチャーズとミック・テイラーの、ツイン・ギターによるコンビネイションがポイントだ。「ストレイ・キャット・ブルース」のようなロックンロールにおいては信じられないほど完璧と思えるアンサンブルで、以後のバンドの手本となった。チャーリー・ワッツも絶好調で、冒頭から炸裂するスネアの圧倒的な鋭さと力強さは80年代以降では決して聴けないものだ。

9分におよぶ「ミッドナイト・ランブラー」の若々しいノリは、本ツアー以降のライヴの中核となる。テンポ・チェンジが実に絶妙で、ビル・ワイマンも味のあるグルーヴを醸し出した、最強のヴァージョンとなった。「悪魔を憐れむ歌」は、ハネたリズムがスタジオ版にはない高揚感で、アッパーな魅力に満ちている。最もハードなヴァージョンとなった「ストリート・ファイティング・マン」まで、息をもつかせぬ展開だ。これで、当時は来日に対する渇望は膨らむばかりになったのだ。

完璧な録音を素晴らしいミックスに落としたエンジニアは、アンディ・ジョンズとロイ・トーマス・ベイカーを従えたグリン・ジョンズ。ジャケット写真には名匠デヴィッド・ベイリーを起用した。まさに鉄壁の布陣である。

サエキ

Get Yer Ya-Ya's Out! (The Rolling Stones In Concert): 40th Anniversary Limited Edition Super Deluxe Set

ABKCO：02412［CD+DVD］
発売：2009年11月3日
［CD1］Original Release
［CD2］Unreleased: 1. Prodigal Son / 2. You Gotta Move / 3. Under My Thumb / 4. I'm Free / 5. (I Can't Get No) Satisfaction
［CD3］Guest Performance: 1. Everyday I Have The Blues - B.B. King / 2. How Blue Can You Get - B.B. King / 3. That's Wrong Little Mama - B.B. King / 4. Why I Sing The Blues - B.B. King / 5. Please Accept My Love / 6. Gimme Some Loving - Ike & Tina Turner / 7. Sweet Soul Music - Ike & Tina Turner / 8. Son Of A Preacher Man - Ike & Tina Turner / 9. Proud Mary - Ike & Tina Turner / 10. I've Been Loving You Too Long / 11. Come Together - Ike & Tina Turner / 12. Land Of A Thousand Dances
［DVD］Introduction / Prodigal Son / You Gotta Move / Photo Shoot / Keith In Studio / Under My Thumb / (I Can't Get No) Satisfaction / Credits
プロデューサー：The Rolling Stones, Glyn Johns

『ゲット・ヤー・ヤ・ヤズ・アウト!』40周年記念のボックス・セットは、未収録音源、映像のほか、共演したB.B.キングとアイク&ティナ・ターナーのライヴまで発掘した決定版だ。どうやら当初はオープニング・アクトを含む2枚組LPでのリリースが検討されていたらしい。実際の流れとは多少異なるものの、コンサートの全容が明らかになったと言っていいだろう。

なんと言ってもこのとき44歳、脂が乗りまくったB.B.が素晴らしい。エンタテインメントであり、もちろんブルーズであり、そしてロックでもある。十八番の「エヴリバディ・アイ・ハヴ・ザ・ブルーズ」での緩急をつけたステージングと、甘いトーンの中に激しさも見せるギターで、ストーンズ目当ての観衆をどんどん惹きつけていく様子が克明に記録されているのだ。

アイクとティナも手段を選ばず、ひたすら客席を煽る、煽る。スペンサー・デイヴィス・グループ「ギミ・サム・ラヴィン」のイントロをモチーフにしたインストゥルメンタルから、アーサー・コンリーの「スウィート・ソウル・ミュージック」に雪崩れ込むと、ティナの咆哮が響き渡るのだから盛り上がらないわけがない。こうして会場がホットになったところで、ストーンズが登場したわけだ。

新たに収録されたストーンズのライヴのうち、「プロディガル・サン」と「ユー・ガッタ・ムーヴ」はアコースティック・セット。「アンダー・マイ・サム」「アイム・フリー」「サティスファクション」は65〜66年頃発表された曲で、68年以降の〝新曲〟とカヴァー中心のオリジナル盤からは意図的に外された節がある。しかし今の耳で聴くと、この「サティスファクション」の1周回ったガレージ・バンドみたいなラフな感じがとても新しいのだ。

森

ブルーズ・カヴァー・バンドVSコーラス・グループ——ローリング・ストーンズとビートルズの飽くなき共闘

藤本国彦

2021年10月、ポール・マッカートニーは、ローリング・ストーンズ（以下、ストーンズ）について、こんなふうに語った——《言うべきかどうかはわからないけど、彼らはブルーズ・カヴァー・バンドなんだ。それがストーンズの何たるかだよね》と。

ポールのこの「マウント取り」発言に対し、すかさずミック・ジャガーは、コンサート中のステージで観客にこう呼びかけた——《今夜はたくさんの有名人が来ているんだ。ミーガン・フォックス、レオナルド・ディカプリオ、レディー・ガガ、カーク・ダグラス、そしてポール・マッカートニーも。彼は手を貸してくれるはずだよ。あとでブルーズのカヴァーに参加してくれるんじゃないかな》

80歳近い二人のロックじいさん（失礼）がやりあう場面は、世界的宣伝活動としても有効だし、そういう意識も働いたとは思うが、いまだに「ビートルズとストーンズ」を背負っている二人の熱き思いがいい。もちろんミックのこの切り返しも悪くないが、どうせならこう言ってほしかった——「オレたちがブルーズ・カヴァー・バンドなら、オマエらはコーラス・グループだろ」、とね。

両者の交流を時代を通してみてみると、いかに仲が良く、思わぬ縁があったのかがわかる。そうした中で、まず60年代初期では、やはり「彼氏になりたい」のエピソードが最も有名だ。「カム・オン」（63年）に続くセカンド・シングルをどうするか思案に暮れていたマネージャーのアンドルー・オールダムが、63年9月10日にストーンズがリハーサルしているスタジオにジョンとポールを招いた。そして

「やつらにふさわしい曲はないか?」と尋ねたところ、「未完成だけど」と言って二人は「彼氏になりたい」を演奏。ストーンズが曲を気に入り、10月7日に早くもレコーディング、11月1日にシングルとして発売された。ジョンとポールに触発されてミックとキースが曲作りに精を出すようになる、というきっかけも生まれた。

これだけ聞くと熱き友情物語、と取れなくもないが、これをビートルズ側からの視点で見ると、事情が変わってくる。まず、ストーンズの前で演奏した翌日、ビートルズは『ウィズ・ザ・ビートルズ』(63年)用の1曲としてすぐにその曲を録音したが、歌ったのはリンゴで、しかもわずか1テイクのみである。未完成の曲をそれ以上は発展させず、歌詞を覚えるのが苦手なリンゴに歌わせ、1テイクで切り上げたのだから、ジョンとポールは、「他人に提供した曲」のひとつ程度にしか考えていなかったことは間違いない。この曲についてジョンが「捨て曲だ。ストーンズにやったんだ。通行人に配るチラシみたいなものさ」と、冒頭のポール以上に辛辣なコメントをのちに残していることからも、ストーンズを下に見ていたことは明らかだ。

さらに69年1月28日の〝ゲット・バック・セッション〟の演奏の合間に、ジョンのこんな興味深い発言も飛び出した——「本当は〈ワン・アフター・909〉を提供するつもりでいたが、彼らが興味を示さなかった」と。「ワン・アフター・909」は63年3月5日にビートルズの3枚目のシングル「フロム・ミー・トゥ・ユー」のセッションで録音されたもののお蔵入りとなった曲で、それを約6年後の69年に、久しぶりに(新曲が足りないこともあって)引っ張り出してきたわけだが、どっちにしても、ジョンとポールは、依頼を受けて、未完成の曲かボツ曲を63年9月にストーンズに提供するつもりでいた、ということになる。

レコーディングにまつわる交流や逸話はほかにもたくさんあり、中には、ストーンズからの影響ももちろんあった。年代を追ってまとめてみる。

まず65年6月14日。「アイム・ダウン」のレコーディング中(テイク1と2の合間)にポールが「プラスティック・ソウル」と繰り返しつぶやき、黒人のミュージシャンがミックを描写するときに生み出した言葉だと、ほかのメンバーに説明する場面が出てくる。この言い回し(まがいもののソウル)が、『ラバー・ソウル』(65年)というアルバム名のヒントになったことは言うまでもないだろう。

22年10月に発売された『リヴォルヴァー』の記念盤には「ゴット・トゥ・ゲット・ユー・イントゥ・マイ・ライフ」

の初登場となる音源がいくつか収録されたが、〈セカンド・ヴァージョン／アンナンバード・ミックス〉は、ホーン・セクションのフレーズをファズ・ギター（ベース説もあり）で代用する演奏が聴ける。これは「サティスファクション」でキースが試した案を参考にしたらしい。

　ビートルズのセッションにストーンズのメンバーが参加したり、セッションを見学したりした曲も、そこそこある。特に66年から67年にかけての交流が目立つ。同じく『リヴォルヴァー』収録の「イエロー・サブマリン」のセッション（66年6月1日）では、ブライアン・ジョーンズがグラスを合わせて「チン」という音を出したほか、ミックがスタジオに足を運んでいる。「ア・デイ・イン・ザ・ライフ」のオーケストラ録り（67年2月10日）と「オール・ユー・ニード・イズ・ラヴ」のテレビ収録時の公開ライヴ録音（67年6月25日）にもミックとキースが立ち会っているほか、ストーンズが使っていたオリンピック・サウンド・スタジオで「ベイビー・ユーアー・ア・リッチ・マン」をレコーディング（67年5月11日）した際のテープ・ボックスには“Mick Jagger?”と書いてあり、言われてみれば、エンディングのコーラスにミックの声が入っているような気がする。「ユー・ノウ・マイ・ネーム」のレコーディング（67年6月8日）にはブライアン・ジョーンズが、ポールの予想を裏切ってサックスをスタジオに持ちこんで参加。フガフガと素人くさくアルト・サックスを吹いている様子は、『アンソロジー2』収録の長尺版のほうが聴きごたえがある。「オール・ユー・ニード・イズ・ラヴ」の御礼にジョンとポールがストーンズの「ウィ・ラヴ・ユー」にコーラスで参加したのも有名な話だ。

　一方、『サージェント・ペパーズ・ロンリー・ハーツ・クラブ・バンド』のセッション時には、「フィクシング・ア・ホール」のレコーディング（67年2月9日）をＥＭＩ以外では初となるリージェント・サウンド・スタジオ（ここもストーンズが常用）で行ったほか、マリアンヌ・フェイスフルの「イエスタデイ」のレコーディングに立ち会ったポールが、その曲のアレンジを手がけたマイク・リーンダーを「シーズ・リーヴィング・ホーム」のストリングスのアレンジャーに起用するという出来事もあった。

　また、とくにスタジオに関しては意見交換をしていたふしもあり、それが発展し、節税対策も視野に入れ、ビートルズとストーンズがバハマに共同でスタジオをつくるという動きが67年に実際にあった。『サージェント〜』のジャケットをもじってストーンズが同じカメラマン（マイケル・

クーパー）を起用して『ゼア・サタニック・マジェスティーズ・リクエスト』のジャケットを制作。『サージェント〜』のジャケットの4人の顔を『サタニック〜』に紛れ込ませたのは、『サージェント〜』のジャケットの右端の人形の服に書かれた"WELCOME THE ROLLING STONES"への返礼だとも言われている。

68年に入ると、共通の関係者が増える。たとえば「シーズ・ア・レインボウ」（67年）の冒頭で印象的なピアノを弾いたニッキー・ホプキンスをビートルズが「レヴォリューション」（68年）に起用したかと思えば、〝ゲット・バック・セッション〟の後半に参加したビリー・プレストンは、その後ストーンズのサポート・メンバーにもなるなど、両者が関わるセッション・マンとの交流もあった。

もうひとつ重要なのは、映像関係のスタッフ——特に監督のマイケル・リンゼイ＝ホッグ、撮影監督のトニー・リッチモンド、サウンド・エンジニアのグリン・ジョンズの存在だ。ビートルズの「ペイパーバック・ライター」と「レイン」のMVを手掛けたマイケルは、68年春にストーンズの「ジャンピン・ジャック・フラッシュ」のMVを制作したが、スタジオでのライヴ感あふれる映像は、そのまま同じくマイケルが手がけたビートルズの「ヘイ・ジュード」と「レヴォリューション」（ともに68年9月4日収録）に生かされ、その後、（『マジカル・ミステリー・ツアー』の影響を受けたかもしれない）ストーンズのテレビ映画『ロックンロール・サーカス』（68年12月10日・11日収録）へとつながっていく。『ロックンロール・サーカス』には、『ザ・ビートルズ』（通称ホワイト・アルバム）発売直後にもかかわらず、ジョンはビートルズとしてではなくヨーコとともに出演。「ホワイル・マイ・ギター・ジェントリー・ウィープス」のセッション（68年9月5日・6日）に参加したエリック・クラプトン、ミッチ・ミッチェル、そしてキースをバックに従えた、その名も〝ダーティ・マック〟として「ヤー・ブルーズ」（リハーサルでは「レヴォリューション」も）を演奏した。

マイケルはその後も、ストーンズの「ハング・ファイア」（81年）までのMVを手掛けただけでなく、ウイングスの「ヘレン・ホイールズ」「マル・オブ・キンタイア」「ウィズ・ア・リトル・ラック」「ロンドン・タウン」のMVを制作するなど、ミックとポールから厚い信頼を寄せられた。

70年代に入ってからの両者の交流は、ほとんどスタジオが主流となる。まずヨーコの『アプロキシメイトリー・インフィニット・ユニヴァース』（73年）のセッションでは、ジョンのインスピレーションを元にヨーコが書いた「ウィンター・ソング」にジョンとミックがギターとピアノで参加した。その後、ヨーコと別居して間もない73年12月23日に、ジョンのプロデュースでミックが「トゥー・メニー・クックス」を録音するというまたとない機会も生まれた（『ヴェリー・ベスト・オブ・ミック・ジャガー』に収録）。

ジョージはロン・ウッドと「ファー・イースト・マン」を共作し、この名曲は各々のアルバム『ダーク・ホース』と『アイヴ・ガット・マイ・オウン・アルバム・トゥ・ドゥ』（ともに74年）に収録された。リンゴはザ・バンドの『ラスト・ワルツ』（76年）のステージでロン・ウッドと共演したのがきっかけになったのか、ロンのアルバム『ギミ・サム・ネック』（79年）収録の「ベリッド・アライヴ」のMVでドラムをライヴ・レコーディングで叩いた。

と、こうしてソロ時代も含めての交遊録を見ていくと、面白いもので、どうやらジョンはミックとウマが合い、ジョージはロン・ウッドとビル・ワイマン（亡くなる直前にビルのバンド、リズム・キングスのアルバムに参加）、リンゴはチャーリー・ワッツ、ビル・ワイマン、ロン・ウッドと相性が良かったようだ。ポールはというと、特に誰と深い関わりがあったとは思えないが、21世紀に入り、なぜかキースとの距離が縮まり、一緒にいる機会が増えた。ポールが20年12月16日のロンドン公演のアンコールでリンゴとロンをステージに呼び、「ゲット・バック」を演奏したのも記憶に新しい。

そしてまた、「ディア・プルーデンス」でジョンがプルーデンス・ファローに呼びかけたかのように、音楽活動を停止し、主夫時代を過ごしていたジョンに「そこから出ておいでよ」と声をかけたのはミックだった。ちょうどその頃のことだと思うが、マディソン・スクエア・ガーデンでのサーカス・ショーをジョンがヨーコとショーンと楽しんでいたら、たまたま会場でミックに会った。その時の写真は、西丸文也氏の写真集『ジョン・レノン 家族生活』（82年）に掲載されているが、ミックを含め、音楽活動再開を望む声に対してジョンが自分の思いを込めたのが、『ダブル・ファンタジー』（80年）に収録された「ウォッチング・ザ・ホイールズ」だった。

だがジョンは、〝スターティング・オーヴァー〟できずに40歳の若さで非業の死を遂げる。再出発を呼びかけたミックに対し、訃報を耳にしたキースは即座にこう反応した。「銃を持って表に飛び出していきそうになったよ。アイツを殺ってやる！ってね」

ARE THEY
A BLUES COVER
BAND OR
A CHORUS
GROUP?
1970
OLLING
STONES
GOES TO 70s
S. Umemura

The Rolling Stones In Mono

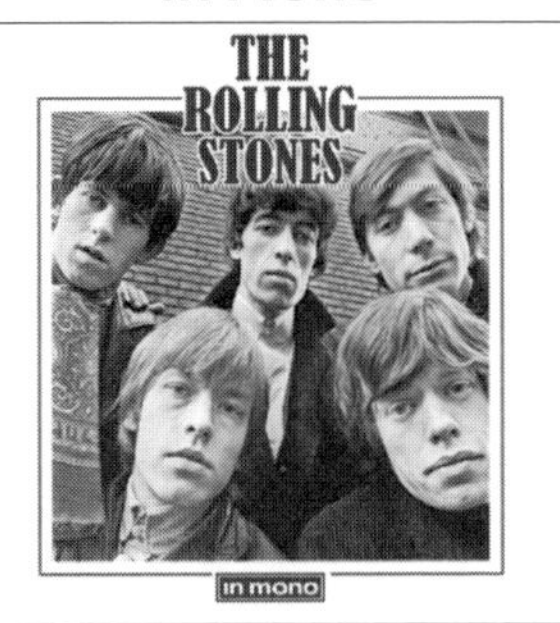

ABKCO：018771834526［15CD BOX］
発売：2016年9月30日
［1］The Rolling Stones
［2］12 X 5
［3］The Rolling Stones No.2
［4］The Rolling Stones Now!
［5］Out Of Our Heads (US)
［6］Out Of Our Heads (UK)
［7］December's Children (And Everybody's)
［8］Aftermath (UK)
［9］Aftermath (US)
［10］Between The Buttons (UK)
［11］Flowers
［12］Their Satanic Majesties Request
［13］Beggars Banquet
［14］Let It Bleed
［15］Stray Cats: 1. Come On / 2. I Want To Be Loved / 3. I Wanna Be Your Man / 4. Stoned / 5. Fortune Teller / 6. Poison Ivy (Version 1) / 7. Bye Bye Johnny / 8. Money / 9. Poison Ivy (Version 2) / 10. Not Fade Away / 11. I've Been Loving You Too Long / 12. The Under Assistant West Coast Promotion Man (Single Version) / 13. 19th Nervous Breakdown / 14. Sad Day / 15. As Tears Goes By (Italian Version) / 16. Long Long While / 17. Who's Driving Your Plane? / 18. We Love You (Single Version) / 19. Dandelion (Single Version) / 20. Child Of The Moon / 21. Jumpin' Jack Flash / 22. Street Fighting Man (Single Version) / 23. Honky Tonk Women / 24. You Can't Always Get What You Want (Single Version)
リイシュー・プロデューサー：Teri Landi

　1960年代に発表したオリジナル・アルバム14作品をモノラル音源で統一し、ボーナス・ディスクの『ストレイ・キャッツ』をセットにした15枚入りボックス・セット（アナログ仕様は16枚）。オリジナル・モノ・テープからのリマスタリングはボブ・ラドウィグとアブコのチーフ・オーディオ・エンジニア、テリ・ランディが手がけている。基本的に英国盤を基準とした内容で、長らく廃盤状態だったファースト・アルバムと『No.2』は約20年振りの商品化だ。英国でしかモノラル盤が出なかった『ベガーズ・バンケット』と『レット・イット・ブリード』のモノ・ヴァージョンは、日米では初登場だった。

　デッカ／ロンドン時代の音源はストーンズがコントロールできないという事情もあり、CDフォーマットでは、モノラル、疑似ステレオ、ステレオの3種が混在しながら、時期によって異なるマスターが使われるなど、複雑化していた。そのため、本来のストーンズの音がぼやけていた感があったのだが、モノラルに統一したことによって当時のバンドの創造性がより明確に伝わるようになっている。現在では各アルバムがバラ売りもされているが、「アズ・ティアーズ・ゴー・バイ」のイタリア語ヴァージョンをはじめ、アルバム未収録曲やシングル・ヴァージョンなどレア・トラックをまとめた『ストレイ・キャッツ』も聴き逃がせない。

『アフターマス』以前はモノラル・レコーディングが主流だったわけで、〝ストーンズをモノラルで聴く〟という行為は至極真っ当なことなのだが、これから高価なオリジナルのアナログを集めるには相当な労力が必要なので、こうした一挙に楽しめるボックスは便利だ。ただし、粗悪なコピー商品も出回っているので要注意。　**山田**

1970 - 1979

KOJI WAKUI
ROKURO MAKABE
JIRO MORI
YASUKUNI NOTAMI

ヴィジュアル・イメージを決めた70年代

和久井光司

70年代のストーンズは、映像作品でヴィジュアル・イメージを決定的にすることから始まった。意図したことだったのかどうかはわからない。半ば偶然だったような気もするのだが、YouTubeなんてものはおろか、家庭用ヴィデオさえなかった当時は、映画やテレビ番組がミュージシャンが〝動く姿〟を観られる数少ないメディアだった。

時系列で振り返ると、ストーンズの映像作品は、ジャン＝リュック・ゴダールの映画『ワン・プラス・ワン』（68年11月30日・英、69年4月26日・米公開）、テレビ・スペシャル『ストーンズ・イン・ハイド・パーク』（69年9月2日・英放映）、『ローリング・ストーンズ・イン・ギミー・シェルター』（70年12月6日プレミア公開）ということになるのだが、日本ではまったく逆で、『ギミー・シェルター』の公開が71年12月25日、『ハイド・パーク』のテレビ放映（ＮＨＫ「ヤング・ミュージック・ショー」）が72年3月20日で、『ワン・プラス・ワン』にいたっては78年11月1日に初めて映画館で封切られたのだ。つまり、リアルタイム世代は『ギミー・シェルター』と『ハイド・パーク』でミック・テイラーを加えたストーンズを観て、60年代とは種類の違うカッコよさにしびれたのだった。そういう歴史を踏まえないと、70年代に入って突然ストーンズの像が鮮やかになったことが歪められてしまう。『ロックンロール・サーカス』なんて当時はなかったことになっていたのだから、68年暮れにそれを置くのはストーンズ・ファンとしてはシロウト同然なのだ。

『ハイド・パーク』にしても説明は不充分で、ミック・テイラーのお披露目コンサートになるはずだったのが、2日前のブライアンの死で急遽追悼の色合いが強くなったことはともかく、前座として、キング・クリムゾン、サード・イアー・バンド、アレクシス・コーナーズ・ニュー・チャーチ・ファミリー、バタード・オーナメンツらが出演したことなどはまったく語られなかった。

私は『ギミー・シェルター』のロードショー公開に間に合わなかったから、「ヤング・ミュージック・ショー」で初めて新生ストーンズを観たのだけれど、『ミュージック・ライフ』や『音楽専科』のグラヴィアで見たストーンズが〝動いている〟といった印象しか残らず（演奏がよくないと思ったし）、数年後に名画座で観た『ギミー・シェルター』でやっと摑めた感じがしたものだった。

70年代前半の日本で最もポピュラーだったのは「アンジー」のプロモ・ヴィデオだと思う。「ジャンピン・ジャック・フラッシュ」のPVは（それしかなかったのか）何かとオン・エアされていたような記憶があるが、リアルタイム感を伴う姿といえば「アンジー」だ。じゃあ、ワイルドなストーンズのイメージがどこで一般化したのかと言えば、案外ワーナーが販促用につくった『スティッキー・フィンガーズ』のポスターだったのかもしれない。

米英で宣伝用につくられたものだが、日本では販促用のポスターとして大活躍した（某収集家所蔵）

Sticky Fingers

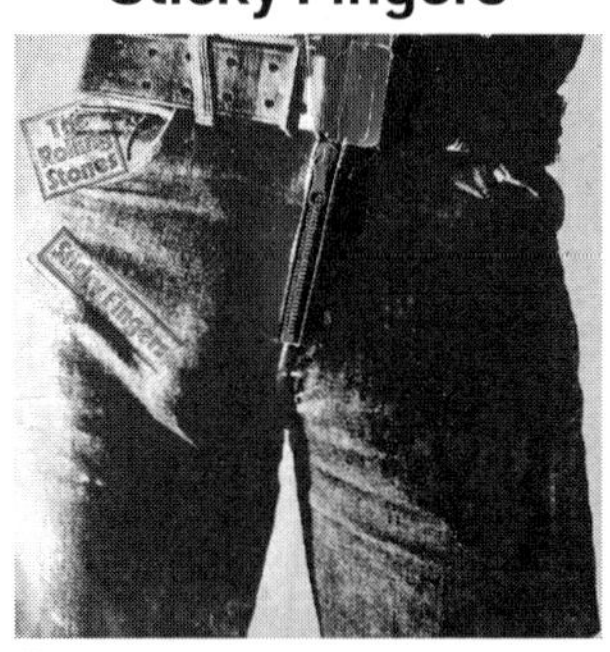

英・Rolling Stones：COC59100
米・Rolling Stones：COC59100
録音：1969年2月～3月、12月、1970年3月～10月
発売：英・1971年4月23日／米・1971年4月23日
［A］ 1. Brown Sugar / 2. Sway / 3. Wild Horses / 4. Can't You Hear Me Knocking / 5. You Gotta Move
［B］ 1. Bitch / 2. I Got The Blues / 3. Sister Morphine / 4. Dead Flowers / 5. Moonlight Mile
プロデューサー：Jimmy Miller
参加ミュージシャン：
Ian Stewart (p)
Nicky Hopkins (p)
Bobby Keys (sax)
Jim Price (tp, p)
Ry Cooder (g)
Billy Preston (organ)
Jack Nitzsche (p)
Jim Dickinson (p)
Rocky Dijon (per)
Paul Buckmaster (string arrangement)
Jimmy Miller (per)

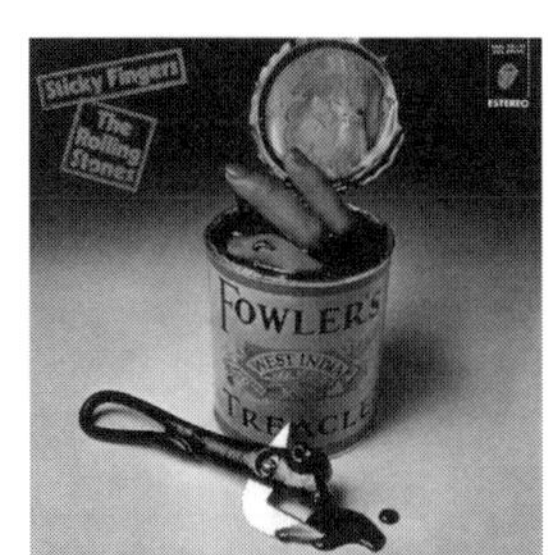

Spanish Cover
Rolling Stones：HRSS 591-01
1971年7月

　グレイス・スリックにインタヴューしたときに、ジェファーソン・エアプレインがサンフランシスコのフルトン・ストリートに建つ大邸宅で共同生活していたころのことを訊いたら、「忘れられないのはミック・ジャガーが訪ねてきたことよ」と言うから驚いた。「69年だったと思うんだけど、私たちは彼がジョイント・パーティに期待してるんじゃないかと思って準備していたのね（笑）。ところがミックはまるでシラフで、〝きみたちのビジネスはどうなっているんだい?〟なんて言うの。ちょうどワーナー・ブラザーズとの契約話が持ち上がったころだったと思うんだけど、彼はストーンズの世界戦略をとうとうと語ったのね。私たちは『ヴォランティアーズ』をつくったばかりで、アメリカの現実を歌にしていることに満足していたんだけど、ミックは〝理想を実現するためには売れなきゃダメなんだ〟と言ったわ。それに感化された私たちは自分たちのレーベル〝グラント〟をつくったのよ」と。

　そうか。だからオルタモントにエアプレインが出ているのか、と納得したものだし、ローリング・ストーンズ・レーベルを興してワーナーから巨額のアドヴァンスをもらったことで、70年代のストーンズの成功が決まったと言ってもいい。そういうやり方を〝仲間〟に勧めるのがいかにもミックらしいな、と思った。

　ストーンズ・レコーズのレコード番号COCには男性器の意味があるのだが、『サム・ガールズ』の英国盤はCUN（カント＝女性器）になっていたりと洒落が効いている。このジッパー・ジャケットはアンディ・ウォーホルの傑作だが、〝ポップ・アート〟の在り方を世界に広めたのはヴェルヴェット・アンダーグラウンドではなく、実はストーンズだったのだ。

和久井

Sticky Fingers：Super Deluxe Edition

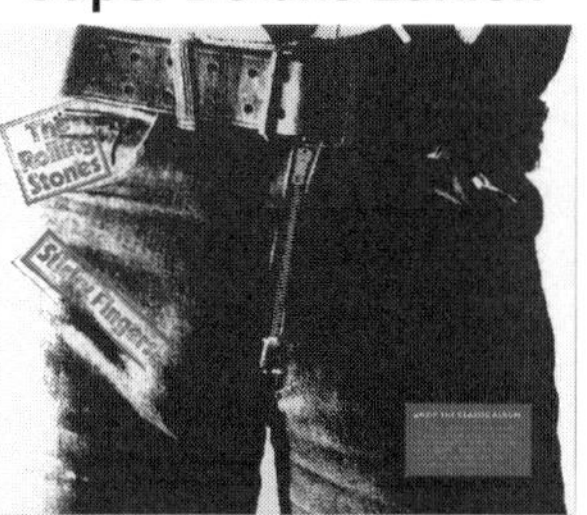

Rolling Stones / Polydor：376 484-2［CD+DVD+7″］
発売：2015年6月8日
［CD1］Original Album
［CD2］Bonus tracks: 1. Brown Sugar (with Eric Clapton) / 2. Wild Horses (Acoustic) / 3. Can't You Hear Me Knocking (Alternate Version) / 4. Bitch (Extended Version) / 5. Dead Flowers / 6. Live With Me (Live at the Roundhouse, 1971) / 7. Stray Cat Blues (Live at the Roundhouse, 1971) / 8. Love In Vain (Live at the Roundhouse, 1971) / 9. Midnight Rambler (Live at the Roundhouse, 1971) / 10. Honky Tonk Woman (Live at the Roundhouse, 1971)
［CD3］Get Yer Leeds Lungs Out (Live At University Of Leeds, 1971): 1. Jumpin' Jack Flash / 2. Live With Me / 3. Dead Flowers / 4. Stray Cat Blues / 5. Love In Vain / 6. Midnight Rambler / 7. Bitch / 8. Honky Tonk Women / 9. (I Can't Get No) Satisfaction / 10. Little Queenie / 11. Brown Sugar / 12. Street Fighting Man / 13. Let It Rock
［DVD］Live At The Marquee Club, 1971: 1. Midnight Rambler / 2. Bitch
［7″］Brown Sugar / Wild Horses

長期に渡った録音をみごとにまとめたのは『スティッキー・フィンガーズ』の収穫だったが、あまりに収まりがいいからか、録音の全貌が言及されることは稀だった。『レット・イット・ブリード』のアウトテイク「デッド・フラワーズ」を除けば2箇所で制作されたことになる。69年12月2、3日にアラバマのマッスル・ショールズ・スタジオ録音（「ブラウン・シュガー」「ワイルド・ホーシズ」「ユー・ガッタ・ムーヴ」）が敢行されたのは、ワーナーとの交渉がすでに始まっていたことの裏付けでもあるのだが、もう一箇所は新たにつくられたローリング・ストーンズ・モービル（車載スタジオ）をミック邸の庭に置いての録音だったのいうのもポイント。当時はクイックシルヴァー・メッセンジャー・サーヴィスにいたニッキー・ホプキンスが「スウェイ」でピアノを弾いただけにとどまった代わりに、初参加のビリー・プレストンが「キャント・ユー・ヒア・ミー・ノッキング」と「ビッチ」でゴスペルっぽいオルガンを弾いたのもアルバムのスワンプ臭を高めている。スニーキー・ピートにペダル・スティールを弾いてもらうために送ったデモが気に入られ、「ワイルド・ホーシズ」はフラング・ブリトー・ブラザーズによるカヴァーの方が先に世に出ることになった。ストーンズ版ではジム・ディキンソンがピアノを弾いている。

　このスーパー・デラックス・エディションの目玉は何と言ってもエリック・クラプトンが参加した「ブラウン・シュガー」だが、最初のインパクトに反して、好んでこっちを聴く気にはならない。後輩の力なんか借りなくてもストーンズ・サウンドは揺るぎなく、難なく世界のチャートで1位になったのだから、ここで発掘されたのは〝オマケ〟という印象なのである。　**和久井**

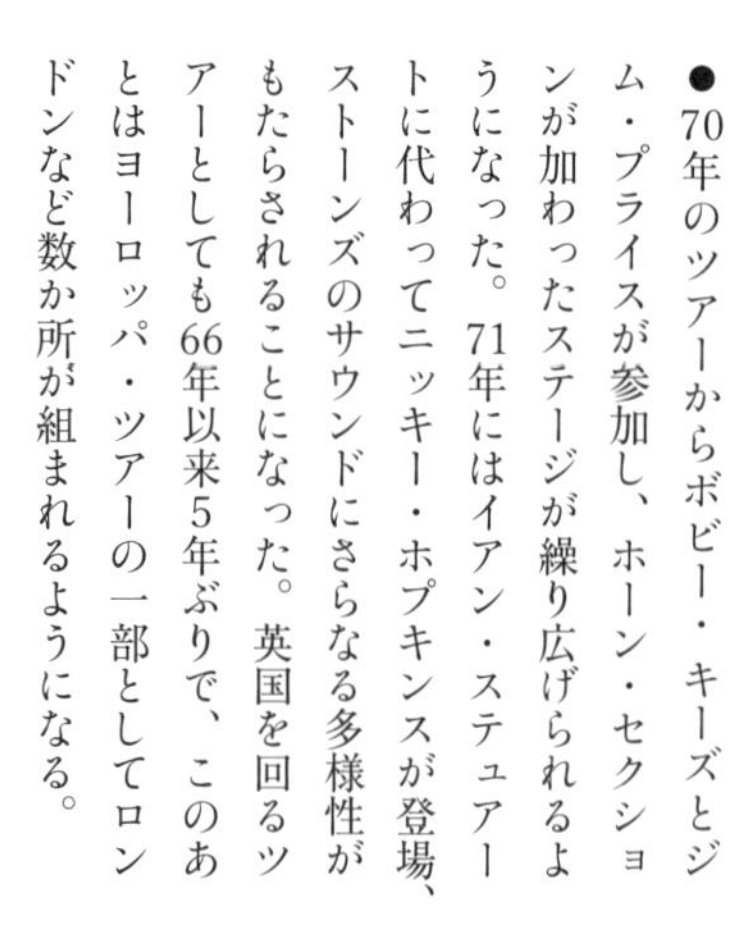
●70年のツアーからボビー・キーズとジム・プライスが参加し、ホーン・セクションが加わったステージが繰り広げられるようになった。71年にはイアン・ステュアートに代わってニッキー・ホプキンスが登場、ストーンズのサウンドにさらなる多様性がもたらされることになった。英国を回るツアーとしても66年以来5年ぶりで、このあとはヨーロッパ・ツアーの一部としてロンドンなど数か所が組まれるようになる。

European Tour 1970

1970年8月30日～10月9日

◆参加ミュージシャン

Ian Stewart (p)
Bobby Keys (sax)
Jim Price (trumpet, trombone)

◉セット・リスト

1. Jumpin' Jack Flash
2. Roll Over Beethoven
3. Sympathy for the Devil
4. Stray Cat Blues
5. Love in Vain
6. Prodigal Son
7. You Gotta Move
8. Dead Flowers
9. Midnight Rambler
10. Live With Me
11. Let It Rock
12. Little Queenie
13. Brown Sugar
14. Honky Tonk Women
15. Street Fighting Man

1970-08-30 Baltiska hallen, Malmö, Sweden
1970-09-02 Helsinki Olympic Stadium, Helsinki, Finland
1970-09-04 Råsunda Stadium, Stockholm, Sweden
1970-09-06 Liseberg, Gothenburg, Sweden
1970-09-09 Vejlby-Risskov Hallen, Aarhus, Denmark
1970-09-11 Forum Copenhagen, Copenhagen, Denmark
1970-09-12 Forum Copenhagen, Copenhagen, Denmark
1970-09-14 Ernst-Merck-Halle, Hamburg, West Germany
1970-09-16 Deutschlandhalle, West Berlin, West Germany
1970-09-18 Sporthalle, Cologne, West Germany
1970-09-20 Killesbergpark, Stuttgart, West Germany
1970-09-22 Palais des Sports, Paris, France
1970-09-23 Palais des Sports, Paris, France
1970-09-24 Palais des Sports, Paris, France
1970-09-26 Wiener Stadthalle, Vienna, Austria
1970-09-29 Palazzo dello Sport, Rome, Italy
1970-10-01 Palazzetto Lido Sport, Milan, Italy (2 shows)
1970-10-03 Palais des Sports de Gerland, Lyon, France
1970-10-05 Festhalle Frankfurt, Frankfurt, West Germany
1970-10-06 Festhalle Frankfurt, Frankfurt, West Germany
1970-10-07 Grugahalle, Essen, West Germany
1970-10-09 RAI Amsterdam Convention Centre, Amsterdam, Netherlands

UK Tour 1971

1971年3月4日～3月26日

□サポート・アクト：The Groundhogs

◆参加ミュージシャン

Nicky Hopkins (p)
Bobby Keys (sax)
Jim Price (trumpet)

◉セット・リスト

1. Jumpin' Jack Flash
2. Live With Me
3. Dead Flowers
4. Stray Cat Blues
5. Love In Vain
6. Prodigal Son
7. Midnight Rambler
8. Bitch
9. Honky Tonk Women
10. (I Can't Get No) Satisfaction
11. Little Queenie
12. Brown Sugar
13. Street Fighting Man

Encore:

14. Let It Rock

1971-03-04 Newcastle City Hall, Newcastle upon Tyne (2 shows)
1971-03-05 Free Trade Hall, Manchester (2 shows)
1971-03-06 Criterion Theatre, Coventry (2 shows)
1971-03-08 Green's Playhouse, Glasgow, Scotland (2 shows)
1971-03-09 Colston Hall, Bristol (2 shows)
1971-03-10 Regent Cinema, Brighton (2 shows)
1971-03-12 Liverpool Empire Theatre, Liverpool (2 shows)
1971-03-13 University of Leeds Refectory, Leeds
1971-03-14 Roundhouse, London (2 shows)
1971-03-26 Marquee Club, London

The Marquee Club Live in 1971

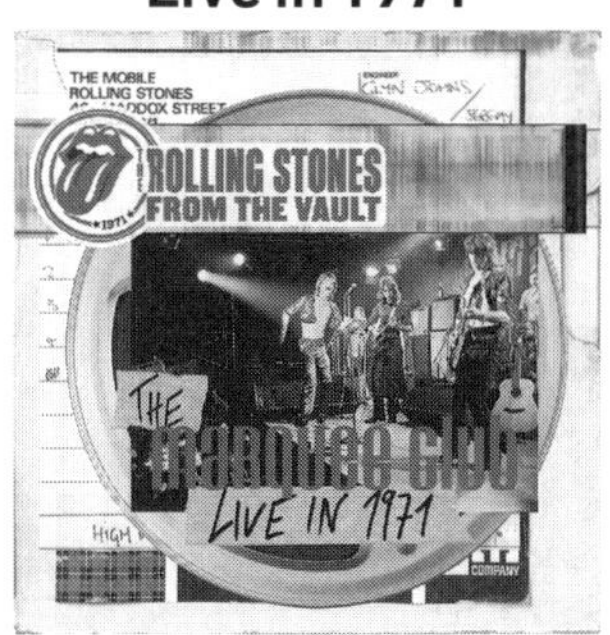

Rolling Stones / Eagle Vision/Universal：EAGDV047［DVD+CD］
録音・撮影：1971年3月26日
発売：2015年6月23日
［DVD］Live With Me / Dead Flowers / I Got The Blues / Let It Rock / Midnight Rambler / (I Can't Get No) Satisfaction / Bitch / Brown Sugar
Bonus Features I Got The Blues (Alternative Take 1) / I Got The Blues (Alternative Take 2) / Bitch (Alternative Take 1) / Bitch (Alternative Take 2) / Brown Sugar (From Top Of The Pops)
［CD］1. Live With Me / 2. Dead Flowers / 3. I Got The Blues / 4. Let It Rock / 5. Midnight Rambler / 6. (I Can't Get No) Satisfaction / 7. Bitch / 8. Brown Sugar / 9. I Got The Blues (Alternative Take 1) / 10. I Got The Blues (Alternative Take 2) / Bitch (Alternative Take 1) / Bitch (Alternative Take 2)

ストーンズは『スティッキー・フィンガーズ』のレコーディングが終わらぬまま70年の欧州ツアー（英国以外）に出かけ、アルバム発売前には英国〝フェアウェル〟ツアーが組まれた。その直後、バンド発祥の店であるマーキー・クラブで、米国のテレビ番組向けの収録が行われている。映像を見ると、ステージ前にテレビ・カメラが集結し、その後ろにオーディエンスの姿を確認することができる。

3回のツアーを経て、バンドの中でのミック・テイラーのポジションが定まったようで、彼は終始ドラム・セットの斜め前に陣取っている。あくまでフロントはミックとキースのふたりで、テイラーはギター・ソロを弾く場面はあるものの、あたかもリズム隊の一員のような佇まいだ。

演奏そのものは、短いツアーのあとということもあって、非常に安定している。テレビ用のシューティングなので、そんなにワイルドにはならなかったという面もあるだろう。ミックの喉がやや嗄れているが、そこだけが荒っぽい雰囲気で、意外とバランスがとれている。

『スティッキー〜』に収録された「デッド・フラワーズ」「ビッチ」「ブラウン・シュガー」はこの英国ツアーで初めて披露された。「ブラウン〜」は早くもミックがフェイクを取り混ぜている。「アイ・ガット・ザ・ブルーズ」も披露されたが、放送はされなかったらしい。

それにしても「サティスファクション」の解体っぷりたるや。まるでつくったばかりの新曲をリハーサルで合わせているかの如くひとつひとつの音を置いていくチャーリーとビル、手探り感に満ちたギターを弾くキースとテイラー、あえて感情の発露を抑え込んだようなミック。まだこの曲の可能性を見つけようとしているみたいだ。**森**

Exile On Main St.

英・Rolling Stones：COC69100
米・Rolling Stones：COC22900
録音：1971年7月、10月～11月、12月、1972年1月～2月
発売：英・1972年5月26日／米・1972年5月22日
［A］1. Rocks Off / 2. Rip This Joint / 3. Shake Your Hips / 4. Casino Boogie / 5. Tumbling Dice
［B］1. Sweet Virginia / 2. Torn And Frayed / 3. Sweet Black Angel / 4. Loving Cup
［C］1. Happy / 2. Turd On The Run / 3. Ventilator Blues / 4. I Just Want To See His Face / 5. Let It Loose
［D］1. All Down The Line / 2. Stop Breaking Down / 3. Shine A Light / 4. Soul Survivor
プロデューサー：Jimmy Miller
参加ミュージシャン：
Ian Stewart (p)
Nicky Hopkins (p)
Bobby Keys (sax)
Jim Price (tp, organ)
Bill Plummer (b)
Billy Preston (organ, p)
Jimmy Miller (per)
Venetta Fields (cho)
Clydie King (cho)
Sherlie Matthews (cho)
Al Perkins (g)
Richard Washington (marimbas)
Joe Greene (cho)
Jerry Kirkland (cho)
Shirley Goodman (cho)
Tami Lynn (cho)
Mac Rebennack (cho)
Kathi McDonald (cho)

英国の高い課税から逃れるために、ストーンズが南フランスに移住したことはあまりにも有名。その際にキースがリヴィエラ地方のヴィルフランシュ・シェル・メールで借りた邸宅ネルコートの地下室が、本作の主な制作舞台となった。ミックがパリに置いてきた妊娠中の妻のもとに出かけることが多かったため、キースが中心になって録音が進んだが、ギターのチューニングがすぐ狂うほどの蒸し暑さと湿気に悩まされ、ヨーロッパにはないはずの〝スワンプ〟をリアルに体験することになるのだ。

キースはヘロイン癖が進んでいたもののゴキゲンで、まさに「ハッピー」。彼の気分が、アメリカ音楽を総ざらいするようなスケール感に繋がっていったことは間違いないが、ヨソ者が目抜き通りで大暴れするさまを想像していたのはタイトルからも明らか。つまり〝決して本物ではない〟という意識もあったはずで、おかげで制約のない、自由な空気が漂っているのだある。

2枚組で18曲、ストーンズらしいロック・ナンバーが核になっている一方で、キースのヴォーカルにメロウな味が出てきているのが見逃せない。発売当時はその重層性が理解されず、一枚にまとめた方がよかったのでは?という意見も少なくなかったが、いまでは最高傑作と呼ばれるのだからバンド側の目論見は間違っていなかったと言っていいだろう。仕上げのLAセッションでは、「レット・イット・ルーズ」にドクター・ジョンと彼のニューオリンズ仲間がコーラス参加していたりもする。

フリークスをならず者と捉えた気持ち悪い見開きジャケだが、内袋と12枚のポストカードを含めると独特のアート感がある。そういうところも含めてわかりにくいのだけれど、ハマるとたまらないドラッグのよう。当然、米英で1位になった。 **和久井**

Exile On Main St.：Super Deluxe Edition

Rolling Stones / Polydor：273 429-9
［CD+LP+DVD］
発売：2010年５月26日
［CD1］Original Album
［CD2］Bonus Disc: 1. Pass the Wine (Sophia Loren) / 2. Plundered My Soul / 3. I'm Not Signifying / 4. Following the River / 5. Dancing in the Light 6. So Divine (Aladdin Story) / 7. Loving Cup / 8. Soul Survivor" (alternate take) / 9. Good Time Women / 10. Title 5
日本盤ボーナス・トラック：11. All Down the Line" (alternate take)
［LP1］［LP2］Original Album
［DVD］Stones In Exile / Cocksucker Blues / Ladies & Gentlemen
プロデューサー：Don Was, Jimmy Miller, The Glimmer Twins

　ここで紹介するのは周年記念盤ではなく、2011年に発売されたCD2枚、LP2枚、DVDにブックレットを収録した、スーパー・デラックス・エディションだ。

　DVDには、この時点ではまだパッケージ化されていなかった、74年公開のライヴ映画『レイディース・アンド・ジェントルメン』と、やはり未ソフト化の72年北米ツアーに密着したドキュメンタリー『コックサッカー・ブルーズ』のダイジェスト映像、そして『メイキング・オブ・エグザイル・オン・メイン・ストリート』を収録。

　ステージの映像を見ると、まだライヴを撮影するメソッドが確立していないことが分かる。ちなみにマーティン・スコセッシ監督のザ・バンド『ラスト・ワルツ』が公開されるのは、このおよそ6年後だ。

　最大のウリは、未発表曲全10曲を収録したボーナス・ディスクだろう。一応、このアルバムのためのセッション集なのだが、純粋なアウト・テイクは、のちに「タンブリング・ダイス」となる「グッド・タイム・ウーマン」と、「アイム・ノット・サインファイング」の2曲のみ。そのほかはこのリイシューのためにいくつかのパートを追加録音したものだ。例えば、前述の2曲以外のトラックには全て、ミックが2010年のセッションで、ヴォーカルとハーモニカを重ねている。「タイトル5」は67年のセッションからのアウトテイクだし、オルタネイト・ヴァージョンの2曲も細かく手が加えられている。つまり、時間を超えたセッション集なのだ。

　キースとミック・テイラーがギターを追加した「プラデレッド・マイ・ソウル」の、複雑なのに柔らかいギターの絡み、ニッキー・ホプキンスのピアノがたまらない「フォロウイング・ザ・リヴァー」など、聴き応えのある楽曲が揃っている。　**納富**

Stones In Exile［Film］

公開・2010年５月19日
監督：Stephen Kijak
プロデューサー：John Battsek, Mick Jagger, Victoria Pearman, Keith Richards, Charlie Watts

Eagle Rock：EREDV786［DVD］
発売：2010年
Sign Of The Times / Stones Roll Out / Riviera / The Tribe / Keith's Basement Jam / Roots / Late And Loud / La Dolce Vita / Sunset Sounds / Stones Roll In / How Good Does It Get?
Bonus Features: Extended Interviews / Return To The Stargroves And Olympic Studios / Exile Fans

邦題は『「メイン・ストリートのならず者」の真実』。２０１０年のカンヌ映画祭、監督ウィークで5月19日にプレミア公開された61分のドキュメンタリーである。日本ではアップリンクで上映されたが、全国規模のロードショウにはならなかった。一度は出たＤＶＤもすでに廃盤である。

映像作品はイーグル・ロックから、という契約だった時期にこういうＤＶＤが沢山出た。カンヌは『ならず者』が制作された（つまりストーンズが移り住んだ）地だから、それにちなんでカンヌで公開ということになったのだろうが、最初から劇場での収益は考えられていなかったＤＶＤマターの作品と考えていいはずだ。

イーグル・ロックと配給契約する際に、おおよそのリリース・タイトルを決め、そう総数ではじき出した印税分をストーンズ側はアドヴァンスとして受け取ったのだろうが、そうすると一作一作を丁寧に売るようなリリースにはならず、熱心なファン以外には届かなかったのである。

その反省からか、イーグル・ロックで出していた作品は引き揚げ、ユニバーサルと再契約する際に映像作品もオプションとして加えられたというのだ。ということは、今後きちんと国内発売される可能性はかなり高いので、あわてて輸入ＤＶＤを探す必要はないんじゃないかと思う。

『ならず者』の制作風景がちゃんと観られるのはありがたいし、メンバーに当時を語らせたインタヴューを追加してあるので、作品としてのクオリティは低くはないが、61分というサイズではちょっと食い足りず、〝映画〟としては弱いと感じられてしまう。邦題の〝真実〟もありきたりだから、「そりゃそうなんだけど、もうちょっとヒネれなかったの？」とツッコミを入れたくなってしまうのだ。

和久井

American Tour 1972

1972年6月3日〜7月26日

●ビル・グレアムがプロモートした、大規模な北米ツアー。映像の撮影、録音、さらにはトルーマン・カポーティら作家が同行するなど、その模様がつぶさに記録されている。また、『トーキング・ブック』の発売を控えたスティーヴィー・ワンダーが全編にわたってオープニング・アクトを務めた。アンコールに登場してヒット曲「アップタイト」を歌い、「サティスファクション」につなげることもあったという。

□**サポート・アクト**：Stevie Wonder

◆**参加ミュージシャン**

Nicky Hopkins (p)
Bobby Keys (sax)
Jim Price (trumpet, trombone)
Ian Stewart (p)

◉**セット・リスト**

1. Brown Sugar
2. Bitch
3. Rocks Off
4. Gimme Shelter
5. Happy
6. Tumbling Dice
7. Love in Vain
8. Sweet Virginia
9. You Can't Always Get What You Want
10. All Down the Line
11. Midnight Rambler
12. Bye Bye Johnny
13. Rip This Joint
14. Jumpin' Jack Flash
15. Street Fighting Man

1972-06-03	Pacific Coliseum, Vancouver, Canada
1972-06-04	Seattle Center Coliseum, Seattle (2 shows)
1972-06-06	Winterland Ballroom, San Francisco (2 shows)
1972-06-08	Winterland Ballroom, San Francisco (2 shows)
1972-06-09	Hollywood Palladium, Los Angeles
1972-06-10	Long Beach Arena, Long Beach
1972-06-11	The Forum, Inglewood (2 shows)
1972-06-13	International Sports Arena, San Diego
1972-06-14	Tucson Convention Center, Tucson
1972-06-15	University Arena, Albuquerque
1972-06-16	Denver Coliseum, Denver (2 shows)
1972-06-18	Metropolitan Sports Center, Bloomington
1972-06-19	International Amphitheatre, Chicago
1972-06-20	International Amphitheatre, Chicago (2 shows)
1972-06-22	Municipal Auditorium, Kansas City
1972-06-24	Tarrant County Convention Center, Fort Worth (2 shows)
1972-06-25	Hofheinz Pavilion, Houston (2 shows)
1972-06-27	Mobile Civic Center, Mobile
1972-06-28	Memorial Coliseum, Tuscaloosa
1972-06-29	Municipal Auditorium, Nashville
1972-07-04	Robert F. Kennedy Memorial Stadium, Washington, D.C.
1972-07-05	Norfolk Scope, Norfolk
1972-07-06	Charlotte Coliseum, Charlotte
1972-07-07	Civic Arena, Knoxville
1972-07-09	Kiel Convention Hall, St. Louis (2 shows)
1972-07-11	Rubber Bowl, Akron
1972-07-12	Indiana Convention-Exposition Center, Indianapolis
1972-07-13	Cobo Hall, Detroit
1972-07-14	Maple Leaf Gardens, Toronto, Canada
1972-07-15	Maple Leaf Gardens, Toronto, Canada
1972-07-17	Montreal Forum, Montreal
1972-07-18	Boston Garden, Boston
1972-07-19	Boston Garden, Boston
1972-07-20	The Spectrum, Philadelphia
1972-07-21	The Spectrum, Philadelphia (2 shows)
1972-07-22	Civic Arena, Pittsburgh
1972-07-24	Madison Square Garden, New York City
1972-07-25	Madison Square Garden, New York City (2 shows)
1972-07-26	Madison Square Garden, New York City

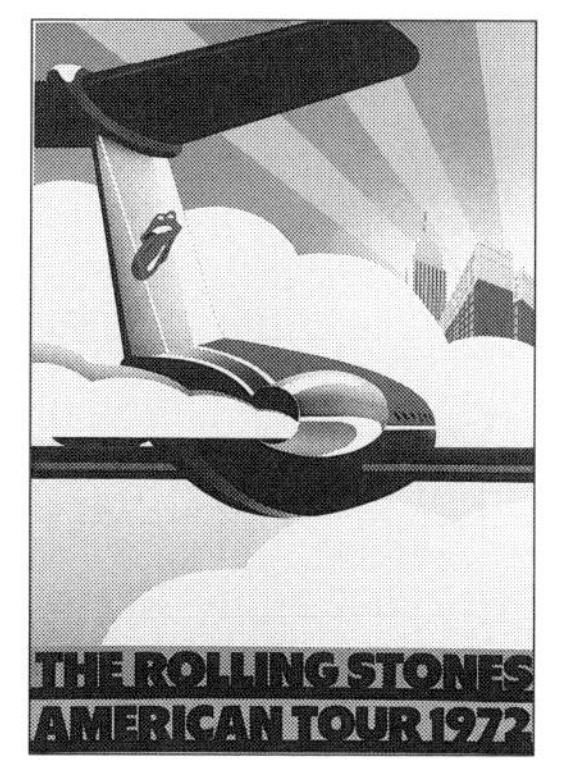

Ladies And Gentlemen [Film]

撮影：1972年6月24日、25日
公開：1974年
監督：Rollin Binzer
プロデューサー：Rollin Binzer, Marshall Chess

Rolling Stones / Eagle Vision：EV303159［DVD］
発売：2010年10月
Brown Sugar / Bitch / Gimme Shelter / Dead Flowers / Happy / Tumbling Dice / Love In Vain / Sweet Viginia / You Can't Always Get What You Want / All Down The Line / Midnight Rambler / Bye Bye Johnny / Rip This Joint / Jumpin' Jack Flash / Street Fighting Man
Bonus Material - Tour Rehearsal: Shake Your Hips / Tumbling Dice / Bluesberry Jam / Old Grey Whistle Test Interview / Mick Jagger Interview 2010

Rolling Stones Records / Eagle Records / Universal：EAGCD662［CD］

『メイン・ストリートのならず者』のリリースに合わせて行われた72年のアメリカ・ツアーを記録したライヴ作品。6月24日のテキサス、フォート・ワース公演と、25日のヒューストン公演が、ともに2回のショウだったため、2日間の4回のショウを撮影すれば、ライヴ作品としてまとめるのは経費の面でも楽、と判断されたのではなかったろうか。映画は74年に1月1日にプレミア上映されたが、配給先が決まらなかったらしく、一般公開されなかった。

長いこと眠っていたフィルムが蔵出しとなったのは2010年のことで、日本でも同年に75分のヴァージョン（74年のオリジナル版がこの長さだったのかどうかはわからない）が劇場初公開。11年には再上映されている（もっとハデにやればよかったのに、地味だったなぁ）。

レストアおよびリマスターされた映像と音は、このツアーでストーンズを初体験するのが幻に終わった日本のファンにとっては〝夢をかなえるもの〟なのだが、そういう宣伝がきちんとされていないため、埋もれてしまっているのが残念だ。

17年6月に日本先行発売となったSHM-CDとDVDのセットは限定版だったが、中古屋を探せば手に入ると思う。ライヴ盤としては申し分ないし、DVDには『ディック・キャヴェット・ショウ』に出演した際のインタヴュー映像などがボーナス収録されているので、これは必携。

おなじみボビー・キーズ、ジム・プライスに、ニッキー・ホプキンスを加えたこのときのストーンズは当時のパブリック・イメージに最も近いと思うし、セット・リストが現在まで続く〝定石〟として固まったのはこのツアーだった。間違いなく歴代最高レベルの記録なので、それにふさわしい扱いをしてほしいものだ。

和久井

Pacific Tour 1973

1973年1月18日〜2月27日

□サポート・アクト

Santana
Cheech & Chong
ZZ Top
Pulse
Madder Lake
Headband
Itambu
Chain

◆参加ミュージシャン

Nicky Hopkins (p)
Ian Stewart (p)
Bobby Keys (sax)
Jim Price (trumpet, trombone)

◉セット・リスト

1. Brown Sugar
2. Bitch
3. Rocks Off
4. Gimme Shelter
5. Happy
6. Tumbling Dice
7. Love in Vain
8. Sweet Virginia
9. You Can't Always Get What You Want
10. Honky Tonk Women
11. All Down The Line
12. Midnight Rambler
13. Rip This Joint
14. Jumpin' Jack Flash
15. Street Fighting Man

1973-01-18 The Forum, Inglewood, United States
1973-01-21 Honolulu International Center, Honolulu, United States
1973-01-22 Honolulu International Center, Honolulu, United States (2 shows)
1973-01-28 Nippon Budokan, Tokyo, Japan (cancelled)
1973-01-29 Nippon Budokan, Tokyo, Japan (cancelled)
1973-01-30 Nippon Budokan, Tokyo, Japan (cancelled)
1973-01-31 Nippon Budokan, Tokyo, Japan (cancelled)
1973-02-01 Nippon Budokan, Tokyo, Japan (cancelled)
1973-02-11 Western Springs Stadium, Auckland, New Zealand
1973-02-14 Milton Tennis Courts, Brisbane, Australia
1973-02-17 Kooyong Tennis Courts, Melbourne, Australia (2 shows)
1973-02-18 Kooyong Tennis Courts, Melbourne, Australia
1973-02-20 Memorial Drive Park, Adelaide, Australia
1973-02-21 Memorial Drive Park, Adelaide, Australia
1973-02-24 Western Australia Cricket Ground, Perth, Australia
1973-02-26 Royal Randwick Racecourse, Sydney, Australia
1973-02-27 Royal Randwick Racecourse, Sydney, Australia

●初の来日公演が直前で中止になってしまった73年のツアーは、アルバムの発売とは紐づけられていないものだった。半ば前年の北米ツアーの延長線上で、ハワイ、日本、そして66年以来となるオーストラリアとニュージーランドでの公演が組まれている。香港での公演も計画されていたようだが、実現には至っていない。イアン・ステュアートとニッキー・ホプキンスという、ふたりの鍵盤奏者が並んだ編成だった。

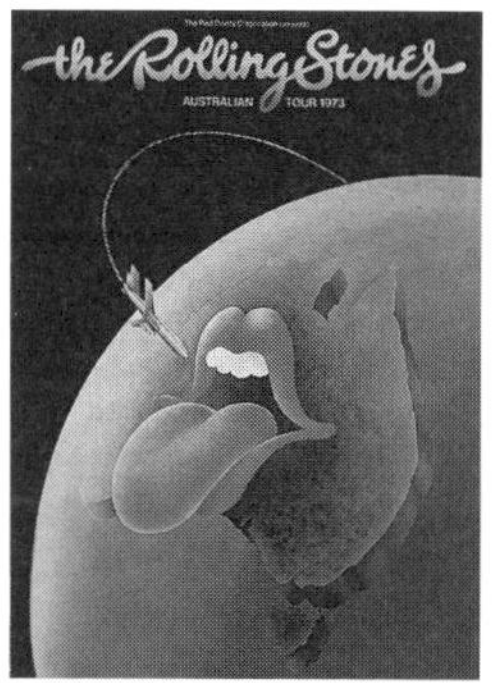

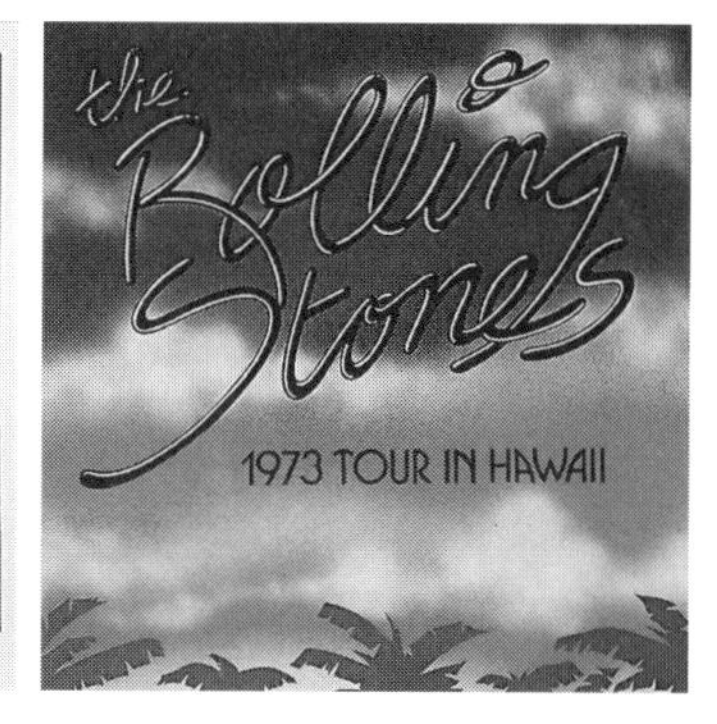

Goats Head Soup

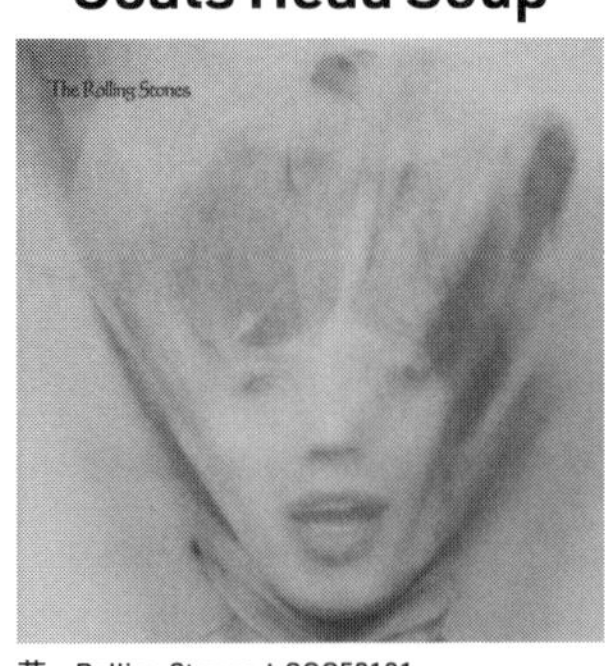

英・Rolling Stones：COC59101
米・Rolling Stones：COC59101
録音：1972年11月、1973年1月〜2月
発売：英・1973年8月31日／米・1973年8月31日
［A］1. Dancing With Mr. D. / 2. 100 Years Ago / 3. Coming Down Again / 4. Doo Doo Doo Doo Doo (Heartbreaker) 5. Angie
［B］1. Silver Train / 2. Hide Your Love / 3. Winter / 4. Can You Hear The Music / 5. Star Star
プロデューサー：Jimmy Miller
参加ミュージシャン：
Ian Stewart (p)
Nicky Hopkins (p)
Billy Preston (kbd)
Bobby Keys (sax)
Jim Horn (sax, fl)
Chuck Findley (tp)
Jim Price (horn arrangement)
Nicky Harrison (string arrangement)
Anthony "Rebop" Kwaku Baah (per)
Nicholas Pascal Raicevic (per)
Jimmy Miller (per)

待望の初来日が中止となり、モヤモヤした気持ちも冷めやらぬ時期に発表された。

　レコーディングはジャマイカ。キングストンにあるダイナミック・サウンド・スタジオだが、レゲエ・ナンバーは見当たらない。環境を変えることで前作とは違う面を出したかったのかもしれないが、どれほどの効果があったのかは疑問として残った。税金対策という気がしないでもないが。

　大ヒットした「アンジー」はデイヴィッド・ボウイの妻アンジェラ・バーネットや女性活動家アンジェラ・デイヴィスのことを歌ったものと言われていたが、キースによれば、娘がアンジェラであることとアンジーという響きのよさで採用しただけらしい。ビリー・プレストンのクラヴィネットがファンキーなノリを先導する「ドゥー・ドゥー・ドゥー・・・（ハートブレイカー）」ではボビー・キーズとジム・ホーンのホーンも素晴らしく、アディショナル・メンバーの必要性を印象づけた。

　キースがヴォーカルを取る「カミング・ダウン・アゲイン」の味わい深さが、やや大味なアルバムを救っているように思うのは私だけだろうか？

「スター・スター」は当初のタイトルにアトランティック・レコーズが難色を示して改題されたナンバーだ。俳優スティーヴ・マックイーンを茶化したような歌詞が訴訟沙汰になるのではと危ぶまれたが、マックイーンが快諾してくれたため、ことなきをえたのである。このやりとりはけっこう話題になり、ストーンズにとってもマックイーンにとってもいい宣伝になった。

　ジャケットは極薄の布を顔にかぶったメンバーを写したもので、デイヴィッド・ベイリーによる。内ジャケに載った、大きな窯に入ったスープに浸された山羊の頭の写真はちょっと気持ち悪いよね。　**真下部**

Goats Head Soup : Super Deluxe Edition

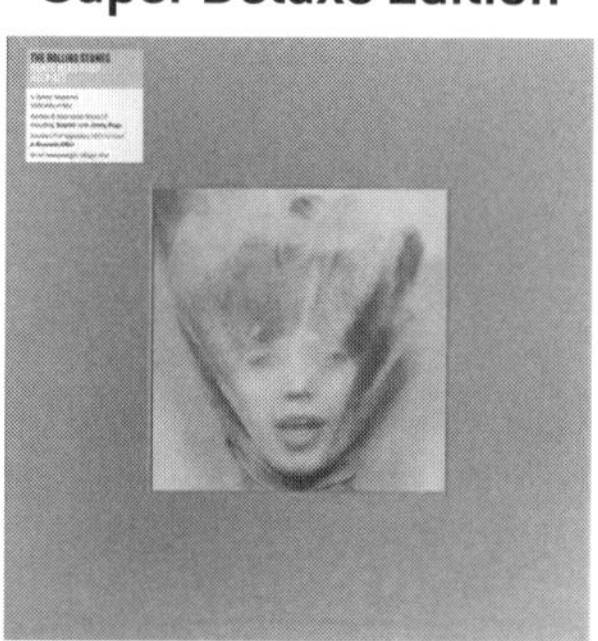

Rolling Stones / Polydor : 088 503-2［CD+Blu-ray］
発売：2020年9月4日
［CD1］Original Album (New Stereo Mix)
［CD2］Rarities And Alternative Mixes:
1. Scarlet Featuring - Jimmy Page / 2. All The Rage / 3. Criss Cross / 4. 100 Years Ago (Piano Demo) / 5. Dancing With Mr. D. (Instrumental) / 6. Doo Doo Doo Doo Doo (Heartbreaker) (Instrumental) /7. Hide Your Love (Alternate Mix) / 8. Dancing With Mr. D. (Glyn Jones 1973 Mix) / 9. Doo Doo Doo Doo Doo (Heartbreaker) (Glyn Jones 1973 Mix) / 10. Silver Train (Glyn Jones 1973 Mix)
日本盤ボーナス・トラック：11. 100 Years Ago (Glyn Johns 1973 Mix) / 12. Can You Hear The Music (Glyn Johns 1973 Mix)
［CD3］Brussels Affair - Live 1973 (Forest National Arena, Brussels 17-10-73): 1. Brown Sugar / 2. Gimme Shelter / 3. Happy / 4. Tumbling Dice / 5. Star Star / 6. Dancing With Mr. D. / 7. Doo Doo Doo Doo Doo (Heartbreaker) / 8. Angie / 9. You Can't Always Get What You Want / 10. Midnight Rambler / 11. Honky Tonk Women / 12. All Down The Line / 13. Rip This Joint / 14. Jumpin' Jack Flash / 15. Street Fighting Man
［Blu-ray］Blu-Ray (Surround Sound Dolby Atmos, Hi-Res PCM Stereo 96kHz/24) / Bonus Tracks: All The Rage / Criss Cross / Scarlet / Video: Dancing With Mr. D. / Angie / Silver Train

『山羊の頭のスープ』の2020年ミックスを含むボックス・セット。さほど話題にならなかったが、ジャイルズ・マーティンによるニュー・ミックスが本ヴァージョンの肝だろう。ここでもビートルズ人脈をうまく使ったところが、実にしたたかだ。

個人的にはUS盤レイト・プレスのアナログで聴いていたアルバムで、とてもモコモコとした音だという印象が強い。それが混沌さを強調した面は確かにあるが、入り込めなかったというのが正直なところ。それがこのミックスだと、すんなり聴けるのだ。「ドゥー・ドゥー・ドゥー…（ハートブレイカー）」を先導するビリー・プレストンの鍵盤と、それを後押しするホーン・セクションが醸し出すストーンズ流ファンクのうねりとか、「アンジー」のアコースティック・ギターの粒立ちとか、これまでオレは一体何を聴いてたんだ?という感じ。キースが歌う「カミング・ダウン・アゲイン」の味わい深さも倍増した。

未発表曲のうち、「スカーレット」はジミー・ペイジが参加したもの。実際のところはストーンズによくあるパターンの、完成させないまま放置していた曲のようだが、聴いてみればなるほど、このアルバムの中には置きどころが無かったかも知れない。緩いファンクネスと、キースとテイラーだけでは成し得ないうねうねとしたギターの絡み合いが珍しいのだが。逆に「オール・ザ・レイジ」と「クリス・クロス」は、いわゆるストーンズ的な仕上がりになりそうだったから外されたのだろう。

ピアノとヴォーカルだけの「100イヤーズ・アゴー」や、インストの「ダンシング・ウィズ・ミスターD」「ハートブレイカー」も聴き入ってしまう。グリン・ジョンズの未発表ミックスはやり過ぎな気がするが、ここは好みが分かれるところ。　**森**

European Tour 1973

1973年9月1日〜10月19日

□サポート・アクト

Billy Preston
Kracker

◆参加ミュージシャン

Billy Preston (kbd, cho)
Steve Madaio (trumpet, flugelhorn)
Bobby Keys (sax; until 1973-09-30)
Trevor Lawrence (sax)

◉セット・リスト

1. Brown Sugar
2. Gimme Shelter
3. Happy
4. Tumbling Dice
5. Star Star
6. Dancing with Mr D
7. Doo Doo Doo Doo Doo (Heartbreaker)
8. Angie
9. You Can't Always Get What You Want
10. Midnight Rambler
11. Honky Tonk Women
12. All Down the Line
13. Rip This Joint
14. Jumpin' Jack Flash
15. Street Fighting Man

1973-09-01 Wiener Stadthalle, Vienna, Austria Kracker, Billy Preston
1973-09-03 Eisstadion am Friedrichspark, Mannheim, West Germany
1973-09-04 Sporthalle, Cologne, West Germany (2 shows)
1973-09-07 Empire Pool, London, England
1973-09-08 Empire Pool, London, England (2 shows)
1973-09-09 Empire Pool, London, England
1973-09-11 Kings Hall, Manchester, England
1973-09-12 Kings Hall, Manchester, England
1973-09-13 Newcastle City Hall, Newcastle upon Tyne, England (2 shows)
1973-09-16 The Apollo, Glasgow, Scotland
1973-09-17 The Apollo, Glasgow, Scotland
1973-09-19 Birmingham Odeon, Birmingham, England (2 shows)
1973-09-23 Olympiahalle, Innsbruck, Austria
1973-09-25 Festhalle, Bern, Switzerland

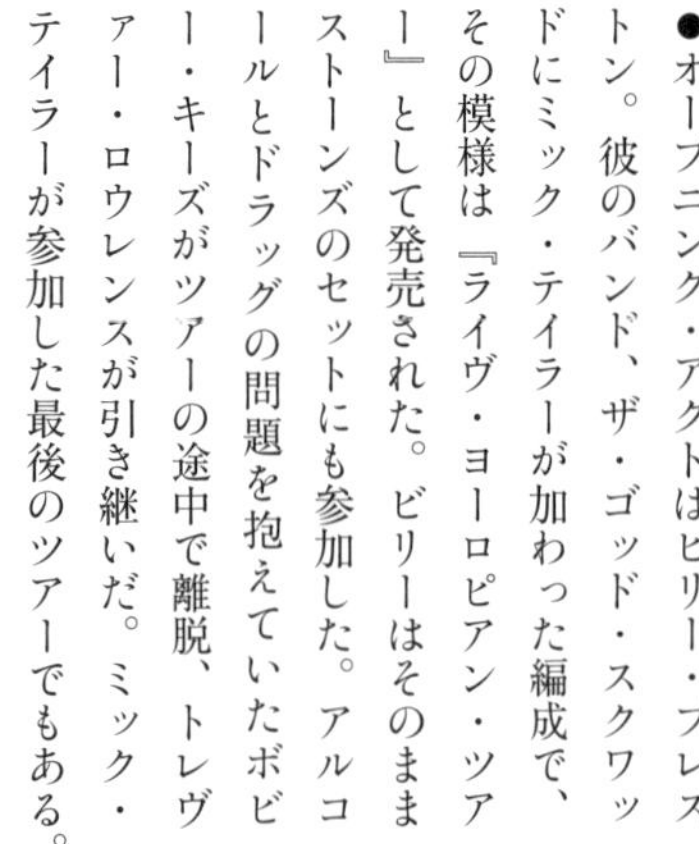
●オープニング・アクトはビリー・プレストン。彼のバンド、ザ・ゴッド・スクワッドにミック・テイラーが加わった編成で、その模様は『ライヴ・ヨーロピアン・ツアー』として発売された。ビリーはそのままストーンズのセットにも参加した。アルコールとドラッグの問題を抱えていたボビー・キーズがツアーの途中で離脱、トレヴァー・ロウレンスが引き継いだ。ミック・テイラーが参加した最後のツアーでもある。

1973-09-26 Festhalle, Bern, Switzerland (2 shows)
1973-09-28 Olympiahalle, Munich, West Germany (2 shows)
1973-09-30 Festhalle Frankfurt, Frankfurt, West Germany (2 shows)
1973-10-02 Ernst-Merck-Halle, Hamburg, West Germany (2 shows)
1973-10-04 Vejlby-Risskov Hallen, Aarhus, Denmark (2 shows)
1973-10-06 Scandinavium, Gothenburg, Sweden (2 shows)
1973-10-07 Brøndbyhallen, Copenhagen, Denmark (2 shows)
1973-10-09 Grugahalle, Essen, West Germany
1973-10-10 Grugahalle, Essen, West Germany
1973-10-11 Grugahalle, Essen, West Germany
1973-10-13 Sportpaleis Ahoy, Rotterdam, Netherlands
1973-10-14 Sportpaleis Ahoy, Rotterdam, Netherlands (2 shows)
1973-10-15 Antwerps Sportpaleis, Antwerp, Belgium
1973-10-17 Forest National, Brussels, Forest National (2 shows)
1973-10-19 Deutschlandhalle, West Berlin, West Germany

The Brussels Affair

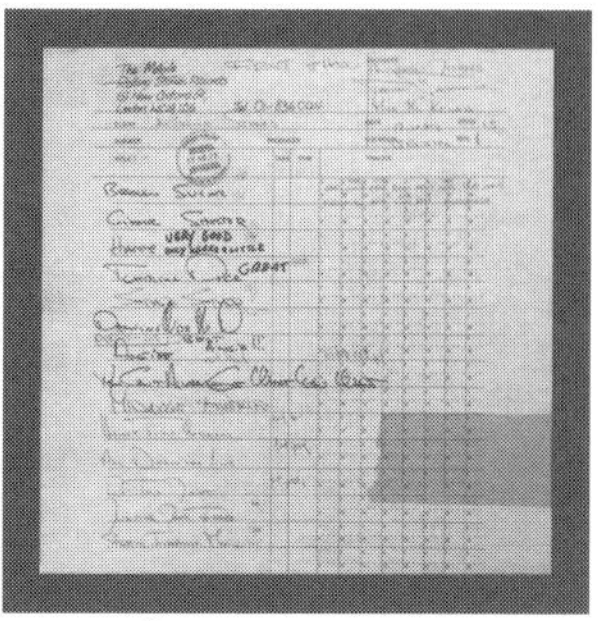

Rolling Stones Archive：312737BS00［LP+CD］
録音：1973年10月17日
発売：2012年９月
［A］1. Brown Sugar / 2. Gimme Shelter / 3. Happy / 4. Tumbling Dice
［B］1. Starfucker / 2. Dancing With Mr. D / 3. Heartbreaker / 4. Angie
［C］1. You Can't Always Get What You Want
［D］1. Midnight Rambler
［E］1. Honky Tonk Woman / 2. All Down The Line / 3. Rip This Joint / 4. Jumping Jack Flash / 5. Street Fighting Man
［CD1］1. Brown Sugar / 2. Gimme Shelter / 3. Happy / 4. Tumbling Dice / 5. Starfucker / 6. Dancing With Mr. D. / 7. Heartbreaker / 8. Angie
［CD2］1. You Can't Always Get What You Want / 2. Midnight Rambler / 3. Honky Tonk Woman / 4. All Down The Line / 5. Rip This Joint / 6. Jumping Jack Flash / 7. Street Fighting Man
参加ミュージシャン：
Billy Preston (kbd)
Trevor Lawrence (sax)
Steve Madaio (tp)

キースがフランスの裁判所に薬物所持の容疑で起訴され、一時的に入国を禁じられた。そのため73年の欧州ツアーではパリなどのフランス公演が行えず、その替わりとしてベルギーのブリュッセルで2回のショウをセッティングした。ラジオ・ルクセンブルクがフランスのファンのために、わざわざ列車をチャーターしたという話もある。

この日の模様は、74年に米国のラジオ番組『キング・ビスケット・フラワー・アワー』で放送するために編集されたが、ミックスに立ち会ったミックが気に入らず、その1か月前のロンドン公演の音源をつなぎ合わせたというエピソードも残されている。真偽のほどは定かではないが、確かにライヴ感たっぷりの演奏と熱量なので、ミックが「このままじゃ出せないよ」と判断したとしても、不思議ではない。

新たにボブ・クリアマウンテンがミックスした『ザ・ブラッセルズ・アフェア』は、チャーリーの太いドラムの音と、ミック・テイラーの鋭いスライド・ギターが轟く「ブラウン・シュガー」で幕を開ける。女性コーラスが帯同していないので、「ギミー・シェルター」のイントロはホーン・セクションが活躍（直前にボビー・キーズは離脱しているが）。ある意味、この日の主役のキースは「ハッピー」で声がひっくり返るくらいの気合の入り様だ。発売されたばかりだった『山羊の頭のスープ』の曲もきっちりと消化しているし、途中で強烈なブギーになる「ミッドナイト・ランブラー」や、スペイシーなビリー・プレストンのキーボードに負けじとテイラーが倍速で流麗なギター・ソロを弾きまくる「ストリート・ファイティング・マン」など、とんでもなく高いテンションの演奏が続く。しかし、テイラーがストーンズという船を降りる日は近づいていたのだ。

森

It's Only Rock 'n Roll

英・Rolling Stones：COC59103
米・Rolling Stones：COC79101
録音：1973年11月、1974年2月〜5月
発売：英・1974年10月18日／米・1974年10月16日
[A] 1. If You Can't Rock Me / 2. Ain't Too Proud To Beg / 3. It's Only Rock 'N Roll (But I Like It) / 4. Till The Next Goodbye / 5. Time Waits For No One
[B] 1. Luxury / 2. Dance Little Sister / 3. If You Really Want To Be My Friend / 4. Short And Curlies / 5. Fingerprint File
プロデューサー：The Glimmer Twins
参加ミュージシャン：
Ian Stewart (p)
Nicky Hopkins (p)
Billy Preston (kbd)
Ray Cooper (per)
Ed Leach (pre)
Blue Magic (cho)
Charlie Jolly Kunjappu (per)

ヨーロッパ・ツアー後にドイツのミュンヘンでレコーディングされたアルバム。プロデュースはグリマー・トゥインズ、ミックとキースの変名である。『ベガーズ・バンケット』からプロデュースを任されてきたジミー・ミラーとも縁を切っての新たなスタートだった。

まだフェイシズに在籍していたロン・ウッドのスタジオでベーシック・トラックがつくられた「イッツ・オンリー・ロックン・ロール」がタイトル曲となったアルバムが、ミック・テイラー期の最終作となったことは未来を予見していたようでもあるが、いちギタリストとして貢献するだけではメンバーとしては認められないというところがテイラーには重荷だったのだろうし、「正当な評価を受けていない」というもどかしさも確かにあったはずだと思えてしまうのだ。

そんな彼が置き土産的なプレイを披露しているのが「タイム・ウェイツ・フォー・ノー・ワン」で、この曲のギター・ソロはやけに耳に残る。続く「ラクシュリー」ではキースのギターが印象的だ。けだるいメロディはレゲエ的なアプローチとも言えるし、エンディング近くでレイ・クーパーのパーカッションが聴けるのもいい。

それらとは趣の異なる逸品が「マイ・フレンド」である。ミックがフィリー・ソウルのヴォーカル・グループ、ブルー・マジックをバックに従え、情感溢れるヴォーカルを聴かせるソウル・チューンがここでストーンズの新機軸になったことは、もっと評価されていいと思う。

全英チャートではベイ・シティ・ローラーズのファースト・アルバム『ローリン』に阻まれて首位の座を逃したが、ビルボードでは『スティッキー・フィンガーズ』から4作続けて1位となった。

真下部

Made In The Shede

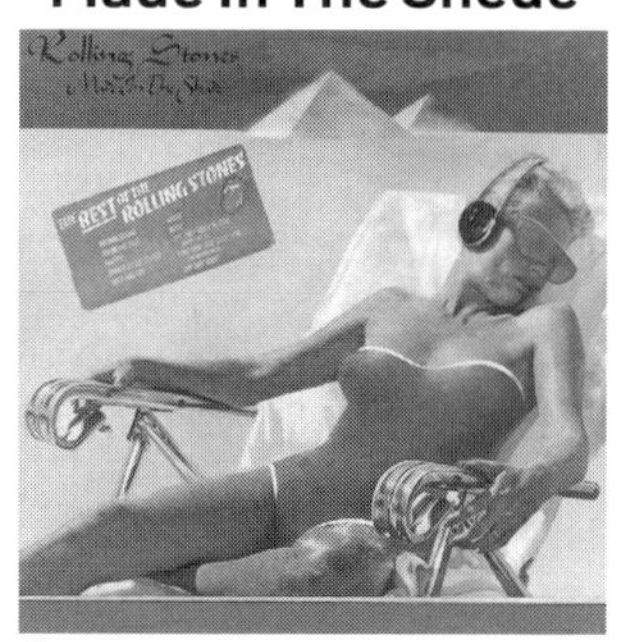

英・Rolling Stones：COC59104
米・Rolling Stones：COC59102
発売：英・1975年6月6日／米・1975年6月6日
［A］1. Brown Sugar / 2. Tumbling Dice / 3. Happy / 4. Dance Little Sister / 5. Wild Horses
［B］1. Angie / 2. Bitch / 3. It's Only Rock 'N Roll / 4. Doo Doo Doo Doo Doo (Heartbreaker) / 5. Rip This Joint
プロデューサー：Jimmy Miller, The Glimmer Twins

ローリング・ストーンズ・レコーズ設立後の初めてのベスト・アルバムは、ミック・テイラー期を総括するような内容だ。

ストーンズはツアーに向けてのプレス会見を、75年5月1日にグリニッチ・ヴィレッジのフィフス・アベニュー・ホテルで行うと発表した。しかし当日、会見場ではなく、ホテル前の路上にステージ・トラックで乗りつけ、「ブラウン・シュガー」を演奏して去っていくというパフォーマンスで集まったマスコミ陣を驚かせた。ロン・ウッド、ビリー・プレストンを含むメンバーでの演奏で、荷台にはツアーのイメージ・キャラクター、ジェット・イーグルのパネルが設えてあるという念の入れようだったそうだが、この派手なプロモーションを思いついたのはチャーリー・ワッツだというのだから、ストーンズらしい。

本作に収録されたのはシングル・カットされたナンバーが中心だが、「リップ・ディス・ジョイント」が変化球として混ぜられたことに注目しておきたい。この曲でアップライト・ベースを弾いているのはシタール奏者としても知られ、ジャズの名門インパルス・レコーズでガボール・ザボらとセッションを繰り広げていたビル・プラマー。転がるようなピアノを弾いているのはニッキー・ホプキンスだ。

ロキシー・ミュージックが使ってもおかしくないジャケットのイラストはクリスチャン・パイパーによるもので、ツアーの象徴となったジェット・イーグルも彼が描いたキャラクターだった。

全英チャートでは最高14位、ビルボードでは6位を記録。当時を知るファンにとっては、「ストーンズ強し」を見せつけたベスト盤として記憶されているはずだが、和久井さん、森さん、これを改めてオススメする必要はないですよね？

真下部

Tour of the Americas '75

1975年6月1日〜8月8日

●74年の12月、ミック・テイラーが脱退する。75年の北米ツアーにはロン・ウッドが招集されたが、まだ『ブラック・アンド・ブルー』の発売前だったということもあり、正式メンバーだというアナウンスがない状態での参加だった。

当初は中南米での日程も検討されていたが、実現していない。また、ツアーに合わせて、コンピレイション・アルバム『メイド・イン・ザ・シェイド』が発売された。

□サポート・アクト

Rufus
The Gap Band
Eagles
Tower of Power
The J. Geils Band
Joe Vitale's Madmen
The Commodores
The Charlie Daniels Band
The Meters
Furry Lewis
Montrose
Trapeze
The Crusaders
Electric Light Orchestra
Atlanta Rhythm Section
Outlaws

◆参加ミュージシャン

Billy Preston (kbd, vo)
Ollie Brown (per, ds)
Ian Stewart (p)

◉セット・リスト

1. Honky Tonk Women
2. All Down the Line
3. If You Can't Rock Me / Get Off of My Cloud
4. Star Star
5. Gimme Shelter
6. Ain't Too Proud to Beg
7. You Gotta Move
8. You Can't Always Get What You Want
9. Happy
10. Tumbling Dice
11. It's Only Rock 'n Roll (But I Like It)
12. Doo Doo Doo Doo Doo (Heartbreaker)
13. Fingerprint File
14. Angie
15. Wild Horses
16. That's Life (vo. Billy Preston)
17. Outa-Space (instrumental by Billy Preston)
18. Brown Sugar
19. Midnight Rambler
20. Rip This Joint
21. Street Fighting Man
22. Jumpin' Jack Flash

1975-06-01 LSU Assembly Center, Baton Rouge (2 shows)
1975-06-03 San Antonio Convention Center, San Antonio
1975-06-04 San Antonio Convention Center, San Antonio
1975-06-06 Arrowhead Stadium, Kansas City
1975-06-08 Milwaukee County Stadium, Milwaukee
1975-06-09 St. Paul Civic Center, Saint Paul
1975-06-11 Boston Garden, Boston
1975-06-12 Boston Garden, Boston
1975-06-14 Cleveland Stadium [World Series of Rock], Cleveland
1975-06-15 Buffalo Memorial Auditorium, Buffalo
1975-06-17 Maple Leaf Gardens, Toronto, Canada
1975-06-18 Maple Leaf Gardens, Toronto, Canada
1975-06-22 Madison Square Garden, New York City
1975-06-23 Madison Square Garden, New York City
1975-06-24 Madison Square Garden, New York City
1975-06-25 Madison Square Garden, New York City
1975-06-26 Madison Square Garden, New York City
1975-06-27 Madison Square Garden, New York City
1975-06-29 The Spectrum, Philadelphia
1975-06-30 The Spectrum, Philadelphia
1975-07-01 Capital Centre, Landover
1975-07-02 Capital Centre, Landover
1975-07-04 Memphis Memorial Stadium, Memphis
1975-07-06 Cotton Bowl, Dallas
1975-07-09 The Forum, Inglewood
1975-07-10 The Forum, Inglewood
1975-07-11 The Forum, Inglewood
1975-07-12 The Forum, Inglewood
1975-07-13 The Forum, Inglewood
1975-07-15 Cow Palace, Daly City
1975-07-16 Cow Palace, Daly City
1975-07-18 Seattle Center Coliseum, Seattle
1975-07-20 Hughes Stadium, Fort Collins
1975-07-22 Chicago Stadium, Chicago
1975-07-23 Chicago Stadium, Chicago
1975-07-24 Chicago Stadium, Chicago
1975-07-26 Assembly Hall, Bloomington
1975-07-27 Cobo Arena, Detroit
1975-07-28 Cobo Arena, Detroit
1975-07-30 Omni Coliseum, Atlanta
1975-07-31 Greensboro Memorial Coliseum, Greensboro
1975-08-02 Gator Bowl Stadium, Jacksonville
1975-08-04 Freedom Hall, Louisville
1975-08-06 Hampton Coliseum, Hampton
1975-08-08 Rich Stadium, Orchard Park

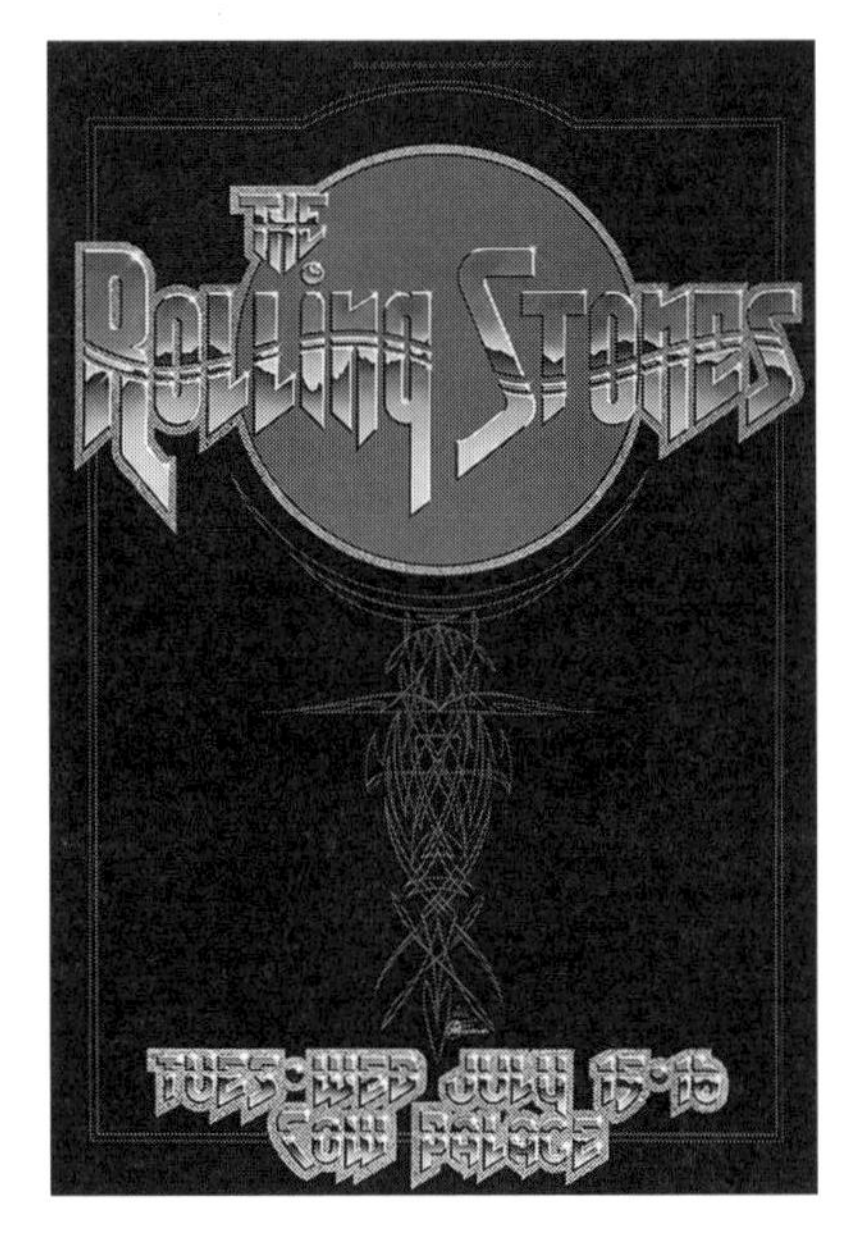

L.A. Forum
(Live 1975)

Eagle Vision / Universal / Rolling Stones：EAGDV038［DVD+CD］
録音：1975年7月12日、13日
発売：2014年11月14日
［DVD］Introduction / Honky Tonk Women / All Down The Line / If You Can't Rock Me/Get Off Of My Cloud / Star Star / Gimme Shelter / Ain't Too Proud To Beg / You Gotta Move / You Can't Always Get What You Want / Happy / Tumbling Dice / It's Only Rock 'n' Roll / Band Intros / Doo Doo Doo Doo Doo (Heartbreaker) / Fingerprint File / Angie / Wild Horses / That's Life - Billy Preston / Outa-Space - Billy Preston / Brown Sugar / Midnight Rambler / Rip This Joint / Street Fighting Man / Jumpin' Jack Flash / Sympathy For The Devil
［CD1］1. Honky Tonk Women / 2. All Down The Line / 3. If You Can't Rock Me/Get Off Of My Cloud / 4. Star Star / 5. Gimme Shelter / 6. Ain't Too Proud To Beg / 7. You Gotta Move / 8. You Can't Always Get What You Want / 9. Happy / 10.Tumbling Dice / 11. Band Intros / 12. It's Only Rock 'n' Roll / 13. Doo Doo Doo Doo Doo (Heartbreaker)
［CD2］1. Fingerprint File / 2. Angie / 3. Wild Horses / 4. That's Life - Billy Preston / 5. Outa-Space - Billy Preston / 6. Brown Sugar / 7. Midnight Rambler / 8. Rip This Joint / 9. Street Fighting Man / 10. Jumpin' Jack Flash / 11. Sympathy For The Devil
リイシュー・プロデューサー：Mick McKenna, Phil Davey
参加ミュージシャン：
Ronnie Wood (g)
Ian Stewart (p)
Billy Preston (kbd)
Bobby Keys (sax)
Trevor Lawrence (sax)
Steve Madaio (tp)
The Steel Association (per)
Jesse Ed Davis (g)

ミック・テイラー脱退後、初めての北米ツアーは、ゲスト・ギタリストにロン・ウッドを迎えて行われた。さらにビリー・プレストンが留任、パーカッションのオリー・ブラウンを加えてリズム面を増幅し、（あくまでストーンズ的に）ファンクを導入しようという意図が見られる。

本作に収録されたのはツアーの中盤、ロス近郊のイングルウッドにあるザ・フォーラムでの5日間連続公演のうち、75年7月12日（DVD）と最終日にあたる13日（CD）を収録したもの。細かいことを言えば、初日（9日）の「悪魔を憐れむ歌」が『ラヴ・ユー・ライヴ』に収録されている。

もちろん、テイラーが抜けたことでバンド内のバランスが変わったことは言うまでもない。『ブラック・アンド・ブルー』のレコーディングも始まっていたことから、残った4人のメンバーとアディショナル・ミュージシャンでいかに新しいストーンズ像をつくり出していくのか、常に考えながらプレイする、というモードに入っていたのだろう。つまり、サポート・メンバーは入れ替わるかも知れないけど、一緒に音を出している間は（大きな意味で）ストーンズの一員なんだよ、という意識の変化があったのではないか（イアンに対しては別だろうけど）。そうでなければ、ビリー・プレストンをメインに据えたコーナーなどつくりはしないだろう。エリック・クラプトンのライヴでポール・キャラックがヴォーカルをとるのとは、わけが違うのだから。

そして、キースがリード・ギタリストとしてステージに立つことに対して腹を括った節がある。テイラーと組んだときは、ソロは任せておいて自分はリフでバンドを引っ張っていたのが、「ホンキー・トンク・ウィメン」ではすでにロンとソロを分け合うフォーマットが出来上がっている。**森**

Black And Blue

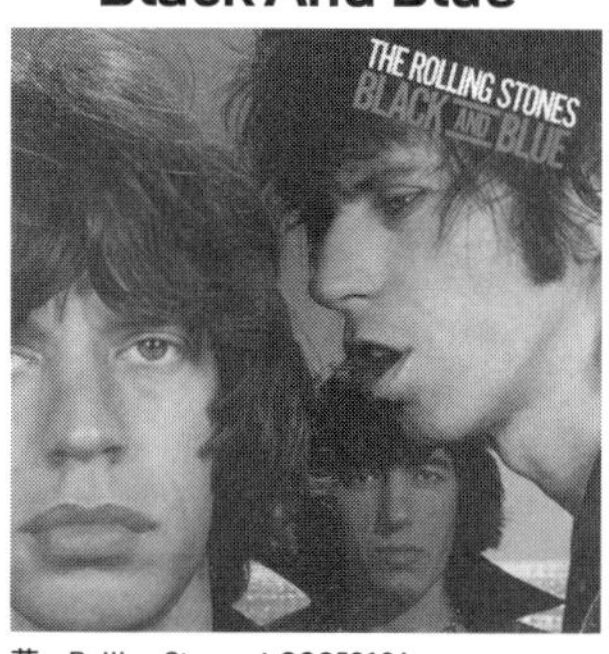

英・Rolling Stones：COC59106
米・Rolling Stones：COC79104
録音：1974年12月、1975年1月～4月、1976年1月～2月
発売：英・1976年4月23日／米・1976年4月15日
[A] 1. Hot Stuff / 2. Hand Of Fate / 3. Cherry Oh Baby / 4. Memory Motel
[B] 1. Hey Negrita / 2. Melody / 3. Fool To Cry / 4. Crazy Mama
プロデューサー：The Glimmer Twins
参加ミュージシャン：
Ian Stewart (per)
Billy Preston (kbd, per, cho)
Nicky Hopkins (kbd)
Harvey Mandel (g)
Wayne Perkins (g)
Ollie E. Brown (per)
Arif Mardin (horn arrangement)

いわゆる〝グレイト・ギタリスト・ハント〟でマスコミを煽り、やれジェフ・ベックだ、ロリー・ギャラガーだ、スティーヴ・マリオットだ、ピーター・フランプトンだと、世間を騒がせた。結局参加したのはロン・ウッド、ウェイン・パーキンズ、ハーヴィー・マンデルの3人。ニュー・アルバムを録音しながら新メンバーを選べたのは、ジャガー／リチャーズに、鉄壁のリズム・セクション、さらにビリー・プレストンが加わっていたからだ。

ファンク・ナンバー「ホット・スタッフ」ではハーヴィ・マンデルとキースのギターの絡みがいいし、ストーンズとして初のレゲエ・カヴァー「チェリー・オー・ベイビー」はエリック・ドナルドソンのオリジナル曲だ。リズムのアプローチを強化しているのが窺える。

ミックとキースの切ないヴォーカルが聴きどころの「メモリー・モーテル」では、キースはギターではなく、エレクトリック・ピアノを弾き、ビリー・プレストンのシンセサイザーがそこに寄り添っている。「ヘイ・ネグリータ」ではロン・ウッドが曲作りに大きく貢献したようで、クレジットにも記載。ネグリータとはミックの当時の妻ビアンカのことらしい。「メロディ」はストーンズには珍しいオールド・ジャズ風のナンバーで、ビリー・プレストンの貢献度が光る。ソウル・バラード「フール・トゥ・クライ」ではミックのヴォーカルがなまめかしい。逆にドスを効かせた声の「クレイジー・ママ」を最後に置いているのはこのころの力関係を象徴しているようにも感じられ、ミック度が高さが印象に残るのだ。

ジャケットは日本人写真家ヒロによるもので、まだサポート・メンバーという扱いだったロンも写っている。

真下部

Tour of Europe '76

1976年4月28日〜6月23日

◆参加ミュージシャン

Billy Preston (kbd, vo)
Ollie Brown (per, ds)
Ian Stewart (p)

◉セット・リスト

1. Honky Tonk Women
2. If You Can't Rock Me / Get off of My Cloud
3. Hand of Fate
4. Hey Negrita
5. Ain't Too Proud to Beg
6. Fool to Cry
7. Hot Stuff
8. Star Star
9. Angie
10. You Gotta Move
11. You Can't Always Get What You Want
12. Happy
13. Tumbling Dice
14. Nothing from Nothing (vo. Billy Preston)
15. Outa-Space (instrumental by Billy Preston)
16. Midnight Rambler
17. It's Only Rock 'n Roll (But I Like It)
18. Brown Sugar
19. Jumpin' Jack Flash
20. Street Fighting Man

1976-04-28 Festhalle, Frankfurt, West Germany
1976-04-29 Festhalle, Frankfurt, West Germany
1976-04-30 Halle Münsterland, Münster, West Germany (2 shows)
1976-05-02 Ostseehalle, Kiel, West Germany
1976-05-03 Deutschlandhalle, West Berlin, West Germany
1976-05-04 Stadthalle, Bremen, West Germany
1976-05-06 Forest National, Brussels, Belgium
1976-05-07 Forest National, Brussels, Belgium
1976-05-10 Apollo Theatre, Glasgow, Scotland
1976-05-11 Apollo Theatre, Glasgow, Scotland
1976-05-12 Apollo Theatre, Glasgow, Scotland
1976-05-14 Granby Halls, Leicester, England
1976-05-15 Granby Halls, Leicester, England
1976-05-17 Bingley Hall, Stafford, England
1976-05-18 Bingley Hall, Stafford, England
1976-05-21 Earls Court Exhibition Centre, London, England
1976-05-22 Earls Court Exhibition Centre, London, England
1976-05-23 Earls Court Exhibition Centre, London, England
1976-05-25 Earls Court Exhibition Centre, London, England
1976-05-26 Earls Court Exhibition Centre, London, England
1976-05-27 Earls Court Exhibition Centre, London, England
1976-05-29 Zuiderpark Stadion, The Hague, Netherlands
1976-05-30 Zuiderpark Stadion, The Hague, Netherlands
1976-06-01 Westfalenhalle, Dortmund, West Germany
1976-06-02 Sporthalle, Cologne, West Germany (2 shows)
1976-06-04 Pavillon de Paris (Les Abattoirs), Paris, France
1976-06-05 Pavillon de Paris (Les Abattoirs), Paris, France
1976-06-06 Pavillon de Paris (Les Abattoirs), Paris, France
1976-06-07 Pavillon de Paris (Les Abattoirs), Paris,

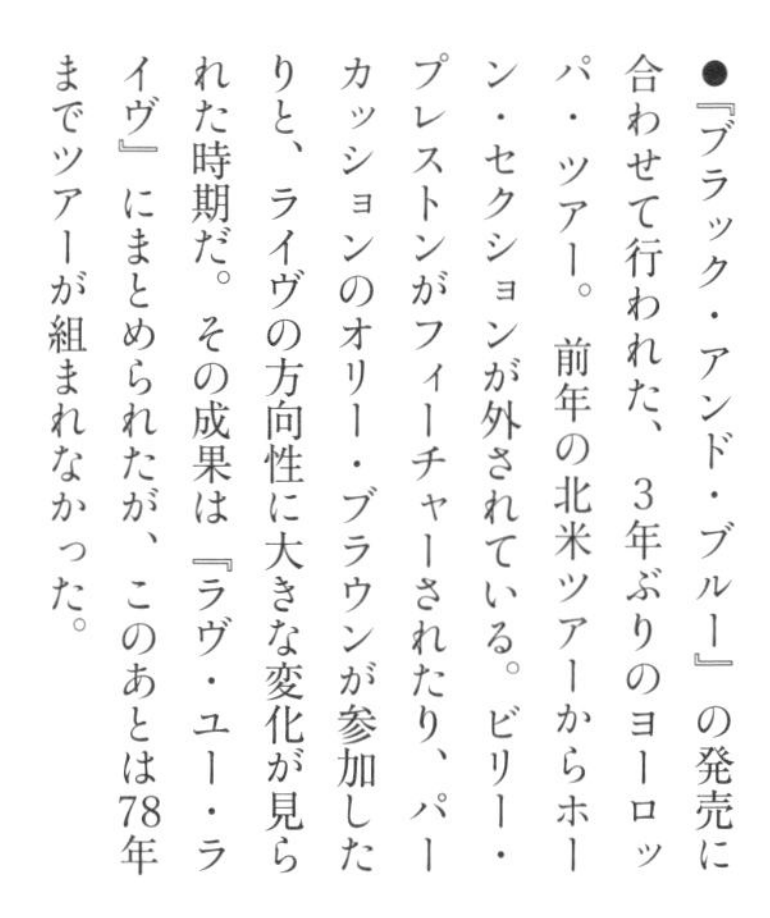

●『ブラック・アンド・ブルー』の発売に合わせて行われた、3年ぶりのヨーロッパ・ツアー。前年の北米ツアーからホーン・セクションが外されている。ビリー・プレストンがフィーチャーされたり、パーカッションのオリー・ブラウンが参加したりと、ライヴの方向性に大きな変化が見られた時期だ。その成果は『ラヴ・ユー・ライヴ』にまとめられたが、このあとは78年までツアーが組まれなかった。

1976-06-09 Palais des Sports de Gerland, Lyon, France
1976-06-11 Plaza de toros Monumental, Barcelona, Spain
1976-06-13 France Parc Des Sports De L'Ouest, Nice, France
1976-06-15 Hallenstadion, Zürich, Switzerland
1976-06-16 Olympiahalle, Munich, West Germany
1976-06-17 Olympiahalle, Munich, West Germany
1976-06-19 Neckarstadion, Stuttgart, West Germany
1976-06-21 Dom Sportova, Zagreb, Yugoslavia
1976-06-22 Dom Sportova, Zagreb, Yugoslavia
1976-06-23 Stadthalle, Vienna, Austria

Knebworth Fair

1976年8月21日

□共演

10cc
Hot Tuna
Lynyrd Skynyrd
Don Harrison Band
Todd Rundgren

1976-08-21 Knebworth House, Knebworth, England

El Mocambo

1977年3月4日〜3月5日

□共演

April Wine

1977-03-04 The El Mocambo, Toronto, Canada
1977-03-05 The El Mocambo, Toronto, Canada

Love You Live

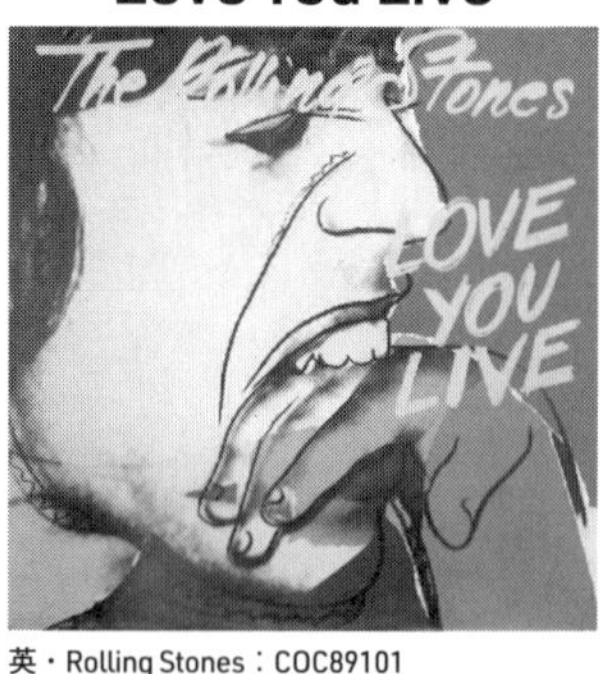

英・Rolling Stones：COC89101
米・Rolling Stones：COC2-9001
録音：1975年6月17日、7月9日、1976年5月27日、6月5日～7日、17日、1977年3月4日、5日
発売：英・1977年9月23日／米・1977年9月23日
［A］ 1. Intro: Excerpt From "Fanfare For The Common Man" / 2. Honky Tonk Women / 3. If You Can't Rock Me/Get Off Of My Cloud / 4. Happy / 5. Hot Stuff / 6. Star Star
［B］ 1. Tumbling Dice / 2. Fingerprint File / 3. You Gotta Move / 4. You Can't Always Get What You Want
［C］ 1. Mannish Boy / 2. Crackin' Up / 3. Little Red Rooster / 4. Around And Around
［D］ 1. It's Only Rock 'N Roll / 2. Brown Sugar / 3. Jumping Jack Flash / 4. Sympathy For The Devil
プロデューサー：The Glimmer Twins
参加ミュージシャン：
Ian Stewart (p)
Billy Preston (kbd, cho)
Ollie E. Brown (per)

1975年のツアー・オブ・アメリカズ・ショウ、76年のツアー・オブ・ヨーロッパ・ショウ、77年、トロントのエル・モカンボ・ナイト・クラブでのライヴからセレクトされた、二枚組ライヴ盤。

かなりオーヴァー・ダビングされているので、ライヴの臨場感や生々しさよりも、ライヴを素材に〝ストーンズの現在〟を見せる作品になっている。

しかし、3年もあればバンドの音は変わる。75年の従来のスタイルを引きずった「フィンガー・プリント・ファイル」「イッツ・オンリー・ロックンロール」「シンパシー・フォー・ザ・デヴィル」と、それ以外の曲では、演奏の姿勢が違うのだ。

例えば、「タンブリング・ダイス」に代表される、ギターのカッティングの極端な黒っぽさは、従来には無いグルーヴだ。そこに、ファンクのホーン・セクションのような粘っこいドラムスとベースが重なる。

その一方で、速いテンポでシャープなギター・ワークを強調した「ジャンピン・ジャック・フラッシュ」では、新しいロックンロール・バンドの可能性を見せつけた。

こうした、R&Bとロックンロールを明確に別物として捉えながら、バンドとしての統一感を感じさせる演奏が、この時期のストーンズが到達した場所なのだろう。

77年のアット・ホームなロックンロール大会に続けて、75年演奏の「イッツ・オンリー・ロックンロール」に繋ぐ構成の妙など、通して聴くのも楽しい。しかし、さまざまな音源が公開された今では、ついついバンドの歴史の記録として聴いてしまう。

それにしても、アンディ・ウォーホルによるジャケットのカッコいいこと。ミックが書いたタイトルをウォーホルは気に入らなかったらしいが、この文字こそがミックの新しさなのだ。 **納富**

El Mocambo 1977

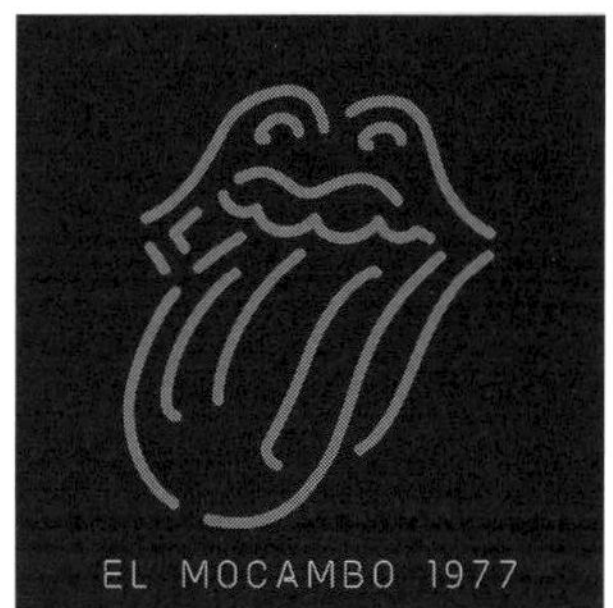

Rolling Stones / Polydor：4549589［CD］
録音：1977年３月４日、５日
発売：2022年５月13日
［1］1. Honky Tonk Women / 2. All Down The Line / 3. Hand Of Fate / 4. Route 66 / 5. Fool To Cry / 6. Crazy Mama / 7. Mannish Boy / 8. Crackin' Up / 9. Dance Little Sister / 10. Around And Around / 11. Tumbling Dice
［2］1. Hot Stuff / 2. Star Star / 3. Let's Spend The Night Together / 4. Worried Life Blues / 5. Little Red Rooster / 6. It's Only Rock 'n' Roll (But I Like It) / 7. Rip This Joint / 8. Brown Sugar / 9. Jumpin' Jack Flash / 10. Melody / 11. Luxury / 12. Worried About You
プロデューサー：The Glimmer Twins
参加ミュージシャン：
Ian Stewart (p)
Billy Preston (kbd)

　76年8月21日のネブワース・フェア以降、ライヴが組まれていなかったストーンズが、突如として77年3月4日と5日にカナダのオンタリオ州トロントにある300人収容のクラブ、エル・モカンボ・タヴァーンに現れた。ミックとツアー・マネージャーのピーター・ラッジが中心となって周到に計画されたイヴェントだ。観客は、モントリオールの人気バンド、エイプリル・ワインのチケットが当たるラジオの企画で集められた。アンケートは「ローリング・ストーンズのライヴを見るためだったら、あなたは何をしますか?」というもの。前座として告知されたのが、コックローチズ。ストーンズのことである。

　この時期のバンドは『ラヴ・ユー・ライヴ』の作業を行い、キースはドラッグ所持に関わる裁判に追われていた。また、ローリング・ストーンズ・レコーズは新たにEMIとディストリビューション契約を結んでいる。おそらくは『ラヴ・ユー～』に追加する素材が欲しかったことと、EMIに対するプレゼンテイションの意味を含めての企画だったのだろう。

　キースはトロントでリハーサルに入っていたバンドに遅れて合流したが、またもやホテルで逮捕される。やはりドラッグの不法所持だ。もともとは結成当初のようにブルーズ／ロックンロールのカヴァーでセット・リストを組む予定だったのが、キースがリハーサルもままならない状況になったため、75年と76年のツアーのレパートリーが多くなってしまっている。

　ようやく全容が明らかになった『エル・モカンボ・1977』に収録されたのは、2日目のフル・ライヴに加えて、1日目の3曲。ライヴのあと、キースはこう言ったという。「クラウダディ・クラブの日曜のギグみたいだったぜ。」

森

Some Girls

英・Rolling Stones：CUN39108
米・Rolling Stones：COC39108
録音：1977年10月〜11月、12月、1978年1月〜3月
発売：英・1978年6月9日／米・1977年6月17日
［A］1. Miss You / 2. When The Whip Comes Down / 3. Just My Imagination (Running Away With Me) / 4. Some Girls / 5. Lies
［B］1. Far Away Eyes / 2. Respectable / 3. Before They Make Me Run / 4. Beast Of Burden / 5. Shattered
プロデューサー：The Glimmer Twins
参加ミュージシャン：
Ian McLagan (p, organ)
Sugar Blue (harmonica)
Mel Collins (sax)
Simon Kirke (per)

このアルバムの発売は、1978年6月。ロック・ミュージシャンがディスコへ接近した試みとしては、相当早い。ブロンディの『パラレル・ラインズ』が同年9月、ロッド・スチュワートの『ブロンズ・ハヴ・モア・ファン』は11月だ。

シングルの「ミス・ユー」は78年5月リリースで、映画『サタデー・ナイト・フィーヴァー』が77年12月だから、白人によるディスコ・サウンドのヒット曲としてもかなり早いということになる。

キースの逮捕で時間ができたミックがニューヨーク滞在中に思いついたという。このスピード感が、いかにもミックだ。そして、ニューヨークでのニュー・ウェイヴの動きを視野に入れながら、そこに傾倒しないのも、またミックらしい。

分かりやすいディスコの意匠でヒットした「ミス・ユー」や、踊りやすいリズムの「シャッタード」などの印象が強いアルバムだが、ここでミックが提示した新しさは、それだけではない。「フェン・ザ・ホイップ・カムズ・ダウン」の縦割りのリズムを強調したニュー・ウェイヴ風の音作りや、「ライズ」のパワー・ポップ的なドラムスとギターの合わせ方には、その先のロックの可能性への目配せを感じる。

ブルーズから距離を置くニュー・ウェイヴの流れを意識したのか「ビースト・オブ・バーデン」のような、新しい形のブルーズも作ってみせた。ニューヨークのストリート・ソング的な語りで世界中の女の子を歌う「サム・ガールズ」では、ストーンズの味でもあったルーズなグルーヴをそのまま使いながら新しい音を聴かせてくれた。

70年代後半のロック・シーンを、ニューだオールドだという二元論ではなく、時代の音は何なのかを見据えて作られたアルバムだから、全曲カッコいいのだ。　**納富**

Some Girls：
Super Deluxe Edition

Rolling Stones / A&M：278 105-1［CD+DVD+7″］
発売：2011年11月21日
［CD1］Remastered Studio Album
［CD2］Bonus Material: 1. Claudine / 2. So Young / 3. Do You Think I Really Care / 4. When You're Gone / 5. No Spare Parts / 6. Don't Be A Stranger / 7. We Had It All / 8. Tallahassee Lassie / 9. I Love You Too Much / 10. Keep Up Blues / 11. You Win Again / 12. Petrol Blues
日本盤ボーナス・トラック：13. So Young (Piano Version)
［DVD］Respectable (Official Music Video) / Far Away Eyes (Official Music Video) / Miss You (Official Music Video) / Beast Of Burden (Some Girls Live In Texas '78) / Shattered (Some Girls Live In Texas '78) / Tumbling Dice (Some Girls Live In Texas '78)
［7″］Beast Of Burden / When The Whip Comes Down

２０１１年に発売された『サム・ガールズ』のスーパー・デラックス・エディションは、アルバム本編の最新リミックスに加えて、レコーディング・セッションのアウト・テイクから12曲を収録したボーナス・ディスク、プロモーション・クリップ３曲に78年のテキサスでのライヴから３曲を収録したＤＶＤ、当時発禁になったジャケット・デザインで復刻した「ビースト・オブ・バーデン／フェン・ザ・ホイップ・カムズ・ダウン」の７インチを収録。さらに、ヘルムート・ニュートンによって78年に撮り下ろされた写真や、アンソニー・ディカーティスによるエッセイ、ツアー・ポスターにポスト・カードが５枚も付録についた、豪華なボックス・セットだ。

とはいえ、アウト・テイク集が良過ぎるので、ほかが霞む感じがある。「ドゥー・ユー・シンク・アイ・リアリー・ケア」や、「アイ・ラヴ・ユー・トゥ・マッチ」など、前作の続きのような曲から、時事問題をニュー・ウェイヴ的なアプローチで歌う「クロディーヌ」、乾いた叙情を湛えた「ノー・スペア・パーツ」と、その幅広さは、バンドの可能性の見本市のようだ。

「ドゥ・ユー・シンク・アイ・リアリー・ケア」で使ったペダル・スティールを始め、ロン・ウッドの演奏が際立つ曲が多いのも特徴だ。彼の個性をこの先どういう形で出していくのか、実験してみるという意図があったのかも知れない。

いかにもセッションならでは、といった生々しい趣がある「ウイ・ハッド・オール」でのキースのヴォーカル、「ドント・ビー・ア・ストレンジャー」のドン・ウォズが弾く、曲名とは裏腹なエキゾチックなベース・ライン、「タラシー・レイシー」の妙に印象的なジョン・フォガティのハンド・クラップなどが印象に残る。

納富

●78年の全米ツアーも、72年、75年に続いてビル・グレアムがプロモートした。サポート・メンバーはイアン・スチュアートとイアン・マクレガンのふたりとなり、パンクの登場に呼応するかのように、ステージのセットもシンプルになっている。また、ピーター・トッシュがオープニング・アクトとして登場した日には、ミックとのデュエット「ドント・ルック・バック」が披露されたこともあった。

US Tour 1978

1978年6月10日〜7月26日

□サポート・アクト

Henry Paul Band
Patti Smith Group
Etta James
Foreigner
Peter Tosh
Eddie Money
Kansas
Atlanta Rhythm Section
April Wine
Journey
Southside Johnny
The Doobie Brothers
Van Halen
Outlaws
Santana

◆参加ミュージシャン

Ian Stewart (p)
Ian McLagan (kbd, cho)

◉セット・リスト

1. Let It Rock
2. All Down the Line
3. Honky Tonk Women
4. Star Star
5. When the Whip Comes Down
6. Beast of Burden
7. Lies
8. Miss You
9. Just My Imagination (Running Away with Me)
10. Shattered
11. Respectable
12. Far Away Eyes
13. Love in Vain
14. Tumbling Dice
15. Happy
16. Sweet Little Sixteen
17. Brown Sugar
18. Jumpin' Jack Flash

1978-06-10 Lakeland Civic Center, Lakeland
1978-06-12 Fox Theatre, Atlanta
1978-06-14 Capitol Theatre, Passaic
1978-06-15 Warner Theatre, Washington, D.C.
1978-06-17 John F. Kennedy Stadium, Philadelphia
1978-06-19 Palladium, New York City
1978-06-21 Hampton Roads Coliseum, Hampton
1978-06-22 Myrtle Beach Convention Center, Myrtle Beach
1978-06-26 Greensboro Memorial Coliseum, Greensboro
1978-06-28 Mid-South Coliseum, Memphis
1978-06-29 Rupp Arena, Lexington
1978-07-01 Cleveland Stadium, Cleveland [World Series of Rock]
1978-07-04 Rich Stadium, Orchard Park
1978-07-06 Detroit Masonic Temple, Detroit
1978-07-08 Soldier Field, Chicago
1978-07-10 Saint Paul Civic Center, Saint Paul
1978-07-11 Kiel Opera House, St. Louis
1978-07-13 Louisiana Superdome, New Orleans
1978-07-16 Folsom Field, Boulder
1978-07-18 Will Rogers Memorial Center, Fort Worth
1978-07-19 Sam Houston Coliseum, Houston
1978-07-21 Tucson Community Center, Tucson
1978-07-23 Anaheim Stadium, Anaheim
1978-07-24 Anaheim Stadium, Anaheim
1978-07-26 Oakland-Alameda County Coliseum, Oakland [Day on the Green]

Some Girls：Live In Texas '78

Eagle Vision：EV303959［DVD+CD］
録音・撮影：1978年７月18日
発売：2011年11月21日
［DVD］Let It Rock / All Down The Line / Honky Tonk Women / Star Star / When The Whip Comes Down / Beast Of Burden / Miss You / Imagination / Shattered / Respectable / Far Away Eyes / Love In Vain / Tumbling Dice / Happy / Sweet Little Sixteen / Brown Sugar / Jumpin' Jack Flash
［CD］*映像と同内容

１９７８年のＵＳツアー中に、『サム・ガールズ』のプロモーション用に撮影されたライヴを２０１１年にパッケージ化した作品。きちんとレストアされているので、カラー・コレクションが適切で、臨場感を保ちつつ、自然な映像に仕上がっている。当初はＤＶＤとＣＤのセットでのリリースだったが、のちにＣＤ版も発売された。しかし最初から映像に残すつもりだったせいか、このライヴは音声だけだと物足りない。

何より、ルックスにオールド・ウェイヴ感が無いのがいい。ミックのアイボリーのジャケットは、ＮＹパンク以降の「知性を獲得したロックンロール」の象徴のようだ。

その新しさは、『ラヴ・ユー・ライヴ』に収録された75年〜77年のライヴよりも、ほとんどの曲でテンポが速くなっていることでも感じられる。「スター・スター」、「タンブリング・ダイス」などでは、演奏自体も音のキワを立たせるシャープな音作りになっていて、より新鮮に聴こえる。

それ以前のライヴでも十分にテンポが速くなっていた「ジャンピン・ジャック・フラッシュ」は、さらに速い演奏で、まるでセックス・ピストルズみたいだ。

その一方で、「ブラウン・シュガー」や「ホンキー・トンク・ウイメン」は、従来通りのＢＰＭ。これらの曲のテンポが、いかに重要かを物語っている。

「ミス・ユー」「シャッタード」などの新曲では、ロンがシャープなカッティングを刻み、キースが50年代風のオブリガードを弾く。時代に迎合するのではなく、手持ちのカードの中から、時代に合った手札を切っていくといった風情の演奏に、ストーンズという個性の強靭さがうかがえる。

映し出される女性客のファッションが、とても垢抜けてお洒落なのも、パンク以降に起こった変化として注目したい。 **納富**

ソウル、ディスコ・サウンドからブルーズへの長い道のり

森 次郎

マディ・ウォーターズとローリング・ストーンズの面々が相まみえた『チェッカーボード・ラウンジ』の映像をあらためて見たら、驚いた。エレクトリック化したシカゴ・ブルーズを演奏するマディのバンドと、ミック・ジャガーのヴォーカルが見事に合っていない。いや、この表現はよくないな。まったくの別物、とでも言っておこうか。キース・リチャーズのギターにしても、バンドにマッチはしているんだが、バディ・ガイがストラトキャスターでその場をかっさらうようなフレーズを弾き倒す、といった泥臭い力技には聴こえないのだ。ロン・ウッドとイアン・ステュアートはツボを押さえたプレイに終始しているけど。

それが悪いと言ってるわけではない。昔から「ストーンズはビートルズよりも黒っぽいんだよ」とか、「ストーンズには〝ブルース〟のフィーリングがあるからね」とか、まことしやかに言われてきたが（本当に喋ってる人には会ったことがないけど）、そろそろこの〝常套句〟はヤメた方がいいんじゃないか、とは思うけども。「ストーンズはR&Bグループとして始まった」というのも、一瞬そうだよね、と納得してしまいそうになるけど、これまたわかったような、わからないような表現だ。

乱暴に言えば、初期のストーンズはチャック・ベリーやボ・ディドリー・タイプのロックンロールを演奏するバンドだった。１９６３年のツアーで演奏された曲（のレコーディング・ヴァージョン）を例にとってみると、よくわかる。どれも〝R&B〟のカヴァーではあるのだが。

コースターズの「ポイズン・アイヴィー」は、基本的に

オリジナルのバンド・アレンジとコーラスを踏襲している。ただし、パーカッションでリズムを強調しておいて、サビは下のハーモニーを押し出すことで、明るくなり過ぎないようにしているみたい。アラン・トゥーサン作でベニー・スペルマンが歌った「フォーチュン・テラー」は、ホーンの代わりにハーモニカをフィーチャーしているが、細かな譜割りを止めたことでダルな雰囲気を出している。バレッタ・ストロングの「マネー」も、オリジナルのピアノとホーンのリフはギターとハーモニカに置き換えられ、しかもコーラスとともにルーズに処理された。ビートルズのヴァージョンよりも、さらにヘヴィだ。「ルート66」はナット・キング・コール・トリオの軽やかなジャジーさはどこへやら、ギターが引っ張り、クラップが勢いをつけるロックンロールに変化させている。

〝本家〟チャック・ベリーのカヴァーだと、「ロール・オーヴァー・ベートーヴェン」や「メンフィス・テネシー」は、基本的にオリジナルのアレンジのまんま。ストーンズの英国でのデビュー・シングル「カム・オン」は、もともとがピアノやホーンを使ったカントリー色の強いアレンジだったものを、チャック本人風のロックンロールに翻案したもの。米国でのデビュー・シングル「ノット・フェイド・アウェイ」も、バディ・ホリー（とクリケッツ）のヴァージョンをボ・ディドリー的に置き換えたものなので、いかに彼らが当時、あらゆる楽曲を自分たちの得意技で料理していたのかがわかるだろう。

たしかに、ミックとキースの再会を引き寄せた小道具として、またバンド名の由来として〝マディ・ウォーターズ〟の名前がよく出てくるし、もちろん彼らも当時最先端のブルーズを追いかけていたに違いない。しかし、いざバンドで音を出してみて、いちばんモノになったのはロックンロールだったのではないか。客にウケたのもそうだろうし。ただ、ブライアンがハーモニカ、ミックがマラカスくらいは賄うにしても、基本的にドラム、ベース、ギター（とイアンのピアノ）で成立させるためのノウハウが自然と備わっていったのだろう。当時のロンドンの音楽シーンでは、言ってみれば「米国の黒人音楽を別の黒人音楽のマナーで英国のバンドが演奏する」ための工夫を競っていたのだから、早い段階で「ストーンズといえばコレ」という技を身につけたことは、大きな意味をもつ。

ちなみに60年代前半にストーンズがブルーズを演ろうとしたらどうなっていたか。マディの「アイ・ジャスト・ウォント・トゥ・メイク・ラヴ・トゥ・ユー」は、スピード・アップさせて、それこそチャック・ベリー的にしていたし、ハウリン・ウルフの「リトル・レッド・ルースター」はブライアンのスライド・ギターがホンモノ感を醸し出しているが、演奏はどちらかと言えばジャジー。ミックのヴォーカルはどちらもわざと力んでみせた節がある。

ただし、そこに留まらなかったところがストーンズをストーンズたらしめた所以で、バンドは次第に当時の米国で盛り上がりつつあったソウルのヒット曲を、やはり5人のバンドで翻訳するという荒業を身につけていった。ソロモン・バークの「エヴリバディ・ニーズ・サムバディ・トゥ・ラヴ」然り、オーティス・レディングの「ペイン・イン・マイ・ハート」然り、もちろんアーマ・トーマスの「タイム・イズ・オン・マイ・サイド」然り、だ。

海の向こうのヒット曲を、ビートを強調して派手なパフォーマンスとともに、さも自分たちでつくったような顔をしてステージにかける。まるで数年後の日本のグループ・サウンズではないか。まだオリジナル至上主義ではないマーケットでは、ハマれば確実にヒットする法則なのだろう。キースは早々に飽き飽きしていたらしいが。

そして、ここまでの経験が「(アイ・キャント・ゲット・ノー) サティスファクション」に結実する。ホーンをファズ・ギターに置き換えてはいるものの、曲の骨格やダブル・ミーニングで性的な暗喩に富んだ歌詞は、ソウルからダイレクトに直結したものだ。すぐさまスタックスが、ホーンをフィーチャーしたオーティス・レディングのカヴァー・ヴァージョンを発売したことも頷ける。逆輸入した商品をさらに改良するような格好で、再びストーンズへ影響を及ぼしたのだ。

ジャガー／リチャードによるオリジナル曲でバンドが快進撃を続ける傍らで、ブライアンはシタール、ダルシマー、マリンバなど、さまざまな楽器を持ちこんだ。さらにストーンズは、サイケデリックの波を受けた『ゼア・サタニック・マジェスティーズ・リクエスト』を経て、「シンパシー・フォー・ザ・デヴィル」ではアフリカン・パーカッションを導入した呪術的なリズムにたどり着く。

ミック・テイラーの加入と並行するように、米国で盛り上がりつつあったスワンプ・ロックが英国へも〝輸出〟された。キースとグラム・パーソンズとの交流もあり、カントリー／カントリー・ロックの導入も顕著になる。ストーンズは再び米国音楽に向き合ったのだが、もはや黒人のブルーズマンだけに憧れている場合ではなくなっていた。

一方で、ストーンズの72年全米ツアーには、スティーヴィー・ワンダーをオープニング・アクトに迎えている。まだ『トーキング・ブック』の発売前だったにも関わらず、観客に熱狂的に迎えられた若きスティーヴィーや彼のバンドとセッションに興じたミックは、新たな時代の到来を実感したのではないだろうか。

73年のツアーでは前座とサポート・メンバーだったビリー・プレストンを、75年と76年のツアーではストーンズのセットの中にビリーのコーナーを設けるほどの扱いにする。彼のゴスペル、ファンク感覚とステージングを高く評価したからだろう。このようなニュー・ソウル／ファンク勢からの直接的な影響は作品単位では見えづらいが、ストーンズが全米を〝制覇〟するためには、パフォーマンスの面でずいぶんと参考になったのではないだろうか。

72年末にはジャマイカで『ゴーツ・ヘッド・スープ』のレコーディングを行っているが、ストーンズがレゲエを取り込んでいくのは少しあとのことになる。ちょうどローリング・ストーンズ・レコーズがピーター・トッシュと契約した時期と重なる78年に録音された、「スタート・ミー・アップ」の初期ヴァージョンがレゲエなのだ。

77年のエル・モカンボでは、原点回帰のように「マニッシュ・ボーイ」や「リトル・レッド・ルースター」というブルーズを取り上げている。そろそろ演奏も板についてきた。しかし、まだミックのヴォーカルだけが借り物のようだ。ただ、このトロントでのライヴには、思わぬ副産物も生まれていた。リハーサルで、ビリー・プレストンとジャムを繰り返していたミックが思いついたのが、「ミス・ユー」のリズムだと言う。

ディスコ・ブームのことは頭にあったにせよ、長く米国音楽、黒人音楽、そのほかのワールド・ミュージックまで吸収してきたストーンズにとって、新たなリズムの獲得は自然なことだったに違いない。さらに「ミス・ユー」が収録された『サム・ガールズ』は、パンクの時代にも反応しながら、それまでのロックやソウルにも目配りしたアルバムに仕上がっている。いかにストーンズが時代の空気を反映したバンドだったのかが、よくわかる。

ぐっと時代は進み、2016年に『ブルー&ロンサム』がリリースされる。ロックにあらゆる音楽を融合させ続けてきたストーンズがたどり着いた、オリジナルのブルーズがここにある。曲はカヴァーだけどね。ミックがようやくブルーズマンという衣が似合うようになってきたし、チャーリーもキースもロニーも、妙に枯れたりせずにエネルギッシュだ。これぞまさしく〝ローリン・ストーン〟。

Rolling Stones with Billy Preston：US Tour 1975 (gettyimages)

1980 - 1989

KOJI WAKUI
JIRO MORI
ISAO INUBUSHI

ストーンズが「エンタテインメント・ロック」に切り替えたポイント

和久井光司

〝ハレ〟と〝ケ〟で分ければ〝ケ〟。『ベガーズ・バンケット』から『山羊の頭のスープ』までのストーンズが、やたらと悪魔やブードゥーを歌ったのは、〝ブルーズ〟を歌詞の面から捉えたときに、自分の不安や不幸をそういう〝得体の知れないもの〟に対する恐怖と重ねるメタファーが見えてくるからだろう。

「ジャンピン・ジャック・フラッシュ」の主人公なんて、まるで悪魔の子だ。ＰＶでミックが顔にアフリカ的なペイントを施しているのはブルーズの歌の中で表現されたブードゥーと、当時のアフリカン・アメリカンの気持ちを重ねたかったからではないかと思う。メキシコ・オリンピックで何が起こったかを思い出してほしい。１９６８年とはブラック・パワーやステューデント・パワーが社会を揺るがした年だった。少なくともミックは〝時代の気分〟にブルーズを重ねていたはずだし、ロバート・ジョンソンがあの十字路で悪魔から成功を約束された代わりに失ったものを、彼は強く意識していたんじゃないかと思う。

ブライアンの死やオルタモントでの惨劇がそれと重なったことで、〝ケ〟の面こそがストーンズの音楽を深くしているようにも思えたものだった。『レット・イット・ブリード』『スティッキー・フィンガーズ』『メインストリートのならず者』が凡百のロックンロール・アルバムと違うのは、音楽で表現された以上の〝ケ〟が、〝ブルーズの根幹〟として内包されているからに違いない。けれど、そういう文化論的な視点を持ち続けることなど商業音楽の世界ではできるわけもなく、改めて所信表明した『イッツ・オンリー・ロックンロール』以降は、ストーンズ流の〝王道〟に〝季節限定メニュー〟を加えることで時代を反映するようになっていくのである。

『ブラック・アンド・ブルー』が出たころには感じなかったが、『ラヴ・ユー・ライヴ』の祝祭的な雰囲気にはもはや〝ケ〟のイメージはない。「ジャンピン・ジャック・フラッシュ」と「悪魔を憐れむ歌」をスタジオ・ヴァージョンと聴き比べるとわかるはずだが、お祭りを盛り上げる有名曲としてプレイされているだけだから、つくられたときの意図を本人たちが忘れてしまっている感さえあるのだ。

しかし、私にはそれが悪いことだとは思えない。エンタテインメントとはそういうもので、〝芸術〟として表現されたものを、〝コピーして〟配り続けるような意識がなければエンタテインメントの世界では身が持たないからである。「ミス・ユー」の12インチで〝ディスコ化〟に踏み切ったのは、時代の〝ハレ〟に乗ってヒット・メイカーであり続けることを採った証だと思えたから、私は以後、ストーンズに過度の期待をしないようになった。いま聴けば『サム・ガールズ』も『エモーショナル・レスキュー』もいち早くブラコンを意識しただけのエンタテインメント・ロックじゃないか。それでいいと思う。

1982年のヨーロッパ・ツアー。6月6日のドイツ、ハノーヴァー公演 (gettyimages)

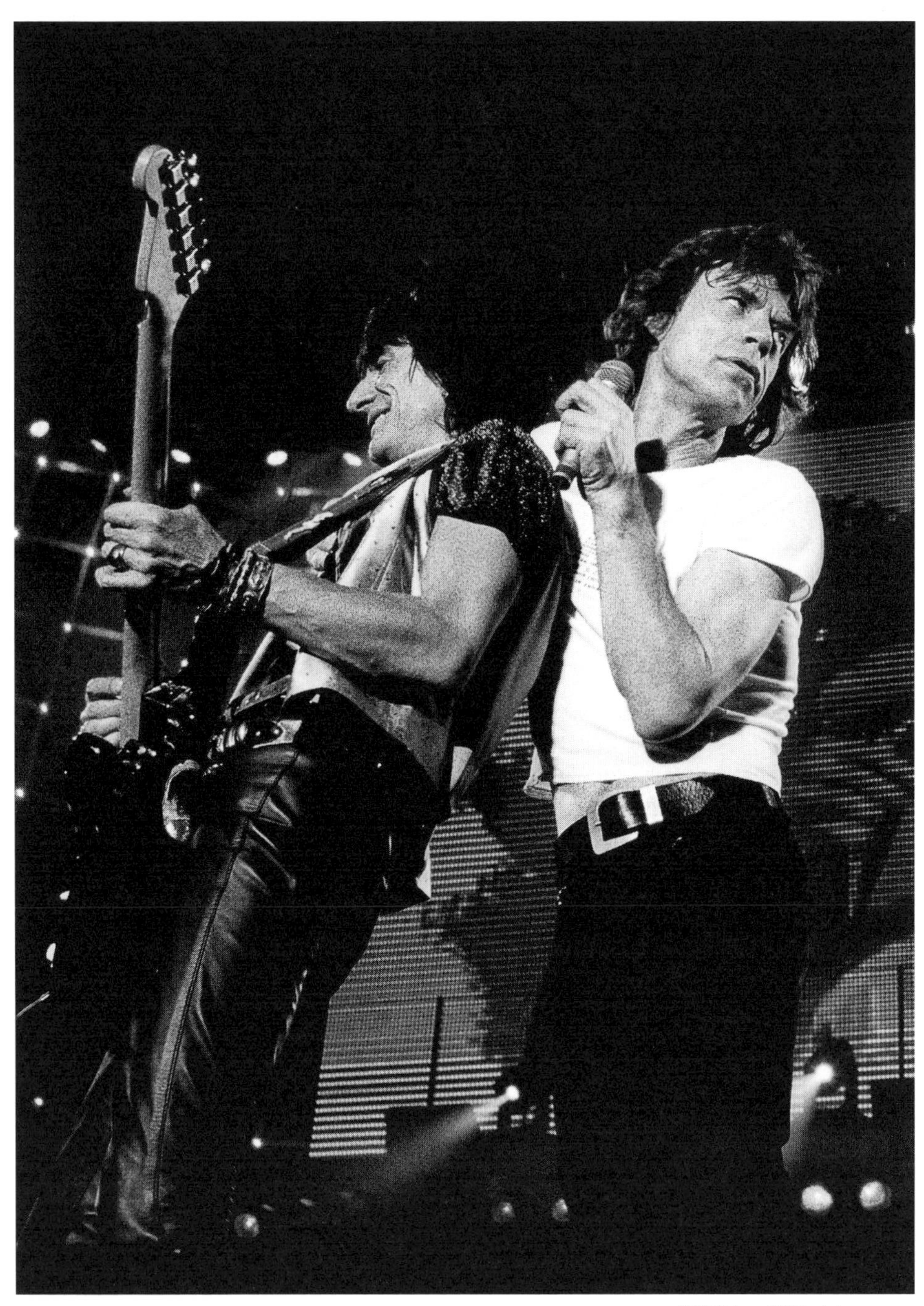

1995 Tokyo ©Mikio Ariga

Emotional Rescue

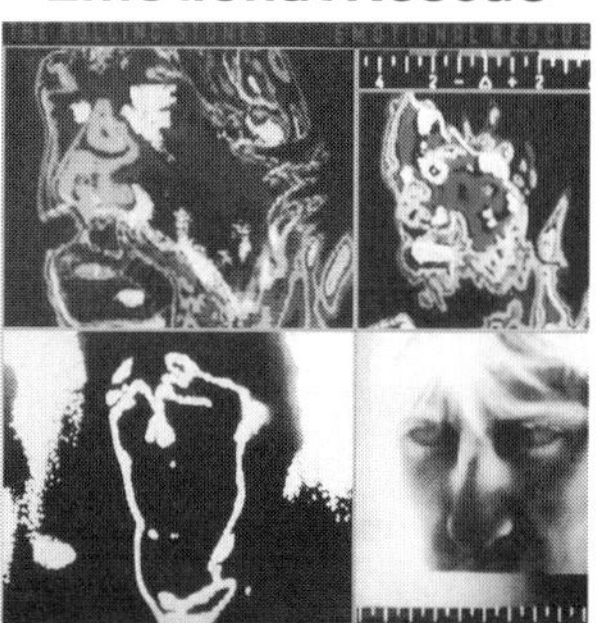

英・Rolling Stones：CUN39111
米・Rolling Stones：COC16015
録音：1979年1月〜2月、6月〜10月、11月〜1980年1月
発売：英・1980年6月27日／米・1980年6月23日
[A] 1. Dance / 2. Summer Romance / 3. Send It To Me / 4. Let Me Go / 5. Indian Girl
[B] 1. Where The Boys Go / 2. Down In The Hole / 3. Emotional Rescue / 4. She's So Cold / 5. All About You
プロデューサー：The Glimmer Twins
参加ミュージシャン：
Ian Stewart (p)
Nicky Hopkins (p, syn)
Bobby Keys (sax)
Sugar Blue (harmonica)
Michael Shrieve (per)
Max Romeo (cho)
Jack Nitzsche (horn arrangement)
Arif Mardin (horn conductor)

1978年に『サム・ガールズ』のリリースとツアーを終えたストーンズは、キースのトロントでの裁判や、ロンのアルバム『ギミ・サム・ネック』の発売、ニュー・バーバリアンズのツアーを挟みながら、『エモーショナル・レスキュー』のレコーディングを進めていた。リリースは80年になってからだが、録音は79年に終えている。世はロックもパンクもニュー・ウェイヴもAORもなんでもありだったし、イラン革命、スリーマイル島の原発事故、ソビエトのアフガニスタン侵攻と、きな臭い出来事も多い時期だった。

〝感情の救済〟というタイトルを聞くと身構えてしまうが、ジャケットはサーモグラフィ・カメラでメンバーを撮影した写真がレイアウトされていて、一見なんだかよくわからない。レコードに針を落としてみても、前作の1曲目「ミス・ユー」よりもさらに複雑化したディスコと言うべき「ダンス（パート1）」が始まってしまうのだから、あまり救われた気分にはならないというのが正直なところだ。

「サマー・ロマンス」はストーンズらしいギターのリフで始まるが、ミックが軽く歌っているのでテンポの割に性急さが感じられない。チャーリーのドラムがどんどん爆裂していくほうが切実だ。レゲエのリズムを取り入れた「センド・イット・トゥ・ミー」では、我関せずと言わんばかりに多彩なフレーズをブチこんでくるビルが予定調和をきちんと壊してくれる。

ディープなブルーズの「ダウン・イン・ザ・ホール」は、メロディだけとってみればソウルだし、ファルセットで押し切るタイトル曲の演奏はリズム・マシンを再現しているみたいなのだから、手に負えない。

やはりストーンズは、時代の流行と不穏な空気をきっちり反映させているのだ。**森**

Tattoo You

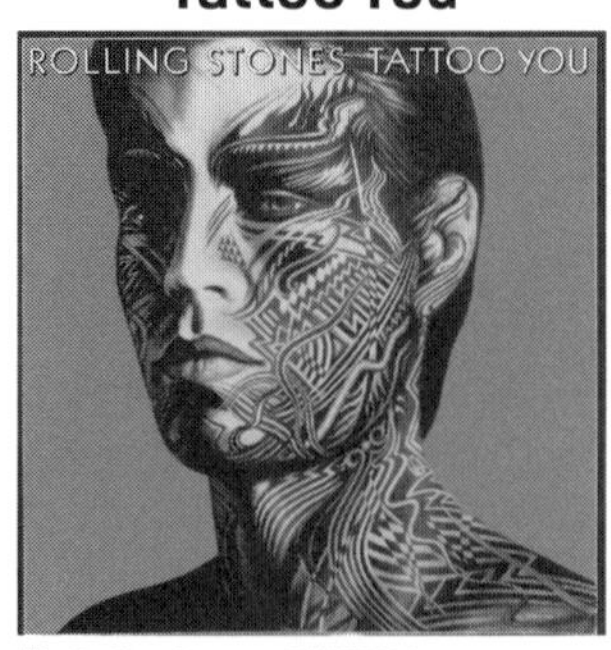

英・Rolling Stones：CUN39114
米・Rolling Stones：COC16052
録音：1972年11月〜12月、1975年1月〜2月、1978年1月〜3月、1979年1月〜10月、1980年10月〜11月、1981年4月〜6月
発売：英・1981年8月27日／米・1981年8月18日
［A］1. Start Me Up / 2. Hang Fire / 3. Slave / 4. Little T & A / 5. Black Limousine / 6. Neighbours
［B］1. Worried About You / 2. Tops / 3. Heaven / 4. No Use In Crying / 5. Waiting On A Friend
プロデューサー：The Glimmer Twins
参加ミュージシャン：
Ian Stewart (p)
Nicky Hopkins (p, org)
Sonny Rollins (sax)
Pete Townshend (cho)
Michael Carabello (per)
Chris Kimsey (handclaps, p)
Barry Sage (handclaps)
Billy Preston (kbd)
Wayne Perkins (g)
Ollie E. Brown (per)

『エモーショナル・レスキュー』発売に伴うツアーは行われず、ストーンズは次のアルバム制作にとりかかった。おそらくは契約上の義務と、81年の全米ツアーに合わせてリリースする必要から、急いでもう一枚仕上げることになったのだろう。

そこで、過去のレコーディングで録音されながらリリースされなかった音源の調査が行われた。古くは72年のミック・テイラー時代のセッションから前作のアウト・テイクまで、エンジニアのクリス・キムジーが中心となって素材が集められたのだ。

その多くは新たに歌詞を書き直し、ヴォーカルは全面的に差し替える必要があったものの、楽器のオーヴァー・ダビングについてはバンドのメンバー全員が一同に会する必要はなかった。ミック、キース、クリスが中心となってポスト・プロダクションが行われ、多くのゲストも招かれている。

すでにコンサート・ツアーの規模は巨大化していたストーンズだが、制作面でもバンド中心のチームよりもさらに大きなプロジェクト化した、新たなレコーディング手法を獲得したアルバムと言えるだろう。しかもデキが良いんだから「毎日5人が集まらなくてもいいんじゃない?」となってもおかしくはない。

キャッチーなギターのリフで始まる「スタート・ミー・アップ」でツカミはオッケー。一周回った、実にストーンズらしいナンバーに仕上がっている。ライヴのオープニングの定番曲になったのも納得だが、本作のツアーでは終盤に配されることが多かったようだ。

キースが歌う痛快なロックンロールの「リトル・T&A」と、ラストのメロディが良い(のにミックが歌いきらない)「ウェイティング・フォー・ア・フレンド」までモノにしたのだから、大成功ですよ。　**森**

Tattoo You：
40th Anniversary Super Deluxe Edition

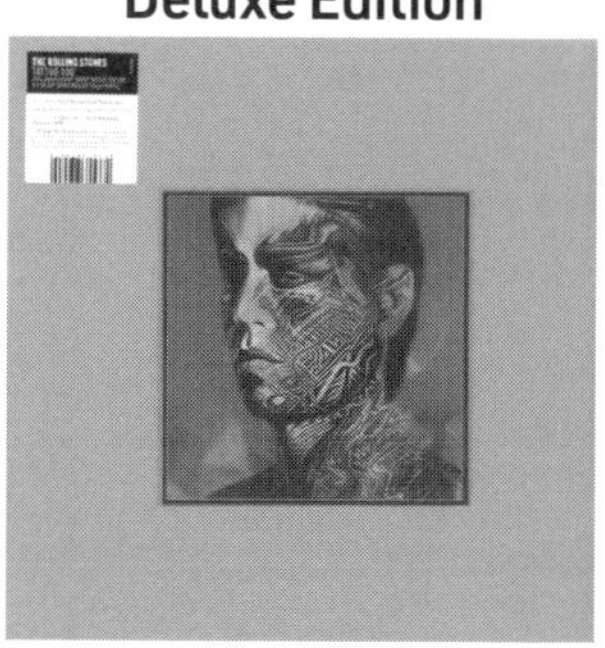

Rolling Stones / Polydor：383 553-1［CD+LP］
発売：2021年10月22日
［CD1］Tattoo You (2021 Remaster)
［CD2］Lost & Found - Rarities: 1. Living In The Heart Of Love / 2. Fiji Jim / 3. Troubles A' Comin / 4. Shame, Shame, Shame / 5. Drift Away / 6. It's A Lie / 7. Come To The Ball / 8. Fast Talking, Slow Walking / 9. Start Me Up (Early Version)
［CD3］"Still Life" (Wembley Stadium 1982): 1. Under My Thumb / 2. When The Whip Comes Down / 3. Let's Spend The Night Together / 4. Shattered / 5. Neighbours / 6. Black Limousine / 7. Just My Imagination (Running Away With Me) / 8. Twenty Flight Rock / 9. Going To A Go-Go / 10. Chantilly Lace / 11. Let Me Go / 12. Time Is On My Side / 13. Beast Of Burden / 14. Let It Bleed
［CD4］"Still Life" (Wembley Stadium 1982): 1. You Can't Always Get What You Want / 2. Band Introductions / 3. Little T&A / 4. Tumbling Dice / 5. She's So Cold / 6. Hang Fire / 7. Miss You / 8. Honky Tonk Women / 9. Brown Sugar / 10. Start Me Up / 11. Jumpin' Jack Flash / 12. (I Can't Get No) Satisfaction
［LP］Tattoo You (2021 Remaster) Bonus Picture Disc

『タトゥー・ユー』の40周年記念盤。オリジナル・アルバムもリマスターされたが、大きく印象が変わるものではない。〈ロスト&ファウンド/レアリティーズ〉と題された2枚目のディスクが目玉ということになるだろう。当時は完成に至らなかったテイクに、新たにストーンズのメンバーがダビングした9曲が収録されている。いわば『刺青の男　第二章』だ。

1曲目はやはりと言うべきか、ギターのリフから始まる「リヴィング・イン・ザ・ハート・オブ・ラヴ」。タイトルを繰り返すミックのヴォーカルとコーラスが、いかにもバンドっぽい仕上がりだ。スライド・ギターが耳に残るトーキング・ブルーズの「フィジー・ジム」、ドサクサ紛れに始められるような、シカゴのソウル・グループ、シャイ・ライツのカヴァー「トラブルズ・ア・カミン」、ダルなブルーズと化したジミー・リードの「シェイム、シェイム、シェイム」と続いていく。「ドリフト・アウェイ」など、さらにブラッシュ・アップすればオリジナル盤に入っていてもおかしくない、良い曲だ。

ポップな「イッツ・ア・ライ」は、『タトゥー・ユー』の中では置き場所がなかったのかも。「カム・トゥ・ザ・ボール」も軽快なナンバーだ。そこはかとなくレゲエのリズムを取り込んだバラードは「ファスト・トーキング、スロウ・ウォーキング」。「スタート・ミー・アップ」の初期ヴァージョンも、どんどんレゲエ化していく。

残りのディスクには、82年欧州ツアーの中盤、6月のロンドン、ウェンブリー・スタジアムのライヴを収録。前年の北米ツアーの勢いそのままに、充実した演奏が繰り広げられている。

ボックスには、124ページのブックレットが付属。アナログ買うと、重いよ。**森**

American Tour 1981

1981年9月25日〜12月19日

□サポート・アクト

Journey
George Thorogood & the Destroyers
The Go-Go's
Heart
The J. Geils Band
Prince
Henry Paul Band
Van Halen
Stray Cats
The Fabulous Thunderbirds
Greg Kihn Band
ZZ Top
The Neville Brothers
Tina Turner
Garland Jeffreys
Screamin' Jay Hawkins
Etta James
The Lamont Cranston Band
Molly Hatchet
Iggy Pop
Bobby Womack
The Meters
Joe Ely
Santana

◆参加ミュージシャン

Ian Stewart (p)
Ian McLagan (kbd, cho)
Bobby Keys (sax; not all date)
Lee Allen (sax; not all date)
Ernie Watts (sax; not all date)

◉セット・リスト

1. Under My Thumb
2. When the Whip Comes Down
3. Let's Spend the Night Together
4. Shattered
5. Neighbours
6. Black Limousine
7. Just My Imagination (Running Away with Me)
8. Twenty-Flight Rock
9. Let Me Go
10. Time Is on My Side
11. Beast of Burden
12. Waiting on a Friend
13. Let It Bleed
14. You Can't Always Get What You Want
15. Little T&A
16. Tumbling Dice
17. She's So Cold
18. All Down The Line
19. Hang Fire
20. Star Star
21. Miss You
22. Honky Tonk Women
23. Brown Sugar
24. Start Me Up
25. Jumpin' Jack Flash / Encore:
26. (I Can't Get No) Satisfaction

1981-09-25 John F. Kennedy Stadium, Philadelphia
1981-09-26 John F. Kennedy Stadium, Philadelphia
1981-09-27 Rich Stadium, Orchard Park
1981-10-01 Rockford MetroCentre, Rockford

●81年の全米ツアーは、およそ170万人以上という記録的な動員となった。会場はアリーナと屋外が中心となり、巨大なセットが組まれ、大量の風船がぶちまけられた模様は、映像にも記録されている。また、香水ブランドのジョーバンとのタイアップや、ペイ・パー・ヴュー、クローズド・サーキットなど、当時としては画期的な取り組みが見られる。ビル・グレアムは翌年の欧州ツアーも手がけた。

1981-10-03 Folsom Field, Boulder
1981-10-04 Folsom Field, Boulder
1981-10-07 Jack Murphy Stadium, San Diego
1981-10-09 Los Angeles Memorial Coliseum, Los Angeles
1981-10-11 Los Angeles Memorial Coliseum, Los Angeles
1981-10-14 Kingdome, Seattle
1981-10-15 Kingdome, Seattle
1981-10-17 Candlestick Park, San Francisco
1981-10-18 Candlestick Park, San Francisco
1981-10-24 Tangerine Bowl, Orlando
1981-10-25 Tangerine Bowl, Orlando
1981-10-26 Fox Theatre, Atlanta
1981-10-28 Astrodome, Houston
1981-10-29 Astrodome, Houston
1981-10-31 Cotton Bowl, Dallas
1981-11-01 Cotton Bowl, Dallas
1981-11-03 Freedom Hall, Louisville

1981-11-05 Brendan Byrne Arena, East Rutherford
1981-11-06 Brendan Byrne Arena, East Rutherford
1981-11-07 Brendan Byrne Arena, East Rutherford
1981-11-09 Hartford Civic Center, Hartford
1981-11-10 Hartford Civic Center, Hartford
1981-11-12 Madison Square Garden, New York City
1981-11-13 Madison Square Garden, New York City
1981-11-16 Richfield Coliseum, Cleveland
1981-11-17 Richfield Coliseum, Cleveland
1981-11-19 Checkerdome, St. Louis
1981-11-20 UNI-Dome, Cedar Falls
1981-11-21 St. Paul Civic Center, Saint Paul
1981-11-23 Rosemont Horizon, Rosemont
1981-11-24 Rosemont Horizon, Rosemont
1981-11-25 Rosemont Horizon, Rosemont
1981-11-27 Carrier Dome, Syracuse
1981-11-28 Carrier Dome, Syracuse
1981-11-30 Pontiac Silverdome, Pontiac
1981-12-01 Pontiac Silverdome, Pontiac
1981-12-05 Louisiana Superdome, New Orleans
1981-12-07 Capital Centre, Landover
1981-12-08 Capital Centre, Landover
1981-12-09 Capital Centre, Landover
1981-12-11 Rupp Arena, Lexington
1981-12-13 Sun Devil Stadium, Tempe
1981-12-14 Kemper Arena, Kansas City
1981-12-15 Kemper Arena, Kansas City
1981-12-18 Hampton Coliseum, Hampton
1981-12-19 Hampton Coliseum, Hampton

European Tour 1982

□サポート・アクト

The J. Geils Band

◆参加ミュージシャン

Ian Stewart (p)
Chuck Leavell (kbd)
Bobby Keys (sax)
Gene Barge (sax)

◉セット・リスト

1. Under My Thumb
2. When the Whip Comes Down
3. Let's Spend the Night Together
4. Shattered
5. Neighbours
6. Black Limousine
7. Just My Imagination (Running Away with Me)
8. Twenty Flight Rock
9. Going to a Go-Go
10. Chantilly Lace
11. Let Me Go
12. Time Is on My Side
13. Beast of Burden
14. Let It Bleed
15. You Can't Always Get What You Want
16. Little T & A
17. Tumbling Dice
18. She's So Cold
19. Hang Fire
20. Miss You
21. Honky Tonk Women
22. Brown Sugar
23. Start Me Up
24. Jumpin' Jack Flash
25. (I Can't Get No) Satisfaction

1982-05-26 Capitol Theater, Aberdeen, Scotland
1982-05-27 Apollo Theater, Glasgow, Scotland
1982-05-28 Edinburgh Playhouse, Edinburgh, Scotland
1982-05-31 100 Club, London, England
1982-06-02 Feyenoord Stadion, Rotterdam, Netherlands
1982-06-04 Feyenoord Stadion, Rotterdam, Netherlands
1982-06-05 Feyenoord Stadion, Rotterdam, Netherlands
1982-06-06 Niedersachsenstadion, Hannover, Germany
1982-06-07 Niedersachsenstadion, Hannover, Germany
1982-06-08 Waldbühne, Berlin , Germany
1982-06-10 Munich Olympic Stadium, Munich, Germany
1982-06-11 Munich Olympic Stadium, Munich, Germany
1982-06-13 Hippodrome D'Auteuil, Paris, France
1982-06-14 Hippodrome D'Auteuil, Paris, France
1982-06-16 Stade Gerland, Lyon, France
1982-06-19 Ullevi Stadium, Gothenburg, Sweden
1982-06-20 Ullevi Stadium, Gothenburg, Sweden
1982-06-23 St. James Park, Newcastle upon Tyne, England
1982-06-25 Wembley Stadium, London, England
1982-06-26 Wembley Stadium, London, England
1982-06-27 Ashton Gate stadium, Bristol, England
1982-06-29 Festhalle, Frankfurt am Main, Germany
1982-06-30 Festhalle, Frankfurt am Main, Germany
1982-07-01 Festhalle, Frankfurt am Main, Germany
1982-07-03 Praterstadion, Vienna, Austria
1982-07-04 Müngersdorfer Stadion, Cologne, Germany
1982-07-05 Müngersdorfer Stadion, Cologne, Germany
1982-07-07 Vicente Calderón Stadium, Madrid, Spain
1982-07-09 Vicente Calderón Stadium, Madrid, Spain
1982-07-11 Stadio Comunale,Turin, Italy
1982-07-12 Stadio Comunale, Turin, Italy
1982-07-15 St. Jakob Stadion, Basel, Switzerland
1982-07-17 Stadio San Paolo, Napoli, Italy
1982-07-20 Parc Des Sports De L'Ouest, Nice, France
1982-07-24 Slane Castle, Slane, Ireland
1982-07-25 Roundhay Park, Leeds, England

Still Life

英・Rolling Stones：CUN39115
米・Rolling Stones：COC39113
録音：1981年11月5日、6日、25日、12月13日、18日、19日
発売：英・1982年6月1日／米・1981年6月1日
[A] 1a. Take The "A" Train (Intro) / 1b. Under My Thumb / 2. Let's Spend The Night Together / 3. Shattered / 4. Twenty Flight Rock / 5. Going To A Go Go
[B] 1. Let Me Go / 2. Time Is On My Side / 3. Just My Imagination (Running Away With Me) / 4. Start Me Up / 5a. (I Can't Get No) Satisfaction / 5b. Star Spangled Banner (Outro) - Jimi Hendrix
プロデューサー：The Glimmer Twins
参加ミュージシャン：
Ian Stewart (p)
Ian McLagan (kbd)
Ernie Watts (sax)

Picture Disc
英・Rolling Stones：CUNP39115
米・Rolling Stones：CUNP39115A
1982年6月

『タトゥー・ユー』の発売後、ストーンズは3年ぶりの全米ツアーを敢行する。中盤から終盤にかけて、複数の会場でライヴ・レコーディングされた音源にオーヴァー・ダビングを施して仕上げられたのが、この『スティル・ライフ』だ。82年のヨーロッパ・ツアーがスタートするタイミングでリリースされている。

このツアーからは映画『レッツ・スペンド・ザ・ナイト・トゥゲザー』も製作された。こちらは本作と重複する、3日間の撮影によるものだ。もちろん70年代のツアーからもライヴ盤や映像がリリースされているが、これほどまでに頻繁に収録が行われたのは、本ツアーが初めてだろう。

ご丁寧にショウの最初に流された、デューク・エリントン&ヒズ・オーケストラの「テイク・ジ・Aトレイン」や、最後のジミ・ヘンドリクスによるアメリカ国歌も収録されているが、コンサートの模様が非常にコンパクトにまとめられている。実際のセット・リストは25曲前後あり、意図的に60年代の曲と当時最新のナンバー、さらにカヴァー曲が選ばれたと思われる。

例えばA面の「アンダー・マイ・サム」「レッツ・スペンド～」「シャッタード」からエディ・コクラン「トゥエンティ・フライト・ロック」、ミラクルズ「ゴーイング・トゥ・ア・ゴー・ゴー」に至る軽やかな流れは、パンク／ニュー・ウェイヴを通過した時代に呼応して、重厚長大さを排除した結果だろう。さらに、ストーンズのコンサートがエンタテインメントとして広く認知されるための通過儀礼だったとも考えられる。つまり、誰でも盛り上がることができる仕かけが必要だったのだ。

ポップなジャケットは、ツアーのセットも手がけた日本人アーティスト、ヤマザキ・カズヒデが描いている。

森

Muddy Waters, The Rolling Stones
Live at the Checkerboard Lounge, Chicago 1981

Eagle Vision：ERDVCD069［DVD+CD］
録音・撮影：1981年11月22日
発売：2012年7月16日
［DVD］Sweet Little Angel / Flip Flop And Fly / Introduction (Instrumental) / You Don't Have To Go / Country Boy / Baby Please Don't Go / Hoochie Coochie Man / Long Distance Call / Mannish Boy / Got My Mojo Workin' / Next Time You See Me / One Eyed Woman / Baby Please Don't Go (Instrumental) / Clouds In My Heart / Champagne And Reefer / Instrumental 1 (Instrumental) (Credits) Bonus Footage (From Hampton Coliseum, 1981) You're Gonna Miss Me When I'm Gone / Black Limousine / Bonus: Time Is On My Side / Black Limousine
［CD］1. Introduction / 2. You Don't Have To Go / 3. Baby Please Don't Go / 4. Hoochie Coochie Man / 5. Long Distance Call / 6. Mannish Boy / 7. Got My Mojo Workin' / 8. Next Time You See Me /9. One Eyed Woman / 10. Clouds In My Heart / 11. Champagne And Reefer
［CD1］1. You're Gonna Miss Me When I'm Gone / 2. Sweet Little Angel / 3. Flip Flop And Fly / 4. Introduction / 5. You Don't Have To Go / 6. Country Bioy / 7. I'm A King Bee / 8. Trouble No More / 9. County Jail / 10. Baby Please Don't Go / 11. Hoochie Coochie Man
［CD2］1. Long Distance Call / 2. Mannish Boy / 3. Got My Mojo Workin' / 4. Next Time You See Me / 5. One Eyed Woman / 6. Baby Please Don't Go (Instrumental) / 7. Clouds In My Heart / 8. Champagne And Reefer / 9. Instrumental 1 / 10. Instrumental 2
プロデューサー：Dave Trafford, Lindsay Brown

ストーンズの北米ツアー中、シカゴでの3日連続公演を翌日に控えたミック、キース、ロニー、そしてイアン・ステュアートが、チェッカーボード・ラウンジで行われたマディ・ウォーターズのライヴに飛び入りした、と言うことになっている。どうやらストーンズのスタッフが仕組んだことらしいのだが、こうして音源と映像が残されているのだから、素直に喜んでおくが吉。ただし、チャーリーとビルは不在だ。

マディ抜きのバンドがステージを暖めておいて、ようやく御大が登場する。ミディアムの「ユー・ドント・ハフ・トゥ・ゴー」や、マディのスライドが唸りを上げる「カントリー・ボーイ」で、すっかり小屋の空気を自分のものにしてしまう。

「ベイビー・プリーズ・ドント・ゴー」が始まると、ストーンズ一行が不自然に空いていたステージ前のテーブルに着席。ジョッキが運ばれてくるのにも構わず、すぐにマディがミック、そしてキースを呼び込むと、セッションの始まりだ。ロニーも加わり、狭い舞台上が密に。

全盛期を過ぎていたとは言え、マディは貫禄たっぷりに場を支配している。「マニッシュ・ボーイ」でのミックとのかけ合いはまるで親と子、師匠と弟子だが、興が乗ったのか、椅子から立ち上がってステップを踏み始めた。さらにバディ・ガイやジュニア・ウェルズなど、マディ一派の面々が入れ代わり立ち代わり登場する。ここからが本当のブルーズ・セッションだと言わんばかりの展開だ。いちばんハマっていたのは、イアンかも知れない。

当時のマディは68歳。ミックはまだ38歳だった。『ブルー&ロンサム』の頃に、ようやくこのときのマディを超えたことになる。この日の経験が、長い年月を経て実を結んだのではないかと思えてならない。**森**

Hampton Coliseum (Live In 1981)

Eagle Vision：EAGDV037［DVD+CD］
録音・撮影：1981年12月18日
発売・2014年10月31日
［DVD］Introduction / Under My Thumb / When the Whip Comes Down / Let's Spend The Night Together / Shattered / Neighbours / Black Limousine / Just My Imagination / Twenty Flight Rock / Going To A Go-Go / Let Me Go / Time Is On My Side / Beast Of Burden / Waiting For A Friend / Let It Bleed / You Can't Always Get What You Want / Band Intros / Happy Birthday Keith / Little T&A / Tumbling Dice / She's So Cold / Hang Fire / Miss You / Honky Tonk Women / Brown Sugar / Start Me Up / Jumpin' Jack Flash / (I Can't Get No) Satisfaction
［CD1］1. Under My Thumb / 2. When The Whip Comes Down 3. Let's Spend The Night Together / 4. Shattered / 5. Neighbours / 6. Black Limousine / 7. Just My Imagination / 8. Twenty Flight Rock / 9. Going To A Go Go / 10. Let Me Go / 11. Time Is On My Side / 12. Beast Of Burden / 13. Waiting On A Friend / 14. Let It Bleed
［CD2］1. You Can't Always Get What You Want / 2. Band Introduction / 3. Happy Birthday Keith / 4. Little T & A / 5. Tumbling Dice / 6. She's So Cold / 7. Hang Fire / 8. Miss You / 9. Honky Tonk Women / 10. Brown Sugar / 11. Start Me Up / 12. Jumping Jack Flash /13. (I Can't Get No) Satisfaction

81年のツアーからもう1作。千秋楽の前日、12月18日のハンプトン・コロシアム公演が商品化されている。もともとは全米のFMラジオ局で生中継されるとともに、ペイ・パー・ヴュー方式でケーブル・テレビや劇場で放映されたものだ。ボブ・クリアマウンテンがあらためてミックスしているので、それぞれの楽器の音がくっきりと浮かび上がってくる。例えば、「ホウェン・ザ・ウィップ・カムズ・ダウン」でミックが弾く荒いギターや、ビルの頻繁に上下するベースも聴きとることができるのだ。およそ3ヶ月で50本近くコンサートをこなしてきたバンドのアンサンブルは、固められるどころかさらに自由度を増して、暴発寸前のようにスリリング。

映像版の冒頭にはラジオの周波数をボディ・ペインティングされた女性の裸身や、卓球台が置かれたバック・ステージなどが続くが、やはり目を引くのはライヴの全体像が余すことなくとらえられていること。バンドのパフォーマンスは、リラックスした雰囲気を纏いながらも充実している。

それにしてもミックのサービス精神が過剰だ。ステージ・サイドまでステップを踏みながら移動し踊りまくるが、息切れする気配すら見せない。イアンのピアノの上に積み上げられた衣装を自分でとっかえひっかえしたり、客席に水をブチまけるためのバケツをステージ裏にとりに走ったり、ゴンドラに飛び乗ってカンヌキかけて安全帯をつけるところまでセルフ・サーヴィスだ。

キースとロニーもギターのピック・アップがワイヤレスになったせいか、アクションが大きくて軽やか。この日はキースの誕生日だったため、ミックが「ハッピー・バースデイ」を歌うとメンバーにドリンクが振る舞われた。すかさず「リトル・T&A」に雪崩れ込むところがキースらしい。**森**

Let's Spend the Night Together [Film]

撮影：1981年11月５日、６日、12月13日
公開：1983年２月11日
監督：Hal Ashby
プロデューサー：Ronald L. Schwary

日・日本コロムビア：COXY-1032［Blu-ray］
2021年
Under My Thumb / Let's Spend The Night Together / Shattered / Neighbours / Black Limousine / Just My Imagination (Running Away With Me) / Twenty Flight Rock / Let Me Go / Time Is On My Side / Beast Of Burden / Waiting On A Friend / Going To A Go-Go / You Can't Always Get What You Want / Little T&A / Tumbling Dice / She's So Cold / All Down The Line / Hang Fire / Miss You / Let It Bleed / Start Me Up / Honky Tonk Women / Brown Sugar / Jumpin' Jack Flash / (I Can't Get No) Satisfaction

ハル・アシュビー監督による、81年米国ツアーの模様を収めた映画『レッツ・スペンド・ザ・ナイト・トゥゲザー』の公開は83年2月。前年に同じツアーのライヴ・アルバム『スティル・ライフ』のリリースと欧州ツアーがあり、新たなオリジナル・アルバム『アンダーカヴァー』の発売が9か月後の83年11月だった。ファンを飽きさせない絶妙のタイミングだ。

映画の前半は、12月13日のアリゾナ州、サン・デヴィル・スタジアムで撮影されたもの。屋外の巨大な会場だけに、夕闇迫るオープニングでは開放感が強く感じられる。ステージにメンバーがスタンバイするところをカメラが捕らえ、「アンダー・マイ・サム」のイントロが始まってから幕が開かれる。前方に飛び出すミック、ステージに押し寄せる観衆、夥しい数の風船が放たれ、空撮の映像も組み合わされた。

『タイム・イズ・オン・マイ・サイド』では、メンバーの幼少期からの写真や、60年代の演奏シーンなどが挿入されている。ブライアン・ジョーンズやミック・テイラーも登場させてノスタルジーをかきたてながら、当時のショッキングなニュース映像をインサートするところなど、アメリカン・ニューシネマ出身のアシュビー監督ならではの演出だろう。このあともオフ・ステージの様子や、スタッフがセットを組んでいく早送りの映像、それに「ホンキー・トンク・ウィメン」でステージに登場する大勢の着飾った女性たちなど、視覚的に楽しませる仕かけが満載だ。

屋内のシーンは11月5日と6日にニュージャージー州のブレンダン・バーン・アリーナで収録されたもの。最後の「サティスファクション」で、天井から風船が降ってくる。とても映画的だし、ツアーの演出自体も映像的だった。

森

Live at Leeds 1982

Eagle Vision/Universal/Rolling Stones：EAGDV053［DVD+CD］
録音・撮影：1982年７月25日
発売・2014年10月31日
［DVD］Intro: Take The A-Train / Under My Thumb / When The Whip Comes Down / Let's Spend The Night Together / Shattered / Neighbours / Black Limousine / Just My Imagination / Twenty Flight Rock / Going To A Go Go / Let Me Go / Time Is On My Side / Beast Of Burden / You Can't Always Get What You Want / Little T & A / Angie / Tumbling Dice / She's So Cold / Hang Fire / Miss You / Honky Tonk Women / Brown Sugar / Start Me Up / Jumpin' Jack Flash / (I Can't Get No) Satisfaction
［CD1］1. Intro: Take The A-Train / 2. Under My Thumb / 3. When The Whip Comes Down / 4. Let's Spend The Night Together / 5. Shattered / 6. Neighbours / 7. Black Limousine / 8. Just My Imagination / 9. Twenty Flight Rock / 10. Going To A Go Go / 11. Let Me Go / 12. Time Is On My Side / 13. Beast Of Burden / 14. You Can't Always Get What You Want
［CD2］1. Little T & A / 2. Angie / 3. Tumbling Dice / 4. She's So Cold / 5. Hang Fire / 6. Miss You / 7. Honky Tonk Women / 8. Brown Sugar / 9. Start Me Up / 10. Jumpin' Jack Flash / 11. (I Can't Get No) Satisfaction

81年末に全米ツアーを終えたストーンズは、束の間のインターヴァルを挟むと、ライヴ・アルバム『スティル・ライフ』と、映画『レッツ・スペンド・ザ・ナイト・トゥゲザー』の制作に着手した。ビルはソロ・アルバム『ビル・ワイマン』を3月にリリースする。4月にはストーンズとしては6年ぶりのヨーロッパ・ツアーが発表になり、5月はリハーサルとウォームアップ・ギグ、6月に『スティル・ライフ』発売すると、連日スタジアム・クラスの会場でライヴを行う日々が続いていった。

本作はツアー最終日、英国リーズのラウンドヘイ・パークで開かれたコンサートの模様を収録したもの。ステージ・セットには『スティル・ライフ』のアート・ワークが使われた。ただし、前年のツアーよりもシンプルに映る。バンドにはのちにストーンズのミュージカル・ディレクターと呼ばれるようになるチャック・リーヴェルと、チャーチ・ストリート・ファイヴのメンバーだったジーン・バージが参加した。イアンがストーンズと演奏した、最後のツアーでもある。

セット・リストも前年を踏襲したものだったが、明るくハードな雰囲気はやや落ち着いたものに変化している。さすがにハード・スケジュールによる疲れもあったのだろう、ミック以外のメンバーは客席へのアピールはそこそこに、演奏に意識を集中しているようにも見えるのだ。

ビルはスタインバーガーのベースをピックで弾いている。元々はギタリストだったこともあるのか、このスタイルが性に合っていたようで、ますます自由度の高い演奏に終始した。とくに「ミス・ユー」でチャーリーのドラムとふたりだけになる間奏では、シンプルなのに飽きさせない、ダンサブルなグルーヴを生み出している。 **森**

Undercover

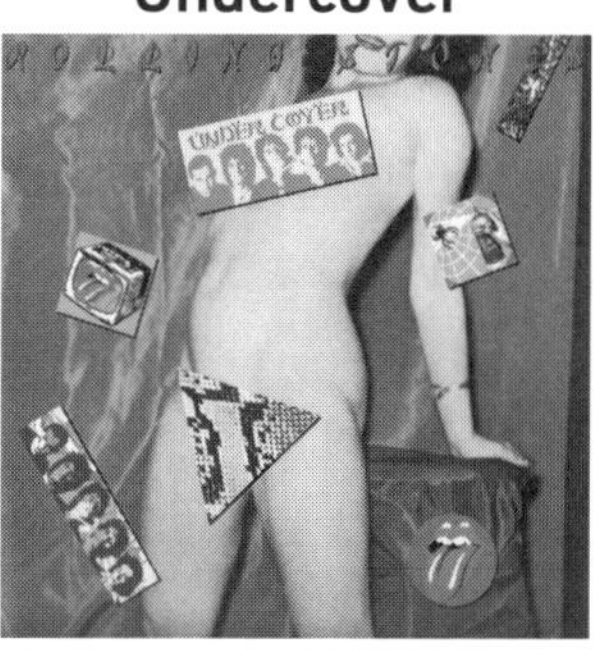

英・Rolling Stones：CUN1654361
米・Rolling Stones：90120-1
録音：1982年10月〜12月、1983年１月〜６月
発売：英・1983年11月７日／米・1983年11月７日
[A] 1. Undercover Of The Night / 2. She Was Hot / 3. Tie You Up (The Pain Of Love) / 4. Wanna Hold You / 5. Feel On Baby
[B] 1. Too Much Blood / 2. Pretty Beat Up / 3. Too Tough / 4. All The Way Down / 5. It Must Be Hell
プロデューサー：The Glimmer Twins, Chris Kimsey
参加ミュージシャン：
Ian Stewart (p)
Chuck Leavell (kbd)
Sly Dunbar (per)
Robbie Shakespeare (b)
David Sanborn (sax)
Chops (horns)
Jim Barber (g)
Moustapha Cisse (per)
Brahms Coundoul (per)
Martin Ditcham (per)

映画『レッツ・スペンド・ザ・ナイト・トゥゲザー』が公開になったことで、『タトゥー・ユー』から全米、欧州ツアーに至る流れにようやくひと区切りがついた83年初頭、ストーンズはすでに次なるアルバムの制作に着手していた。すべて新曲によるレコーディングは、『エモーショナル・レスキュー』以来3年ぶりのことだ。

プロデューサーとして、グリマー・トゥインズと並んでエンジニアのクリス・キムジーがクレジットされている。ミックとキースの不仲によるものという話もあるが、実際のところヒップ・ホップの手法を取り入れた何曲かは、クリスがいなければ成立しなかったと考えられる。ストーンズがレコーディングにおいても〝バンド〟単位よりも大きな〝プロジェクト〟化していることは、『タトゥー・ユー』で顕在化していたので、今となっては不思議ではない。

このアルバムを象徴しているのが「トゥー・マッチ・ブラッド」。まるでドラム・マシンのような無機質なビートに、スライ・ダンバーのシンセ・ドラムが絡み、ホーンとパーカッションが出たり入ったりするミックスは、時代に呼応したもの。しかし、グルーヴを支配しているのはビルのベースだろう。ここが単調だと、刺激が強いばかりで踊れなくなってしまう。「アンダーカヴァー・オブ・ザ・ナイト」もアプローチは似ているが、ちょっとやり過ぎ。

「シー・ワズ・ホット」のような、いかにもストーンズっぽいのにキャッチーなナンバーと同居しているのは面白いが、散漫になってしまったことも事実。キースが歌う「ワナ・ホールド・ユー」は手癖だけで書いたみたいに聴こえるし、まるっきりレゲエの「フィール・オン・ベイビー」には、ミックの粘っこいヴォーカルが乗り切れていない。詰めの甘さが少し目立つ。　**森**

Dirty Work

英・Rolling Stones/CBS：86321
米・Rolling Stones/Columbia：OC40250
録音：1985年4月〜6月、7月、9月〜10月
発売：英・1986年3月24日／米・1986年3月24日
［A］1. One Hit (To The Body) / 2. Fight / 3. Harlem Shuffle / 4. Hold Back / 5. Too Rude
［B］1. Winning Ugly / 2. Back To Zero / 3. Dirty Work / 4. Had It With You / 5. Sleep Tonight / 6. Key To The Highway
プロデューサー：Steve Lillywhite, The Glimmer Twins
参加ミュージシャン：
Chuck Leavell (kbd)
Bobby Womack (g, cho)
Jimmy Page (g)
John Regan (b)
Philippe Saisse (kbd)
Marku Ribas (per)
Anton Fig (per)
Dan Collette (trumpet)
Ivan Neville (b, cho)
Steve Jordan (ds, cho)
Charley Drayton (cho)
Jimmy Cliff (cho)
Don Covay (cho)
Tom Waits (cho)
Janice Pendarvis (cho)
Dollette McDonald (cho)
Beverly D'Angelo (cho)
Patti Scialfa (cho)
Ian Stewart (p)

『アンダーカヴァー』の発売に合わせたコンサート・ツアーは行われず、ローリング・ストーンズ・レコーズは新たにCBSと契約を結んで、ミックのソロ・アルバム『シーズ・ア・ボス』を発売する。ビルはウィリー&ザ・プア・ボーイズの活動を推し進め、チャーリーは健康上の問題を抱えていた。〝企業〟としてのストーンズは、新しいオリジナル・アルバムをつくる必要があったし、クリーンになったキースもバンドのリブートに積極的だったはずだが、いかんせん状況が悪かった。そこでスティーヴ・リリーホワイトを共同プロデューサーに迎え、多くのゲストの手を借りながら、ストーンズのニュー・アルバム制作のプロジェクトは、キースを中心に動き始めたのである。

スティーヴはすでにピーター・ゲイブリエル、フィル・コリンズ、U2などのプロデューサーとして、実績を積んでいた。エンジニアのヒュー・パジャムとゲート・リヴァーブ・エコーを編み出した人物だけあって、本作でのドラムは太く、くっきりと浮かび上がってくる。ミックはヴォーカルに専念したことが功を奏したのか、吐き出すようにストレートな歌い方だ。

おのずとロンも曲作りに関与するようになり、4曲にクレジットされた。「ワン・ヒット」もその中の1曲で、ギターにジミー・ペイジを迎えている。ストーンズっぽくない、完成度の高いトラックに仕上がった。先行シングルの「ハーレム・シャッフル」は、ボブ&アールのカヴァー。もともとはボビー・ウォーマックとのデュエットだったそうだ。バンド感が薄いアルバムなのだから、それでも良かったのでは。

イアン・ステュアートが85年12月12日に亡くなったことを受けて、アルバムの最後に彼のピアノがそっと置かれている。　**森**

『ダーティ・ワーク』のあとにミックは『プリミティヴ・クール』、キースも初のソロ・アルバム『トーク・イズ・チープ』をリリースすると、ふたりともツアーに出た。同じ頃、チャーリーはジャズのプロジェクト、ロンはボ・ディドリーとのツアー、ビルは発表はされなかったもののアルバム用のレコーディングを行っている。

88年にメンバーが集まりミーティングが開かれ、翌89年にアルバムを発売してツアーに出ることは合意に至った。しかし、キースのソロ・ツアーが終わるまでは具体的な作業に入ることができず、このプロジェクトがスタートしたのはミックとキースがバルバドスで合流した89年1月15日ということになる。

米国で『スティール・ホイールズ』が発売されたのが8月29日なので、ストーンズにしては異様に早いスピードでレコーディングが行われたことがわかる。その2日後に始まったツアーに間に合わせる必要があったのだろう。そのおかげか、非常にタイトな演奏が詰まったアルバムになっている。裏を返せば、トライアルを繰り返す時間はなかったはずなので、新機軸も見つけられない。ストーンズって、こういう曲を演るバンドだったよねえ?と思い出しながらつくったような印象すら受けてしまう。

かと言って、内容が悪いわけではない。「サッド・サッド・サッド」「ロック・アンド・ア・ハード・プレイス」のようなハードな曲は明らかにツアーを意識して書かれているし、先行シングル「ミックスド・エモーションズ」はコーラスを効かせてポップに仕上げている。キースもソロで自信をつけたのか、「キャント・ビーン・シーン」「スリッピング・アウェイ」では堂々たる歌いっぷりだ。ただ、気になるのはビルが不在の曲があることだった。

森

Steel Wheels

英・Rolling Stones/CBS：465752 2［CD］
米・Rolling Stones/Columbia：CK45333［CD］
録音：1989年3月～6月
発売：英・1989年9月11日／米・1989年8月29日
1. Sad Sad Sad / 2. Mixed Emotions / 3. Terrifying / 4. Hold On To Your Hat / 5. Hearts For Sale / 6. Blinded By Love / 7. Rock And A Hard Place / 8. Can't Be Seen / 9. Almost Hear You Sigh / 10. Continental Drift / 11. Break The Spel / 12. Slipping Away
プロデューサー：Chris Kimsey, The Glimmer Twins
参加ミュージシャン：
Chuck Leavell (kbd)
Matt Clifford (kbd, programming, strings)
Sarah Dash (cho)
Lisa Fischer (cho)
Bernard Fowler (cho)
Luis Jardim (per)
Phil Beer (mandolin, fiddle)
The Kick Horns (horn)
Roddy Lorimer (trumpet)
The Master Musicians of Jajouka led by Bachir Attar Farafina (African-Moroccan instruments)
Tessa Niles (cho)
Sonia Morgan (cho)
Chris Jagger (literary editor)

Steel Case
米・Rolling Stones/Columbia：CK46009
発売：1989年

Steel Wheels/Urban Jungle Tour

1989年8月31日〜1990年8月25日

□サポート・アクト
- Living Colour
- Guns N' Roses
- Gun
- Die Toten Hosen
- Dan Reed Network
- Vladimír Mišík

◆参加ミュージシャン
- Matt Clifford (kbd, cho, per, horn)
- Bobby Keys (sax)
- Chuck Leavell (kbd, cho)
- Bernard Fowler (cho, per)
- Lisa Fischer (cho; in U.S. & Japan)
- Cindy Mizelle (cho; in U.S. & Japan)
- Pamela Quinlan (cho; in U.S. & Europe)
- Lorelei McBroom (cho; in Europe)
- Sophia Jones (cho; in Europe)
- The Uptown Horns: Arno Hecht (sax)
- Crispin Cioe (sax)
- Paul Litteral (trumpet)
- Bob Funk (trombone)

◉セット・リスト
1. Start Me Up
2. Bitch
3. Shattered
4. Sad Sad Sad
5. Undercover of the Night
6. Harlem Shuffle
7. Tumbling Dice
8. Miss You
9. Ruby Tuesday
10. Play with Fire
11. Dead Flowers
12. One Hit (To the Body)
13. Mixed Emotions
14. Honky Tonk Women
15. Rock and a Hard Place
16. Midnight Rambler
17. You Can't Always Get What You Want
18. Little Red Rooster
19. Before They Make Me Run
20. Happy
21. Paint It Black
22. 2000 Light Years from Home
23. Sympathy for the Devil
24. Gimme Shelter
25. It's Only Rock 'n Roll (But I Like It)
26. Brown Sugar
27. (I Can't Get No) Satisfaction / Encore:
28. Jumpin' Jack Flash

―North America―

1989-08-12 Toad's Place, New Haven, United States
1989-08-31 Veterans Stadium, Philadelphia, United States
1989-09-01 Veterans Stadium, Philadelphia, United States
1989-09-03 CNE Stadium, Toronto, Canada
1989-09-04 CNE Stadium, Toronto, Canada
1989-09-06 Three Rivers Stadium, Pittsburgh, United States
1989-09-08 Alpine Valley, East Troy, United States
1989-09-09 Alpine Valley, East Troy, United States
1989-09-11 Alpine Valley, East Troy, United States
1989-09-14 Riverfront Stadium, Cincinnati, United States
1989-09-16 Carter-Finley Stadium, Raleigh, United States
1989-09-17 Busch Stadium, St. Louis, United States

●実に7年ぶりとなったストーンズのツアーは、北米〜日本〜欧州を1年かけて回る、長い道程となった。ヨーロッパの会場に合わせてセットを変更する必要があったことから、アーバン・ジャングル・ツアーと名称も替えられている。プロモーターは、カナダのマイケル・コール。集客のみならず、マーチャンダイジング、スポンサーシップなどの面で成功を収めた。ビル・ワイマンが参加した最後のツアーでもある。

1989-09-19 Cardinal Stadium, Louisville, United States
1989-09-21 Carrier Dome, Syracuse, United States
1989-09-22 Carrier Dome, Syracuse, United States
1989-09-24 Robert F. Kennedy Stadium, Washington, D.C., United States
1989-09-25 Robert F. Kennedy Stadium, Washington, D.C., United States
1989-09-27 Municipal Stadium, Cleveland, United States
1989-09-29 Sullivan Stadium, Foxborough, United States
1989-10-01 Sullivan Stadium, Foxborough, United States
1989-10-03 Sullivan Stadium, Foxborough, United States
1989-10-05 Legion Field, Birmingham, United States
1989-10-07 Cyclone Field, Ames, United States
1989-10-08 Arrowhead Stadium, Kansas City, United States
1989-10-10 Shea Stadium, New York City, United States

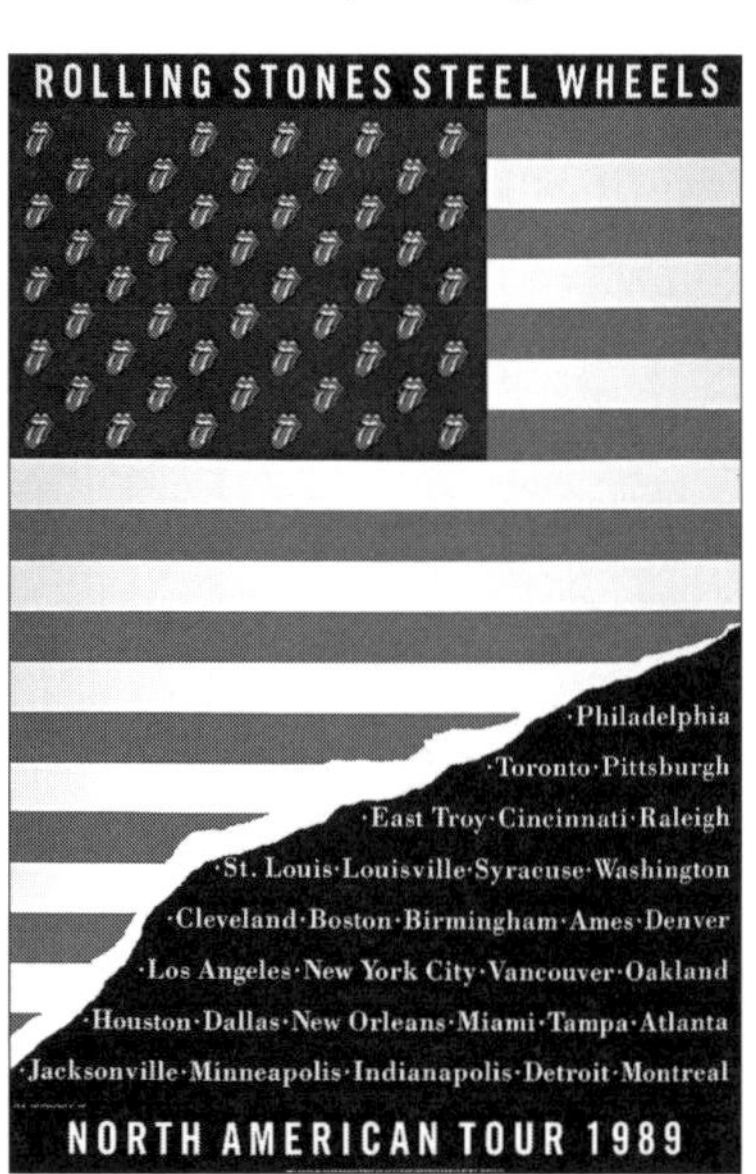

1989-10-11 Shea Stadium, New York City, United States
1989-10-18 Los Angeles Memorial Coliseum, Los Angeles, United States
1989-10-19 Los Angeles Memorial Coliseum, Los Angeles, United States
1989-10-21 Los Angeles Memorial Coliseum, Los Angeles, United States
1989-10-22 Los Angeles Memorial Coliseum, Los Angeles, United States
1989-10-25 Shea Stadium, New York City, United States
1989-10-26 Shea Stadium, New York City, United States
1989-10-28 Shea Stadium, New York City, United States
1989-10-29 Shea Stadium, New York City, United States
1989-11-01 BC Place Stadium, Vancouver, Canada
1989-11-02 BC Place Stadium, Vancouver, Canada
1989-11-04 Oakland-Alameda County Coliseum, Oakland, United States
1989-11-05 Oakland-Alameda County Coliseum, Oakland, United States
1989-11-08 Astrodome, Houston, United States
1989-11-10 Cotton Bowl, Dallas, United States
1989-11-11 Cotton Bowl, Dallas, United States
1989-11-13 Louisiana Superdome, New Orleans, United States
1989-11-15 Orange Bowl, Miami, United States
1989-11-16 Orange Bowl, Miami, United States
1989-11-18 Tampa Stadium, Tampa, United States
1989-11-21 Grant Field, Atlanta, United States
1989-11-25 Gator Bowl, Jacksonville, United States
1989-11-26 Memorial Stadium, Clemson, United States
1989-11-29 Hubert H. Humphrey Metrodome, Minneapolis, United States
1989-11-30 Hubert H. Humphrey Metrodome, Minneapolis, United States
1989-12-03 SkyDome, Toronto, Canada
1989-12-04 SkyDome, Toronto, Canada
1989-12-06 Hoosier Dome, Indianapolis, United States
1989-12-07 Hoosier Dome, Indianapolis, United States
1989-12-09 Silverdome, Pontiac, United States
1989-12-10 Silverdome, Pontiac, United States
1989-12-13 Olympic Stadium, Montreal, Canada
1989-12-14 Olympic Stadium, Montreal, Canada
1989-12-17 Convention Center, Atlantic City, United States
1989-12-19 Convention Center, Atlantic City, United States
1989-12-20 Convention Center, Atlantic City, United States

—Asia—

1990-02-14 Tokyo Dome, Tokyo, Japan
1990-02-16 Tokyo Dome, Tokyo, Japan
1990-02-17 Tokyo Dome, Tokyo, Japan
1990-02-19 Tokyo Dome, Tokyo, Japan
1990-02-20 Tokyo Dome, Tokyo, Japan
1990-02-21 Tokyo Dome, Tokyo, Japan
1990-02-23 Tokyo Dome, Tokyo, Japan
1990-02-24 Tokyo Dome, Tokyo, Japan
1990-02-26 Tokyo Dome, Tokyo, Japan
1990-02-27 Tokyo Dome, Tokyo, Japan

—Europe—

1990-05-23 Niedersachsenstadion, Hanover, West Germany
1990-05-24 Niedersachsenstadion, Hanover, West Germany
1990-05-26 Waldstadion, Frankfurt, West Germany
1990-05-27 Waldstadion, Frankfurt, West Germany
1990-05-30 Müngersdorfer Stadion, Cologne, West Germany
1990-05-31 Müngersdorfer Stadion, Cologne, West Germany
1990-06-02 Olympiastadion, Munich, West Germany
1990-06-03 Olympiastadion, Munich, West Germany
1990-06-06 Olympiastadion, Berlin, West Germany
1990-06-10 Estádio José Alvalade, Lisbon, Portugal
1990-06-13 Estadi Olímpic de Montjuïc, Barcelona, Spain
1990-06-14 Estadi Olímpic de Montjuïc, Barcelona, Spain
1990-06-16 Estadio Vicente Calderón, Madrid, Spain
1990-06-17 Estadio Vicente Calderón, Madrid, Spain
1990-06-20 Stade Vélodrome, Marseille, France
1990-06-22 Parc des Princes, Paris, France
1990-06-23 Parc des Princes, Paris, France
1990-06-25 Parc des Princes, Paris, France
1990-06-27 St. Jakob Stadium, Basel, Switzerland
1990-07-04 Wembley Stadium, London, England
1990-07-06 Wembley Stadium, London, England
1990-07-07 Wembley Stadium, London, England
1990-07-09 Hampden Park, Glasgow, Scotland
1990-07-16 Cardiff Arms Park, Cardiff, Wales
1990-07-18 St James' Park, Newcastle, England
1990-07-20 Maine Road, Manchester, England
1990-07-21 Maine Road, Manchester, England
1990-07-25 Stadio Flaminio, Rome, Italy
1990-07-26 Stadio Flaminio, Rome, Italy
1990-07-28 Stadio delle Alpi, Turin, Italy
1990-07-31 Praterstadion, Vienna, Austria
1990-08-03 Eriksberg, Gothenburg, Sweden
1990-08-04 Eriksberg, Gothenburg, Sweden
1990-08-06 Valle Hovin, Oslo, Norway
1990-08-17 Valle Hovin, Oslo, Norway
1990-08-19 Københavns Idrætspark, Copenhagen, Denmark
1990-08-13 Radrennbahn Weissensee, Berlin (East), GDR (East Germany)
1990-08-14 Radrennbahn Weissensee, Berlin (East), GDR (East Germany)
1990-08-16 Parkstadion, Gelsenkirchen, Germany
1990-08-18 Strahov Stadium, Prague, Czechoslovakia
1990-08-24 Wembley Stadium, London, England
1990-08-25 Wembley Stadium, London, England

Steel Wheels Live

Rolling Stones / Eagle Rock / Universal：0874189
[Blu-ray+DVD+CD]
録音・撮影：1989年９月３日、12月19日、1990年２月24日、７月６日
発売・2020年９月25日
[Blu-ray] [DVD1] Atlantic City, New Jersey: Intro / Start Me Up / Bitch / Sad Sad Sad / Undercover Of The Night / Harlem Shuffle / Tumbling Dice / Miss You / Terrifying / Ruby Tuesday / Salt Of The Earth Featuring – Axl Rose, Izzy Stradlin / Rock And A Hard Place / Mixed Emotions / Honky Tonk Women / Midnight Rambler / You Can't Always Get What You Want / Little Red Rooster Featuring – Eric Clapton / Boogie Chillen Featuring – Eric Clapton, John Lee Hooker / Can't Be Seen / Happy / Paint It Black / 2000 Light Years From Home / Sympathy For The Devil / Gimme Shelter / It's Only Rock 'N' Roll (But I Like It) / Brown Sugar / (I Can't Get No) Satisfaction / Jumpin' Jack Flash
[DVD 2] Tokyo Dome: Intro / Start Me Up / Bitch / Sad Sad Sad / Harlem Shuffle / Tumbling Dice / Miss You / Ruby Tuesday / Almost Hear You Sigh / Rock And A Hard Place / Mixed Emotions / Honky Tonk Women / Midnight Rambler / You Can't Always Get What You Want / Can't Be Seen / Happy / Paint It Black / 2000 Light Years From Home / Sympathy For The Devil / Gimme Shelter / It's Only Rock 'N' Roll (But I Like It) / Brown Sugar / (I Can't Get No) Satisfaction / Jumpin' Jack Flash
[CD1] Atlantic City, New Jersey: 1. Intro / 2. Start Me Up / 3. Bitch / 4. Sad Sad Sad / 5. Undercover Of The Night / 6. Harlem Shuffle / 7. Tumbling Dice / 8. Miss You / 9. Terrifyng / 10. Ruby Tuesday / 11. Salt Of The Earth Featuring – Axl Rose, Izzy Stradlin / 12. Rock And A Hard Place / 13. Mixed Emotions / 14. Honky Tonk Women / 15. Midnight Rambler
[CD2] Atlantic City, New Jersey: 1. You Can't Always Get What You Want / 2. Little Red Rooster Featuring – Eric Clapton / 3. Boogie Chillen Featuring – Eric Clapton, John Lee Hooker / 4. Can't Be Seen / 5. Happy / 6. Paint It Black / 7. 2000 Light Years From Home / 8. Sympathy For The Devil / 9. Gimme Shelter / 10. It's Only Rock 'N' Roll (But I Like It) / 11. Brown Sugar / 12. (I Can't Get No) Satisfaction / 13. Jumpin' Jack Flash
[CD3] Steel Wheels Rare Reels: 1. Play With Fire / 2. Dead Flowers / 3. Almost Hear You Sigh / 4. I Just Want To Make Love To You / 5. Street Fighting Man
日本盤ボーナス・トラック：1989 Interview

ストーンズにとって7年ぶりに行われたスティール・ホイールズ／アーバン・ジャングル・ツアーは、さまざまな面においてバンド史上最大規模のものになった。カナダのプロモーター、マイケル・コールが入札した金額は、ビル・グレアムのそれを大きく上回るものだったとされる。もちろんチケットの売上やグッズの販売、スポンサーシップの獲得だけでなく、テレビ、ラジオの放送、映画化などの権利を含んでいたが、それならば81年のツアーと大枠は変わらない。おそらくコールには、メディアの多様化と収録機材の進化を見越して、映像と音源を最大限に活用する目論見があったのだろう。そして、それに応えるべくストーンズ側も可能な限りカメラとレコーダーを回し続けた。まだアーカイヴの概念が確立していなかった時代だけに、先見の明があったと言うしかない。おかげで30年経ってもこのツアーのライヴ・アルバムを〝新作〟として聴くことができるのだから。

本作は北米ツアーの最終盤にあたる89年12月19日、アトランティック・シティのコンベンション・センター公演が収録されている。3日連続で行われたコンサートのうち、ペイ・パー・ヴューとクローズド・サーキット形式で中継されていた2日目の模様がフィジカル・リリースされたものだ。

ゲストも豪華。まず当時全盛期を迎えていたガンズ・アンド・ローゼズのアクセル・ローズとイジー・ストラドリンが登場したが、残念ながら本領発揮とは言えないかな。エリック・クラプトンの「リトル・レッド・ルースター」は『フラッシュポイント』に収録されたものだが、そのセッションに合流したジョン・リー・フッカーは貫禄を見せつけまくり。ちゃんと先輩を立てたり、後輩を引き上げようとしたりするところが正しい不良なんだよなあ。

森

Flashpoint

英・Rolling Stones/CBS：4681352［CD］
米・Rolling Stones/Columbia：CK47456［CD］
録音：1989年11月25日、26日、12月19日、90年2月26日、27日、6月13日、7月6日、28日、1991年1月7日〜18日
発売：英・1991年4月2日／米・1991年4月2日
1. Continental Drift (Intro) / 2. Start Me Up / 3. Sad Sad Sad / 4. Miss You / 5. Rock And A Hard Place / 6. Ruby Tuesday 7. You Can't Always Get What You Want / 8. Factory Girl / 9. Can't Be Seen / 10. Little Red Rooster / 11. Paint It Black / 12. Sympathy For The Devil / 13. Brown Sugar / 14. Jumping Jack Flash / 15. Satisfaction / 16. Highwire / 17. Sex Drive
プロデューサー：Chris Kimsey, The Glimmer Twins
参加ミュージシャン：
Matt Clifford (kbd, horn)
Chuck Leavell (kbd)
Bobby Keys (sax)
Bernard Fowler (cho)
Lisa Fischer (cho)
Cindy Mizelle (cho)
Lorelei McBroom (cho)
The Uptown Horns (horns)
Eric Clapton (g)
Katie Kissoon (cho)
Tessa Niles (cho)

Flashpoint + Collectibles
米・Rolling Stones/Columbia：C2K47880［CD］
発売：1991年
［CD1］Flashpoint
［CD2］Collectibles: 1. Rock And A Hard Place II / 2. Miss You IV / 3. Cook Cook Blues / 4. Everything Is Turning To Gold II / 5. Winning Ugly VI / 6. Beast Of Burden (Live) / 7. Fancy Man Blues / 8. Harlem Shuffle VI / 9. Wish I'd Never Met You / 10. Mixed Emotions IV

スティール・ホイールズ／アーバン・ジャングル・ツアーが終了し、その翌年に発表されたライヴ・アルバム。実際のショウは30曲近くが演奏されていたが、本作には東京ドームを含む8公演から選りすぐりのテイクがコンパクトにまとめられている。どうやらオーヴァー・ダビングや楽器の差し替えまで行われたらしいので、完成度はそこそこ高いし、かと言って生々しさはさほど損なわれていないので、聴きやすい仕上がりになっている。『スティール・ホイールズ』から3曲、残りはストーンズの定番曲ばかりなのだから（クラプトン参加の「リトル・レッド・ルースター」は除く）、今となってはお手軽なライヴ・ベストと言ってもいいだろう。

ただし、最後の2曲だけは別。ビル・ワイマンが参加した最後のスタジオ・レコーディングが収録されているのだ。録音は91年1月だが、前年のツアー終了時点でビルはストーンズを脱退する意向を示し、メンバーもそれを了承している。ただし、発表は2年後まで持ち越された。

「ハイワイヤー」はストーンズにしては珍しく、戦争とその背後にある政治をテーマに書かれている。世界は〝綱渡り〟の上を歩いているほど危うい状況なのに、オレたちはミサイルでも戦車でも売っちゃうんだぜ、と。ツアーとはうって変わってシンプルなバンド・サウンドで、しかも既視感のあるメロディや歌詞の断片を織り込んでいるのだから、相当に巧妙だ。折しもレコーディングの最中には当時勃発していた湾岸戦争で、多国籍軍によるイラクへの攻撃が始められていた。

最後の「セックス・ドライヴ」は、ストーンズ流のファンク・ナンバー。ビルのラスト・レコーディングにふさわしく、ボヨンボヨンとしたベースが聴ける。　森

From The Vault Extra Live in Japan - Tokyo Dome 1990.2.24

日・Ward Records：GQBS-90274〜6［DVD+CD］
録音・撮影：1990年2月24日
発売：2017年3月31日
［DVD］Intro: Continental Drift / Start Me Up / Bitch / Sad Sad Sad / The Harlem Shuffle / Tumbling Dice / Miss You / Ruby Tuesday / Almost Hear You Sigh / Rock And A Hard Place / Mixed Emotions / Honky Tonk Women / Midnight Rambler / You Can't Always Get What You Want / Can't Be Seen / Happy / Paint It Black / 20,000 Light Years From Home / Sympathy For The Devil / Gimme Shelter / It's Only Rock 'n' Roll / Brown Sugar / (I Can't Get No) Satisfaction / Jumpin' Jack Flash
［CD1］1. Intro: Continental Drift / 2. Start Me Up / 3. Bitch / 4. Sad Sad Sad / 5. The Harlem Shuffle / 6. Tumbling Dice / 7. Miss You / 8. Ruby Tuesday / 9. Almost Hear You Sigh / 10. Rock And A Hard Place / 11. Mixed Emotions / 12. Honky Tonk Women / 13. Midnight Rambler
［CD2］1. You Can't Always Get What You Want / Can't Be Seen / 3. Happy / 4. Paint It Black / 5. 20,000 Light Years From Home / 6. Sympathy For The Devil / 7. Gimme Shelter / 8. It's Only Rock 'n' Roll / 9. Brown Sugar / 10. (I Can't Get No) Satisfaction / 11. Jumpin' Jack Flash

1990年2月、ついに日本でローリング・ストーンズのコンサートが行われた。長いツアーの一環ではあるが、北米の最終日が前年の12月20日、次の欧州編の初日が5月23日なので、この東京ドーム10回公演が独立したサーキットのようにも見える。バンドも早めに来日して、1週間に渡ってリハーサルを繰り返していた。ただし、ビルは父親の病気のため、数日遅れて合流している。

本作には8公演目、2月24日の模様を収録。次の26日に撮影するための、テスト・シューティングの素材を日本のみでパッケージ化したものだ（のちに『スティール・ホイール・ライヴ』の限定版ボックスに収録された）。音はボブ・クリアマウンテンがミックス。それぞれの楽器の音がくっきりと聴こえるうえに、適度に滲んだ臨場感溢れる仕上がりだ。

もちろんステージ・セットは前年のツアーと同じものが持ち込まれた。ボーナス映像には場内が明るい状態でメディア向けに公開された模様が収録されているので、その巨大さがよくわかる。残念ながらライヴ中の映像は、照明が暗めなのでステージの全容はつかめない。

それにしても、同じ会場、しかもスタジアム・クラスのキャパシティで連続して10回もコンサートを開いたことなど、さすがのストーンズでも初めてのことだったのだろう。この日のパフォーマンスも相当にテンションが高い。客席の反応も良く（当たり前か）、ミックがカタコトの日本語でMCをしようが、キースがボソッと呟こうが「キャー！」「ウォー！」である。

本タイトルのライナー・ノーツは寺田正典さん、写真は有賀幹夫さんによるもの。本書に登場するおふたりなので、今のうちにゲットしてください（急に宣伝）。 **森**

From The Vault Extra Live At The Tokyo Dome – Tokyo 1990

Eagle Vision/ Universal：EAGDV051［DVD+CD］
録音・撮影：1990年２月26日
発売：2015年10月30日
［DVD］Continental Drift / Start Me Up / Bitch / Sad Sad Sad / The Harlem Shuffle / Tumbling Dice / Miss You / Ruby Tuesday / Almost Hear You Sigh / Rock And A Hard Place / Mixed Emotions / Honky Tonk Women / Midnight Rambler / You Can't Always Get What You Want / Can't Be Seen / Happy / Paint It Black / 2000 Light Years From Home / Sympathy For The Devil / Gimme Shelter / It's Only Rock 'N Roll / Brown Sugar / (I Can't Get No) Satisfaction / Jumpin' Jack Flash
2015年日本盤Bonus Disc: Some Footage Of Them Arriving At The Airport In Tokyo 1990
［CD1］1. Continental Drift / 2. Start Me Up / 3. Bitch / 4. Sad Sad Sad / 5. The Harlem Shuffle / 6. Tumbling Dice / 7. Miss You / 8. Ruby Tuesday / 9. Almost Hear You Sigh / 10. Rock And A Hard Place / 11. Mixed Emotions / 12. Honky Tonk Women / 13. Midnight Rambler / 14. You Can't Always Get What You Want
［CD2］1. Can't Be Seen / 2. Happy / 3. Paint It Black / 4. 2000 Light Years From Home / 5. Sympathy For The Devil / 6. Gimme Shelter / 7. It's Only Rock 'N Roll / 8. Brown Sugar / 9. (I Can't Get No) Satisfaction / 10. Jumpin' Jack Flash

こちらが日本テレビで放映された90年2月26日の東京ドーム公演だ（ただし、徹底的に再編集されている）。当時はFMラジオでもオン・エアされた。

『スティール・ホイールズ』で、マスター・ミュージシャンズ・オブ・ジャジューカらを起用して録音した「コンチネンタル・ドリフト」をイントロダクションとして、「スタート・ミー・アップ」で幕を開ける構成は、ストーンズの歴史を感じさせながら客席にいきなり着火する、このツアーの定番。しかも、花火をブチ上げて驚かせたスキにキースのギターが轟き、ステージが明るく照らされるやメンバーが奥から飛び出してくるという、これしかないだろうという幕開けなのだ。

とにかく見どころ満載なのだが、「サティスファクション」の盛り上がりは尋常ではない。ミックがステージを降り、最前列の客とハイ・タッチしながら走り回る。なぜか手には天狗の面をもち、舞台上に戻っても右に左に移動して観衆を煽りまくる。キースもステージの階段をのぼり、最上段でギターを構えた。ボビー・キーズとザ・アップタウン・ホーンズは、オーティス・レディングのヴァージョンを踏襲した管のフレーズを繰り返してトランス状態に。ミックがコール&レスポンスを求めると、チャーリーがドラムをシバき倒して、このロック・クラシックをいつまで経っても棺桶に入れてくれないのである。

アンコールの「ジャンピン・ジャック・フラッシュ」では、オープニングに倣って再び花火が上がり、メンバーが飛び出してくる。ミックはガウンのフードを被ったり外したり、果てはシャドウ・ボクシングのようなアクションを披露。曲が終わると、チャーリーがキースのテレキャスターを持ってステージ前方へ。ヤンチャ過ぎる。**森**

Live At The Max
［Film］

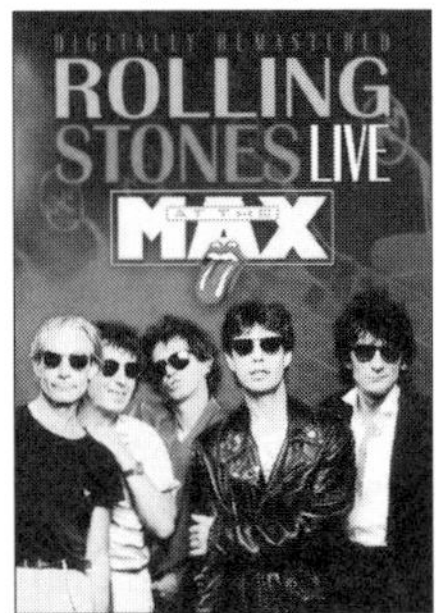

撮影：1990年７月28日、８月14日、24日、25日、28日
公開：1991年10月25日
監督：Julien Temple, David Douglas, Roman Kroitor, Noel Archambault, Christine Strande
プロデューサー：Michael Cohl, Nicholas J. Gray, Toni Myers, André Picard, Martin Walters, Robbie Williams

Rolling Stones Records/Universal Music DVD Video/S2BN Entertainment：0602527869070［Blu-ray］
発売：2009年
Continental Drift / Start Me Up / Sad Sad Sad / Tumbling Dice / Ruby Tuesday / Rock And A Hard Place / Honky Tonk Woman / You Can't Always Get What You Want / Happy / Paint It Black / 2,000 Light Years From Home / Sympathy For The Devil / Street Fighting Man / It's Only Rock 'N' Roll / Brown Sugar / (I Can't Get No) Satisfaction

ＩＭＡＸとは、70ミリ・フィルムを用いて巨大なスクリーンに投影する映画のフォーマットのこと。専用の映画館でしか上映できないのだが、この『ライヴ・アット・ザ・マックス』がＩＭＡＸ規格初の音楽作品となった。アーバン・ジャングル・ツアーの最中、ヨーロッパの各地で収録されたものだ。この作品、現在ではブルーレイやＤＶＤで楽しむことができる。

大きなスクリーンを意識してのことか、映像は空間を大きく切り取ったカットが多い。おかげでメンバーの動きや聴衆の盛り上がりがよく伝わってくる。ただし、音に関してはギター・ソロやミックがマラカスを降るシーンになると特定の楽器が全面に押し出されたり、客席が映れば拍手と歓声が大きくなるといった具合で、あくまで体感型のアトラクションとしてとらえないと、不自然に思えてしまうかも知れない。

ストーンズ史上、未だに最多となるサポート・メンバーが入れ代わり立ち代わり登場してきっちりと仕事をこなしていくところも見逃せない。アルバムのレコーディングから参加したマット・クリフォードは、チャック・リーヴェルと鍵盤を分け合い、ツボを押さえたオルガン系のプレイを聴かせてくれる。「ユー・キャント・オールウェイズ・ゲット・ホワット・ユー・ウォント」のイントロでは、キースのギターに続いてフレンチ・ホルンを披露してくれるのだからたまらない。崇高さすら感じられるのだ。

「ホンキー・トンク・ウイメン」では巨大な人形が膨らんでいく。ダンスに興じるコーラス隊、花道の途中に設けられた小さなステージでスタンバっているホーン・セクション、笑顔で押し合いへし合いしているオーディエンスと、画角を広くとった映像が効果的なシーンが続く。

森

マネージャーの変遷とビジネス面の転換

犬伏 功

1960年代の音楽業界でレコード・デビューを果たすためには、力のあるマネージャー、あるいはプロデューサーに〝発見〟される必要があった。ローリング・ストーンズがデビューした63年頃は、まだジャック・グッドやラリー・パーンズのようなかつての〝重鎮〟の影響力も完全に失われてはいなかったが、バンドにとって最初のキーパーソンとなったのが、将来に渡り長い付き合いとなるグリン・ジョンズだった。彼は42年生まれで、ローリング・ストーンズとはほぼ同世代だが、60年にロンドンのポートプレイスにあったIBCレコーディング・スタジオに入社、駆け出しのエンジニアとして働き始めていた。面白いのは、彼がスタジオの空き時間を利用して録音したデモがジャック・グッドに認められ、62年7月にデッカからシングル「スー・インディアン」で歌手デビューしていたことだ。

長らく独立系スタジオとしてあらゆる需要を飲み込んできたIBCスタジオだったが、62年の暮れにオーナーだった実業家のレオナルド・プルージュはスタジオをBBC交響楽団の指揮者エリック・ロビンソンと音楽家のジョージ・クラウストンへと売却、クラウストンがスタジオの運営責任者となった。この大きな変革をチャンスと捉えたジョンズは、クラウストンに「アーティストを見つけ、録音し、レコード会社に売り込めばアーティスト・マネジメントという新たなビジネスへ参入できる」というアイディアを提案した。承諾を得たジョンズが初めてスタジオに連れてきたのがストーンズだった。彼らにとってはこのときが初めての〝本物〟のスタジオでの録音であり、願ったり叶ったりの話だっただろう。レコーディングは63年3月11日に行われ、5曲がモノになったが、クラウストンはデッカのクラシック部門にテープを渡しただけで、結局のところなにも反応がなく、売り込みは失敗に終わっている。

この時期、ストーンズに関わっていたもうひとりの人物が、ステーション・ホテル・リッチモンドのオーナーだったジョルジオ・ゴメルスキーだ。彼はレギュラーだったデイヴ・ハントが出演できなくなった63年2月24日、ストーンズに声をかけた。しかし、この日は客の少なさを見越して会場の照明を消し、空席が目立たないようにステージに当てたスポット・ライトだけでショウを行ったという。やがては当たり前になった手口だが、業界的には初めてのことだったらしい。そんな突発的な演出も含めて、ショウに手応えを感じたゴメルスキーは、ストーンズを日曜日のレギュラーに昇格させた。些か仰々しい売り文句が添えられた広告も功を奏して、観客はどんどん増えていく。こうしてゴメルスキーは、契約書こそないものの、ストーンズの実質上のマネージャーとなった。会場名をボ・ディドリーの曲名にちなんだ〝クロウダディ・クラブ〟と改めたのも、ストーンズとの関係があったからだ。

アンドルー・ルーグ・オールダムも、そんなストーンズの評判を耳にしている。彼はマリー・クワントのアシスタントやフラミンゴ・クラブのウェイターなどをしながらあらゆるところに出入りし、業界で成功するためのチャンスを狙っていた。パーンズと並ぶ重鎮、ドン・アーデンのエージェントにも籍を置いたが、ビートルズの成功を目の当たりにすると、今度はブライアン・エプスタインのネムズ・エンタープライズの扉を叩いたという。ストーンズのことを知ったのはその頃で、オールダムは早速リッチモンドへ向かい、ショウが始まる直前の彼らと面会した。バンドにとってオールダムは本物の業界人だった。しかもそのとき、偶然にもゴメルスキーが父の葬儀に出席するため、休暇を取ってスイスへと旅立っている。オールダムがストーンズを〝横取り〟するには、最高のタイミングだった。

早速オールダムは業界の先輩であるエリック・イーストンの事務所を訪れて、ストーンズとの契約の準備にとりかかった。ふたりのプロダクション、インパクト・サウンドを設立したのだ。オールダムが敬愛するフィル・スペクターに倣い、制作された楽曲はマネジメント側からレーベルに貸出されるかたちをとった。権利はバンドとオールダム、イーストンの三者が共同で保有することになる。ストーンズとレコード会社との契約はマネジメントを介して行うことも、メンバーに対して提示された。バンドに対してはIBCでの録音費用を支払い、テープと権利を買い取ることで過去の関係をしっかりと清算している。この辺りの抜かりのなさは、さすがだ。そして、早くも5月10日にはロンドンのオリンピック・スタジオでレコーディングが行われ、デビュー・シングルとなる「カム・オン」が完成した。翌日にはデッカへテープが届けられている。

契約を結んだことで、ストーンズはバンドの方向性やイメージ戦略に至るまで、オールダムから〝指示〟される立場となった。当時の慣例からすると珍しい話ではなかったが、彼らが自作曲を手がけるようになったのも、オールダムの指示によるものだった。ミック・ジャガーとキース・リチャードをひとつの部屋に住まわせて、曲づくりを促したのだ。ビートルズとは対極のイメージを積極的にアピールしたのも、オールダムの狙いだった。こうしてストーンズは、音楽シーンのトップへと躍り出ていったのだ。

バンドの活動が順調に進む中、65年になるとストーンズへ強い関心を持った米国の会計士がストーンズの前に現れる。アレン・クラインだ。彼は搾取されてきた黒人ミュージシャンのギャラを取り戻したという〝美談〟とともにやってきた。ストーンズの米国ツアーの際、契約管理という名目で自分の顧問弁護士をオールダムに無償で貸し出し、ジャガーがサインを留保していたデッカとの契約更改のテーブルにも同席して、バンドが願った条件を見事に引き出したが、一方のオールダムやイーストンも普段から煩わしいと考えていた会計処理を担ってくれるクラインの参入を歓迎したようだ。オールダムはレコード・プロデューサーという立場を保証されたが、実際には財布を握られて完全に骨抜きの状態となっていった。当時のオールダムはトニー・カルダーと設立した新レーベル〈イミディエイト〉の運営を始めている。プロデューサーでありながらストーンズの録音にあまり顔を出さなくなったこともあり、バンド内ではジャガー／リチャードが主導する体制が確立され始めていた。クラインも目障りなオールダムの排除へと動く。スタジオでの不在を問題視することでバンド側とクラインの思惑は一致、〝職場放棄〟を理由にオールダムは正式に解雇された。これでクラインはストーンズを完全に手中に収めたと思われたが、今度はジャガーが財務上の問題を発見すると、彼を追放すべく契約の解消へと動き始めるのである。

ストーンズの〝独立〟は綿密な計画に基づいて進められた。過去の逮捕歴から米国のビザを取得できないブライアン・ジョーンズと手を切り、新ギタリストにミック・テイラーを迎える。69年11月より大々的な北米ツアーを敢行、その模様はデッカとの契約満了となる最後のアルバム『ゲット・ヤー・ヤー・ヤズ・アウト』となった。70年6月にはストーンズとデッカの契約が満了を迎え、ストーンズは「クライン、アブコ・インダストリーズ、あるいはいかなる企業も、今後一切のレコーディング契約を代理で行う権利を有しない」との広告を業界紙に掲載した。そして71年4月にはカンヌで記者会見が開かれ、ローリング・ストーンズ・レコーズの設立とジョン・パッシェによるロゴ、その直後にリリースされるシングル「ブラウン・シュガー」とアルバム『スティッキー・フィンガーズ』が発表された。

ローリング・ストーンズ・レコーズの社長には、チェス・レコード社長のレナード・チェスの息子、マーシャル・チェスが就任したが、ビジネスが成長していくプロセスにおいては枝葉でしかない。ジャガーはクラインの疑惑を調査すべく、ロンドンで事業を展開する銀行家で投資家のルパート・ローウェンスタインと接点を持った。スペイン出身でバイエルン貴族の彼は、これをきっかけとして68年から07年まで、40年もの長きにわたりストーンズの財務マネージャーを務めることになる。ストーンズが巨大企業となり得たのは彼の的確なアドバイスがあったからであり、裏を返せば彼がいなければストーンズのビジネスはまったく違ったものになっていたことだろう。

ストーンズの企業運営においてはバンド・メンバーが意思決定の中枢であり、最終的にジャガーによってすべての判断が下されること、この点は71年から現在まで変わっていない。しかしながらその実態には今も謎が多い。シングル「ブラウン・シュガー」やアルバム『スティッキー・フィンガーズ』には発売から程なくして“Promotone N.V.”という文字が加えられた。これはストーンズの事業を構成する企業体の一端をしめすもので、“N.V.”はナームローゼ・ヴェンノーツハブの略、日本で言うところの「株式会社」を意味するオランダ語である。オランダは日本を含む多くの国と租税条約を結んでおり、税制上の優遇措置が受けられることから、世界中の企業が本社や支社を同地に置いているが、ストーンズも例外ではないということだ。73年には“Promotone B.V.”に表記が改められたが、“B.V.”とはベスローテン・ヴェンノーツハブの略で、株式非公開企業を示している。ストーンズの中枢を担う企業には、ほかにもバンドの商標や肖像権を扱う“Musidor B.V.”（やはり“N.V.”から“B.V.”に変更）や、音楽出版を担う“Promopub B.V.”、ツアー関連事業を扱う“Promotour B.V.”、また“Promoright”、“Promolane”などがあり、こうした企業を総称して“Promogroup”と呼ぶこともあるようだ。さらにはビル・ワイマンの権利を扱う“Promobill B.V.”という会社まで存在する。こうしたオランダ法人はもちろん民間企業で、かつ株式非公開ゆえ、我々がその中身を知ることはできない。没個性な名称も含めてミステリアスなムードすら漂うが、これこそが巨大企業ローリング・ストーンズの実態なのである。

1990 - 1999

KOJI WAKUI
TAKASHI IKEGAMI

今日までのビジネスを決めた4人体制

和久井光司

『タトゥー・ユー』からは「スタート・ミー・アップ」という象徴的な曲も生まれ、80年代のストーンズはみごとにエンタテインメント・ロックを確立した。81年の全米ツアーはステージ・セットや演出も含めた〝スタジアム・コンサートのひな型〟としてエンタテインメント業界に影響を与えたし、いちロック・バンドが世界的なビジネスを展開するさまは堂々たるものだった。

けれども、ミックが展開するビジネスに、必ずしもメンバーが賛同するわけではなく、キースとチャーリーは冷ややかでもあった。『アンダーカヴァー』と『ダーティー・ワーク』も悪くはないが、ライヴの派手さと比べれば明らかに地味だし、83年に移籍したコロンビア／CBSが契約条件に〝ソロ・プロジェクトも含む〟というオプションを盛りこんできたのも、「レコードはライヴほどの収益をあげないだろう」と判断されたからだと思う。

ミックは契約を履行するために率先してソロ活動を始めたのだろうが、音楽づくりの指針もないままビジネスのためにプロジェクトを立ち上げるミックに、キースは嫌悪感を顕にし、彼の仕事を〝ダーティー・ワーク〟と呼んだ。おそらくチャーリーは、エンタテインメント・ロック・バンドのメンバーのソロ活動にふさわしい〝趣味性〟をミックに見せつけるためにジャズを持ち出したのだろうし、キースとチャーリーの〝反逆〟が『スティール・ホイールズ』以降のストーンズを「決めた」と言ってもいい。

それはつまり、「ストーンズのときはビジネスとして割り切る」という在り方だ。〝スティール・ホイールズ・ツアー〟がセットの切り替えから〝アーバン・ジャングル・ツアー〟となったとき、ビルはプレイよりもセットを重んじるバンドに疑問を持ったのだろうし、〝会社の方針〟に従えないメンバーは幹部だろうと切る、という姿勢が明確になったときにロンが昇格するのだ。

そういう意味では、『ヴードゥー・ラウンジ』以降、今日まで(チャーリーを失っても)ストーンズのビジネスは変わらない。レコーディングにしろツアーにしろ、キースとチャーリーは「ミックが立ち上げた〝ビジネス〟のプロジェクト」と判断し、巨万の富が配分されることに満足してきた(チャーリーの没後、ストーンズはチャーリーの権利を遺族から買い上げたそうだ)。ロンに権限がないのは相変わらずのようだが、ソロ活動や自身のレーベル運営はストーンズとは直接関係ないところにある気楽さが、彼の性分には合っているのだろう。

90年代のスタジオ盤は『ヴードゥー・ラウンジ』と『ブリッジズ・トゥ・バビロン』の2作にとどまったが、有名曲が入ったライヴ盤の方が、〝時々のストーンズ〟を伝えるようになっていくのだから、この10年ぐらいの膨大な発掘作品にもそれなりの意味がある。ややこしいのは難点だけれど、その解説が商売になるのは私にもありがたい。

Mick & Keith 1994 ©Mikio Ariga

Voodoo Lounge

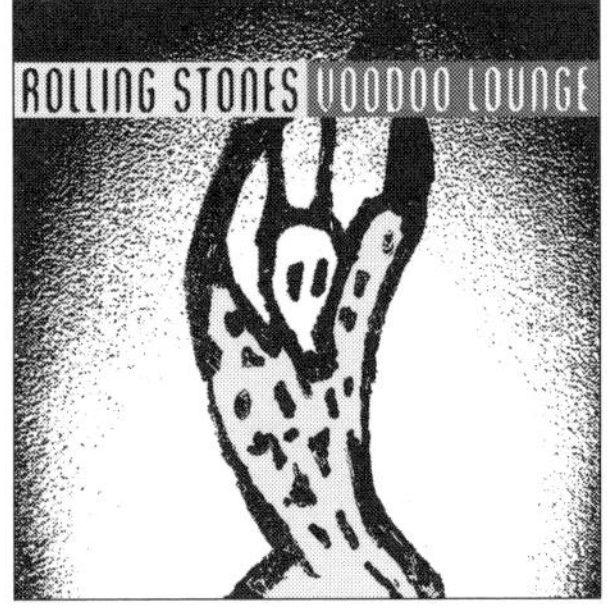

英・Rolling Stones/Virgin：CDV2750［CD］
米・Rolling Stones/Virgin：7243 8 39782 2 9［CD］
録音：1993年7月〜8月、9月、11月、1994年1月〜4月
発売：英・1994年7月11日／米・1994年7月12日
1. Love Is Strong / 2. You Got Me Rocking / 3. Sparks Will Fly / 4. The Worst / 5. New Faces / 6. Moon Is Up / 7. Out Of Tears / 8. I Go Wild / 9. Brand New Car / 10. Sweethearts Together / 11. Suck On The Jugular / 12. Blinded By Rainbows / 13. Baby Break It Down / 14. Thru And Thru / 15. Mean Disposition
プロデューサー：Don Was, The Glimmer Twins
参加ミュージシャン：
Darryl Jones (b)
Chuck Leavell (kbd)
Bernard Fowler (cho)
Ivan Neville (cho, org)
Benmont Tench (kbd)
Bobby Womack (cho)
Frankie Gavin (fiddle)
Mark Isham (trumpet)
Luís Jardim (per)
Lenny Castro (per)
Flaco Jimenez (accordion)
Phil Jones (per)
David McMurray (sax)
Max Baca (g)
Pierre de Beauport (g)
David Campbell (string arrangement)

『スティール・ホイールズ』（89年）で完全復活したストーンズだが、バンドの勢いとは裏腹に、次のアルバムが出るまでに5年という、過去最長のインターヴァルを要することとなった。その間、91年11月にCBSからヴァージンへとレコード会社の移籍（契約金は3枚のオリジナル・アルバムとバック・カタログで4500万ドル！）。92年はメンバーそれぞれがソロ活動を展開し、再びストーンズの活動に戻るはずが、長いツアーを嫌ったビル・ワイマンが脱退してしまう（91年初頭に脱退していたようだが、93年にアナウンスされた）。

ニュー・アルバムの制作は、ミックとキースが、93年4月にバルバドスでデモ用のセッションを始めることからスタート。7月からはダブリンのロニーの自宅スタジオでリハーサルを開始。9月にプロデューサーのドン・ウォズが合流するとレコーディングに突入して、翌年4月までにオーバー・ダブとミックスを完了した。ベースはマイルス・デイヴィスらと仕事をしていたダリル・ジョーンズが抜擢され（チャーリーの提案だという）、全曲に参加している。

音楽的には、ドン・ウォズが思い描くストーンズ像を再現しようとしたのか、ルーツに戻ったようだと言われたが、ミックはあまり快く思っていなかったようだ。さまざまなタイプの楽曲が収録された割には、ミックスはラウドで、全体的にとりとめのない印象を残すが、個々の楽曲は悪くない。ダリルのベースの効果か、グルーヴがタイトになり、ストーンズ特有の音の隙間がなくなったところも評価が分かれるところだろう。チャーリーが80年代の定番だったバスドラの4つ打ちを止めたのも、ベースがグルーヴをキープしてくれるようになったからではないだろうか。とにかく、新しいストーンズの方向性は見えてきた。 **池上**

Voodoo Lounge Tour

1994年8月1日～1995年8月30日

◆参加ミュージシャン

Darryl Jones (b, cho)
Chuck Leavell (kbd, cho)
Bobby Keys (sax)
Andy Snitzer (sax)
Michael Davis (trombone)
Kent Smith (trumpet)
Lisa Fischer (cho)
Bernard Fowler (cho, per)

◉セット・リスト

1. Not Fade Away
2. Undercover of the Night
3. Tumbling Dice
4. Live with Me
5. You Got Me Rocking
6. Rocks Off
7. Sparks Will Fly
8. Shattered
9. (I Can't Get No) Satisfaction
10. Beast of Burden
11. Memory Motel
12. Out of Tears
13. All Down the Line
14. Hot Stuff
15. I Can't Get Next to You
16. Brand New Car
17. Honky Tonk Women
18. Before They Make Me Run
19. The Worst
20. Love is Strong
21. Monkey Man
22. I Go Wild
23. Start Me Up
24. It's Only Rock 'n' Roll
25. Street Fighting Man
26. Brown Sugar
27. Jumpin' Jack Flash

―North America―

1994-08-01 Robert F. Kennedy Memorial Stadium, Washington, D.C., United States
1994-08-03 Robert F. Kennedy Memorial Stadium, Washington, D.C., United States
1994-08-06 Legion Field, Birmingham, United States
1994-08-10 RCA Dome, Indianapolis, United States
1994-08-12 Giants Stadium, East Rutherford, United States
1994-08-14 Giants Stadium, East Rutherford, United States
1994-08-15 Giants Stadium, East Rutherford, United States
1994-08-17 Giants Stadium, East Rutherford, United States
1994-08-19 CNE Stadium, Toronto, Canada
1994-08-20 CNE Stadium, Toronto, Canada
1994-08-23 Winnipeg Stadium, Winnipeg, United States
1994-08-26 United States, Madison, United States
1994-08-28 Cleveland Stadium, Cleveland, United States
1994-08-30 Riverfront Stadium, Cincinnati, United States
1994-09-04 Foxboro Stadium, Foxborough, United States
1994-09-05 Foxboro Stadium, Foxborough, United States
1994-09-07 Carter-Finley Stadium, Raleigh, United States
1994-09-09 Spartan Stadium, East Lansing, United States
1994-09-11 Soldier Field, Chicago, United States
1994-09-12 Soldier Field, Chicago, United States
1994-09-15 Mile High Stadium, Denver, United States

●『ブードゥー・ラウンジ』のレコーディングに参加したベースのダリル・ジョーンズを迎えて行われたワールド・ツアー。1年をかけて、北米～南米～アフリカ～アジア～オセアニア～欧州と、ほぼ地球を一周するくらいの規模になっている。4つのレグで129回行われたコンサートの数は、前回のツアーを上回り、収益も当時の音楽業界で最高の金額だった。サポート・メンバーの人数は若干減らしている。

1994-09-18 Faurot Field, Columbia, United States
1994-09-22 Veterans Stadium, Philadelphia, United States
1994-09-23 Veterans Stadium, Philadelphia, United States
1994-09-25 Williams-Brice Stadium, Columbia, United States
1994-09-27 Liberty Bowl, Memphis, United States
1994-09-29 Three Rivers Stadium, Pittsburgh, United States
1994-10-01 Cyclone Field, Ames, United States
1994-10-04 Commonwealth Stadium, Edmonton, Canada
1994-10-05 Commonwealth Stadium, Edmonton, Canada
1994-10-10 Louisiana Superdome, New Orleans, United States
1994-10-14 MGM Grand Garden Arena, Las Vegas, United States
1994-10-15 MGM Grand Garden Arena, Las Vegas, United States
1994-10-17 Jack Murphy Stadium, San Diego, United States
1994-10-19 Rose Bowl, Pasadena, United States
1994-10-21 Rose Bowl, Pasadena, United States
1994-10-23 Rice Stadium, Salt Lake City, United States
1994-10-26 Oakland Coliseum, Oakland, United States
1994-10-28 Oakland Coliseum, Oakland, United States
1994-10-29 Oakland Coliseum, Oakland, United States
1994-10-31 Oakland Coliseum, Oakland, United States
1994-11-03 Sun Bowl, El Paso, United States
1994-11-05 Alamodome, San Antonio, United States
1994-11-11 War Memorial Stadium, Little Rock, United States
1994-11-13 Astrodome, Houston, United States
1994-11-15 Georgia Dome, Atlanta, United States
1994-11-16 Georgia Dome, Atlanta, United States
1994-11-18 Cotton Bowl, Dallas, United States
1994-11-22 Tampa Stadium, Tampa, United States
1994-11-25 Joe Robbie Stadium, Miami, United States
1994-11-27 Ben Hill Griffin Stadium, Gainesville, United States
1994-12-01 Pontiac Silverdome, Pontiac, United States
1994-12-03 Canada, Toronto, United States
1994-12-05 Olympic Stadium, Montreal, United States
1994-12-06 Olympic Stadium, Montreal, United States
1994-12-08 United States, Syracuse, United States

1994-12-11 Hubert H. Humphrey Metrodome, Minneapolis, United States
1994-12-15 Kingdome, Seattle, United States
1994-12-17 BC Place Stadium, Vancouver, Canada
1994-12-18 BC Place Stadium, Vancouver, Canada
1995-01-14 Foro Sol, Mexico City, Mexico
1995-01-16 Foro Sol, Mexico City, Mexico
1995-01-18 Foro Sol, Mexico City, Mexico
1995-01-20 Foro Sol, Mexico City, Mexico

—South America—
1995-01-27 Estádio do Pacaembu, São Paulo, Brazil
1995-01-28 Estádio do Pacaembu, São Paulo, Brazil
1995-01-30 Estádio do Pacaembu, São Paulo, Brazil
1995-02-02 Estádio do Maracanã, Rio de Janeiro, Brazil
1995-02-04 Estádio do Maracanã, Rio de Janeiro, Brazil
1995-02-09 River Plate Stadium, Buenos Aires, Argentina
1995-02-11 River Plate Stadium, Buenos Aires, Argentina
1995-02-12 River Plate Stadium, Buenos Aires, Argentina
1995-02-14 River Plate Stadium, Buenos Aires, Argentina
1995-02-16 River Plate Stadium, Buenos Aires, Argentina
1995-02-19 Estadio Nacional de Chile, Santiago, Chile

—Africa—
1995-02-24 Ellis Park, Johannesburg, South Africa
1995-02-25 Ellis Park, Johannesburg, South Africa

—Asia—
1995-03-06 Tokyo Dome, Tokyo, Japan
1995-03-08 Tokyo Dome, Tokyo, Japan
1995-03-09 Tokyo Dome, Tokyo, Japan
1995-03-12 Tokyo Dome, Tokyo, Japan
1995-03-14 Tokyo Dome, Tokyo, Japan
1995-03-16 Tokyo Dome, Tokyo, Japan
1995-03-17 Tokyo Dome, Tokyo, Japan
1995-03-22 Fukuoka Dome, Fukuoka, Japan
1995-03-23 Fukuoka Dome, Fukuoka, Japan

—Oceania—
1995-03-27 Melbourne Cricket Ground, Melbourne, Australia
1995-03-28 Melbourne Cricket Ground, Melbourne, Australia
1995-04-01 Sydney Cricket Ground, Sydney, Australia
1995-04-02 Sydney Cricket Ground, Sydney, Australia
1995-04-05 Adelaide Football Park, Adelaide, Australia
1995-04-08 Perry Lakes Stadium, Perth, Australia
1995-04-12 ANZ Stadium, Brisbane, Australia
1995-04-16 Western Springs Stadium, Auckland, New Zealand
1995-04-17 Western Springs Stadium, Auckland, New Zealand

—Europe—
1995-05-26 Paradiso, Amsterdam, Netherlands
1995-05-27 Paradiso, Amsterdam, Netherlands
1995-06-03 Stockholm Olympic Stadium, Stockholm, Sweden
1995-06-06 Helsinki Olympic Stadium, Helsinki, Finland
1995-06-09 Valle Hovin, Oslo, Norway
1995-06-11 Idraetsparken, Copenhagen, Denmark
1995-06-13 Stadspark de Goffert, Nijmegen, Netherlands
1995-06-14 Stadspark de Goffert, Nijmegen, Netherlands
1995-06-18 Draf en Renbaan, Landgraaf, Netherlands
1995-06-20 Müngersdorfer Stadion, Cologne, Germany
1995-06-22 Niedersachsenstadion, Hanover, Germany
1995-06-24 Rock Werchter, Werchter, Belgium
1995-06-25 Rock Werchter, Werchter, Belgium
1995-06-30 Hippodrome de Longchamp, Paris, France
1995-07-01 Hippodrome de Longchamp, Paris, France
1995-07-03 Olympia [club show], Paris, France
1995-07-09 Don Valley Stadium, Sheffield, England
1995-07-11 Wembley Stadium, London, England
1995-07-15 Wembley Stadium, London, England
1995-07-16 Wembley Stadium, London, England
1995-07-19 Brixton Academy, London, England
1995-07-22 Estadio Municipal El Molinón, Gijón, Spain
1995-07-24 Estádio José Alvalade, Lisbon, Portugal
1995-07-27 Espace Grammont, Montpellier, France
1995-07-29 St. Jakob Stadium, Basel, Switzerland
1995-07-30 St. Jakob Stadium, Basel, Switzerland
1995-08-01 Österreich-Ring, Zeltweg, Austria
1995-08-03 Olympiastadion München, Munich, Germany
1995-08-05 Strahov Stadium, Prague, Czech Republic
1995-08-08 Népstadion, Budapest, Hungary
1995-08-12 Schüttorf Open Air, Schüttorf, Germany
1995-08-15 Leipziger Festwiese, Leipzig, Germany
1995-08-17 Olympiastadion, Berlin, Germany
1995-08-19 Hockenheimring, Hockenheim, Germany
1995-08-22 Maimarktgelände, Mannheim, Germany
1995-08-25 VW-Werksgelände/Parkplatz, Wolfsburg, Germany
1995-08-27 Kirchberg, Luxembourg City, Luxembourg
1995-08-29 Feijenoord Stadion, Rotterdam, Netherlands
1995-08-30 Feijenoord Stadion, Rotterdam, Netherlands

Voodoo Lounge Uncut

Rolling Stones / Universal / Eagle Vision：EAGDV101［DVD+CD］
録音・撮影：1994年8月14日、11月25日
発売：2018年11月16日
［DVD］Whoopi Goldberg Introduction / Not Fade Away / Tumbling Dice / You Got Me Rocking / Rocks Off / Sparks Will Fly / Live With Me Featuring - Sheryl Crow / (I Can't Get No) Satisfaction / Beast Of Burden / Angie / Dead Flowers / Sweet Virginia / Doo Doo Doo Doo Doo (Heartbreaker) / It's All Over Now / Stop Breakin' Down Blues Featuring - Robert Cray / Who Do You Love? Featuring - Bo Diddley / I Go Wild / Miss You / Hony Tonk Women / Before They Make Me Run / The Worst / Symphaty For The Devil / Monkey Man / Street Fighting Man / Start Me Up / It's Only Rock 'N' Roll (But I Like It) / Brown Sugar / Jumpin' Jack Flash
Bonus Tracks：Shattered / Out Of Tears / All Down The Line / I Can't Get Next To You / Happy
［CD1］1. Whoopi Goldberg Introduction / 2. Not Fade Away / 3. Tumbling Dice / 4. You Got Me Rocking / 5. Rocks Off / 6. Sparks Will Fly / 7. Live With Me Featuring - Sheryl Crow / 8. (I Can't Get No) Satisfaction / 9. Beast Of Burden / 10. Angie / 11. Dead Flowers / 12. Sweet Virginia / 13. Doo Doo Doo Doo Doo (Heartbreaker) / 14. It's All Over Now / 15. Stop Breakin' Down Blues Featuring - Robert Cray / 16. Who Do You Love? Featuring - Bo Diddley
［CD2］1. I Go Wild / 2. Miss You / 3. Honky Tonk Women / 4. Before They Make Me Run / 5. The Worst / 6. Sympathy For The Devil / 7. Monkey Man / 8. Street Fighting Man / 9. Start Me Up / 10. It's Only Rock 'N' Roll (But I Like It) / 11. Brown Sugar / 12. Jumpin' Jack Flash

ビル・ワイマンの脱退以降、初のツアーとなったのが《ヴードゥー・ラウンジ・ツアー》で、94年8月1日のワシントンD.C.、ロバート・F・ケネディ・メモリアル・スタジアムを皮切りに、95年8月30日まで、134本にも及ぶ（この時点で）過去最長のツアーとなった。その前半のハイライトが、この94年11月25日のマイアミ、ジョー・ロビー・スタジアム公演だろう。80年代以降のストーンズはツアーごとに何らかの生中継を行っており、この公演もケーブル・テレビの有料放送という形で、フル・コンサートが放送された。その時の映像から18曲が『ヴードゥー・ラウンジ・ライヴ』というタイトルで95年にVHSでリリースされていたが、それを再編集した完全版がこれ。タイトルの『アンカット』とはそういう意味だ。

中継を意識してのことだろう、この日のショウはウーピー・ゴールドバーグのMCから始まり、途中、シェリル・クロウ、ボ・ディドリー、ロバート・クレイと豪華なゲストを迎えている。また、ショウの中盤ではサブ・ステージでアコースティックによる演奏も聴かせており、これが好評だったことが『ストリップド』（95年）のアイディアに発展した。ベースにダリル・ジョーンズを迎えた演奏は、非常に安定したいいグルーヴを生み出しているが、映像ではベースの音はかなり絞られている。逆に、ロニーが映れば、その瞬間ロニーの音が浮き上がってくるというような、非常に細やかなミックスと編集が印象的だ。

なお、DVDとBDには、当時、会場限定作品として販売されていた、94年8月14日のニュージャージー公演を収録した『ライヴ・ヴードゥー・ラウンジ（オフィシャル・スーヴェニール・ヴィデオ）』から5曲がボーナス収録された。

池上

Voodoo Lounge In Japan 1995

日・Rolling Stones / Universal：UIBY-15094
［DVD+CD］
録音・撮影：1995年３月15日
発売：2019年３月15日
［DVD］Introduction / Not Fade Away / Tumbling Dice / You Got Me Rocking / Live With Me / Rocks Off / Sparks Will Fly / (I Can't Get No) Satisfaction / Angie / Sweet Virginia / Rock And A Hard Place / Love Is Strong / I Go Wild / Miss You / Honky Tonk Women / Before They Make Me Run / Slipping Away / Sympathy For The Devil / Monkey Man / Street Fighting Man / Start Me Up / It's Only Rock'N'Roll / Brown Sugar / Jumpin' Jack Flash
［CD1］1. Not Fade Away / 2. Tumbling Dice / 3. You Got Me Rocking / 4. Live With Me / 5. Rocks Off / 6. Sparks Will Fly / 7. (I Can't Get No) Satisfaction / 8. Angie / 9. Sweet Virginia / 10. Rock And A Hard Place / 11. Love Is Strong / 12. I Go Wild
［CD2］1. Miss You / 2. Honky Tonk Woman / 3. Before They Make Me Run / 4. Slipping Away / 5. Sympathy For The Devil / 6. Monkey Man / 7. Street Fighting Man / 8. Start Me Up / 9. It's Only Rock'N'Roll / 10. Brown Sugar / 11. Jumpin' Jack Flash

90年の初来日以来2度目となる日本公演は、95年3月6日の東京ドームから23日の福岡ドームまで、計9公演が行われた。来日前の1月17日には阪神淡路大震災、公演中の3月20日には地下鉄サリン事件が起き、今となってはキャンセルにならなかったのが不思議なほどのタイミングだった。その4日目となる12日の東京ドーム公演はNHKが収録し、4月4日にBS2で放送された。その映像を元に再編集したものが『ワールド・ツアー'95〝ヴードゥー・ラウンジ・イン・ジャパン〟』としてVHSとLDそれぞれ2枚組という体裁で日本のみで発売になったが、DVD化されることもなく廃盤になっていた。それがストーンズの展覧会《Exhibitionism－ザ・ローリング・ストーンズ展》の開催を記念して、新たにリストアや再編集が行われ、今回も日本のみでのリリースとなった。

ツアーの中盤である日本公演までにセット・リストはかなり固定化されていたと思われるが、『ヴードゥー・ラウンジ・アンカット』に収録されたマイアミ公演以来となるアコースティック・パートのリハも兼ねて、来日後にスタジオ・セッションを行うなど、長いツアーの中でこの日本公演がアクセントになっていたことが伺える。ダリル・ジョーンズのベースには賛否両論あったが、チャーリーのドラムの重心が低く、ポケットが深くなったのは、明らかにダリルの影響。それによって、キースのどんどんブルーズマン化するプレイをも受け止めるだけの安定性と余裕がバンドに生まれ、90年代のストーンズはエンタテインメントという名の下に、ライヴ・バンドとして息を吹き返したのだと思う。ある時、近田春夫さんが〝90年代のストーンズはダンス・ミュージックなんだよ〟と言ったのを聞いて、いろいろと腑に落ちた。

池上

Stripped

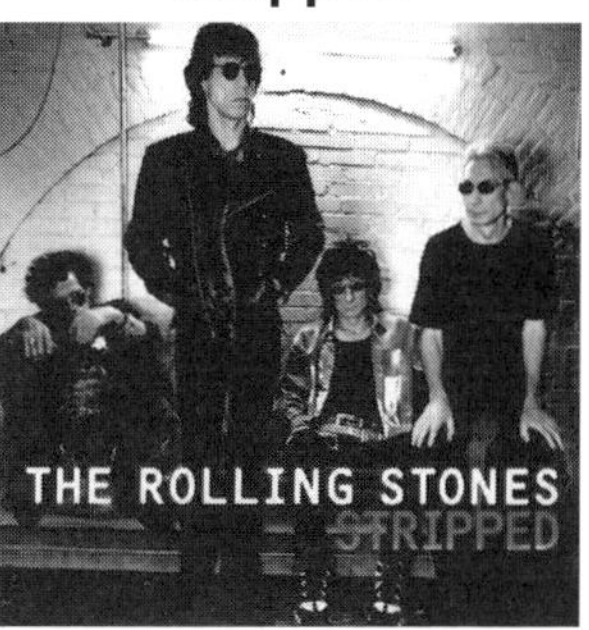

欧・Rolling Stones/Virgin：CDV2801
［Enhanced CD］
米・Rolling Stones/Virgin：7243 8 41040 2 3
［Enhanced CD］
録音：1995年3月3日〜5日、5月26日、7月3日、19日、23日〜26日
発売：欧・1995年11月13日／米・1994年11月13日
1. Street Fighting Man / 2. Like A Rolling Stone / 3. Not Fade Away / 4. Shine A Light / 5. The Spider And The Fly / 6. I'm Free / 7. Wild Horses / 8. Let It Bleed / 9. Dead Flowers / 10. Slipping Away / 11. Angie / 12. Love In Vain / 13. Sweet Virginia / 14. Little Baby / Video 1. Shattered / Video 2. Tumbling Dice / Video 3. Like A Rolling Stone
プロデューサー：Don Was, The Glimmer Twins
参加ミュージシャン：
Darryl Jones (b)
Chuck Leavell (kbd)
Bernard Fowler (cho,per)
Lisa Fischer (cho)
Bobby Keys (sax)
Michael Davis (tb)
Kent Smith (trumpet)
Andy Snitzer (sax)
Don Was (org)

『スティール・ホイールズ』（89年）以降、スタジオ・アルバムのリリースから、長大なツアー、ライヴ・アルバムと映像作品のリリースがルーティンとなっていくが、『ヴードゥー・ラウンジ』（94年）の時は変則的だった。『ストリップド』は当時流行していたアンプラグドを意識したであろう、アコースティックなサウンドを取り入れた（ライヴ）作品集で、実際にはエレキもそれなりに使われているところがストーンズらしい。むしろ、素のままの一発録音集と捉えた方がいいかもしれない。

直接的には、ケーブル・テレビで有料放送された、94年11月25日のマイアミ・ジョー・ロビー・スタジアム公演の中で行ったアコースティック・セットがきっかけとなったようだ。このアコースティック・セットは一旦姿を消すものの、翌年3月の来日公演で復活。3月6日の初日に先駆け、3月3日、4日に東芝EMIの第3スタジオで、リハーサルを兼ねてスタジオ・ライヴ形式のアコースティック・セッションを行っている。以降、5月26日のアムステルダム・パラディソでのクラブ・コンサート、7月3日のパリ・オランピア劇場、7月19日のロンドン・ブリクストン・アカデミー、7月25、26日にリスボンでのスタジオ・セッションと、計5カ所の録音からチョイスしたものがまとめられた。

メンバーは気に入っている作品のようだが、全体的にミックスが平板に感じられ、生の臨場感に欠けるきらいがある。言い換えれば、あえてライヴということを意識させない作りにしたのかもと感じた。前述のオランダ公演で初披露され、シングル・カットもされたボブ・ディランの「ライク・ア・ローリング・ストーン」が注目されたが、アレンジは原曲に近く、もうひと工夫欲しかったのが正直なところ。 **池上**

Totally Stripped

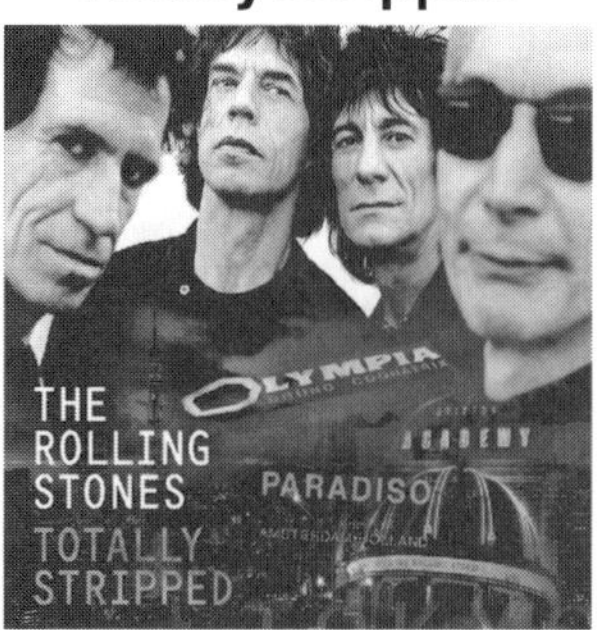

Rolling Stones / Eagle Vision / Universal：EREDV1225［DVD+CD］
録音・撮影：1995年３月３日〜５日、５月26日、27日、７月３日、19日
発売：2016年６月３日
［DVD1］Totally Stripped - Documentary
［DVD2］The Paradiso: Amsterdam 26 May 1995
［DVD3］L'Olympia Paris 3 July 95
［DVD4］Brixton Academy London 19 July 1995
［CD］1. Not Fade Away / 2. Honky Tonk Woman / 3. Dead Flowers / 4. Faraway Eyes / 5. Shine A Light / 6. I Go Wild / 7. Miss You / 8. Like A Rolling Stone / 9. Brown Sugar / 10. Midnight Rambler / 11. Jumpin' Jack Flash / 12. Gimme Shelter / 13. Rip This Joint / 14. Street Fighting Man

Totally Stripped - Live At L'olympia Paris 1995.07.03

日・Rolling Stones / Ward：GQBS-90278〜0［DVD+CD］
録音・撮影：1995年7月3日
発売：2017年3月31日

ここ数年、蔵出し的な音源や映像が様々なヴァリエイションで続々とリリースされるストーンズ。『ストリップド』は、発売当時からあまり良い評判を聞かなかったが、その関連盤である『トータリー・ストリップド』は、全くの別モノと考えるべきだろう。しかも、ディスクの組み合わせによって印象が全く異なるのはタチが悪い。基本となっているのは、『ストリップド』のプロジェクトを追ったテレビ用のドキュメント《ストリップド・TV・スペシャル》を再編集して拡大版にした映像（DVDまたはBD）で、来日時の東芝スタジオでのレコーディングの場面なども収録されている。CD付きセットには、『ストリップド』の元となった95年3月26日のアムステルダム、7月3日のパリ、7月19日のロンドンのライヴから、『ストリップド』に収録されなかった音源を収録。「ストリート・ファイティング・マン」のみ同じ音源なのだが、音響処理が全く違い、ライヴの臨場感を残すことで、まるで別の演奏のように聴こえる。実は『ストリップド』の音響は、かなり加工されていたことが分かる。

さらに重要なのは豪華版だ。前述のアムステルダム、パリ、ロンドンのフル・コンサート映像を収録した3枚のディスクを追加。3カ所とも小規模ホールでのライヴのため、いつものスタジアムやアリーナとは違ったストーンズの姿が見られるのが貴重だ。中でもアムステルダム・パラディソ公演は、クラブ程度の小さな会場で、『ストリップド』の制作を前提とした、ほかの会場とは違ったレアな選曲が目を引く。特にアッパーなロックンロールを立て続けに演奏するエンディングの3曲は凄まじく、ストーンズのライヴ・バンドとしての凄さを思い知る。日本のみで単独発売されたパリ公演の演奏もタイトで良い。 **池上**

Bridges To Babylon

欧・Rolling Stones/Virgin：CDV2840［CD］
米・Rolling Stones/Virgin：7243 8 44712 2 4［CD］
録音：1997年3月〜7月
発売：欧・1997年9月29日／米・1997年9月30日

1. Flip The Switch / 2. Anybody Seen My Baby? / 3. Low Down / 4. Already Over Me / 5. Gunface / 6. You Don't Have To Mean It / 7. Out Of Control / 8. Saint Of Me / 9. Might As Well Get Juiced / 10. Always Suffering / 11. Too Tight / 12. Thief In The Night / 13. How Can I Stop
1997年日本盤ボーナス・トラック：Angie (Live)

プロデューサー：Don Was, The Dust Brothers, Danny Saber, Rob Fraboni, Pierre de Beauport, The Glimmer Twins

参加ミュージシャン：
Darryl Jones (b)
Matt Clifford (p, org)
Bernard Fowler (cho)
Blondie Chaplin (cho, b, p, per)
Waddy Wachtel (g)
Don Was (kbd, b)
Danny Saber (b, g, kbd)
Wayne Shorter (sax)
Jim Keltner (per)
Me'Shell Ndegeocello (b)
Pierre de Beauport (b, p)
Doug Wimbish (b,cho)
Jeff Sarli (b)
Benmont Tench (kbd)
Billy Preston (org)
Jamie Muhoberac (kbd, b)
Joe Sublett (sax)
Darrell Leonard (trumpet)
Kenny Aronoff (per)
Biz Markie (rap)

ヴァージンに移籍してから2作目となるオリジナル・アルバム。クラシックなバンド・サウンドにまとめた前作『ヴードゥー・ラウンジ』（94年）とは真逆の、拡張を続けるストーンズを印象づける作品となった。『ヴードゥー・ラウンジ』のルーティンが一周して、ミックがソロ作品に取り掛かろうと準備していたマテリアルをストーンズに持ち込み、そこからミック主導、キース主導、ミックとキースのグリマー・トゥインズ主導という3パターンに分かれた完全分業制で制作が進行。ドン・ウォズほか5名のプロデューサーがそれぞれの音を作り、多くのミュージシャンが参加した。ベースに至ってはミシェル・ンデゲオチェロほか9人が名を連ね、ダリル・ジョーンズの演奏は3曲に留まった。ミックやキースがクレジットされていない曲もある一方、久々にビリー・プレストン（オルガン）が参加しているのは嬉しい。キースのヴォーカル曲がいつもより多い3曲というのも、こういった体制が理由だろう。

ダスト・ブラザーズによる「セイント・オブ・ミー」では、チャーリーのドラムスを生とサンプリングで組み合わせていたり、ダニー・セイバーによる「マイト・アズ・ウェル・ゲット・ジュースト」などは、もはやバンド・サウンドを超えている。スタジオ作品ではこういうのもアリと感じる一方で、ライヴではダリル・ジョーンズが「エニーバディ・シーン・マイ・ベイビー？」のベース・リフを弾くのに苦戦する姿もあった。分業体制ゆえにそれぞれの楽曲が向いている方向性がバラバラだったりもするが、これを許容できたのも、当時のストーンズが好調だった証だろう。「セイント〜」や「アウト・オブ・コントロール」はライヴでの重要なレパートリーとして、この時期の代表曲となった。**池上**

Bridges to Babylon Tour

1997年9月23日〜1998年9月19日

●アルバム『ブリッジズ・トゥ・バビロン』をフォローしたツアーは、前回より少しだけ収益を落としたものの、世界中で100回近いステージが行われている。ウェブ投票が導入され、ファンのリクエストがセット・リストに反映されるようになったり、サブ・ステージが設けられたりと、新しい試みも見られた。ブラジルでは、「ライク・ア・ローリング・ストーン」でボブ・ディランとの共演が実現している。

□サポート・アクト

Blues Traveler
Foo Fighters
Sheryl Crow
Smashing Pumpkins
Third Eye Blind
The Wallflowers
Pearl Jam
Jamiroquai
Santana
Kenny Wayne Shepherd
Fiona Apple
Jonny Lang
El Tri
Dave Matthews Band
Matchbox 20
Taj Mahal
Joshua Redman
Viejas Locas
Meredith Brooks
Las Pelotas
Bob Dylan
Our Lady Peace
Buddy Guy
Wide Mouth Mason
Simple Minds
Hothouse Flowers
Jean-Louis Aubert
Seahorses
Big Country
Splean
Dżem
The Corrs
Soundtrack of our Lives
Xylina Spathia

◆参加ミュージシャン

Darryl Jones (b, cho)
Chuck Leavell (kbd, cho)
Bobby Keys (sax)
Andy Snitzer (sax, kbd)
Michael Davis (trombone)
Kent Smith (trumpet)
Lisa Fischer (cho)
Bernard Fowler (cho, per)
Blondie Chaplin (cho, per, g, kbd)

◉セット・リスト

1. (I Can't Get No) Satisfaction
2. Let's Spend the Night Together
3. Flip the Switch
4. Gimme Shelter
5. Anybody Seen My Baby?
6. Saint of Me
7. Out of Control
8. Miss You
9. All About You
10. Wanna Hold You
11. Sympathy for the Devil
12. Tumbling Dice
13. Honky Tonk Women
14. Start Me Up
15. Jumpin' Jack Flash
16. You Can't Always Get What You Want
17. Brown Sugar
18. Waiting on a Friend

—North America—

1997-09-23 Soldier Field, Chicago, United States
1997-09-25 Soldier Field, Chicago, United States
1997-09-27 Ohio Stadium, Columbus, United States
1997-09-30 Winnipeg Stadium, Winnipeg, Canada
1997-10-02 Commonwealth Stadium, Edmonton, Canada
1997-10-06 Camp Randall Stadium, Madison, United States
1997-10-08 Rich Stadium, Orchard Park, United States
1997-10-10 Ericsson Stadium, Charlotte, United States
1997-10-12 Veterans Stadium, Philadelphia, United States
1997-10-16 Veterans Stadium, Philadelphia, United States
1997-10-17 Giants Stadium, East Rutherford, United States
1997-10-20 Foxboro Stadium, Foxborough, United States
1997-10-21 Foxboro Stadium, Foxborough, United States
1997-10-23 Jack Kent Cooke Stadium, Landover, United States
1997-10-26 Vanderbilt Stadium, Nashville, United States
1997-10-28 Owen Field, Norman, United States

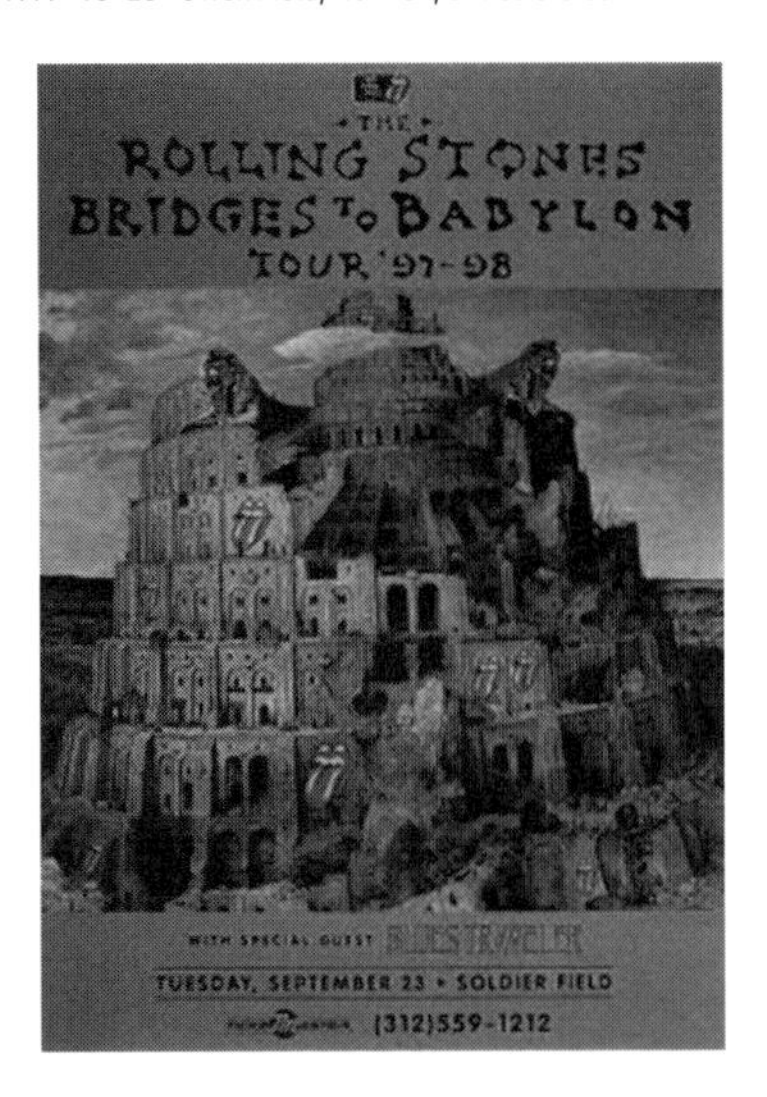

1997-10-30 University Stadium, Albuquerque, United States
1997-11-01 Texas Motor Speedway, Fort Worth, United States
1997-11-07 Sun Devil Stadium, Tempe, United States
1997-11-09 Dodger Stadium, Los Angeles, United States
1997-11-10 Dodger Stadium, Los Angeles, United States
1997-11-14 Oakland Alameda County Coliseum, Oakland, United States
1997-11-15 Oakland Alameda County Coliseum, Oakland, United States
1997-11-18 Oakland Alameda County Coliseum, Oakland, United States
1997-11-19 Oakland Alameda County Coliseum, Oakland, United States
1997-11-22 MGM Grand Garden Arena, Las Vegas, United States
1997-11-25 Hubert H. Humphrey Metrodome, Minneapolis, United States
1997-11-28 Kingdome, Seattle, United States
1997-12-02 Pontiac Silverdome, Pontiac, United States
1997-12-05 Orange Bowl, Miami, United States
1997-12-07 Citrus Bowl, Orlando, United States
1997-12-09 Georgia Dome, Atlanta, United States
1997-12-12 TWA Dome, St. Louis, United States
1998-01-05 Colisée de Quebec, Quebec City, Canada
1998-01-14 Madison Square Garden, New York City, United States
1998-01-16 Madison Square Garden, New York City, United States
1998-01-17 Madison Square Garden, New York City, United States
1998-01-23 Aloha Stadium, Honolulu, United States
1998-01-24 Aloha Stadium, Honolulu, United States
1998-01-28 BC Place Stadium, Vancouver, Canada
1998-01-30 Rose Garden, Portland, United States
1998-01-31 Rose Garden, Portland, United States
1998-02-03 Qualcomm Stadium, San Diego, United States
1998-02-07 Foro Sol, Mexico City, Mexico
1998-02-09 Foro Sol, Mexico City, Mexico
1998-02-12 The Summit, Houston, United States
1998-02-13 The Summit, Houston, United States

—Asia—

1998-03-12 Tokyo Dome, Tokyo, Japan
1998-03-14 Tokyo Dome, Tokyo, Japan
1998-03-16 Tokyo Dome, Tokyo, Japan
1998-03-17 Tokyo Dome, Tokyo, Japan
1998-03-20 Osaka Dome, Osaka, Japan
1998-03-21 Osaka Dome, Osaka, Japan

—South America—

1998-03-29 River Plate Stadium, Buenos Aires, Argentina
1998-03-30 River Plate Stadium, Buenos Aires, Argentina
1998-04-02 River Plate Stadium, Buenos Aires, Argentina
1998-04-04 River Plate Stadium, Buenos Aires, Argentina
1998-04-05 River Plate Stadium, Buenos Aires, Argentina
1998-04-11 Praça da Apoteose, Rio de Janeiro, Brazil
1998-04-13 Estádio Ícaro de Castro Mello, São Paulo, Brazil

—North America—

1998-04-17 Carrier Dome, Syracuse, United States
1998-04-19 Molson Centre, Montreal, Canada
1998-04-20 Molson Centre, Montreal, Canada
1998-04-23 United Center, Chicago, United States
1998-04-26 SkyDome, Toronto, Canada

—Europe—

1998-06-13 Zeppelinfeld, Nuremberg, Germany
1998-06-20 Rock Werchter, Werchter, Belgium
1998-06-21 Rock Werchter, Werchter, Belgium
1998-06-24 Rheinstadion, Düsseldorf, Germany
1998-06-26 Expo Gelaende, Hanover, Germany
1998-06-29 Amsterdam ArenA, Amsterdam, Netherlands
1998-07-01 Amsterdam ArenA, Amsterdam, Netherlands
1998-07-02 Amsterdam ArenA, Amsterdam, Netherlands
1998-07-05 Amsterdam ArenA, Amsterdam, Netherlands
1998-07-06 Amsterdam ArenA, Amsterdam, Netherlands
1998-07-09 Pferderennbahn, Frauenfeld, Switzerland
1998-07-11 Flugfeld, Wiener Neustadt, Austria
1998-07-13 Olympiastadion, Munich, Germany
1998-07-16 Puerto de Málaga, Málaga, Spain
1998-07-18 Seahorses, Vigo, Estadio Balaídos
1998-07-20 Hothouse Flowers, Barcelona, Estadi Olímpic Lluís Companys
1998-07-25 Stade de France, Paris, France
1998-07-27 Parkstadion, Gelsenkirchen, Germany
1998-07-29 Idraetsparken, Copenhagen, Denmark
1998-07-31 Nya Ullevi, Gothenburg, Sweden
1998-08-02 Valle Hovin, Oslo, Norway
1998-08-05 Olympic Stadium, Helsinki, Finland
1998-08-08 Song Festival Grounds, Tallinn, Estonia
1998-08-11 Luzhniki Stadium, Moscow, Russia
1998-08-14 Stadion Śląski, Chorzów, Poland
1998-08-20 Zagreb Hippodrome, Zagreb, Croatia
1998-08-22 Sportovní Hala (Sparta), Prague, Czech Republic
1998-08-26 Olympiastadion, Berlin, Germany
1998-08-28 Festwiese, Leipzig, Germany
1998-08-30 Trabrennbahn Bahrenfeld, Hamburg, Germany
1998-09-02 Weserstadion, Bremen, Germany
1998-09-05 Malieveld, The Hague, Netherlands
1998-09-08 Stockholm Globe Arena, Stockholm, Sweden
1998-09-10 Waldbühne, Berlin, Germany
1998-09-12 Maimarktgelände, Mannheim, Germany
1998-09-16 Olympic Stadium, Athens, Greece
1998-09-19 Ali Sami Yen Stadium, Istanbul, Turkey

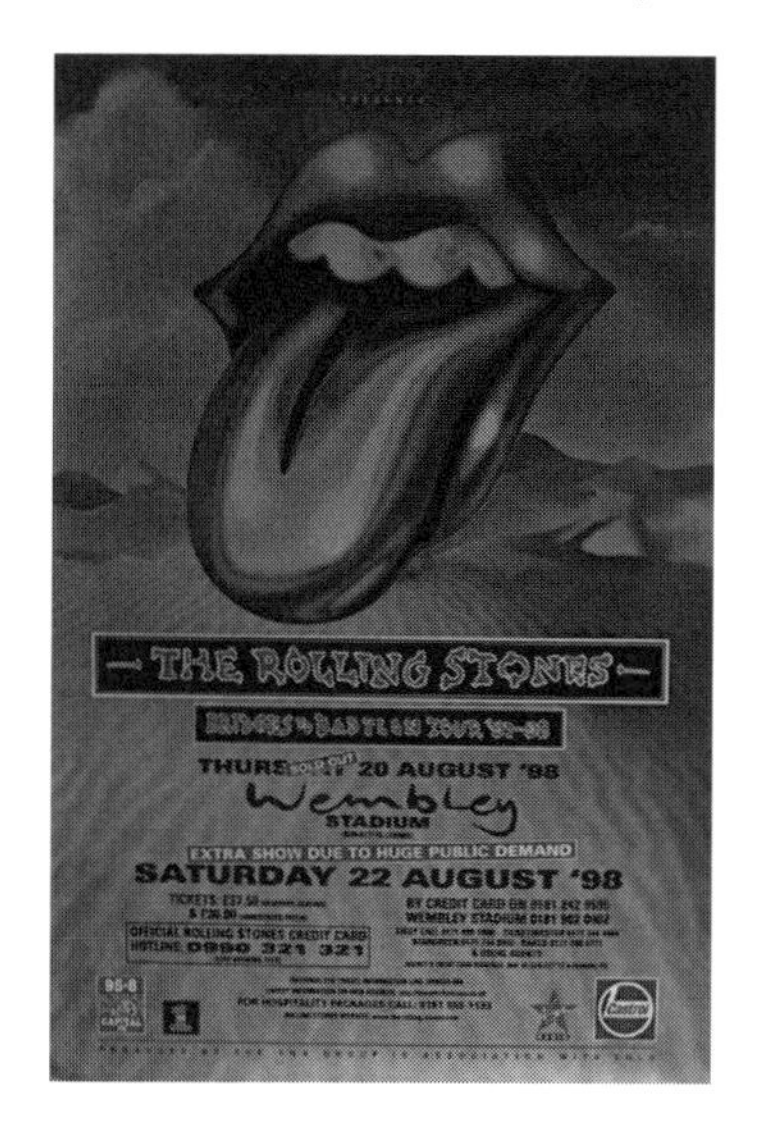

Bridges To Babylon 1998 (Bridges To Babylon Tour '97 – 98)

米・Warner Home Video / Eagle Rock：36440［DVD］
録音・撮影：1997年12月12日
発売：1998年 6 月 8 日
Opening / (I Can't Get No) Satisfaction / Let's Spend The Night Together / Flip The Switch / Gimme Shelter / Wild Horses Featuring – Dave Matthews / Saint Of Me / Out Of Control / Waiting On A Friend Saxophone – Joshua Redman / Miss You / I Wanna Hold You / Across The Bridge / It's Only Rock 'n Roll (But I Like It) / Like A Rolling Stone / Sympathy For The Devil / Tumbling Dice / Honky Tonk Woman / Start Me Up / Jumping Jack Flash / You Can't Always Get What You Want / Brown Sugar / Bows And End Credits

《ブリッジズ・トゥ・バビロン・ツアー》を収録したライヴ・アルバム『ノー・セキュリティ』（98年）に先駆けてリリースされた、97年12月12日（97年の最終公演）のミズーリ州セントルイスのTWAドーム公演を収録したDVD。『ヴードゥー・ラウンジ』の時と同じく、有料放送された映像を製品化したものだ。今のところレストア版などはなく、今となっては映像はもちろん、音響処理にも古臭さを感じる。

　このツアーは、前回の《ヴードゥー・ラウンジ・ツアー》を発展させ、スタジアム級のライヴの可能性をより追求する大がかりなものとなった。メイン・ステージから伸びた橋をメンバーが渡って、センター・ステージ（Bステージ）で演奏するという仕掛けは、《ヴードゥー・ラウンジ・ツアー》のマイアミ公演でのサブ・ステージの発展形だろう。ここでアコースティックではなく、エレキでコンパクトなバンドとしての姿を見せるというのは、『ストリップド』の感覚を発展させたものといえる。さらに、オーロラビジョンの技術が発達し、ここにインターネット投票によるリクエスト曲が表示されるというのも、この時代ならでは。古いバンドと新しい技術の融合は、このツアーの裏テーマだったのではないか。

セット・リストの大枠はそれほど変わらないが、リクエスト曲として「友を待つ」が演奏されたのが嬉しい。ライヴが中継されるときの恒例として、この曲にはジョシュア・レッドマン（sax）が、「ワイルド・ホーシズ」にはデイヴ・マシューズ（vo）などのゲストが参加している。なお、DVDにはこの日の演奏曲目から4曲が未収録だが、「コリーナ」と「ザ・ラスト・タイム」の2曲は『ノー・セキュリティ』に収録されている。バンドの演奏が非常にいいだけに、完全版のリリースを待ちたい。　**池上**

No Security

欧・Rolling Stones/Virgin：CDV2880［CD］
米・Rolling Stones/Virgin：7243 8 46740 2 1［CD］
録音：1997年10月25日、12月12日、1998年4月4日、6月13日、7月1日、5日、6日
発売：英・1998年11月2日／米・1998年11月3日

1. Intro / 2. You Got Me Rocking / 3. Gimme Shelter / 4. Flip The Switch / 5. Memory Motel – Featuring Dave Matthews / 6. Corinna – Featuring Taj Mahal / 7. Saint Of Me / 8. Waiting On A Friend / 9. Sister Morphine / 10. Live With Me / 11. Respectable / 12. Thief In The Night / 13. The Last Time / 14. Out Of Control
1998年日本盤ボーナス・トラック：I Just Wanna Make Love To You
プロデューサー：The Glimmer Twins
参加ミュージシャン：
Darryl Jones (b)
Chuck Leavell (kbd)
Bernard Fowler (cho, per)
Lisa Fischer (cho)
Blondie Chaplin (cho, per)
Bobby Keys (sax)
Andy Snitzer (sax, kbd)
Kent Smith (trumpet)
Michael Davis (tb)
Dave Matthews (vo)
Taj Mahal (vo)
Joshua Redman (sax)
Johnny Starbuck (shaker)
Leah Wood (cho)

97〜98年に行われた《ブリッジズ・トゥ・バビロン・ツアー》のライヴ・アルバム。ストーンズ史上最悪といわれたジャケットだが、中身は充実。『ブリッジズ・トゥ・バビロン』（97年）では、さまざまなゲスト・プレイヤーを迎え、ツアー・メンバーであるチャック・リーヴェル（kbd）やリサ・フィッシャー（cho）は録音に参加しなかったが、ツアーが始まれば、これまで通りのメンバーに戻り、レコーディング・メンバーからは新たにブロンディ・チャップリン（cho）が加わったのみで、体制に大きな変化はなかった。97年10月25日のニューヨーク（MTVの番組“Live at the 10 Spot”で放送されたもの）、97年12月12日のセントルイス、98年4月4日のブエノスアイレス、98年6月13日のニュルンベルグ、98年7月1〜6日のアムステルダムの5つの会場での演奏を収録。『ブリッジズ・トゥ・バビロン』からは4曲で、「リヴ・ウィズ・ミー」と「ザ・ラスト・タイム」以外の全ての曲がライヴ盤には初収録という、なかなかお得感のある内容になっている。

このツアーではネット投票でのリクエスト曲が話題となったが、「友を待つ」や「シスター・モーフィン」、「リスペクタブル」はこのシステムで選ばれた曲。日本盤のみ収録の「恋をしようよ」は、センター・ステージでの演奏曲。タジ・マハール本人をゲストに迎えた「コリーナ」は、ツアー中一度のみ披露されたレア曲だ。また、「メモリー・モーテル」では、ヴォーカルにデイヴ・マシューズが参加。バンドの演奏はすこぶる好調で、ダリル・ジョーンズのベースは以前よりも自由度が高く、それに釣られてか、チャーリーのドラムがめちゃめちゃファンキー。ライヴ・バンドとしてのストーンズの最高到達点としてもっと評価されるべきアルバムだろう。　**池上**

Bridges To Buenos Aires

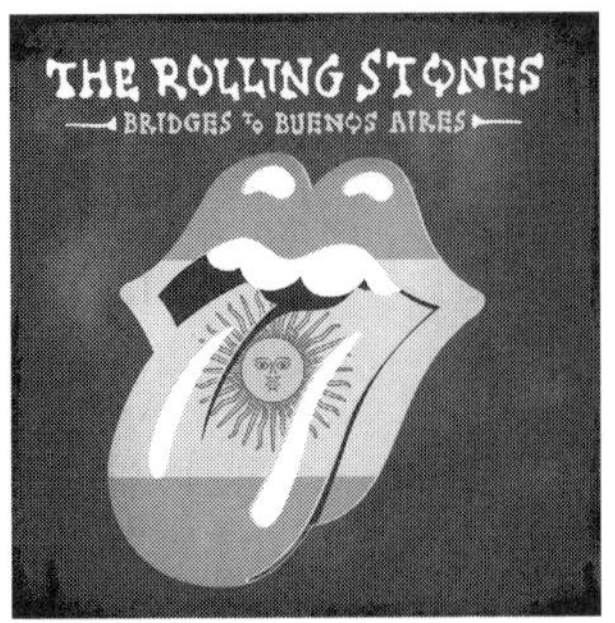

Rolling Stones / Eagle Vision / Universal：EAGDV112［DVD+CD］
録音・撮影：1998年４月５日
発売：2019年11月６日
［DVD］(I Can't Get No) Satisfaction / Let's Spend The Night Together / Flip The Switch / Gimme Shelter / Sister Morphine / It's Only Rock 'N' Roll (But I Like It) / Saint Of Me / Out Of Control / Miss You / Like A Rolling Stone Featuring - Bob Dylan / Thief In The Night / Wanna Hold You / Little Queenie / When The Whip Comes Down / You Got Me Rocking / Sympathy For The Devil / Tumbling Dice / Honky Tonk Women / Start Me Up / Jumpin' Jack Flash / You Can't Always Get What You Want / Brown Sugar
日本盤ボーナス映像：1997 Press Conference
［CD1］1. (I Can't Get No) Satisfaction / 2. Let's Spend The Night Together / 3. Flip The Switch / 4. Gimme Shelter / 5. Sister Morphine / 6. It's Only Rock 'N' Roll (But I Like It) / 7. Saint Of Me / 8. Out Of Control / 9. Miss You / 10. Like A Rolling Stone Featuring - Bob Dylan / 11. Thief In The Night
［CD2］1. Wanna Hold You / 2. Little Queenie / 3. When The Whip Comes Down / 4. You Got Me Rocking / 5. Sympathy For The Devil / 6. Tumbling Dice / 7. Honky Tonk Women / 8. Start Me Up / 9. Jumpin' Jack Flash / 10. You Can't Always Get What You Want

まさかの完全未発表だった発掘映像。《ブリッジズ・トゥ・バビロン・ツアー》は、北米を5か月回り、98年3月12日の東京ドームから21日の大阪ドームまで計6日の来日公演を行ったあと、南米へ向かう。3月29日から4月5日までブエノスアイレスのエスタディオ・デ・リーヴェルプレートで5公演、4月11日と13日にブラジルで2公演を行った。うち、3月30日のブエノスアイレス公演と4月11日のリオ・デ・ジャネイロ公演がテレビ中継されたが、これらは現在まで製品化されていない。この『ブリッジズ・トゥ・ブエノスアイレス』は、なぜか中継のなかった4月5日の演奏を収録したものになっている。

南米のロック熱と観客の熱さはよく知られるところだが、この映像でも観客は曲の合間に歌いまくっており、ミックですらそれを止めることができないほどの盛り上がり。また、ブエノスアイレスとブラジルのそれぞれ2公演では、なんとボブ・ディランがオープニング・アクトを務め、本編でも共演を果たした。これまでキースやロニーと共演したことはあったが、ストーンズ本体といっしょに演るのはこれが初。曲はもちろん「ライク・ア・ローリング・ストーン」だが、ろくにリハーサルもやっていないのだろう、まったく噛み合わず、ミックはディランを〝自由人！〟と紹介する始末。それでもディランは意外と楽しそうだ。ただし、この日はバンドの出来もそれほどではない。そんな中でもキースのソロ・コーナーは、このツアーを通して高いクオリティを保っている印象で、「シーフ・イン・ザ・ナイト」では、ツアーに帯同していたと思われる、ロニーの娘であるリア・ウッドがコーラスに参加している。日本盤のみ97年8月18日のプレス・カンファレンスの映像をボーナス収録。

池上

Bridges To Bremen

Rolling Stones / Universal / Eagle Vision：EAGDV108［DVD+CD］
録音・撮影：1998年9月2日
発売：2019年6月21日
［DVD］(I Can't Get No) Satisfaction / Let's Spend The Night Together / Flip The Switch / Gimme Shelter / Anybody Seen My Baby? / Paint It Black / Saint Of Me / Out Of Control / Memory Motel / Miss You / Thief In The Night / Wanna Hold You / It's Only Rock 'N' Roll (But I Like It) / You Got Me Rocking / Like A Rolling Stone / Sympathy For The Devil / Tumbling Dice / Honky Tonk Women / Start Me Up / Jumpin' Jack Flash / You Can't Always Get What You Want / Brown Sugar / Rock And A Hard Place / Under My Thumb / All About You / Let It Bleed
Blu-ray／日本盤ボーナス映像：Rock And A Hard Place / Under My Thumb / All About You / Let It Bleed / Little Queenie
［CD1］1. (I Can't Get No) Satisfaction / 2. Let's Spend The Night Together / 3. Flip The Switch / 4. Gimme Shelter / 5. Anybody Seen My Baby? / 6. Paint It Black / 7. Saint Of Me / 8. Out Of Control / 9. Memory Motel / 10. Miss You
［CD2］1. Thief In The Night / 2. Wanna Hold You / 3. It's Only Rock 'N' Roll (But I Like It) / 4. You Got Me Rocking / 5. Like A Rolling Stone / 6. Sympathy For The Devil / 7. Tumbling Dice / 8. Honky Tonk Women / 9. Start Me Up / 10. Jumpin' Jack Flash / 11. You Can't Always Get What You Want / 12. Brown Sugar

ブエノスアイレスに続いての、《ブリッジズ・トゥ・バビロン・ツアー》からの発掘映像第2弾。（第1期の）ツアー後半に行われたヨーロッパ・レッグも終盤に近づく、98年9月2日にドイツ・ブレーメンのヴェサーシュダディオンで行われたライヴを収録したもので、製品化は初となる映像だ。北米では97年12月12日のセントルイス公演が有料放送され、『ブリッジズ・トゥ・バビロン・ツアー97〜98』として製品化されたが、この日の公演もまた、ドイツのテレビ局を通じて、ヨーロッパから東欧、ロシア、アフリカにまでテレビ中継された。その映像をレストアし、再編集したものだ。

中継があるとはいえ、演奏された曲は他の公演とそれほど違いはなく、ゲストもいないという点ではスタンダードなセット。しかし、序盤のキースが不調。フィーリングが重く、ミス・トーン連発。しかし、キースは余裕の微笑みで、徐々に調子を取り戻していく。対してミックは、MCの中で中継されている国の名前をどんどん挙げていく。こういうサービス精神は実にミックらしいが、恒例となっている「ミス・ユー」でのリサ・フィッシャー（cho）との絡みは若干変態っぽく、これを中継してよかったものか…。それらを修正するでもなく収録してしまう潔さもまたストーンズらしさか。ウェブ・リクエスト曲は「メモリー・モーテル」で、ミックとキースのデュエットが聴けるのは胸熱だ。個人的にも東京ドームでこの曲が始まった瞬間に大泣きした記憶が蘇る。この曲を2人で歌った映像は今のところこれだけだ。「シーフ・イン・ザ・ナイト」のコーラスには、やはりリア・ウッドが参加。ボーナス映像として、ツアー初日の97年9月23日のシカゴ公演から5曲を収録。うち「リトル・クイーニー」は日本盤のみの収録。

池上

●ブリッジズ・トゥ・バビロン・ツアーから生まれたライヴ・アルバム『ノー・セキュリティ』のプロモーションを兼ねたツアー。バンド側の要望があり、北米の会場はキャパ2万人以下のホッケーやバスケットボール・ボール用のアリーナが多く選ばれている。ヨーロッパでは、前回のツアーでキャンセルされたショウに配慮した結果、キャパシティが大きな会場が多い。北米と欧州のみのツアーも81～82年以来となった。

No Security Tour

1999年1月25日～1999年6月20日

□サポート・アクト

Bryan Adams
Jonny Lang
Wide Mouth Mason
Big Sugar
The Flys
The Corrs
Goo Goo Dolls
Sugar Ray
Ocean Colour Scene
Zucchero
Catatonia
Sheryl Crow
Los Suaves
Rowwen Heze
BAP

◆参加ミュージシャン

Darryl Jones (b, cho)
Chuck Leavell (kbd, cho)
Bobby Keys (sax)
Tim Ries (saxo, kbd)
Michael Davis (trombone)
Kent Smith (trumpet)
Lisa Fischer (cho)
Bernard Fowler (cho, per)
Blondie Chaplin (cho, per, g)

◉セット・リスト

1. Jumpin' Jack Flash
2. Live with Me
3. Respectable
4. You Got Me Rocking
5. Honky Tonk Women
6. Saint of Me
7. Some Girls
8. Paint It Black
9. You Got the Silver
10. Before They Make Me Run
11. Out of Control
12. Route 66
13. When the Whip Comes Down
14. Tumbling Dice
15. It's Only Rock 'n Roll (But I Like It)
16. Start Me Up
17. Brown Sugar
18. Sympathy for the Devil

―North America―

1999-01-25 The Arena in Oakland, Oakland, United States
1999-01-27 ARCO Arena, Sacramento, United States
1999-02-02 McNichols Sports Arena, Denver, United States
1999-02-04 Delta Center, Salt Lake City, United States
1999-02-06 ARCO Arena, Sacramento, United States
1999-02-09 Arrowhead Pond of Anaheim, Anaheim, United States
1999-02-11 Arrowhead Pond of Anaheim, Anaheim, United States
1999-02-15 Target Center, Minneapolis, United States
1999-02-17 Fargodome, Fargo, United States
1999-02-19 Bradley Center, Milwaukee, United States
1999-02-22 The Palace of Auburn Hills, Auburn Hills, United States
1999-02-25 Air Canada Centre, Toronto, Canada
1999-03-03 Ice Palace, Tampa, United States
1999-03-05 National Car Rental Center, Sunrise, United States
1999-03-07 MCI Center, Washington, D.C., United States
1999-03-08 MCI Center, Washington, D.C., United States
1999-03-11 Civic Arena, Pittsburgh, United States
1999-03-15 First Union Center, Philadelphia, United States
1999-03-17 First Union Center, Philadelphia, United States
1999-03-20 Charlotte Coliseum, Charlotte, United States
1999-03-22 FleetCenter, Boston, United States
1999-03-23 FleetCenter, Boston, United States
1999-03-26 United Center, Chicago, United States
1999-03-28 Hartford Civic Center, Hartford, United States
1999-03-29 Hartford Civic Center, Hartford, United States
1999-04-01 Gund Arena, Cleveland, United States
1999-04-03 Value City Arena, Columbus, United States
1999-04-06 Kemper Arena, Kansas City, United States
1999-04-08 Pyramid Arena, Memphis, United States
1999-04-10 Myriad Convention Center, Oklahoma City, United States
1999-04-12 United Center, Chicago, United States
1999-04-16 MGM Grand Garden Arena, Paradise, United States
1999-04-19 San Jose Arena, San Jose, United States
1999-04-20 San Jose Arena, San Jose, United States

―Europe―

1999-05-29 Cannstatter Wasen, Stuttgart, Germany
1999-05-31 Festivalgelaende Brennbichl, Imst, Austria
1999-06-02 Drafbaan Stadspark, Groningen, Netherlands
1999-06-04 Murrayfield Stadium, Edinburgh, Scotland
1999-06-06 Don Valley Stadium, Sheffield, England
1999-06-08 Shepherd's Bush Empire, London, England
1999-06-11 Wembley Stadium, London, England
1999-06-12 Wembley Stadium, London, England
1999-06-15 Monte do Gozo, Santiago de Compostela, Spain
1999-06-18 Megaland Landgraf, Landgraaf, Netherlands
1999-06-20 Müngersdorfer Stadion, Cologne, Germany

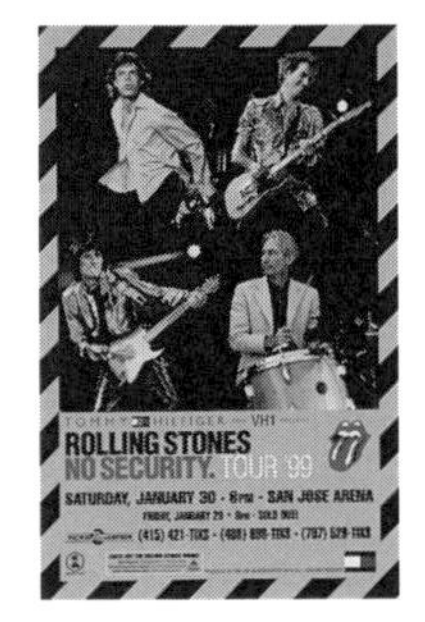

From The Vault：No Security, San Jose '99

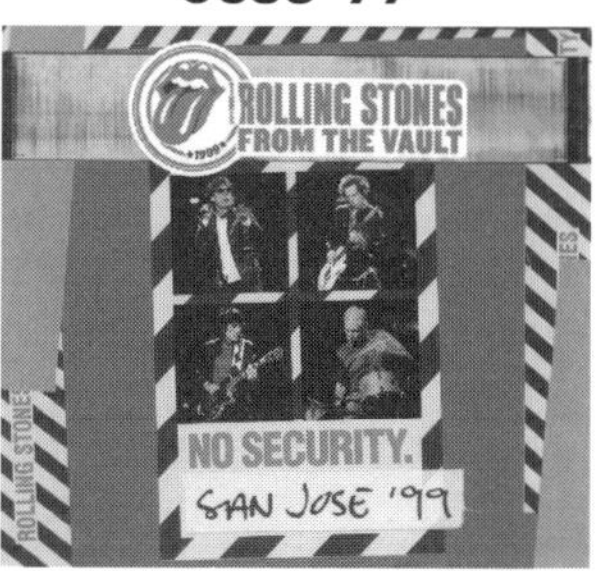

Rolling Stones / Universal / Eagle Vision：EAGDV096［DVD+CD］
録音・撮影：1999年4月19日
発売：2018年7月13日
［DVD］Jumpin' Jack Flash / Bitch / You Got Me Rocking / Respectable / Honky Tonk Women / I Got The Blues / Saint Of Me / Some Girls / Paint It Black / You Got The Silver / Before They Make Me Run / Out Of Control / Route 66 / Get Off Of My Cloud / Midnight Rambler / Tumbling Dice / It's Only Rock 'N Roll (But I Like It) / Start Me Up / Brown Sugar / Sympathy For The Devil
［CD1］1. Jumpin' Jack Flash / 2. Bitch / 3. You Got Me Rocking / 4. Respectable / 5. Honky Tonk Women / 6. I Got The Blues / 7. Saint Of Me / 8. Some Girls / 9. Paint It Black / 10. You Got The Silver / 11. Before They Make Me Run
［CD2］1. Out Of Control / 2. Route 66 / 3. Get Off Of My Cloud / 4. Midnight Rambler / 5. Tumbling Dice / 6. It's Only Rock 'N Roll (But I Like It) / 7. Start Me Up / 8. Brown Sugar / 9. Sympathy For The Devil

《ブリッジズ・トゥ・バビロン・ツアー》は98年9月に全行程を終了。11月にはツアーからの音源をまとめた『ノー・セキュリティ』がリリースされた。しかし、英国のみ、税制の問題で99年の6月まで公演が延期されていたため、空いた隙間に『ノー・セキュリティ』のプロモーションを兼ねて、急遽組まれたのが北米を回る小規模の《ノー・セキュリティ・ツアー》で、99年1月25日から4月20日まで、34公演が行われた。このツアーが特別視されるのは、スタジアム級の会場がメインだったストーンズがアリーナ級の会場（それでも2万人規模）を回ったことと、大がかりなセットを組まず、素のライヴ・パフォーマンスを繰り広げたことにある。ステージの後ろの席にまでお客さんが入っていることからも、その距離の近さが窺える。しかも、《ブリッジズ・トゥ・バビロン・ツアー》からそれほど間が空いていないこともあって、演奏の質的にも非常に充実した内容となった。

　このカリフォルニア州サンノゼ（サン・ホセ）の公演は、本来ならば3〜4公演目に行われる予定だったが、ミックがインフルエンザに罹ったため、ツアーの最終日である6月19日と20日に延期されたもので、ここには19日の演奏を収録。もともと商品化を目的に撮影されていたようで、カメラ・ワークもかなり細かい。セット・リストもスタジアム・ライヴの時とは少し違って、なかなかレアな曲も選ばれており、「サム・ガールズ」「ムーンライト・マイル」（日本盤のCDにのみ収録）、キースの「ユー・ガット・ザ・シルヴァー」などはライヴ初披露曲。「アイ・ガット・ザ・ブルース」も71年以来となる演奏。特にBステージの濃厚さは特筆しておきたい。90年代のストーンズのライヴの記録の中でも、上位に位置するものだろう。

池上

有賀幹夫インタヴュー

——次からはもうガンガン行って、そしたらミックがカメラ目線くれたりしてね。

聞き手＝池上尚志

有賀幹夫氏は、日本人唯一のストーンズ・オフィシャル・カメラマンとしてお馴染みだろう。フォトグラファーであると同時に、ロック・ファンとしての熱い気持ちを持っている方で、ロック・バンドのカッコよさとは何かをよく分かっているし、だからこそ決定的な瞬間を写し取ることができるのだ。アーティストに対する謙虚な姿勢も印象に残った。今回はストーンズを撮ることになったきっかけから、撮影の裏側までさまざまなお話を伺った。

■ロニーから、日本ツアーをついて回れば?と連絡が

——そもそも、なぜカメラマンになったんですか?

「写真は20歳ぐらいから始めたんだけど、最初の目標設定はRCサクセションで、ストーンズもいつか撮りたいってのがあった。ただただ音楽業界に携わりたいなと思って写真を始めたんです。当時はフィルムだから、ライヴハウスとかで撮らせていただいて、自分でプリントしたものを渡すとすごい喜ばれたんですね。そういうことができる若いやつは、何かしらの仕事にはありつけたんです」

——88年のロン・ウッドとボ・ディドリーの来日公演をきっかけにストーンズにたどり着いたと伺っています。

「渋谷のライブ・インだったかな、ひょんなことから写真を撮って。次の日の朝までにプリントを仕上げて、ロンが宿泊しているホテルのフロントに預けたんですね。そしたらロニー側から連絡があって、すごく気に入ったので、この後、日本ツアーをついて回ったらどう?みたいな」

——仕事じゃないけど、ついてきていいよっていう。

「そうそう。それで、バックステージでどうもどうもみたいな。もう最高ですよ。僕も何十年もフォトグラファーやってるけど、そんなことはそうそうないですよ。88年にライヴ・アルバムが出たんだけど（『ライブ・アット・リッツ』）、ジャケットは僕がホテルに預けた写真をロニーがスケッチしたものなんだよね」

――ストーンズ本体を撮ることになった経緯は？

「日本のローリング・ストーンズ・ファンクラブ会長の池田祐司さんと僕とで、ストーンズに動きがあるんじゃないかってニューヨークとロンドンをプラプラしてる中で、89年にニューヨークでの『スティール・ホイールズ』のアルバムとツアーの発表記者会見を撮れたんですね。電撃的だったから、本当に独占。祐司さんも僕の写真をローリング・ストーンズ・ファンクラブのマガジンに載せてストーンズ側に送ったりしてくれて、それで初来日にあたって、日本人カメラマンとして僕が採用されたんですね」

■ミックはプロなんだから気にするわけないだろ！

――初めてストーンズを撮ってみて、いかがでしたか。

「〈スティール・ホイールズ・ツアー〉はステージ・セットがものすごかった。ステージの左右の一段下がったところに撮影ポジションがあるんだけど、ミックってすごく動き回るから、初日は目の前にいるキースばっかり撮っちゃった。そしたら写真チェックで、ミックの担当が不満な顔で、これじゃあ困るよって。僕は言い訳で、まずは初日なのと、あんまり追いかけて気にされちゃうといけないんでって言ったら、ミックはプロなんだからそんなこと気にするわけないだろ！って。もっと撮らなきゃ駄目だろって、もうスッゴイ怒られたよ。一方、キース側は写真いっぱいあるじゃないですか。（女性マネージャーに）いいわよ～、この調子で頑張ってねって（笑）。あのときにストーンズは政治なんだっていうのがリアルに分かった。次からはもうガンガン行って、そしたらミックがカメラ目線くれたりしてね。ミックのカメラ目線なんて、俺、それまでほかの人が撮った写真で見たことないのに。だから初日だけドタバタ劇があったけど、それ以降はすごい気に入ってくれた。それまでのカメラマンとちょっとテイストが違うって」

――どういうところが違うと思われたんですか。

「やっぱり見れない期間が長かったから、妄想時間が長かったわけじゃないですか。過去のカッコいいストーンズっていうイメージと現実に目の前にいるストーンズをドッキングさせて撮ろうとしたんですね。89年のストーンズって、ミックの髪の毛がすごい短かったり、バンド写真もみんなスーツで、大企業のエグゼクティヴたちみたいだった。悪ガキのロックンロール・バンドっていうのから、大人のバンドにイメージを変えてきたんですね。その前の大成功したアメリカ・ツアーのオフィシャル写真も、ロックっていうよりも芸能的なテイストだったんですよ。デカい規模でドカンとやってまっせ、みたいなさ。それこそがストーンズが見せたかったものだけど、俺なんかからするとそんなの関係ないじゃないですか。キースはどうなんだ、キースの弾き方は！ってね。そっちの思いで撮ってたら、アメリカ・ツアーでオフィシャルが撮った写真とテイストが真逆になったんです。それが新鮮だったみたいですね」

——その次の〈ヴードゥー・ラウンジ・ツアー〉からは、ビル・ワイマンがいなくなってしまいましたね。

「ビルがいたときの5人組のストーンズを撮れたのは、本当にラッキーでしたよ。ビルとチャーリーの2人とフロント3人の対比がストーンズの深さを作ってたっていうかね。ダリル・ジョーンズにはいろんな意見があると思うけど、でも、ビルが抜けてバンドもストップすればよかったのかっていうと、それは違うと思うんですね。僕も続けてくれてるのは本当に嬉しい。仕事的にも毎回撮らせてもらえてね」

■ミックとキースが1本のマイクで歌ったのが撮れた！

——その後も何度も撮っていくと、ストーンズを撮るってことに対しての気持ちは変わってくるもんなんですか。

「〈ヴードゥー・ラウンジ・ツアー〉のときは、すごくいい写真がいっぱい撮れて、さらにバンド側から気に入ってもらえたっていう感じはありますね。そのあたりで1回達成感があって、〈ブリッジズ・トゥ・バビロン・ツアー〉の頃は、ちょっと気持ちが冷静というか。だからこそ使い勝手が良かったのか、橋を渡るミックの写真なんかは、いまだにストーンズのいろんな制作物に使われてたりするのが面白いですね。19年に日本の〈Exhibitionism－ザ・ローリング・ストーンズ展〉の開催記念で、95年の〈ヴードゥー・ラウンジ〉のツアー映像を作品として出たときに、ブックレットを全部任されたんですね。ストーンズが面白いのは、撮影して20年～25年経ってから、そういうオフィシャル作品に使われたりする。そのタイム感っていうのがストーンズとの関わりだなと思うんですね」

——今回の本などもそうですが、写真を使うときのルールはどうなってるんですか。

「一度ＯＫが出てるカットは、こちらの権限で僕が提供できるんですね。日本で使えるカットって決まってるから。

写真家としての権利っていうことで、写真展などは自由にできます。ただ、写真展記念って言って勝手にトートバッグを作ったりしたら駄目なわけですよ。それはマーチャンダイズの世界になるから。フィルムとかネガなんかは一部バンド側に渡したものもあるけど、基本は全部自分で持ってますね」

――撮影に関しては、一回ごとにストーンズ側から指名が来るんですか。このツアーはお願いしますみたいな。

「そりゃそうだよ（笑）。将来に渡っての約束なんていうのはあり得ないですよ。でも、若いやつが撮ることになったりしたら、そこで道を断たれるからさ（笑）。何とか継続させないとっていう思いはすごくありましたよ」

――ストーンズのメンバーと直接会う機会はありますか？

「会ったり話したりすることもあるけども、今日はいい天気ですねとかそんなレベルでさ、会話はあんまりしちゃいけないと思ってるんですね。そのためにいるわけじゃないし、（メンバーの行動を）止めちゃうのも嫌だから。それぐらいの領域ですよ、ストーンズって。例えば、海外のヴェテラン・パンク・バンドを毎回ライヴハウスで撮って、メンバーと飲みに行って、とかってのとはやっぱり違う。関係性で一番大事なのは、撮影指示を出してくれるマネージャーさんなんですよね」

――最近のストーンズも海外に行って撮ってらっしゃいますが、昔と変わったなと感じるところはありますか。

「90年代は巨大なステージセットとバンドをどう撮るかっていう感じで、メンバー全員を入れると相当引きの写真になっちゃったんだけど、今はライヴハウスで演奏するのと同じぐらいの距離感で演奏してて、メンバーがどんどん近くなっている。22年には、いつか撮りたいと思ってた、ミックとキースが1本のマイクで歌う姿を撮れた。89年のUSツアーのLA公演で、「デッド・フラワーズ」をやったときにミックとキースが1本のマイクで歌ったって聞いて、うわーっ、見たい！っていう、俺的にはそれ以来だもん。チャーリーが亡くなってからもう一回、ストーンズとはなんぞやってメンバー自身の問いかけがあったんじゃないかって思うんですよ。本当にメンバー同士仲良く演奏してるのが見せどころのショウになってて、だから今はメンバーをそのまま撮ればいいっていうのかな。キースのプレイもまたスイッチ入った感じもありますしね。今年（23年）はついに新作アルバムが出るという話もありますし、久しぶりに来日公演が実現してほしいと願っているんですよ。もう一回来て欲しいですよね」

1990 Tokyo ©Mikio Ariga

2000～

KOJI WAKUI
KOICHI MORIYAMA
SHOJI UMEMURA
JUNICHI YAMADA

優良企業として存在する最高齢ロック・バンドの冒険

和久井光司

今世紀に入って最初のリリースが結成40周年記念／40曲入りのオール・タイム・ベスト『フォーティ・リックス』で、ツアーも〝リックス〟。新曲4つも収録されたものの、「新しい要素なんてなーんにもないからね」とも取れる開き直りが逆に潔く見えるようになったのだから、あーだこーだ言う方が無粋である。ジャケットのアートワークも、かつてアンディ・ウォーホルに頼んでいたバンドとは思えない大味さだが、ガストやサイゼリア、ユニクロにも匹敵する〝ポピュラリティ〟を目指しているのだろうから、センスもクソもない。『ビガー・バン』のアナログ盤が英国では千枚しか売れなかったそうだから、素晴らしい内容の『ブルー&ロンサム』を〝ストーンズ、やってます〟みたいなジャケにしたのも苦肉の策ということかもしれない。

いずれにしても、お爺さんたちのロック・バンドを〝世界最高の〟という位置に置いておくための、前人未到のプロジェクトなのだから、もはや〝冒険〟だ。チャーリーがいなくなっても、まだバンジー・ジャンプを見せようとする80近いお爺さんは、大袈裟ではなく、「全人類に希望を与えている」と言っていい。椅子に座って古い歌を聴かせるならかつてのブルーズマンにもできたが、ミック・ジャガーは最新のステージ・セットの中を走り回り、キース・リチャーズは、今日の「サティスファクション」を弾く。

ローリング・ストーンズが2023年にも存在し、ツアーを続け、ニュー・アルバムを出すなんてことを、誰が想像しただろう？　メンバーを若手に代えても文句を言われないボブ・ディランやポール・マッカートニーとは違って、ストーンズは〝バンド〟なのだ。ザ・フーがあとを追っているとはいえ、どんなにがんばってもストーンズの規模にはならないだろう。

ストーンズの場合、バンドが動かなくても毎年リリースがあり、世界中で物が売れるのだから、企業としてはとんでもなく優秀で、一流の会社であることを見せつけている。その総帥であるミックが（内実はどうかはわからないが）マフィアの親分のようにはならず、キースに気をつかいながら〝バンドマン〟に徹しているのだから、野球やサッカーの試合を中継するアナウンサーが叫ぶ「奇跡のーーッ！」や「運命のーーッ！」より何百倍も奇跡であり、運命的に作り上げた作品だったということだ。それは〝ただのロックンロール〟なのだけれど、上辺だけの修飾語なんて木っ端微塵にする威力がある。

私は自分が書くものが陳腐になるのがイヤだから、奇跡とか運命とか天才なんて言葉はなるべく使わないようにしているのだが、ローリング・ストーンズの歴史は奇跡であり、ミックとキースは運命に導かれてきたと思っている。

長い時間をかけて、ついに目標だった〝ブルーズ・バンド〟になれたことを示した『ブルー＆ロンサム』が出たときに、「ありがとう、ストーンズ」という気になった。

Oct. 2012 London ©Mikio Ariga

Forty Licks

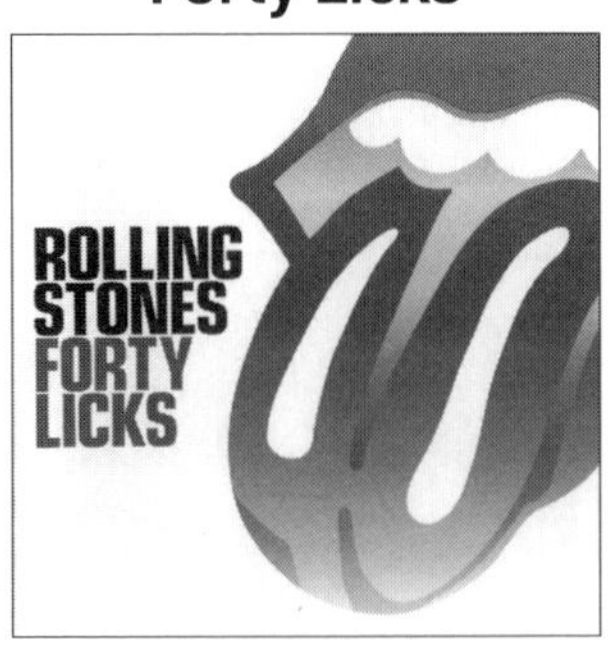

欧・Rolling Stones / Virgin / ABKCO / Decca：CDVD2964［CD］
米・Rolling Stones / Virgin America：7243 8 13378 2 0［CD］
発売：欧・2002年９月30日／米・2002年10月１日
［CD1］1. Street Fighting Man / 2. Gimme Shelter / 3. (I Can't Get No) Satisfaction / 4. The Last Time / 5. Jumpin' Jack Flash / 6. You Can't Always Get What You Want / 7. 19th Nervous Breakdown / 8. Under My Thumb / 9. Not Fade Away / 10. Have You Seen Your Mother Baby? / 11. Sympathy For The Devil / 12. Mother's Little Helper / 13. She's A Rainbow / 14. Get Off Of My Cloud / 15. Wild Horses / 16. Ruby Tuesday / 17. Paint It, Black / 18. Honky Tonk Women / 19. It's All Over Now / 20. Let's Spend The Night Together
2003年New Edition：20. Sympathy For The Devil (The Neptunes Remix)
［CD2］1. Start Me Up / 2. Brown Sugar / 3. Miss You / 4. Beast Of Burden / 5. Don't Stop / 6. Happy / 7. Angie / 8. You Got Me Rocking / 9. Shattered / 10. Fool To Cry / 11. Love Is Strong / 12. Mixed Emotions / 13. Keys To Your Love / 14. Anybody Seen My Baby? /15. Stealing My Heart / 16. Tumbling Dice / 17. Undercover Of The Night / 18. Emotional Rescue / 19. It's Only Rock 'n' Roll / 20. Losing My Touch

ゼロ年代最初のリリースとなったオール・タイム・ベスト。結成40周年で全40曲、これでもかと押し寄せる代表曲のオンパレードに改めて圧倒される。この時点でのキャリアを網羅したつくりは入門編としても最適で、本作でローリング・ストーンズに初めて触れたという方も多いだろう。

コアなファンのお目当ては、4曲収録された新作。シングルとしてリリースされた「ドント・ストップ」はアメリカン・ロック調ナンバーだが、余裕綽々のヴォーカルと五弦ギターが絡むと途端にストーンズに。「キーズ・トゥ・ユア・ラヴ」は一転してアダルトな雰囲気で、ダリル・ジョーンズがキーに合わせてドロップのDノートを弾いているのが新鮮だ。ギター・ポップ風イントロに驚かされる「スティーリング・マイ・ハート」も若々しくて良いが、何と言ってもキース主導でヴォーカルもとった「ルージング・マイ・タッチ」が素晴らしい。ピアノ／ギター／ベースの生楽器陣とスティール・ギターによるシンプルなアレンジに、渋み１００％の声が乗っかる、切なくも優しいクロージング・ナンバーだ。

本作のマスタリング・エンジニアは泣く子も黙る二大巨頭、ボブ・ラドウィグとスティーブン・マーカソン。ディスク１は派手さを重視したのか、高音成分が強調されている。聞き慣れたはずの「ユー・キャント・オールウェイズ・ゲット・ホワット・ユー・ウォント」のマラカス音に昇天。ジミー・ミラー期は打楽器の扱いが見事だが、特に振り物系が絶妙だ。ディスク2はフル・レンジの新曲との兼ね合いか中域を少し膨らませながら、左右の間隔を広げた印象。万人が親しみやすい処理で「フール・トゥ・クライ」のような歌モノのバラードは、アルバム収録ヴァージョンとは違った穏やかな趣きがある。

森山

Licks Tour

2002年9月3日〜2003年11月9日

□サポート・アクト

Danko Jones
The Pretenders
Buddy Guy
Dr. John
Jonny Lang
The Strokes
No Doubt
Elvis Costello
The White Stripes
Shaggy
Sheryl Crow
Solomon Burke
Lifehouse
Les Respectables
Ryan Adams
Susan Tedeschi
Jet
The Cranberries
AC/DC
The Hives
Brainstorm
Olympic

◆参加ミュージシャン

Darryl Jones (b)
Chuck Leavell (kbd, cho)
Bobby Keys (sax)
Tim Ries (sax)
Michael Davis (trombone)
Kent Smith (trumpet)
Lisa Fischer (cho)
Bernard Fowler (cho)
Blondie Chaplin (cho, g)

◉セット・リスト

1. Brown Sugar
2. It's Only Rock and Roll
3. Start Me Up
4. Don't Stop
5. Tumbling Dice
6. Angie
7. You Can't Always Get What you Want
8. Midnight Rambler
9. Monkey Man
10. Love Train
11. Little Queenie
12. Slipping Away
13. Happy
14. Sympathy for the Devil
15. You Got Me Rocking
16. When the Whip Comes Down
17. Miss You
18. Gimme Shelter
19. Honky Tonk Woman
20. Street Fighting Man
21. Jumpin' Jack Flash

ーNorth Americaー

2002-08-16 Palais Royale, Toronto, Canada
2002-09-03 FleetCenter, Boston, United States
2002-09-05 Gillette Stadium, Foxboro, United States
2002-09-08 Orpheum Theatre, Boston, United States
2002-09-10 United Center, Chicago, United States
2002-09-13 Comiskey Park, Chicago, United States

●コンピレイション・アルバム『フォーティ・リックス』の発売に合わせて行われた40周年ツアーは、スタジアム、アリーナ、劇場と3つの大きさの会場を混在させたものになった。掲載したセット・リストはスタジアムの例だが、ツアーを通じて実に80曲が披露されたと言う。

本ツアーでは、SARSの影響でいくつかの公演が中止になっている。また、香港でストーンズ初のコンサートが行われた。

2002-09-16 Aragon Ballroom, Chicago, United States
2002-09-18 Veterans Stadium, Philadelphia, United States
2002-09-20 First Union Center, Philadelphia, United States
2002-09-22 Tower Theater, Upper Darby, United States
2002-09-26 Madison Square Garden, New York City, United States
2002-09-28 Giants Stadium, East Rutherford, United States
2002-09-30 Roseland Ballroom, New York City, United States
2002-10-04 FedExField, Landover, United States
2002-10-05 Hartford Civic Center, Hartford, United States
2002-10-12 Ford Field, Detroit, United States
2002-10-14 Gund Arena, Cleveland, United States
2002-10-16 Air Canada Centre, Toronto, Canada
2002-10-18 SkyDome, Toronto, Canada
2002-10-20 Nationwide Arena, Columbus, United States
2002-10-22 Office Depot Center, Sunrise, United States
2002-10-23 American Airlines Arena, Miami, United States
2002-10-26 Turner Field, Atlanta, United States
2002-10-31 Staples Center, Los Angeles, United States
2002-11-02 Edison International Field, Anaheim, United States
2002-11-04 Wiltern Theatre, Los Angeles, United States
2002-11-06 Tacoma Dome, Tacoma, United States
2002-11-08 Pacific Bell Park, San Francisco, United States
2002-11-09 Pacific Bell Park, San Francisco, United States
2002-11-12 Oakland Arena, Oakland, United States
2002-11-14 San Diego Sports Arena, San Diego, United States
2002-11-16 The Joint, Las Vegas, United States [Private show with John Mellencamp]
2002-11-23 SBC Center, San Antonio, United States
2002-11-25 Gaylord Entertainment Center, Nashville, United States
2002-11-29 The Joint, Las Vegas, United States
2002-11-30 MGM Grand Garden Arena, Las Vegas, United States
2003-01-08 Bell Centre, Montreal, Canada
2003-01-10 Mellon Arena, Pittsburgh, United States
2003-01-12 FleetCenter, Boston, United States
2003-01-16 Madison Square Garden, New York City, United States

2003-01-18 Madison Square Garden, New York City, United States
2003-01-21 United Center, Chicago, United States
2003-01-22 United Center, Chicago, United States
2003-01-25 Reliant Stadium, Houston, United States
2003-01-28 Ford Center, Oklahoma City, United States
2003-01-30 America West Arena, Phoenix, United States
2003-02-01 Pepsi Center, Denver, United States
2003-02-04 HP Pavilion at San Jose, San Jose, United States
2003-02-06 Staples Center, Los Angeles, United States
2003-02-08 MGM Grand Garden Arena, Las Vegas, United States

—Australia—

2003-02-18 Enmore Theatre, Sydney, Australia
2003-02-20 Sydney Super Dome, Sydney, Australia
2003-02-22 Sydney Super Dome, Sydney, Australia
2003-02-25 Rod Laver Arena, Melbourne, Australia
2003-02-27 Rod Laver Arena, Melbourne, Australia
2003-03-01 Rod Laver Arena, Melbourne, Australia
2003-03-04 Brisbane Entertainment Centre, Brisbane, Australia
2003-03-05 Brisbane Entertainment Centre, Brisbane, Australia

—Asia—

2003-03-10 Nippon Budokan, Tokyo, Japan
2003-03-12 Yokohama Arena, Yokohama, Japan
2003-03-15 Tokyo Dome, Tokyo, Japan
2003-03-16 Tokyo Dome, Tokyo, Japan
2003-03-20 Osaka Dome, Osaka, Japan
2003-03-21 Osaka Dome, Osaka, Japan
2003-03-24 Singapore Indoor Stadium, Singapore
2003-03-26 Singapore Indoor Stadium, Singapore
2003-04-04 Palace Grounds, Bangalore, India
2003-04-07 Brabourne Stadium, Mumbai, India

—Europe—

2003-06-04 Olympiahalle, Munich, Germany
2003-06-06 Olympiastadion, Munich, Germany
2003-06-08 Circus Krone Bau, Munich, Germany
2003-06-10 Stadio Giuseppe Meazza, Milan, Italy
2003-06-13 O-Vision Zukunftspark, Oberhausen, Germany
2003-06-15 Olympiastadion, Berlin, Germany
2003-06-18 Ernst Happel Stadion, Vienna, Austria
2003-06-20 Festwiese, Leipzig, Germany
2003-06-22 Hockenheimring, Hockenheim, Germany
2003-06-25 Estadio San Mames, Bilbao, Spain
2003-06-27 Estadio Vicente Calderón, Madrid, Spain
2003-06-29 Estadi Olímpic de Montjuïc, Barcelona, Spain
2003-07-05 Stade Vélodrome, Marseille, France
2003-07-07 Palais omnisports de Paris-Bercy, Paris, France
2003-07-09 Stade de France, Paris, France
2003-07-11 L'Olympia, Paris, France
2003-07-13 Parken Stadium, Copenhagen, Denmark
2003-07-16 Helsinki Olympic Stadium, Helsinki, Finland
2003-07-18 Stockholm Olympic Stadium, Stockholm, Sweden
2003-07-20 Stockholm Globe Arena, Stockholm, Sweden
2003-07-22 Cirkus, Stockholm, Sweden
2003-07-24 AOL-Arena, Hamburg, Germany
2003-07-27 Letná, Prague, Czech Republic

—North America—

2003-07-30 Downsview Park, Toronto, Canada [SARSstock Concert]

—Europe—

2003-08-08 EXPO-Gelaende Messe Ost, Hanover, Germany
2003-08-11 Feijenoord Stadion, Rotterdam, Netherlands
2003-08-13 Feijenoord Stadion, Rotterdam, Netherlands
2003-08-15 Rotterdam Ahoy, Rotterdam Ahoy, Netherlands
2003-08-16 Muziekcentrum Vredenburg, Utrecht, Netherlands
2003-08-19 Amsterdam ArenA, Amsterdam, Netherlands
2003-08-24 Twickenham Stadium, London, England
2003-08-27 Astoria, London, England
2003-08-29 Wembley Arena, London, England
2003-09-01 Scottish Exhibition and Conference Centre, Glasgow, Scotland
2003-09-03 Scottish Exhibition and Conference Centre, Glasgow, Scotland
2003-09-05 Manchester Evening News Arena, Manchester, England
2003-09-07 Rock Werchter, Werchter, Belgium
2003-09-09 Point Theatre, Dublin, Ireland
2003-09-11 Point Theatre, Dublin, Ireland
2003-09-13 Wembley Arena, London, England
2003-09-15 Wembley Arena, London, England
2003-09-20 Twickenham Stadium, London, England
2003-09-22 Amsterdam ArenA, Amsterdam, Netherlands
2003-09-25 Estadio Municipal Foietes, Benidorm, Spain
2003-09-27 Estádio Cidade de Coimbra, Coimbra, Portugal
2003-09-29 Feria de Muestras, Zaragoza, Spain
2003-10-02 Letzigrund Stadion, Zürich, Switzerland

—Asia—

2003-11-07 Tamar Festival Site, Hong Kong
2003-11-09 Tamar Festival Site, Hong Kong

Licked Live in NYC

Rolling Stones / Mercury Studios / Universal：4553838［DVD+CD］
録音・撮影：2002年５月〜６月、８月９日、2003年１月18日、８月19日
発売：2022年６月10日
［DVD］Intro / Street Fighting Man / Start Me Up / If You Can't Rock Me / Don't Stop / Monkey Man / Angie / Let It Bleed / Midnight Rambler / Tumbling Dice / Thru And Thru / Happy / Gimme Shelter / You Got Me Rocking / Can't You Hear Me Knocking / Honky Tonk Women Featuring - Sheryl Crow / (I Can't Get No) Satisfaction / It's Only Rock 'N' Roll (But I Like It) / When The Whip Comes Down / Brown Sugar / Sympathy For The Devil / Jumpin' Jack Flash
Bonus Features; Live In Amsterdam: Star Star / I Just Want To Make Love To You / Street Fighting Man / Rehearsals: Well Well / Extreme Western Grip
［CD1］1. Intro / 2. Street Fighting Man / 3. Start Me Up / 4. If You Can't Rock Me / 5. Don't Stop / 6. Monkey Man / 7. Angie / 8. Let It Bleed / 9. Midnight Rambler / 10. Tumbling Dice / 11. Thru And Thru / 12. Happy
［CD2］1. Gimme Shelter / 2. You Got Me Rocking / 3. Can't You Hear Me Knocking / 4. Honky Tonk Women Featuring - Sheryl Crow / (I Can't Get No) Satisfaction / It's Only Rock 'N' Roll (But I Like It) / When The Whip Comes Down / Brown Sugar / Sympathy For The Devil / Jumpin' Jack Flash

『ＨＢＯスペシャル』として放送されたマディソン・スクエア・ガーデン公演のレストア&リマスター盤。次頁の『フォー・フリックス』で大半が公開されていたので、ファンの間では有名なライヴではあったが、サウンドもヴィジュアルも約20年間でここまで進化／深化するのかと驚かされた。エレキ・ギターは格段にファットになり、キーボード類のデジタル臭さやライン丸出しのアコギの音も改善されている。奥行きを増した映像も素晴らしく、今回初出のシーンでは、キースが座り込んで奔放なソロを聞かせる「タンブリング・ダイス」が痛快だった。ライヴ前半はアンサンブルに少しチグハグな印象を受けるが、相当リハーサルを重ねたっぽい当時の新曲「ドント・ストップ」はスタジオ盤より躍動感が数倍あるし、「モンキーマン」のハネ具合も気持ちいい。「レット・イット・ブリード」「ミッドナイト・ランブラー」の辺りで、ようやく撮影班の存在を忘れたように、明らかに〝ゾーン〟に入っていくのが感じられてゾクゾクする。日本盤はＤＶＤ＋２枚組ＣＤ、ＳＤブルーレイ＋２枚組ＣＤ、そして２枚組ＣＤでの発売だが、懐に余裕がある方にはＳＤブルーレイのパッケージをお勧めしたい。ツアー開始の14週間前から初日までの準備期間を追いかけたドキュメンタリー『ティップ・オブ・ザ・タン』が追加されているのだ。膨大なレパートリーに向き合う演者側のミュージシャン・シップから、ヴィジュアルも含めたステージ演出の打ち合わせに挑む真摯な態度まで、これぞ〝プロフェッショナル〟な仕事ぶりが垣間見える。トロントの小さなクラブでのウィーム・アップ・ギグで、久々に人前に出るメンバーが若手バンドみたいに緊張している様や、終演後にホッとして車で談笑する姿は必見だ。

森山

Four Flicks

TGA DVD / Warner Music Vision：7479700122
［DVD］
録音・撮影：2002年11月4日、2003年1月18日、6月8日、7月11日、8月24日
発売：2003年11月11日
［DVD1］Tip Of The Tongue - The Licks World Tour
Tip Of The Tongue - The Documentary; Featurettes: Licks Around The World / Toronto Rocks / Monkey Man(Select-A-Stone-Featurette) / The Bootlegs: Beast Of Burden / You Don't Have To Mean It / Rock Me Baby / Bitch / I Can't Turn You Loose / Extreme Western Grip / Well Well
［DVD2］New York City, Madison Square Garden (Arena Show)
Intro (Incl. Miss You - Dr. Dre Remix 2002) / Street Fighting Man / If You Can't Rock Me / Don't Stop / Monkey Man / Angie / Let It Bleed / Midnight Rambler / Thru And Thru / Happy / You Got Me Rocking / Can't You Hear Me Knocking / Honky Tonk Women / (I Can't Get No) Satisfaction / It's Only Rock 'N' Roll / When The Whip Comes Down / Brown Sugar / Jumpin' Jack Flash
Band Commentaries: Street Fighting Man / Happy / It's Only Rock 'N' Roll
Featurettes:Sheryl Crow And The Stones / Making The HBO Special
［DVD3］London, Twickenham Stadium (Stadium Show): Brown Sugar / You Got Me Rocking / Rocks Off / Wild Horses / You Can't Always Get What You Want / Paint It, Black / Tumbling Dice / Slipping Away / Sympathy For The Devil / Star Star / I Just Want To Make Love To You / Street Fighting Man / Gimme Shelter / Honky Tonk Women / (I Can't Get No) Satisfaction / Jumpin' Jack Flash
Band Commentaries:Gimme Shelter / (I Can't Get No) Satisfaction / Sympathy For The Devil / Featurettes: AC/DC And The Stones / Jumbotron Animation
［DVD4］Paris, Olympia Theatre: Start Me Up / Live With Me / Neighbours / Hand Of Fate / No Expectations / Worried About You / Doo Doo Doo Doo (Heartbreaker) / Stray Cat Blues / Dance (Pt. 1) / Everybody Needs Somebody To Love / That's How Strong My Love Is / Going To A Go-Go / The Nearness Of You / Before They Make Me Run / Love Train / Respectable / Honky Tonk Women / Brown Sugar / Jumpin' Jack Flash / Band Commentaries: Start Me Up / Honky Tonk Women / Jumpin' Jack Flash / Featurettes: Solomon "The Rev." Burke / Playing The Olympia / Angie(Select-A-Stone-Bonus-Track)

02～03年に行われたリックス・ツアーの模様を収めたDVD4枚組の映像大作。「こんなんイッキに見るモンちゃいまっせ」と思いながらも、和久井編集長の〆切が鬼タイトなので、ぶっ続けで鑑賞しましたよ。途中で楽しくなってお酒も進み、ご機嫌にヘロヘロではありますが、同じ再生装置で視聴することで発見も多かったです。

このツアーはアリーナ／スタジアム／シアターという3形態の会場で行われ、其々セット・リストも異なる挑戦的なものだったが、驚いたのが同じ時期の演奏でも、会場の大小でメンバーのプレイや音の交じり具合がここまで変わってくるのかということ。当時のモニター環境では、アリーナやスタジアム形態の会場だと相当聞きづらかったのか、バンドが慎重になるシーンも多い。それは、マディソン・スクエア・ガーデンやトゥイッケナム・ラグビー場における前半の探り具合で一目瞭然だ。その分、センターにこぢんまり作られたBステージに出てきてからのグルーヴは凄まじく、ドラムの生音が聞こえる位置に移動したら、この人達は無敵なのだと改めて感じさせられた。とくにトゥイッケナムの「スター・スター」「ストリート・ファイティング・マン」は本当に凄まじいとしか言いようがない。真骨頂はパリのオリンピア劇場が舞台のディスク4。反響音も優れていたのか、ほかの3枚に比べて、オーディエンス・マイクの成分も多く、客席で聞いているような一体感を味わえる。比較的マイナーなナンバーやソウルのカヴァーなど、通好みの選曲ではあるが、ライヴ・バンドとしての圧がストレートに伝わってくる。

しかし、大会場だとあんなに格好いいダリル・ジョーンズのベースが時折浮いて聞こえてくるのは何故なのだろう？やはり歩んできた年月の違いなのだろうか？　**森山**

Live Licks

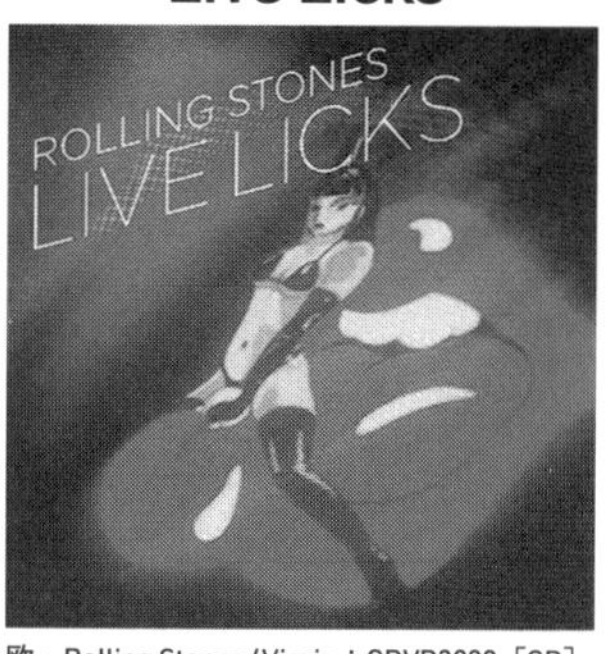

欧・Rolling Stones/Virgin：CDVD3000［CD］
米・Rolling Stones/Virgin：7243 8 75183 2 2［CD］
録音：2002年11月4日、2003年1月18日、7月11日、8月24日
発売：欧・2004年11月1日／米・2004年11月1日
［CD1］1. Brown Sugar / 2. Street Fighting Man / 3. Paint It Black / 4. You Can't Always Get What You Want / 5. Start Me Up / 6. It's Only Rock 'N Roll (But I Like It) / 7. Angie / 8. Honky Tonk Women Featuring – Sheryl Crow / 9. Happy / 10 . Gimme Shelter / 11. (I Can't Get No) Satisfaction
［CD2］1. Neighbours / 2. Monkey Man / 3. Rocks Off / 4. Can't You Hear Me Knocking / 5. That's How Strong My Love Is / 6. The Nearness Of You / 7. Beast Of Burden / 8. When The Whip Comes Down / 9. Rock Me Baby / 10. You Don't Have To Mean It / 11. Worried About You / 12. Everybody Needs Somebody To Love Featuring – Solomon Burke
日本盤ボーナス・トラック：13. If You Can't Rock Me
プロデューサー：Don Was, The Glimmer Twins
参加ミュージシャン：
Darryl Jones (b)
Chuck Leavell (kbd)
Bernard Fowler (cho, per)
Lisa Fischer (cho)
Blondie Chaplin (cho, per)
Bobby Keys (sax)
Andy Snitzer (sax, kbd)
Michael Davis (trombone)
Kent Smith (trumpet)
Sheryl Crow (vo)
Solomon Burke (vo)

Uncensored Cover
欧・Rolling Stones/Virgin：07243 8 75186 2 9［CD］
発売：2004年11月

1年以上に及んだリックス・ツアーから選りすぐりのテイクを集めた2枚組ライヴ。収録現場はアリーナ／スタジアム／劇場とさまざまだが、ボブ・クリアマウンテンによるソリッドで攻撃的なミックスは、会場の大小を感じさせない。音像は全編を通して、素材の味を活かすというよりは旨味調味料をブチ込みつつ、盛りつけにも拘ったという印象。ちょっとだけヤリ過ぎの感も否めないが、ここでの筋力増強具合に翌年のパンプ・アップ作「ビガー・バン」のヒントが隠れてるのかもしれない。

有名曲が並んだディスク1は前のめりな（若干速度上げてる？）「ブラウン・シュガー」に始まり、「ストリート・ファイテング・マン」「ペイント・イット・ブラック」とワイルドな演奏の連続。パワフルにコンプレスされたドラムの上を、2本のギターが荒々しく飛び交っている。インタビューで本人たちも語っている通り、キースとロニーのパートは、どちらかがリードで、どちらかがバッキングといった明確な棲み分けはなく、必要に応じて入れ替わる〝押したり引いたりの関係〟だ。ギター・サウンドが強調された本作では、その仕掛け合いを楽しむのも一興。ただ、ギターに焦点を当てている分、犠牲になったパートもあり、シェリル・クロウ参加の「ホンキー・トンク・ウィメン」におけるチャック・リーヴエルのご機嫌なソロなんかは、真ん中でデカく出して欲しかったかも。

レア曲満載のディスク2には聞きどころも多い。オーティス・レディングでお馴染みの「ザッツ・ハウ・ストロング・マイ・ラヴ・イズ」でのミックの巧みな節回しや、キースの歌うホーギー・カーマイケル作のスタンダード「ザ・ニアミス・オブ・ユー」でのサポート陣のツボを抑えたプレイは、何度聞いても素晴らしい。

森山

Various
Toronto Rocks

Rhino Home Video：R2 970341［DVD］
撮影：2003年７月30日
発売：2004年７月14日

The Have Love Will Travel Revue – Intro W/ (Skybox Ballroom Pump) / The Flaming Lips – Race For The Prize / The Flaming Lips – Do You Realize / The Have Love Will Travel Revue – Dig Myself A Hole / The Isley Brothers – Who's That Lady / The Isley Brothers – Shout / Justin Timberlake – Señorita / The Have Love Will Travel Revue – Time Won't Let Me / The Guess Who – American Woman / The Guess Who – No Time / Rush – Limelight / Rush – Freewill / Rush – Paint It, Black/The Spirit Of Radio / AC/DC – Back In Black / AC/DC – Thunderstruck / The Rolling Stones – Start Me Up / The Rolling Stones – Ruby Tuesday / The Rolling Stones With Justin Timberlake – Miss You / The Rolling Stones With AC/DC – Rock Me Baby / The Rolling Stones – Satisfaction / Rolling Stones – Jumpin' Jack Flash
Bonus Materials
Various – The Group Photo: Exclusive Backstage Footage / The Rolling Stones With Justin Timberlake – Justin Timberlake Meets The Rolling Stones / The Stones With AC/DC – AC/DC Rockin' With The Stones / AC/DC – Director's Chair: Marty Callner's Broadcast Call Of AC/DC "Thunderstruck" / Sam Roberts/ Kathleen Edwards/La Chicane/ he Tea Party/ Sass Jordan & Jeff Healey/Blue Rodeo – Get The Party Started – A Featurette On Opening Performances

SARSの影響でダメージを受けていたトロントの経済を再興させるべく開かれた、大規模なベネフィット・コンサートの模様を収録した2枚組DVD。

ディスク1は、まるでカナダディアン・アーティストの見本市だ。男臭いロックを聞かせるサム・ロバーツ、爽やかなギターポップ系のキャスリーン・エドワーズ、フランス語コミュニティで活躍するラ・シケイン、ラインナップ中、最もヘヴィなザ・ティー・パーティー、独自のカントリー・ロックを確立したブルー・ロデオと続く。見どころ満載だが、ストーンズ・ファンには、粋な姉御風シンガーのサス・ジョーダンをオススメしたい。正統派ロックの流れに則った曲づくりやソウルフルな歌声は、耳の肥えた方々にもきっとアピールするはずだ。ゲスト出演した同郷のレジェンド、ジェフ・ヒーリーのプレイも凄まじい。

ディスク2には、アメリカから奇天烈ポップ集団のフレイミング・リップスに、まさかのアイズレー・ブラザーズ。筋骨隆々のアーニーのギターが炸裂する。次のジャスティン・ティンバーレイクはアウェイ感満載で、可哀想に客席からいろんな物を投げつけられている。なんとか堪えて頑張ってはいるのだが、イメージと言うのは本当に恐ろしい。ここからは安定の大御所祭り。親分的存在のゲス・フーに地元のスーパースター、ラッシュも参戦。目眩くインター・プレイに観客も大熱狂だ。トリ前はAC／DC。オーストラリア産の彼らが呼ばれたのは、当時のストーンズとの仲睦まじい間柄のせいだろう。強靭なボトムの上をアンガス・ヤングが縦横無尽に暴れ回る鉄板のパフォーマンスを見せてくれる。さて、肝心の主役の前に紙幅が尽きそうだ。やはり別格とだけ書いておこう。ほかのページは全部ストーンズだし、いいよね？　**森山**

A Bigger Bang

欧・Rolling Stones/Virgin：CDV3012［CD］
米・Rolling Stones/Virgin：0946 3 30067 2 0［CD］
録音：2005年3月、6月、2003年1月18日、7月11日、8月24日
発売：欧・2005年9月5日／米・2004年9月6日

1. Rough Justice / 2. Let Me Down Slow / 3. It Won't Take Long / 4. Rain Fall Down / 5. Streets Of Love / 6. Back Of My Hand / 7. She Saw Me Coming / 8. Biggest Mistake / 9. This Place Is Empty / 10. Oh No Not You Again / 11. Dangerous Beauty / 12. Laugh, I Nearly Died / 13. Sweet Neocon / 14. Look What The Cat Dragged In / 15. Driving Too Fast / 16. Infamy
Special Edition［DVD］Introduction To A Bigger Bang / Streets Of Love (Video) / Streets Of Love (TV Performance) / Rough Justice (TV Performance) / Under The Radar / Don't Wanna Go Home / Rain Fall Down (Ashley Beedles Heavy Disco Vocal Re Edit) (Multimedia Track)
プロデューサー：Don Was, The Glimmer Twins, Matt Clifford
参加ミュージシャン：
Darryl Jones (b)
Chuck Leavell (kbd)
Matt Clifford (kbd, programming, string arrangement)
Blondie Chaplin (cho)
Lenny Castro (per)
Don Was (p)

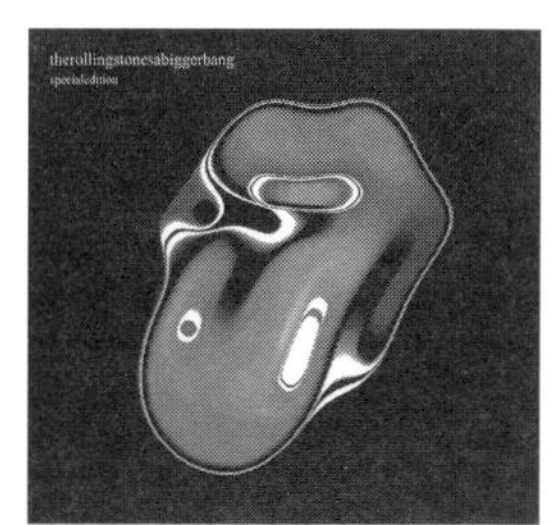

Special Edition
欧・Rolling Stones/Virgin/EMI：0094634912822［CD+DVD］
発売：2005年

90年代にはインスパイア系のプライマル・スクリームやブラック・クロウズが影響を惜しげもなく公言し、本家と見紛うレベルの良質なアルバムを出したり、00年に入ってもホワイト・ストライプスやブラック・キーズがサンプリング感覚でベロ印を拝借、自身の作品に落とし込んだ。

そこに来てのストーンズのオリジナル新作である。影響を与えたバンドから刺激を受けて自身がアップデートしていくかたち。こういうの、逆輪入じゃなくて、なんて言うんだっけ？

ともかく、時代に寄り添って流行りモノを取り入れたり、若い奴に全部任せたりといった今までのやり方とは違う、得意技や手持ちの武器を再度検証して、切れ味も筋肉もマシマシにした本盤は、70年代の名作群にも引けをとらない、21世紀型ストーンズの姿を世間に知らしめたのだ。

楽曲の良さも光る。「ストリーツ・オブ・ラヴ」、「ビッゲスト・ミステイク」といったシングルはもちろん、勢い一発のR&R「ラフ・ジャスティス」「オー・ノー・ノット・ユー・アゲイン」に、ダンサブルな「レイン・フォール・ダウン」、ブルーズ・ナンバーの「バック・オブ・マイ・マインド」など、どの曲も丁寧に編まれている上にヴァラエティに富んでいて、繰り返し聞く価値がある。ふたつのキース歌唱曲「ディス・プレイス・イズ・エンプティー」「インファミー」におけるミックの貢献も顕著で、泊まり込みで一緒に制作したという、仲の良さが反映されていて嬉しい。全16曲60分超えの長さながら、全く飽きさせない構成も見事だ。

のちにリリースされたスペシャル・エディションにはDVDが付属されたが、中身はMVやテレビ放送の寄せ集めで、コレクターズ・アイテムの域を出ない。

森山

●2年をかけて147回のコンサートを行った、ア・ビガー・バン・ツアーは、当時史上最高の興行収入を叩き出した。その中には、初の中国・上海でのコンサートも含まれている（フォーティ・リックス・ツアーで開催が予定されていたが、SARSのためキャンセルされていた。）

途中の休暇の間にキースが木から落ちるアクシデントがあり、いくつかのショウが延期されたのもこのツアーだった。

A Bigger Bang Tour

2005年8月21日〜2007年8月26日

□サポート・アクト

Toots & the Maytals
Lifehouse
The Black Eyed Peas
Alice Cooper
Maroon 5
Kanye West
Beck
Pearl Jam
The Smashing Pumpkins
Alanis Morissette
Christina Aguilera
Mötley Crüe
Metallica
Brooks & Dunn
Bonnie Raitt
Trey Anastasio
Dave Matthews Band
Living Colour
The Living End
Joss Stone
Nickelback
Buddy Guy
The Charlatans
Regina
Feeder
The John Mayer Trio
Wilco
Richie Kotzen
Our Lady Peace
Juan Luis Guerra
Van Morrison

◆参加ミュージシャン

Darryl Jones (b)
Chuck Leavell (kbd, cho)
Bernard Fowler (cho)
Lisa Fischer (cho, per)
Blondie Chaplin (cho, g)
Bobby Keys (sax)
Tim Ries (sax, kbd)
Michael Davis (trombone)
Kent Smith (trumpet)

◉セット・リスト

1. Start Me Up
2. You Got Me Rocking
3. Rough Justice
4. Ain't Too Proud To Beg
5. She Was Hot
6. You Can't Always Get What You Want
7. Can't You Hear Me Knocking
8. I'll Go Crazy
9. Tumbling Dice
10. You Got the Silver
11. Wanna Hold You
12. Miss You
13. It's Only Rock 'n Roll (But I Like It)
14. (I Can't Get No) Satisfaction
15. Honky Tonk Women
16. Sympathy for the Devil
17. Paint It Black
18. Jumpin' Jack Flash
19. Brown Sugar

—North America—

2005-08-10 Phoenix Concert Theatre, Toronto, Canada
2005-08-21 Fenway Park, Boston, United States
2005-08-23 Fenway Park, Boston, United States
2005-08-26 Rentschler Field, East Hartford, United States
2005-08-28 Frank Clair Stadium, Ottawa, Canada
2005-08-31 Comerica Park, Detroit, United States
2005-09-03 Magnetic Hill Concert Site, Moncton, Canada
2005-09-06 Xcel Energy Center, St. Paul, United States
2005-09-08 Bradley Center, Milwaukee, United States
2005-09-10 Soldier Field, Chicago, United States
2005-09-13 Madison Square Garden, New York City, United States
2005-09-15 Giants Stadium, East Rutherford, United States
2005-09-17 Pepsi Arena, Albany, United States
2005-09-24 Nationwide Arena, Columbus, United States
2005-09-26 Rogers Centre, Toronto, Canada
2005-09-28 PNC Park, Pittsburgh, United States
2005-10-01 Hersheypark Stadium, Hershey, United States
2005-10-03 MCI Center, Washington, D.C., United States
2005-10-06 Scott Stadium, Charlottesville, United States
2005-10-08 Wallace Wade Stadium, Durham, United States
2005-10-10 Wachovia Center, Philadelphia, United States
2005-10-12 Wachovia Center, Philadelphia, United States
2005-10-15 Philips Arena, Atlanta, United States
2005-10-17 American Airlines Arena, Miami, United States
2005-10-19 St. Pete Times Forum, Tampa, United States
2005-10-21 Charlotte Bobcats Arena, Charlotte, United States
2005-10-28 Pengrowth Saddledome, Calgary, Canada
2005-10-30 KeyArena, Seattle, United States
2005-11-01 Rose Garden Arena, Portland, United States
2005-11-04 Angel Stadium of Anaheim, Anaheim, United States
2005-11-06 Hollywood Bowl, Los Angeles, United States
2005-11-08 Hollywood Bowl, Los Angeles, United States
2005-11-11 Petco Park, San Diego, United States
2005-11-13 SBC Park, San Francisco, United States
2005-11-15 SBC Park, San Francisco, United States
2005-11-18 MGM Grand Garden Arena, Las Vegas, United States

2005-11-20 Save Mart Center, Fresno, United States
2005-11-22 Delta Center, Salt Lake City, United States
2005-11-24 Pepsi Center, Denver, United States
2005-11-27 Glendale Arena, Glendale, United States
2005-11-29 American Airlines Center, Dallas, United States
2005-12-01 Toyota Center, Houston, United States
2005-12-03 FedExForum, Memphis, United States
2006-01-10 Bell Centre, Montreal, Canada
2006-01-13 TD Banknorth Garden, Boston, United States
2006-01-15 TD Banknorth Garden, Boston, United States
2006-01-18 Madison Square Garden, New York City, United States
2006-01-20 Madison Square Garden, New York City, United States
2006-01-23 United Center, Chicago, United States
2006-01-25 United Center, Chicago, United States
2006-01-27 Savvis Center, St. Louis, United States
2006-01-29 Qwest Center Omaha, Omaha, United States
2006-02-01 1st Mariner Arena, Baltimore, United States
2006-02-05 Ford Field, Detroit, United States [Super Bowl XL]
2006-02-08 Philips Arena, Atlanta, United States
2006-02-11 Puerto Rico, San Juan, United States

—South America—

2006-02-18 Copacabana Beach, Rio de Janeiro, Brazil
2006-02-21 River Plate Stadium, Buenos Aires, Argentina
2006-02-23 River Plate Stadium, Buenos Aires, Argentina

—North America—

2006-02-26 Foro Sol, Mexico City, Mexico
2006-03-01 Estadio Universitario, Monterrey, Mexico
2006-03-04 MGM Grand Garden Arena, Paradise, United States
2006-03-06 The Forum, Inglewood, United States
2006-03-09 Alltel Arena, North Little Rock, United States
2006-03-12 BankAtlantic Center, Sunrise, United States
2006-03-14 Radio City Music Hall, New York City, United States

—Asia—

2006-03-22 Tokyo Dome, Tokyo, Japan
2006-03-24 Tokyo Dome, Tokyo, Japan
2006-03-29 Sapporo Dome, Sapporo, Japan
2006-04-02 Saitama Super Arena, Saitama, Japan
2006-04-05 Nagoya Dome, Nagoya, Japan
2006-04-08 Shanghai Grand Stage, Shanghai, China

—Oceania—

2006-04-11 Telstra Stadium, Sydney, Australia
2006-04-13 Rod Laver Arena, Melbourne, Australia
2006-04-16 Western Springs Stadium, Auckland, New Zealand
2006-04-18 Westpac Stadium, Wellington, New Zealand

—Europe—

2006-07-11 San Siro, Milan, Italy
2006-07-14 Ernst-Happel-Stadion, Vienna, Austria
2006-07-16 Munich Olympic Stadium, Munich, Germany
2006-07-19 AWD-Arena, Hanover, Germany
2006-07-21 Berlin Olympic Stadium, Berlin, Germany
2006-07-23 RheinEnergieStadion, Cologne, Germany
2006-07-28 Stade de France, Paris, France
2006-07-31 Amsterdam Arena, Amsterdam, Netherlands
2006-08-03 Gottlieb-Daimler-Stadion, Stuttgart, Germany
2006-08-05 Dübendorf Airfield, Zürich, Switzerland
2006-08-08 Stade Charles-Ehrmann, Nice, France
2006-08-12 Estádio do Dragão, Porto, Portugal
2006-08-20 Twickenham Stadium, London, England
2006-08-22 Twickenham Stadium, London, England
2006-08-25 Hampden Park, Glasgow, Scotland
2006-08-27 Don Valley Stadium, Sheffield, England
2006-08-29 Millennium Stadium, Cardiff, Wales
2006-09-01 Koengen, Bergen, Norway
2006-09-03 CASA Arena Horsens, Horsens, Denmark

—North America—

2006-09-20 Gillette Stadium, Foxborough, United States
2006-09-23 Halifax Common, Halifax, Canada
2006-09-27 Giants Stadium, East Rutherford, United States
2006-09-29 Churchill Downs, Louisville, United States
2006-10-01 Cessna Stadium, Wichita, United States
2006-10-04 Washington-Grizzly Stadium, Missoula, United States
2006-10-06 Mosaic Stadium at Taylor Field, Regina, Canada
2006-10-08 Mosaic Stadium at Taylor Field, Regina, Canada
2006-10-11 Soldier Field, Chicago, United States
2006-10-17 Qwest Field, Seattle, United States
2006-10-20 Sun Bowl Stadium, El Paso, United States
2006-10-22 Zilker Park, Austin, United States
2006-10-29 Beacon Theater, New York City, United States
2006-11-01 Beacon Theater, New York City, United States
2006-11-06 Oakland-Alameda County Coliseum, Oakland, United States
2006-11-08 University of Phoenix Stadium, Glendale, United States
2006-11-11 MGM Grand Garden Arena, Las Vegas, United States
2006-11-14 Idaho Center, Nampa, United States
2006-11-17 Boardwalk Hall, Atlantic City, United States
2006-11-22 Dodger Stadium, Los Angeles, United States
2006-11-25 BC Place Stadium, Vancouver, Canada

—Europe—

2007-06-05 Werchter Festival Ground, Werchter, Belgium
2007-06-08 Goffertpark, Nijmegen, Netherlands
2007-06-10 Seaclose Park, Newport, England [Isle of Wight Festival]
2007-06-13 Commerzbank-Arena, Frankfurt, Germany
2007-06-16 Stade de France, Paris, France
2007-06-18 Stade de Gerland, Lyon, France
2007-06-21 Estadi Olímpic Lluís Companys, Barcelona, Spain
2007-06-23 Anoeta Stadium, San Sebastián, Spain
2007-06-25 Estádio José Alvalade, Lisbon, Portugal
2007-06-28 Vicente Calderón Stadium, Madrid, Spain
2007-06-30 Estadio Municipal Santo Domingo, El Ejido, Spain
2007-07-06 Stadio Olimpico, Rome, Italy
2007-07-09 Jaz Beach, Budva, Montenegro
2007-07-14 Ušće Park, Belgrade, Serbia
2007-07-17 Lia Manoliu Stadium, Bucharest, Romania
2007-07-20 Ferenc Puskás Stadium, Budapest, Hungary
2007-07-22 Brno Exhibition Centre, Brno, Czech Republic
2007-07-25 Służewiec Hippodrome, Warsaw, Poland
2007-07-28 Palace Square, Saint Petersburg, Russia
2007-08-01 Helsinki Olympic Stadium, Helsinki, Finland
2007-08-03 Ullevi Stadium, Gothenburg, Sweden
2007-08-05 Parken Stadium, Copenhagen, Denmark
2007-08-08 Valle Hovin, Oslo, Norway
2007-08-11 Stade Olympique de la Pontaise, Lausanne, Switzerland
2007-08-13 LTU Arena, Düsseldorf, Germany
2007-08-15 AOL Arena, Hamburg, Germany
2007-08-18 Slane Castle, Slane, Ireland
2007-08-21 The O2 Arena, London, England
2007-08-23 The O2 Arena, London, England
2007-08-26 The O2 Arena, London, England

A Bigger Bang – Live On Copacabana Beach

Rolling Stones / Universal：3591806［Blu-ray+CD］
録音・撮影：2005年11月22日、2006年2月18日
発売：2021年7月9日
［Blu-ray1］Copacabana Beach, Rio De Janeiro
［Blu-ray2］Delta Center, Salt Lake City
［CD1］［CD2］Copacabana Beach, Rio De Janeiro

Light The Fuse - A Bigger Bang In Toronto 2005

Rolling Stones：BGDDRS75［Degital］
録音：2005年8月10日
発売：2012年10月16日

The Biggest Bang

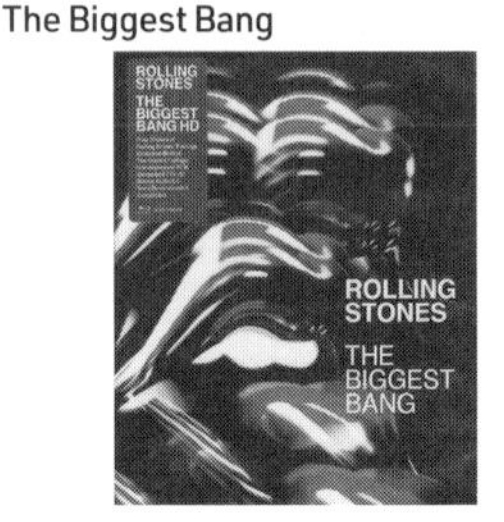

Rolling Stones / Universa / Concert Production：0602517416307［DVD］
録音・撮影：2006年2月18日、21日、4月2日、8日、10月22日
発売：2007年7月30日
［DVD1］Zilker Park, Austin, Texas
［DVD2］Copacabana Beach, Rio de Janeiro, Brazil
［DVD3］Saitama Super Arena, Saitama, Japan; Shanghai Grand Stage, Shanghai, China; River Plate Stadium, Buenos Aires, Argentina; Featurettes; Duets
［DVD4］Jukebox Feature Salt Of The Earth – A Bigger Bang Tour Documentary

『ライヴ・オン・コパカバーナ・ビーチ』は、06年2月18日にブラジル、リオデジャネイロで行われたフリー・コンサートの模様を完全収録した作品。07年に『ビッゲスト・バン』のディスク2として発売されていたコンテンツの拡大版となる。「ジャンピング・ジャック・フラッシュ」は珍しくオルガンを前面に出した仕上がりで、150万とも200万人とも言われる（本当？）大観衆をスタートから一気に煽っていく。「タンブリング・ダイス」におけるヴァースの節回しやギターソロも活きがいい。チャーリーのスネアも、全体的にハイピッチに調整されており、ニュー・アルバムにあった瑞々しさを思い起こさせる。まるで70'sな「オー・ノー・ノット・ユー・アゲイン」といった新曲も超ハイテンション。既発曲との親和性もバッチリで、『ビガー・バン』という作品が、いかにストーンズしていたかが良く分かる。

フィジカル・リリースは国内盤だけでも6形態あり、マニア心をくすぐられるが、純粋に音楽に浸りたい方は、通常盤でも十分だろう。

そのほか、ビガー・バン・ツアー関連のリリースとしては、12年にデジタルのみで発売されたオフィシャル・ブートレグの第5弾『ライト・ザ・フューズ』も聞き逃せない。05年8月10日にツアーのウォーミング・アップとして行われたライヴで、会場はトロントにある〈フェニックス・コンサート・シアター〉という千人程度のハコ。冒頭の「ラフ・ジャスティス」こそ、イントロで手間取ったり、構成をトチったりと大慌てだが、その後はキレッキレ。自然体で演奏している「デッド・フラワーズ」が群を抜いて格好いい。テンプテーションズやボブ・マーレーのカヴァーを織り交ぜたセット・リストも巧妙だ。

森山

Shine A Light

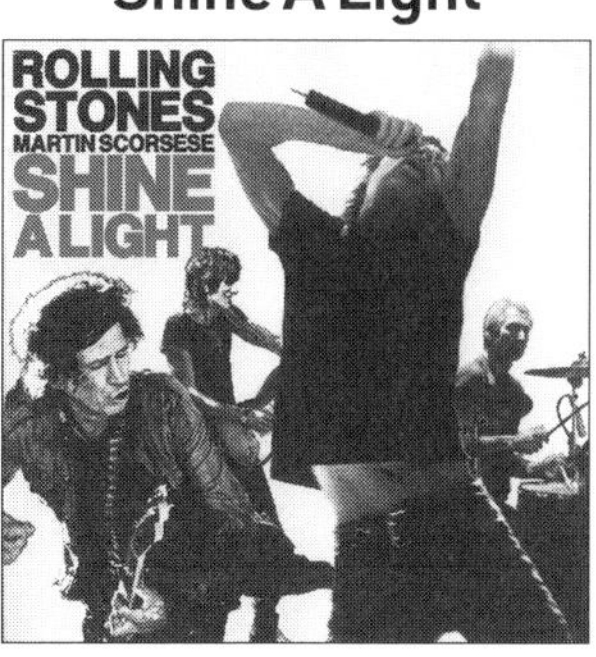

欧・Rolling Stones/Polydor：1764747［CD］
米・Rolling Stones/Polydor/Interscope：B0010961-02［CD］
録音：2006年10月29日、11月1日
発売：欧・2008年4月7日／米・2008年4月7日
［CD1］1. Jumping Jack Flash / 2. Shattered / 3. She Was Hot / 4. All Down The Line / 5. Loving Cup Duet With – Jack White III / 6. As Tears Go By / 7. Some Girls / 8. Just My Imagination / 9. Faraway Eyes / 10. Champagne & Reefer Duet With – Buddy Guy / 11. Tumbling Dice / 12. Band Introductions / 13. You Got The Silver / 14. Connection
［CD2］1. Martin Scorsese Intro / 2. Sympathy For The Devil / 3. Live With Me Duet With – Christina Aguilera / 4. Start Me Up / 5. Brown Sugar / 6. (I Can't Get No) Satisfaction / 7. Paint It Black / 8. Little T&A / 9. I'm Free / 10. Shine A Light
プロデューサー：The Glimmer Twins
参加ミュージシャン：
Darryl Jones (b)
Chuck Leavell (kbd)
Bernard Fowler (cho, per)
Blondie Chaplin (cho, per)
Lisa Fischer (cho)
Bobby Keys (sax)
Michael Davis (trombone)
Kent Smith (trumpet)
Tim Ries (sax, kbd)
Jack White (g, vo)
Buddy Guy (g, vo)
Christina Aguilera (vo)

Shine A Light［Film］
撮影：2006年10月29日、11月1日
公開：2008年2月7日
監督：Martin Scorsese
プロデューサー：Steve Bing, Michael Cohl
米・Paramount Pictures：13859［Blu-ray］
発売：2008年4月29日
Preparations / Before The Show / Jumping Jack Flash / Shattered / She Was Hot / All Down The Line / Loving Cup / As Tears Go By / Some Girls / Just My Imagination / Faraway Eyes / Champagne & Reefer / Tumbling Dice / You Got The Silver / Connection / Sympathy For The Devil / Live With Me / Start Me Up / Brown Sugar / (I Can't Get No) Satisfaction / Shine A Light / Trailer / Behind The Cameras / Undercover Of The Night / Paint It Black / Little T & A / I'm Free / Credits

日本でのリリース当時、私は音楽活動の傍ら東京下町のライヴ・ハウスでお手伝いをしていたのだが、ストーンズ・ファンの店長が、バー営業の日なんかに本作をひたすら流していたので、何度も一緒に見たものだ。「ブルーレイってこんなに綺麗なの?」と驚いたのを覚えている。久しぶりに見返したら、地デジのクリアなテレビ映像に慣れた目にはごく普通に映ってしまい、何だか肩透かしを食ってしまった。

それはそれとして内容は素晴らしい。06年のニューヨーク、ビーコン・シアターでのライヴを、同年のアカデミー監督賞に輝いたマーティン・スコセッシが大胆に撮影／編集した劇場公開用映画とそのサウンドトラックとして08年に発表された。

やはり映画監督のカメラワークは独特で、ミックを始めとするメンバーにはバスト・アップ・ショットが多用されている。役者が交互に発する台詞を捉えていくイメージなのだろうか。キース曰く、スコセッシは「偶然を撮るのが苦手なタイプ」だそうで、緻密に計算された痕が窺える。

ツアーとは異なる選曲も魅力だが、嬉しかったのはロニーがエモンズのペダル・スティールを弾く「ファー・アウェイ・アイズ」。ストーンズとグラム・パーソンズの関係からカントリー沼にハマった僕のような人間には至福のナンバーで、キースがつけるハーモニーも素晴らしい。

リスペクトが止まらないジャック・ホワイトや迫力満点のバディ・ガイ、セクシー&アグレッシヴなクリスティーナ・アギレラと、ゲストも適材適所といった感じで、しっかりと仕事をこなしてくれた。

劇中、一番の衝撃はキースがギターを持たずに歌うシーン。スコセッシの提案だという。本人も「不思議な解放感だった」と、まんざらでもなかったようだ。

森山

GRRR!

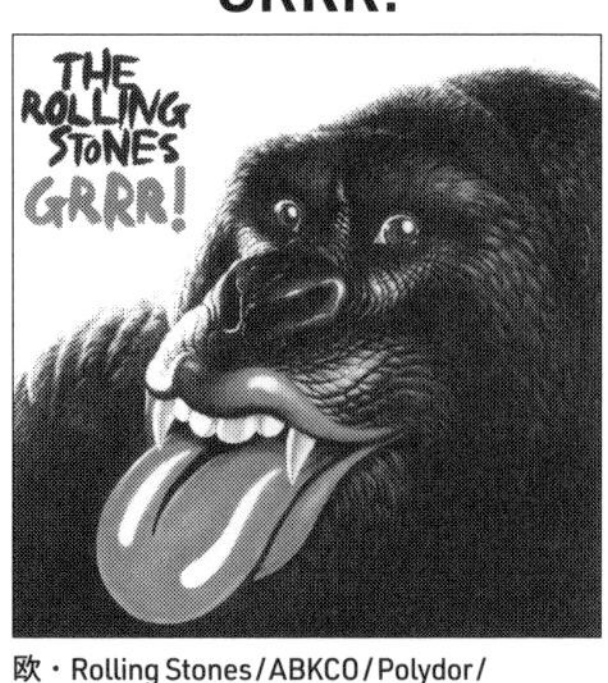

欧・Rolling Stones/ABKCO/Polydor/Universal：3710914［CD］
欧・Rolling Stones/ABKCO/Polydor/Universal：3723392［Blu-ray Audio］
米・Rolling Stones/Ume：B0017663-02［CD］
発売：欧・2012年11月9日／米・2002年11月12日
［CD1］1. Come On / 2. Not Fade Away / 3. It's All Over Now / 4. Little Red Rooster / 5. The Last Time / 6. (I Can't Get No) Satisfaction / 7. Time Is On My Side / 8. Get Off Of My Cloud / 9. Heart Of The Stone / 10. 19th Nervous Breakdown / 11. As Tears Go By / 12. Paint It Black / 13. Under My Thumb / 14. Have You Seen Your Mother, Baby, Standing In The Shadow? / 15. Ruby Tuesday / 16. Let's Spend The Night Together / 17. We Love You
［CD2］1. Jumpin' Jack Flash / 2. Honky Tonk Women / 3. Sympathy For The Devil / 4. You Can't Always Get What You Want / 5. Gimme Shelter / 6. Street Fighting Man / 7. Wild Horses / 8. She's A Rainbow / 9. Brown Sugar / 10. Happy / 11. Tumbling Dice / 12. Angie / 13. Rocks Off / 14. Doo Doo Doo Doo Doo (Heartbreaker) / 15. It's Only Rock'n'Roll / 16. Fool To Cry
［CD3］1. Miss You / 2. Respectable / 3. Beast Of Burden / 4. Emotional Rescue / 5. Start Me Up / 6. Waiting On A Friend / 7. Undercover Of The Night / 8. She Was Hot / 9. Streets Of Love / 10. Harlem Shuffle / 11. Mixed Emotions / 12. Highwire / 13. Love Is Strong / 14. Anybody Seen My Baby? / 15. Don't Stop / 16. Doom And Gloom / 17. One More Shot
5CD Deluxe Edition Bonus Disc
［Disc 5］IBC demos, 1963: 1. Diddley Daddy / 2. Road Runner / 3. Bright Lights Big City / 4. Honey What's Wrong / 5. I Want To Be Loved
5CD Deluxe Edition Bonus EP – BBC session, 1964
［A］1. Route 66 / 2. Cops And Robbers
［B］1. You Better Move On / 2. Mona

2CD Entry Edition
欧・Rolling Stones/ABKCO/Polydor/Universal：3710816［CD］
発売2012年

5CD Deluxe Edition
欧・Rolling Stones/ABKCO/Polydor/Universal：3712341［CD］
発売2012年

40周年を記念してリリースされた『フォーティ・リックス』以来のオールタイム・ベスト。通常盤とデラックス・エディションが3枚組50曲、スーパー・デラックス・エディションが4枚組80曲+ボーナス・ディスク+7インチ・シングル、入門編としてのエントリー・エディションが2枚組40曲と、収録内容は3種類がある。

採用されたマスターは楽器の分離を強調した立体感ある音像で、塊としての魅力が失われている曲もあるが、音圧がグッと上がって現代のロック・バンドにも引けをとらない溌剌とした仕上がりとなっている。

いずれのパッケージにも収録された、およそ7年ぶりの新録2曲もなかなかの佳作だ。アルバムのリード・トラックとなった「ドゥーム・アンド・グルーム」は迫力満点、これまでのストーンズには無かったヒップホップ以降の超低音、いわゆるスーパー・ロウの帯域でベースとバスドラムがウネっている。負けじとシャウトするミックは当時69歳!?驚異的と言っていいだろう。もう1曲の「ワン・モア・ショット」は五弦ギターが躍動するキース主導のナンバーで、のちにチャーリーの代役を任されることになるスティーヴ・ジョーダンの名前もクレジットされている。「もう一杯飲ませてくれ」と酒場で女々しく失恋の愚痴をこぼす男。昔のカントリーに良くある題材にニヤリとさせられる。

なお、スーパー・デラックス・エディションに付けられたボーナス・ディスクには、デビュー前にロンドンのIBCスタジオで録られたオーディション用音源6曲（録音はあのグリン・ジョンズ）、7インチ・アナログ・レコードには64年に出演したBBCセッションから4曲が収められた。どちらも若きブルーズ伝道者としての姿を捉えた貴重な記録となっている。 **森山**

50 & Counting

2012年10月25日〜2013年7月13日

●結成50周年を記念して、ベスト・アルバム『GRRR!』を発表したストーンズは、間髪を入れずにツアーを開始した。しかも、ビル・ワイマンとミック・テイラーが帯同することになる。この50&カウンティング・ツアーは13年7月に行われた、2日間のロンドン、ハイド・パーク公演で終わり、翌14年2月には14・オン・ファイアと名前を替えて、アブダビから始まるツアーが再開された。

◇スペシャル・ゲスト

Mick Taylor (g)
Bill Wyman (b)

◆参加ミュージシャン

Darryl Jones (b, cho)
Chuck Leavell (kbd, cho, per)
Bernard Fowler (cho, per)
Lisa Fischer (cho, per)
Bobby Keys (sax)
Tim Ries (sax, kbd)

◉セット・リスト

1. Get Off of My Cloud
2. The Last Time
3. It's Only Rock 'n Roll (But I Like It)
4. Paint It Black
5. Gimme Shelter
6. Wild Horses (with Gwen Stefani)
7. Factory Girl
8. Emotional Rescue
9. Respectable (with Keith Urban)
10. Doom and Gloom
11. One More Shot
12. Honky Tonk Women
13. Before They Make Me Run
14. Happy
15. Midnight Rambler
16. Miss You
17. Start Me Up
18. Tumbling Dice
19. Brown Sugar
20. Sympathy for the Devil / Encore:
21. You Can't Always Get What You Want
22. Jumpin' Jack Flash
23. (I Can't Get No) Satisfaction

—Europe—

2012-10-25 Le Trabendo, Paris, France
2012-10-29 Théâtre Mogador, Paris, France
2012-11-25 The O2 Arena, London, England
2012-11-29 The O2 Arena, London, England

—North America—

2012-12-08 Barclays Center, Brooklyn, United States
2012-12-12 Madison Square Garden, New York City, United States [12-12-12: The Concert for Sandy Relief]
2012-12-13 Prudential Center, Newark, United States
2012-12-15 Prudential Center, Newark, United States
2013-04-27 Echoplex, Los Angeles, United States [surprise club show]
2013-05-03 Staples Center, Los Angeles, United States
2013-05-05 Oracle Arena, Oakland, United States
2013-05-08 HP Pavilion at San Jose, San Jose, United States
2013-05-11 MGM Grand Garden Arena, Las Vegas, United States
2013-05-15 Honda Center, Anaheim, United States
2013-05-18 Honda Center, Anaheim, United States
2013-05-20 Staples Center, Los Angeles, United States
2013-05-25 Air Canada Centre, Toronto, Canada
2013-05-28 United Center, Chicago, United States
2013-05-31 United Center, Chicago, United States
2013-06-03 United Center, Chicago, United States
2013-06-06 Air Canada Centre, Toronto, Canada
2013-06-09 Bell Centre, Montreal, Canada
2013-06-12 TD Garden, Boston, United States
2013-06-14 TD Garden, Boston, United States
2013-06-18 Wells Fargo Center, Philadelphia, United States
2013-06-21 Wells Fargo Center, Philadelphia, United States
2013-06-24 Verizon Center, Washington, D.C., United States

—England—

2013-07-29 Worthy Farm, Pilton, England [Glastonbury Festival 2013]
2013-07-06 Hyde Park, London, England [British Summer Time Festival]
2013-07-13 Hyde Park, London, England [British Summer Time Festival]

14 On Fire

2014年2月21日〜11月22日

□サポート・アクト

BigBang
The Temperance Movement
Rami Fortis
The Struts
John Mayer
Leiva
Amanda Jenssen
Jimmy Barnes
British India
The Preatures
Hunters & Collectors

◇スペシャル・ゲスト

Mick Taylor (g)

◆参加ミュージシャン

Darryl Jones (b)
Chuck Leavell (kbd)
Matt Clifford (kbd, horn)
Lisa Fischer (cho, per)
Bernard Fowler (cho, per)
Bobby Keys (sax)
Karl Denson (sax; Oceania only)
Tim Ries (sax, kbd)

◉セット・リスト

1. Start Me Up
2. It's Only Rock 'n' Roll (But I Like It)
3. You Got Me Rocking
4. Tumbling Dice
5. Emotional Rescue
6. Angie
7. Doom and Gloom
8. Out of Control
9. Paint It Black
10. Honky Tonk Women
11. Slipping Away
12. Before They Make Me Run
13. Midnight Rambler
14. Miss You
15. Gimme Shelter
16. Jumpin' Jack Flash
17. Sympathy for the Devil
18. Brown Sugar
19. You Can't Always Get What You Want
20. (I Can't Get No) Satisfaction

—Asia—

2014-02-21 du Arena, Abu Dhabi, United Arab Emirates
2014-02-26 Tokyo Dome, Tokyo, Japan
2014-03-04 Tokyo Dome, Tokyo, Japan
2014-03-06 Tokyo Dome, Tokyo, Japan
2014-03-09 CotaiArena, Macau
2014-03-12 Mercedes-Benz Arena, Shanghai, China
2014-03-15 Marina Bay Sands, Singapore

—Europe—

2014-05-26 Telenor Arena, Oslo, Norway
2014-05-29 Parque da Bela Vista, Lisbon, Portugal [Rock in Rio]
2014-06-01 Letzigrund, Zurich, Switzerland
2014-06-04 Hayarkon Park, Tel Aviv, Israel
2014-06-07 Megaland, Landgraaf, Netherlands [Pinkpop Festival]
2014-06-10 Waldbühne, Berlin, Germany
2014-06-13 Stade de France, Paris, France
2014-06-16 Ernst-Happel-Stadion, Vienna, Austria
2014-06-19 Esprit Arena, Düsseldorf, Germany
2014-06-22 Circus Maximus, Rome, Italy
2014-06-25 Estadio Santiago Bernabéu, Madrid, Spain
2014-06-28 Werchter Festival Grounds, Werchter, Belgium [TW Classic festival]
2014-07-01 Tele2 Arena, Stockholm, Sweden
2014-07-03 Festivalpladsen, Orange Stage, Roskilde, Denmark [Roskilde Festival]

—Oceania—

2014-10-25 Adelaide Oval, Adelaide, Australia
2014-10-29 Perth Arena, Perth, Australia
2014-11-01 Perth Arena, Perth, Australia
2014-11-05 Rod Laver Arena, Melbourne, Australia
2014-11-12 Allphones Arena, Sydney, Australia
2014-11-15 Hope Estate, Hunter Valley, Australia
2014-11-18 Brisbane Entertainment Centre, Brisbane, Australia
2014-11-22 Mount Smart Stadium, Auckland, New Zealand

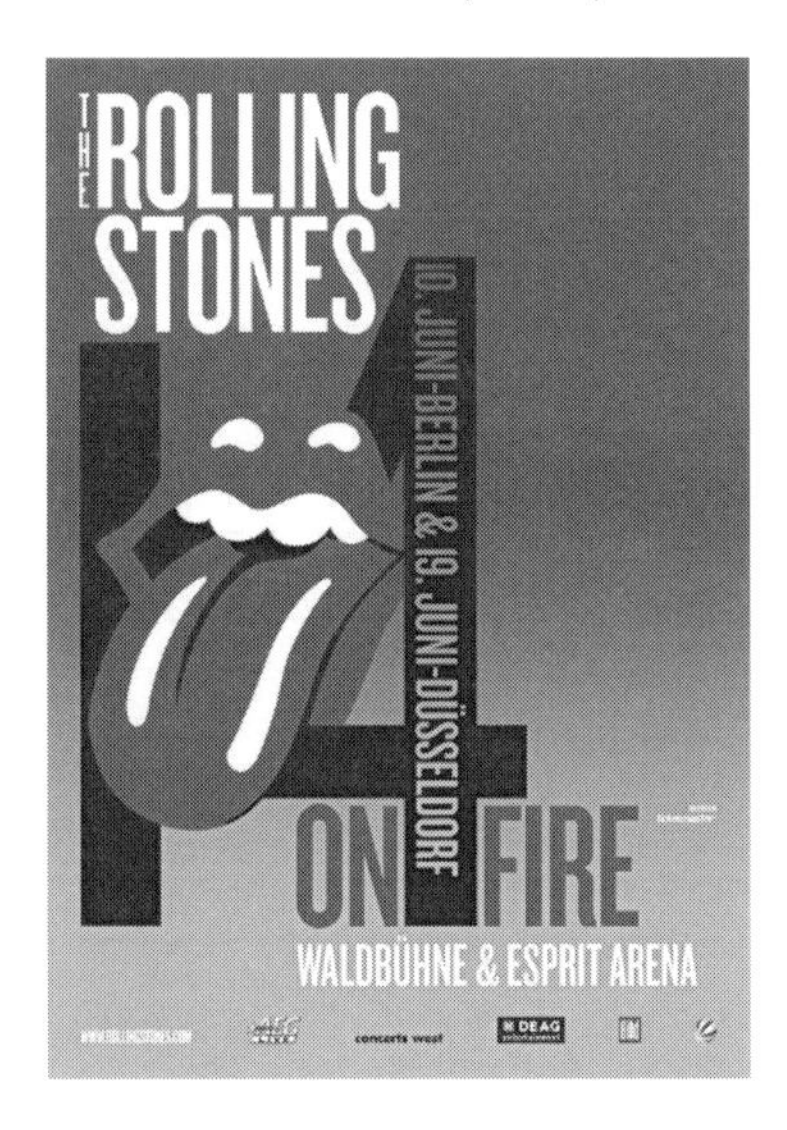

GRRR Live!

欧・Eagle Rock：4814836［Blu-ray+CD］
録音：2012年12月15日
発売：2023年2月10日

［Blu-ray］Get Off Of My Cloud / The Last Time / It's Only Rock 'n' Roll (But I Like It) / Paint It Black / Gimme Shelter (with Lady Gaga) / Wild Horses / Going Down (with John Mayer and Gary Clark Jr) / Dead Flowers / Who Do You Love? (with The Black Keys) / Doom And Gloom / One More Shot / Miss You / Honky Tonk Women / Band Introductions / Before They Make Me Run / Happy / Midnight Rambler (with Mick Taylor) / Start Me Up / Tumbling Dice (with Bruce Springsteen) / Brown Sugar / Sympathy For the Devil / You Can't Always Get What You Want / Jumpin' Jack Flash / (I Can't Get No) Satisfaction / Bonus Tracks: Respectable (with John Mayer) / Around And Around / Gimme Shelter

［CD1］1. Get Off Of My Cloud / 2. The Last Time / 3. It's Only Rock 'n' Roll (But I Like It) / 4. Paint It Black / 5. Gimme Shelter (with Lady Gaga) / 6. Wild Horses / 7. Going Down (with John Mayer and Gary Clark Jr) / 8. Dead Flowers / 9. Who Do You Love? (with The Black Keys) / 10. Doom And Gloom / 11. One More Shot / 12. Miss You / 13. Honky Tonk Women / 14. Band Introductions

［CD2］1. Before They Make Me Run / 2. Happy / 3. Midnight Rambler (with Mick Taylor) / 4. Start Me Up / 5. Tumbling Dice (with Bruce Springsteen) / 6. Brown Sugar / 7. Sympathy For the Devil / 8. You Can't Always Get What You Want / 9. Jumpin' Jack Flash / 10. (I Can't Get No) Satisfaction

バンド結成50周年を記念した〈50&カウンティング・ツアー〉は、パリで行われたシークレット・ギグのあと、ロンドンのO2アリーナでスタートした。ビル・ワイマンとミック・テイラーが登場し、エリック・クラプトン、ジェフ・ベック、メアリー・J・ブライジらをゲストに招いた、50周年ツアーにふさわしい幕開けだ。しかし、ビルは直後の北米ツアーには参加せず、テイラーのみが帯同することになった。

本作は12年最後の公演である、ニュージャージー州ニューアークのプルデンシャル・シアターの模様が収録されている。当時ペイ・パー・ヴューで放映されたものだが、パッケージ化に伴いリミックスと映像の再編集が施された。発売されたばかりのベスト・アルバム『GRRR!』に収録された新曲、「ドゥーム・アンド・グルーム」と「ワン・モア・ショット」をお披露目しながら、50年に亘るストーンズの歴史を行きつ戻りつするようなセット・リストにもなっている。

ゲストも豪華で、「ギミー・シェルター」で現れたレディー・ガガは、衣装のインパクトもさることながら、ミックと堂々と渡り合う。ブルース・スプリングスティーンの「タンブリング・ダイス」はヴォーカルもギターも俺節が強いが、盛り上がらないわけがない流石のパフォーマンスだ。ブラック・キーズは力が入り過ぎたかも。

キースが歌う「ビフォー・ゼイ・メイク・ミー・ラン」や「ハッピー」はやや緩さが目立つが、ブルーレイ/DVDのボーナス映像「リスペクタブル」では意地を見せている。ゲストのジョン・メイヤーが細かいフレーズのギターを畳み掛けると、ロニーがそれに呼応し、キースはぶっ太いソロを紡ぎ出した。こちらは本編の2日前、12月13日の収録だ。

森

Sweet Summer Sun

Rolling Stones / Eagle Vision：EAGDV027
［DVD+CD］
録音・撮影：2013年7月6日、13日
発売：2013年11月11日
［DVD］Start Me Up / It's Only Rock 'N' Roll / Street Fighting Man / Ruby Tuesday / Doom And Gloom / Honky Tonk Women / You Got The Silver / Happy / Miss You / Midnight Rambler / Gimme Shelter / Jumpin' Jack Flash / Sympathy For The Devil / Brown Sugar / You Can't Always Get What You Want / (I Can't Get No) Satisfaction
Bonus Tracks:Emotional Rescue / Paint It Black / Before They Make Me Run
2019年日本盤ボーナス映像：Paint It Black
［CD1］1. Start Me Up / 2. It's Only Rock 'N' Roll / 3. Tumbling Dice / 4. Emotional Rescue / 5. Street Fighting Man / 6. Ruby Tuesday / 7. Doom And Gloom / 8. Paint It Black / 9. Honky Tonk Women / 10. You Got The Silver / 11. Before They Make Me Run
［CD2］1. Miss You / 2. Midnight Rambler / 3. Gimme Shelter /4. Jumpin' Jack Flash / 5. Sympathy For The Devil / 6. Brown Sugar / 7. You Can't Always Get What You Want / 8. (I Can't Get No) Satisfaction
2013年日本盤ボーナス・ディスク：1. Happy
2013年日本盤ストア限定ボーナス・ディスク：1. All Down The Line / 2. Bitch With Gary Clark Jr. / 3. Beast Of Burden

69年のブライアン・ジョーンズ追悼（&ミック・テイラーのお披露目）コンサートの舞台となったハイド・パークで、44年ぶりに行われた凱旋ライヴ。収録は13年の7月6日と13日で、後者は50周年ツアーの最終日だった。

　ジャケットにも描かれた巨大セット、通称グレイト・オーク・ステージが聳える舞台にメンバーが颯爽と登場。地元ロンドンでの公演とあって、ど頭の「スタート・ミー・アップ」からリラックスしている様子が伝わってくる。時折挟まれる映像では、過去と現在を繋ぐコメントが何度も飛び出して、このライヴがいかにメモリアルなものであるのかを理解することができる。

　導入されたイヤー・モニターのお陰か、ミックのピッチが相当安定しており、各奏者のプレイも円熟の極みに達している。とくにこの日はダリル・ジョーンズのベースが神憑っている。「ミス・ユー」のリズム隊を聞いてチビりそうになってたら、ミックが一言、「ダリルのように弾きたいぜ」。

　ゲストのミック・テイラーも強烈だ。「ミッドナイト・ランブラー」では3人のギタリストがレスポール（キースはJr.）を抱えて長尺のジャムを繰り広げた。

　ツアー全体での企画だったという、当地の合唱団との共演、「ユー・キャント・オールウェイズ・ゲット・ホワット・ユー・ウォント」。この日はヴォーチェ・チェンバー・クワイヤとロンドン・ユース・クワイアが加わっているが、バンドのグルーヴに付いていけなくて（当たり前か？）リズムが緩くなるのが可笑しかった。最後はテイラーも再登場、「サティスファクション」で大団円。終演後のインタビューでファンのオッサンが語った「とてつもなく凄いショウだった。信じられん」という言葉が全てを物語っている。

森山

Hyde Park Live［Degital］

発売：2013年7月22日

●『スティッキー・フィンガーズ』50周年記念盤の発売に合わせて、北米のみを周るツアーが組まれた。ちなみに、ジップ・コードというタイトルは、ジャケットにちなんだもの。スタジアム・クラスの会場が中心だった。

翌16年にはラテン・アメリカ・ツアーが組まれている。ウルグアイ、ペルー、コロンビア、キューバで、初めてストーンズのショウが行われたのだ。

Zip Code

2015年5月20日～7月15日

□サポート・アクト

Gary Clark Jr.
Kid Rock
Grace Potter
St. Paul & the Broken Bones
The Temperance Movement
Brad Paisley
Awolnation
Buddy Guy
Ed Sheeran
Avett Brothers
Rascal Flatts
Saints of Valory
Walk the Moon

◆参加ミュージシャン

Darryl Jones (b, cho)
Chuck Leavell (kbd, cho)
Lisa Fischer (cho, per)
Bernard Fowler (cho, per)
Karl Denson (sax)
Tim Ries (sax, kbd)
Matt Clifford (horn)

◉セット・リスト

1. Start Me Up
2. It's Only Rock 'n Roll (But I Like It)
3. All Down the Line
4. Tumbling Dice
5. Doom and Gloom
6. Can't You Hear Me Knocking
7. You Gotta Move
8. Some Girls
9. Honky Tonk Women
10. Before They Make Me Run
11. Happy
12. Midnight Rambler
13. Miss You
14. Gimme Shelter
15. Jumpin' Jack Flash
16. Sympathy for the Devil
17. Brown Sugar

Encore:

18. You Can't Always Get What You Want
19. (I Can't Get No) Satisfaction

2015-05-20 Fonda Theatre, Los Angeles, United States
2015-05-24 Petco Park, San Diego, United States
2015-05-27 Belly Up Tavern, Solana Beach, United States
2015-05-30 Ohio Stadium, Columbus, United States
2015-06-03 TCF Bank Stadium, Minneapolis, United States
2015-06-06 AT&T Stadium, Arlington, United States
2015-06-09 Bobby Dodd Stadium, Atlanta, United States
2015-06-12 Orlando Citrus Bowl, Orlando, United States
2015-06-17 LP Field, Nashville, United States
2015-06-20 Heinz Field, Pittsburgh, United States
2015-06-23 Marcus Amphitheater, Milwaukee, United States [Summerfest]
2015-06-27 Arrowhead Stadium, Kansas City, United States
2015-07-01 Carter-Finley Stadium, Raleigh, United States
2015-07-04 Indianapolis Motor Speedway, Speedway (Indianapolis), United States
2015-07-08 Comerica Park, Detroit, United States
2015-07-11 Ralph Wilson Stadium, Orchard Park, United States
2015-07-15 Plains of Abraham, Quebec City, Canada [Quebec City Summer Festival]

América Latina Olé

2016年2月3日～3月25日

□サポート・アクト

Ciro y los Persas
La Beriso
Ultraje a Rigor
Dr Pheabes
Boomerang
Frágil with Andrés Dulude
Diamante Eléctrico
Little Jesus

◆参加ミュージシャン

Darryl Jones (b)
Chuck Leavell (kbd, cho)
Matt Clifford (kbd, per, horn)
Bernard Fowler (cho, per)
Sasha Allen (cho, vo)
Karl Denson (sax)
Tim Ries (sax, kbd)

◉セット・リスト

1. Start Me Up
2. It's Only Rock 'n Roll (But I Like It)
3. Let's Spend the Night Together
4. Tumbling Dice
5. Out of Control
6. She's a Rainbow
7. Wild Horses
8. Paint It Black
9. Honky Tonk Women
10. You Got the Silver
11. Happy
12. Midnight Rambler
13. Miss You
14. Gimme Shelter
15. Jumpin' Jack Flash
16. Sympathy for the Devil
17. Brown Sugar

Encore

18. You Can't Always Get What You Want
19. (I Can't Get No) Satisfaction

2016-02-03 Estadio Nacional, Santiago, Chile
2016-02-07 Estadio Ciudad de La Plata, La Plata, Argentina
2016-02-10 Estadio Ciudad de La Plata, La Plata, Argentina
2016-02-13 Estadio Ciudad de La Plata, La Plata, Argentina
2016-02-16 Estadio Centenario, Montevideo, Uruguay
2016-02-20 Estádio do Maracanã, Rio de Janeiro, Brazil
2016-02-24 Titãs, São Paulo, Estádio do Morumbi
2016-02-27 Titãs, São Paulo, Estádio do Morumbi
2016-03-02 Cachorro Grande/Dr Pheabes, Porto Alegre, Estádio Beira-Rio
2016-03-06 Estadio Monumental, Lima, Peru
2016-03-10 Estadio El Campín, Bogotá, Colombia
2016-03-14 Foro Sol, Mexico City, Mexico
2016-03-17 Foro Sol, Mexico City, Mexico
2016-03-25 Ciudad Deportiva de La Habana, Havana, Cuba

Rolling Stones From The Vault：Sticky Fingers Live At The Fonda Theater 2015

Rolling Stones / Eagle Vision：EAGDV089
［DVD+CD］
録音・撮影：2015年5月20日
発売：2017年9月29日
［DVD］Start Me Up / Sway / Dead Flowers / Wild Horses / Sister Morphine / You Gotta Move / Bitch / Can't You Hear Me Knocking / I Got The Blues / Moonlight Mile / Brown Sugar / Rock Me Baby / Jumpin' Jack Flash
Bonus Tracks
All Down The Line / When The Whip Comes Down / I Can't Turn You Loose
［CD］1. Start Me Up / 2. When The Whip Comes Down / 3. All Down The Line / 4. Sway / 5. Dead Flowers / 6. Wild Horses / 7. Sister Morphine / 8. You Gotta Move / 9. Bitch / 10. Can't You Hear Me Knocking / 11. I Got The Blues / 12. Moonlight Mile / 13. Brown Sugar / 14. Rock Me Baby / 15. Jumpin' Jack Flash / 16. I Can't Turn You Loose

Sticky Fingers Live

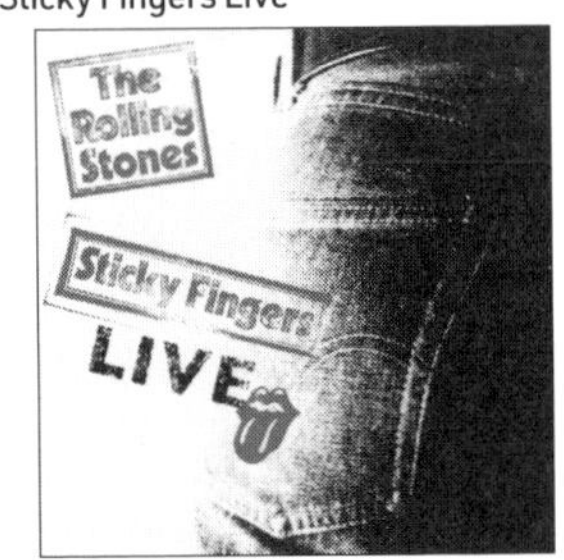

Rolling Stones：No Number［Degital］
発売：2015年6月29日

LAのフォンダ・シアターで行われた『スティッキー・フィンガーズ』全曲再現ライヴの模様を収めた貴重な作品。彼らがアルバムを丸ごとライヴで演奏したのは、後にも先にもこの時だけで、ミックはMCで「今度は『サタニック・マジェスティーズ』を演ろうかな」と冗談めかして語っているが、実現の可能性は限りなく低そうだ。

前半、定番曲で肩慣らしのあと、「スウエイ」からいよいよ『スティッキー・フィンガーズ』コーナーだ。途中に挿入されるインタビューも興味深い。ウォーホルによる例の下半身ジャケットを巡る謎については当事者?2人の証言が聞ける。

アルバムとは異なる曲順で進んだライヴだが、「デッド・フラワーズ」「ワイルド・ホーシズ」とカントリー調を続けて演奏したりと、スローな曲が多いのを逆手にとったセット・リストは良く考えられている。

音の方も反響が良かったのか、ナチュラル・エコーも存分に含んだ仕上がりで、会場にいるかのような臨場感が味わえた。

亡きボビー・キーズとのエピソードに続いて披露される「ビッチ」や「キャント・ユー・ヒア・ミー・ノッキング」でのホーンも感動的だ。あとを引き継いだカール・デンソンの渾身のプレイに胸が締めつけられる。

「遅さこそが魅力」（キース）、「厄介なテンポだ」（チャーリー）、「遅さの限界に挑戦する」（ミック）と、皆がテンポに言及する「アイ・ガット・ザ・ブルーズ」。スロー曲のリズム・キープには高度な技術を要するものだが、緊張感が伝わってきてドキドキしてしまった。

数え切れないほど演奏されてきた「ブラウン・シュガー」も、この日ばかりは別の意味合いが込められていたはず。慣れない曲の再生に神経を尖らせていたであろう演者が解放された瞬間を追体験できる。**森山**

Havana Moon

Rolling Stones / Eagle Vision：EREDV1246
［Blu-ray+DVD+CD］
録音・撮影：2016年３月25日
発売：2016年11月10日
［Blu-ray］［DVD］Jumpin' Jack Flash / It's Only Rock 'N' Roll (But I Like It) / Out Of Control / Angie / Paint It Black / Honky Tonk Women / You Got The Silver / Midnight Rambler / Gimme Shelter / Sympathy For The Devil / Brown Sugar / You Can't Always Get What You Want / (I Can't Get No) Satisfaction
Bonus Tracks
Tumbling Dice / All Down The Line / Before They Make Me Run / Miss You / Start Me Up
日本盤スーパー・デラックス・エディション・ボーナスDVD：Olé Olé Olé!: A Trip Across Latin America
［CD1］1. Jumpin' Jack Flash / 2. It's Only Rock 'N' Roll (But I Like It) / 3. Tumbling Dice / 4. Out Of Control / 5. All Down The Line / 6. Angie / 7. Paint It Black / 8. Honky Tonk Women / 9. You Got The Silver / 10. Before They Make Me Run / 11. Midnight Rambler
［CD2］1. Miss You / 2. Gimme Shelter / 3. Start Me Up / 4. Sympathy For The Devil / 5. Brown Sugar / 6. You Can't Always Get What You Want / 7. (I Can't Get No) Satisfaction

キューバとアメリカ国交回復の翌年、16年3月にハバナ市で開催されたフリー・コンサートの模様をパッケージ化。今まで閉ざされていた西側のスーパー・スターに触れる機会ということもあり、現地の観客動員記録を塗り替える約50万人が訪れたという。果てしなく続く人の波が壮観だ。

これだけ大きな会場だと音の被りも少ないので、それぞれの楽器がセパレートで録音できるという利点がある。ミックスもやり放題だったのか、クリアで引き締まったサウンドに仕上がった。「アンジー」でソロからバッキングに移る際に見せる、ロニーのヴォリューム・コントロールの正確さや、２本のアコースティック・ギターをフィーチャーした「ユー・ガット・ザ・シルヴァー」でのマーティンとギブソンの違いも、ハッキリと聞きとる事ができる。

その反面、「イッツ・オンリー・ロックンロール」や「ブラウン・シュガー」のエレキは分離が良すぎて少し気持ちが悪い。「アウト・オブ・コントロール」の〝トンッ〟と煩いスネア・ドラムもトリガー気味だったり、「ペイント・イット・ブラック」のトライアングルやタンバリンの音像が近すぎたりするので、結構なオーヴァー・ダブが施されたのかもしれない。

音像のことはさておき、この日もステージ・パフォーマンスが絶品だ。いつも感じることだが、ミックは出べそ（花道）の使い方が本当に上手い。前半で焦らすように少し出ておいて、ここぞというタイミングで一気にセンターに向かう姿は、老若男女を〝惚れてまうやろ〟状態に陥らせる。メンバーの立ち回りも見事。剣道の達人には当てるべき場所に竹刀が吸い込まれる感覚＝「理合」があるという。ロックの〝理（ことわり）〟を知り尽くした彼らにも同じような能力が備わってるに違いない。　**森山**

Olé Olé Olé!：A Trip Across Latin America ［Film］

撮影：2016年２月〜３月
公開：2016年９月16日
監督：Paul Dugdale
プロデューサー：Mick Jagger, Sam Bridger, Keith Richards, Charlie Watts, Ronnie Wood, Julie Jakobek

Rolling Stones / Eagle Vision：EREDV127［DVD］
録音・撮影：2016年３月25日
発売：2017年５月26日
Olé Olé Olé! A Trip Across Latin America
Bonus: Live Performances; Out Of Control (Buenos Aires, Argentina) / Paint It Black (Buenos Aires, Argentina) / Honky Tony Woman (São Paulo, Brazil) / Sympathy For The Devil (São Paulo, Brazil) / You Got The Silver (Lima, Peru) / Midnight Rambler (Lima, Peru) / Miss You (Lima, Peru)
日本盤ボーナス映像：Jumpin' Jack Flash (February 3rd, 2016 in Chile) / Street Fighting Man (March 14th, 2016 in Mexico) / Wild Horses (March 14th, 2016 in Mexico)

16年に行った南米ツアーの模様を収めたドキュメンタリー。チリに始まり、アルゼンチン、ウルグアイ、ブラジル、ペルー、コロンビア、メキシコ、キューバと、計8か国10都市を訪れたバンドに密着、現地の熱狂ぶりを交えながら、その実態を克明に描いた映像作品だ。

メンバーの雰囲気や関係性も良好で、行く先々でご当地アーティストの舞台を見学したり、一般人とフレンドリーに戯れる様子は、言ってみればローリング・ストーンズ版『クレイジージャーニー』。各国の街並みや民族衣装など、目で見て楽しめる要素もたっぷりで、一緒に旅しているような気分にさせられる。

スタッフに請われてキースが呪術的に振り回すという、雨を止ませる棒＝レイン・スティックについて語るシーンや、ロニーが単独で会いに行く友達（ブラジル人の画家や、コロンビアの業界人？）が全員ヤンチャで怪しそうなのも面白い。

演奏シーンはほとんど途中で切られていたり、インタビューが挟まれたりで、フルで見られるのはキューバ公演の「サティスファクション」のみ。そちらも先の単独作『ハバナ・ムーン』で視聴可能なので、純粋にライヴを楽しみたい方には物足りないかもしれない。ミックとキースが68年にブラジルで書いたという「ホンキー・トンク・ウィメン」創作時のエピソードを語ったあと、衣装部屋でふたりきりで聞かせる「カントリー・ホンク」は有無を言わせぬ格好良さで、それだけでも見て欲しいのだが。

DVD／ブルーレイには本編に使われたライヴのフル・コーラス・ヴァージョンのほか、ペルー公演の「ユー・ガット・ザ・シルヴァー」を含む全5曲が、音はイマイチながら追加収録されている。消化不良の方はソチラをご覧ください。

森山

Blue & Lonesome

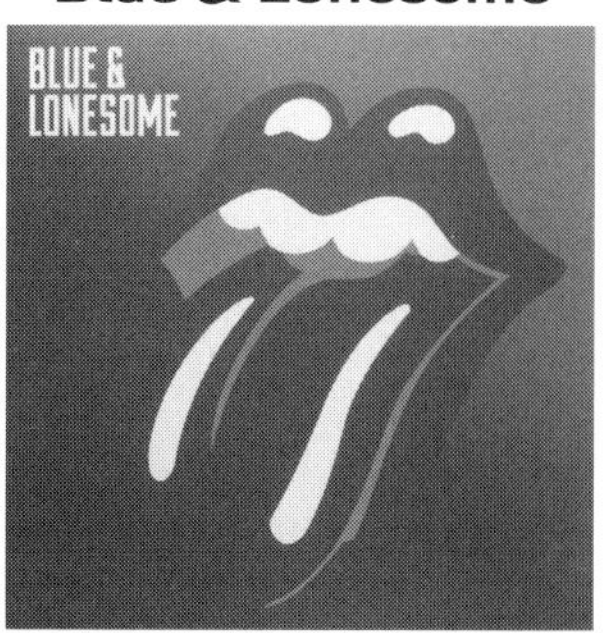

欧・Rolling Stones/Polydor：571 494-2［CD］
米・Rolling Stones/Polydor/Interscope：B0025916-02［CD］
録音：2015年12月9日〜15日
発売：欧・2016年12月2日／米・2016年12月2日
1. Just Your Fool / 2. Commit A Crime / 3. Blue And Lonesome / 4. All Of Your Love / 5. I Gotta Go / 6. Everybody Knows About My Good Thing / 7. Ride 'Em On Down / 8. Hate To See You Go / 9. Hoo Doo Blues / 10. Little Rain / 11. Just Like I Treat You / 12. I Can't Quit You Baby
プロデューサー：Don Was, The Glimmer Twins
参加ミュージシャン：
Darryl Jones (b)
Chuck Leavell (kbd)
Matt Clifford (kbd)
Eric Clapton (g)
Jim Keltner (per)

Mexican Version
墨・Rolling Stones/Polydor/Interscope：5714942［CD］
発売・2016年

　最近、新聞で隠れキリシタンに関する記事を読んだ。ある信者の家には4つの祭壇があり、キリスト教以外にも神棚に仏壇、お大師様まで飾られている、という話で、昔から日本にはひとりで複数の宗教を同時に信仰して、TPOに合わせて神を選ぶ〝ユーザーの論理〟が存在するとのこと。反対に欧米では市場独占型の〝メーカーの論理〟が絶対的だそうで、ほかの宗教が入る余地など微塵もないらしい。

　ここまで読まれた方はお気づきかと思うが、ストーンズ教にはどうも欧米っぽい考えの方が多いようで、ほかにもいろいろと信じてしまっている僕のような中途半端な輩は相手にされない可能性が高い。だから隠れていたのだけれど、この本を機会にバレる気がして迫害を恐れている。公言しないのにはもうひとつ理由があって、実はブルーズが苦手なんです。大阪生まれなのに。

　ご存知のように本作『ブルー&ロンサム』はブルーズのカヴァー・アルバムなので、購入時にはたいして聞かないだろうなぁ、とタカを括っていたのだが、ところがどっこい、その攻撃的なサウンドに一発でブチのめされ、幾度となくターンテーブルに乗せている。

　よく言われるルーツ回帰作とは違う、現在進行形のブルーズが刻まれているのが特徴だ。ミックもライナーで〝フォワード〟という言葉で語っているが、ブルーズを進化させて耐久年数を増やすという強い意志が感じられる。どの曲も『ビガー・バン』辺りに入っていても遜色のないパワー感と気迫に満ちている。ドラムやヴォーカル／ハープの処理も、アナログ時代を意識しつつ、現代に通じるブースト具合が秀逸だ。「たった三日間でレコーディングされた」というのが売り文句だったが、エディットに相当時間かけてるよ、コレは。

森山

No Filter Tour

2017年9月9日〜2021年11月23日

□サポート・アクト

Kaleo, John Lee Hooker Jr., The Struts, Los Zigarros, De Staat, Rival Sons, Hellacopters, Leon Bridges, Cage the Elephant, The Academic, Liam Gallagher, The Vaccines, The Specials, Richard Ashcroft, Elbow, James Bay, The Kooks, The Glorious Sons, Gotthard, Prazsky vyber, Trombone Shorty & Orleans Avenue, St. Paul and the Broken Bones, Whiskey Myers, The Beaches, The Glorious Sons, Sloan, Dwayne Gretzky, Ghost Hounds, Gary Clark Jr, Ivan Neville's Dumpstaphunk, The Soul Rebels, The Revivalists, Des Rocs, Bishop Gunn, The Wombats, Nathaniel Rateliff & the Night Sweats, Lukas Nelson & Promise of the Real, Vista Kicks, Kaleo, Juanes

◆参加ミュージシャン

Darryl Jones (b)
Steve Jordan (ds; 2021)
Chuck Leavell (kbd, cho)
Matt Clifford (kbd, per, horn)
Bernard Fowler (cho, per)
Sasha Allen (cho)
Karl Denson (sax)
Tim Ries (sax, kbd)

◉セット・リスト

1. Jumpin' Jack Flash
2. You Got Me Rocking
3. Tumbling Dice
4. Harlem Shuffle
5. Monkey Man
6. You Can't Always Get What You Want
7. Let It Bleed (acoustic)
8. Dead Flowers (acoustic)
9. Sympathy for the Devil
10. Honky Tonk Women
11. You Got the Silver
12. Before They Make Me Run
13. Miss You
14. Midnight Rambler
15. Paint It Black
16. Start Me Up
17. Brown Sugar
18. Gimme Shelter
19. (I Can't Get No) Satisfaction

—Europe—

2016-02-03 Hamburg Stadtpark, Hamburg, Germany
2016-02-07 Olympiastadion, Munich, Germany
2016-02-10 Red Bull Ring, Spielberg, Austria
2016-02-16 Letzigrund, Zürich, Switzerland
2016-02-20 Mura Storiche, Lucca, Italy
2016-02-24 Estadi Olímpic Lluís Companys, Barcelona, Spain
2016-02-27 Amsterdam Arena, Amsterdam, Netherlands
2016-03-02 Telia Parken, Copenhagen, Denmark
2016-03-06 Esprit Arena, Düsseldorf, Germany
2016-03-10 Friends Arena, Stockholm, Sweden
2016-03-14 GelreDome, Arnhem, Netherlands
2016-03-17 U Arena, Nanterre, France
2016-03-25 U Arena, Nanterre, France
2015-07-08 U Arena, Nanterre, France

—Europe—

2018-05-17 Croke Park, Dublin, Republic of Ireland
2018-05-22 London Stadium, London, England
2018-05-25 Florence and the Machine, London, England
2018-05-29 St Mary's Stadium, Southampton, England
2018-06-02 Ricoh Arena, Coventry, England
2018-06-05 Old Trafford, Manchester, England
2018-06-09 BT Murrayfield Stadium, Edinburgh, Scotland
2018-06-15 Principality Stadium, Cardiff, Wales
2018-06-19 Twickenham Stadium, London, England
2018-06-22 Olympiastadion, Berlin, Germany
2018-06-26 Orange Vélodrome, Marseille, France
2018-06-30 Mercedes-Benz Arena, Stuttgart, Germany
2018-07-04 Letňany, Prague, Czech Republic
2018-07-08 PGE Narodowy, Warsaw, Poland

—North America—

2019-06-21 Soldier Field, Chicago, United States
2019-06-25 Soldier Field, Chicago, United States
2019-06-29 Burl's Creek Event Grounds, Oro-Medonte, Canada
2019-07-03 FedExField, Landover, United States
2019-07-07 Gillette Stadium, Foxborough, United States
2019-07-15 Mercedes-Benz Superdome, New Orleans, United States
2019-07-19 TIAA Bank Field, Jacksonville, United States
2019-07-23 Lincoln Financial Field, Philadelphia, United States
2019-07-27 NRG Stadium, Houston, United States
2019-08-01 MetLife Stadium, East Rutherford, United States
2019-08-05 MetLife Stadium, East Rutherford, United States
2019-08-10 Broncos Stadium at Mile High, Denver, United States
2019-08-14 CenturyLink Field, Seattle, United States
2019-08-18 Levi's Stadium, Santa Clara, United States
2019-08-22 Rose Bowl, Pasadena, United States
2019-08-26 State Farm Stadium, Glendale, United States
2019-08-30 Hard Rock Stadium, Miami Gardens, United States

—United States—

2021-09-20 Gillette Stadium, Foxborough
2021-09-26 The Dome at America's Center, St. Louis
2021-09-30 Bank of America Stadium, Charlotte
2021-10-04 Heinz FIeld, Pittsburgh
2021-10-09 Nissan Stadium, Nashville
2021-10-14 SoFi Stadium, Los Angeles
2021-10-17 SoFi Stadium, Los Angeles
2021-10-24 U.S. Bank Stadium, Minneapolis
2021-10-29 Raymond James Stadium, Tampa
2021-11-02 Cotton Bowl, Dallas
2021-11-06 Allegiant Stadium, Las Vegas
2021-11-11 Mercedes-Benz Stadium, Atlanta
2021-11-15 Ford Field, Detroit
2021-11-20 Circuit of the Americas, Austin
2021-11-23 Hard Rock Live, Hollywood

●17年と18年にヨーロッパ、19年と20年に北米を、それぞれ2〜3か月かけて集中して周るスケジュールが立てられた。ミックの病気の治療のため、19年のコンサートは延期したうえで行われている。さらに、新型コロナ・ウィルスによるパンデミックの影響で、20年のスケジュールは21年に変更。そして、ツアー再開の直前、チャーリーが亡くなった。バンドはスティーヴ・ジョーダンを招集し、ツアーの存続を選ぶ。

Honk

欧・Rolling Stones / Polydor：773 188-0［CD］
米・Rolling Stones / Polydor/Interscope：B0029809-02［CD］
発売：欧・2019年4月19日／米・2019年4月19日
［CD1］1. Start Me Up / 2. Brown Sugar / 3. Rocks Off / 4. Miss You / 5. Tumbling Dice / 6. Just Your Fool / 7. Wild Horses / 8. Fool To Cry / 9. Angie / 10. Beast Of Burden / 11. Hot Stuff / 12. It's Only Rock 'N' Roll (But I Like It) / 13. Rock And A Hard Place / 14. Doom And Gloom / 15. Love Is Strong / 16. Mixed Emotions / 17. Don't Stop / 18. Ride 'Em On Down
［CD2］1. Rain Fall Down / 2. Dancing With Mr. D / 3. Undercover (Of The Night) / 4. Emotional Rescue / 5. Waiting On A Friend / 6. Saint Of Me / 7. Out Of Control / 8. Streets Of Love / 9. Out Of Tears
［CD3］1. Get Off Of My Cloud (Live) / 2. Dancing With Mr D (Live) / 3. Beast Of Burden (Live) Featuring – Ed Sheeran / 4. She's A Rainbow (Live) / 5. Wild Horses (Live) Featuring – Florence Welch / 6. Let's Spend The Night Together (Live) / 7. Dead Flowers (Live) Featuring – Brad Paisley / 8. Shine A Light (Live) / 9. Under My Thumb (Live) / 10. Bitch (Live) Featuring – Dave Grohl

71年のローリング・ストーンズ・レコーズ設立から16年の『ブルー・アンド・ロンサム』までの代表曲を、バランスよく集めた最新ベスト。恒例だった新曲の収録は今回はナシ。その代わりといってはナンだが、デラックス・エディションの1枚には、50周年ツアー以降のライヴから、ゲストとの共演を含む10曲が纏められている。ブラッド・ペイズリーがバッキバキのテレキャス・ワークを披露する「デッド・フラワーズ」や、デイヴ・グロールを迎えた「ビッチ」における白熱のインタープレイは聞きものだ。

ところで、ゼロ年代以降のベスト3作、『フォーティ・リックス』『GRRR！』『HONK』のレビューが僕に回ってきたので、この機会にと聞き比べてみた。今回使用されたのも主に09年リマスターということなので、『GRRR！』とソースは同じはず。しかし、ひとつの作品を仕上げるためには曲順の兼ね合いもあり、音量調整は必ず行なっているため、コンプレッサーやイコライザーが触られた可能性が高い。通ったA／D、D／A変換コンバーターによっても変化は出てくるだろう。盤を取っ替え引っ替えして確認したところ、案の定、それぞれに違った特徴が見てとれた。

『フォーティ・リックス』ではミドル・レンジを強調してバンドの一体感を出していたのが、『GRRR！』ではドラムの奥行きを出して低音も強調、さらにギターを左右に広げた印象だ。『HONK』ではトータル・コンプの当たりを強くして、高域も突いているのではないだろうか。少々煩く感じた。ただし、迫力を出すための微調整が功を奏している場面もあり、『GRRR！』発表時の新曲だった「ワン・モア・ショット」は本作の方がしっくり来る。いやはや音の世界は本当に奥深い。 **森山**

梅村昇史
Shoji Umemura

CHARLI
WELCOME T
HEAVE
チャーリーが来るとわかって、ここで待ってたぜ。
ブライアンがプールで溺死したという史実にもとづくドッキリでした。
ブライアン若いな。
27歳で死んだからなー
チャーリーに会うのは52年ぶりか。
BRIAN'S
BOOT LOUNGE
オレは死んでから天国でちょっとしたビジネスをやっているんだ
ストーンズ専門のブートレグ屋だ。
オイオイ
THE ROLLING STONES
ストーンズはこっちでも愛されてるぜ。
これはオレが死んだ翌年の81年の北米ツアーだ!!
存在しない73年の東京公演だぜ!!
ここには未来の公演のブートもあるぜ。これはチャーリーのいない、2022年のツアーだ。
あいつら来年もツアーするのか。
STONES 2021
THE ROLLING STONES 2022
1962 DEMO
まさにここは天国のようだ。
天国だよ。

ドラムはスティーヴ・ジョーダンか。
やっぱりな…
THE ROLLING S 2022
60周年か。ミックもキースもよくやるよ。
「アウト・オブ・タイム」か
ライヴでやったことあったかな？
You Don't Know What's going on You've been away for far too Long
演奏はイケてるけど、あいかわらず服がイマイチだなやせてんだからスーツでキメろよ。
ブライアンそれを言うな。
映像もあるぜ
リズムセクションがふたりとも黒人になったんだ。
うーんそれも良し悪しかもな。
ストーンズは、5人のイギリス人が作りだした白人のロック・グループの最高の文化なんだ!
1964 DEMO
1973 TOKYO
オレたちの演奏は黒人のような本物じゃなかった。でもオレたちの黒人へのリスペクトは本物だったよ。
そーだそーだ
いいぞチャーリー!!
WOOOHoo…

あいつら
2023年に
新作を出すために
ニューヨークで
レコーディング中
らしいぜ。
MELODY MAKER HEAVEN
NEW MUSICAL EXPRESS in HEAVEN
STONES NEW ALBUM 2023
でも、あいつらには
決定的に
欠けている
ものが
ある。
それは……
チャリーの
ドラムだ!!
今から
ニューヨーク
のスタジオ
に行こう。
TO NEW YORK
GRETCH
2000光年の
かなたへGO!!
ニュー
ヨークに
到着!!
チャーリー
急いで
ドラム
トラックを
録っちまお
う!!
まかせろ、
時間を
かけるのは
キライ
なんだ。
ちなみに
こっちの世界
にいる時は、
頭の上に
輪っかが
つきます。
GRETCH
急いで
帰ろう
あっちに
いられる
のは
24時間
なんだ。
キース、
このドラム
最高じゃ
ないか。
チャーリー
そのもの
だぜ
これは!!
そして……

ストーンズの新作は2023年にリリース。
NOW PRINTING
そして新作をひっさげたワールド・ツアーは2024年まで続いた。
2023
THE ROLLING STONES 2024 TOKYO
しかも2027年には65周年ツアーをするんだぜ。
THE ROLLING STONES 2027
THE ROLLING STONES 65th ANNIVERSARY
あのチャーリーとしか思えないドラマーって15歳だって。
超クールだな。
15歳の子どもに化けて、毎日あっちに行ってプレイするのは結構しんどいもんだったよ。
フフ、まあオレはストーンズが存在する世界が続いてほしいだけさ。
ストーンズは今まで何度もダメになりかけたけど、結局生きのびてきた。ひょっとしてブライアン、お前が天国から……
それはオレじゃないよ。きっとルシファーかデヴィルの仕業じゃないか。
THE END
2022.11. SHOJI UMEMURA

Sixty

2022年6月1日〜8月3日

□サポート・アクト

Sidonie
Vargas Blues Band
Reef
Echo & the Bunnymen
Ghost Hounds
The War On Drugs
Phoebe Bridgers
Vista Kicks
JJ Rosa
Kelly McGrath
Kaleo
Bilderbuch
Nothing but Thieves
Sam Fender
Courtney Barnett
Christone "Kingfish" Ingram
The Dinner Party
The Flints
Zucchero
Thåström

◆参加ミュージシャン

Steve Jordan (ds)
Darryl Jones (b)
Chuck Leavell (kbd, cho)
Matt Clifford (kbd, per, horn)
Bernard Fowler (cho, per)
Sasha Allen (cho)
Karl Denson (sax)
Tim Ries (sax, kbd)

◉セット・リスト

1. Street Fighting Man
2. 19th Nervous Breakdown
3. Sad Sad Sad
4. Tumbling Dice
5. Out of Time
6. Beast of Burden
7. You Can't Always Get What You Want
8. Living in a Ghost Town
9. Honky Tonk Women
10. Happy
11. Slipping Away
12. Miss You
13. Midnight Rambler
14. Start Me Up
15. Paint it Black
16. Sympathy for the Devil
17. Jumpin' Jack Flash
18. Gimme Shelter
19. (I Can't Get No) Satisfaction

2022-06-01 Wanda Metropolitano, Madrid, Spain
2022-06-05 Olympiastadion, Munich, Germany
2022-06-09 Anfield, Liverpool, United Kingdom
2022-06-21 San Siro, Milan, Italy
2022-06-25 Hyde Park, London, United Kingdom [British Summer Time]
2022-07-03 Hyde Park, London, United Kingdom [British Summer Time]
2022-07-07 Johan Cruyff Arena, Amsterdam, Netherlands
2022-07-11 King Baudouin Stadium, Brussels, Belgium
2022-07-15 Ernst-Happel-Stadion, Vienna, Austria
2022-07-19 Groupama Stadium, Lyon, France
2022-07-23 Ayron Jones, Paris, Hippodrome de Longchamp
2022-07-27 Veltins-Arena, Gelsenkirchen, Germany
2022-07-31 Friends Arena, Stockholm, Sweden
2022-08-03 Waldbühne, Berlin, Germany

●チャーリー・ワッツを欠いた体制で、初めて行われたヨーロッパ・ツアー。基本的に屋外のスタジアムが会場となり、スタンディング・エリアが設けられた。

3本のコンサートを終えたあと、ミックが新型コロナの陽性反応を示したため、アムステルダム公演は延期、スイスのベルン公演は中止となった。本項の執筆時点では正式な発表はないが、今年（23年）にもツアーが計画されているという情報がある。

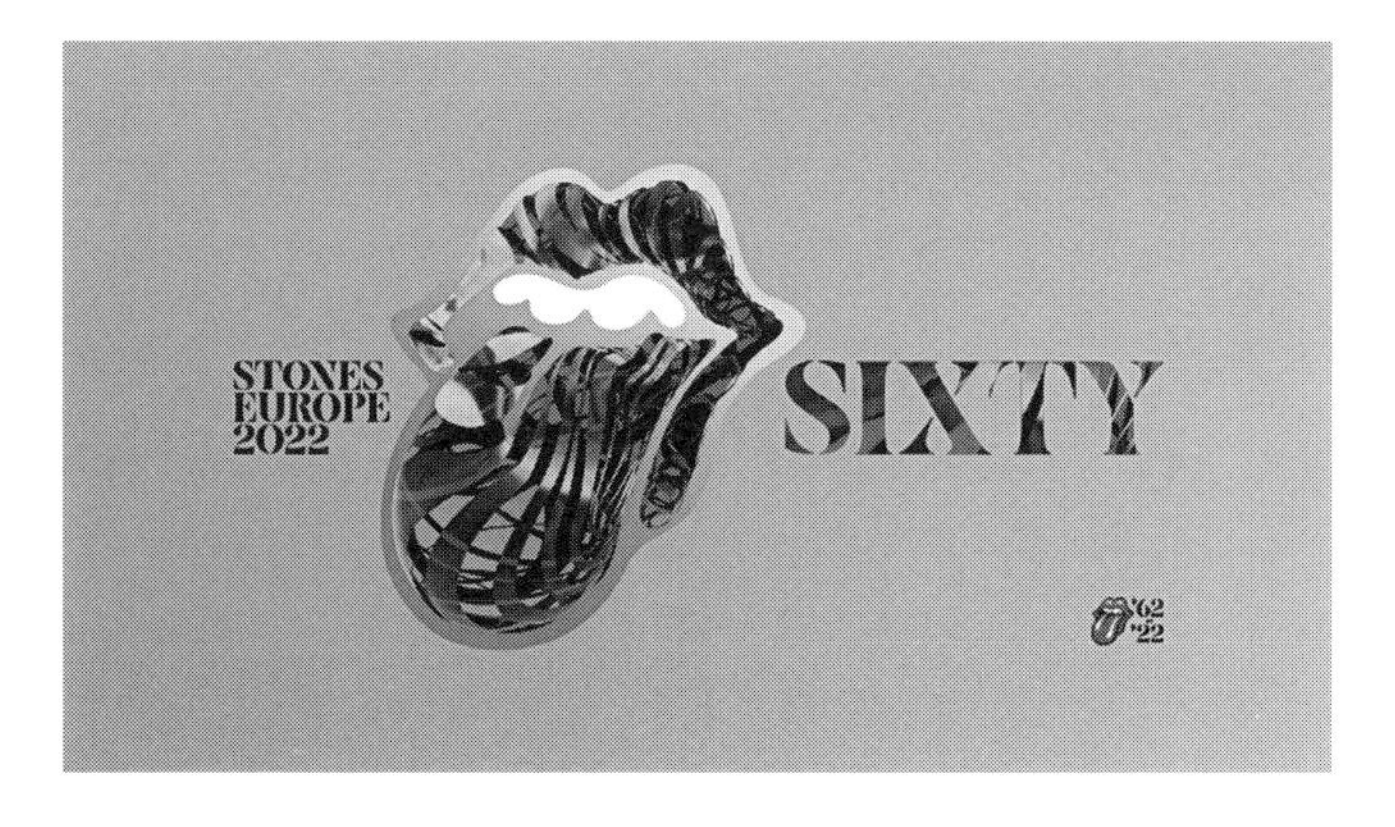

オフィシャル・ブートレグ・シリーズから　フロム・ザ・ヴォルツ・コレクション、そしてその先へ

山田順一

ザ・ローリング・ストーンズが突如として〈ローリング・ストーンズ・アーカイヴ〉のサイトを立ち上げ、グーグル・ミュージックと共同でデジタル音源配信をはじめたのは、２０１１年10月18日午前0時のことだった。まず、第1弾として１９７３年10月17日にベルギーのブリュッセルで昼夜2回行なわれたコンサートを編集した『ブラッセルズ・アフェア（ライヴ１９７３）』がリリースされ、ＭＰ３で7ドル、ＦＬＡＣで9ドルという価格でダウンロード販売された。もともと『ブラッセルズ～』の音源はマニアの間では人気のブートレグとして知られていたが、公式に、しかもいきなり発表されたことに世界中のファンが驚愕した。それまでブートレグとしてアンダーグラウンドで知られていた音源が〝オフィシャル・ブートレグ〟として世に放たれたのである。もっとも当時の日本ではグーグル・ミュージックが利用できない状況にあり、ローリング・ストーンズ・アーカイヴから購入するにしても、英語での案内やカード決済となる海外サイトでの音源購入に二の足を踏むファンも少なくなかった。しかし、ダウンロードされた音源は世界であっという間にブートレグＣＤとしても出回ったため、配信に関心のなかった層も含めて想像以上に広く普及することになったのである。このことによってストーンズの蔵出し音源発掘への期待が一挙に高まっただけでなく、〝あのストーンズが配信に手をつけた〟ことで音楽ストリーミング・サービス自体への注目も高まることになったのだった。

現在進行形の活動に重きを置いていたバンドが、自分た

ちのアーカイヴの公開に着手したのは、09年の『ゲット・ヤー・ヤ・ヤズ・アウト』40周年記念盤あたりからだったが、本格的に力を入れるようになったのは11年からだ。ちょうどバンド結成50周年を迎えるタイミングでもあったが、ストーンズと同世代のアーティストが、同じ時代を歩んだファンに向けてはあくまでもフィジカル・プロダクツを中心に展開していたのに対し、その手法も維持しながらエクスクルーシヴなデジタル・コンテンツを提供することで、より幅広い層にも門戸を開いてミュージック・ビジネスの先頭に立ったことは痛快でさえあった。常に時代の変化に敏感に反応してきたストーンズらしい画期的な企画だったわけだが、フィジカルの製作にかかる時間や経費をカットし、ＹｏｕＴｕｂｅなどを利用したサプライズ・リリースも当たり前となった今からすれば、結果的にこのデジタル・アーカイヴがその先駆けとも言えるアクションになったのである。振り返ればストーンズはプロモーション・フィルムや12インチ・シングル、ペイ・パー・ヴュー、ＩＭＡＸ、ＣＤ－ＲＯＭ、インターネットなど、その時々で最新のソフトやシステムに飛びつき、可能性と成果を確認しながら自分たちの活動に反映させてきた。それを単に〝流行りもの好き〟と言ってしまうのは簡単だが、それぞれの結果を受け止め、エンタテインメントにおけるインフラ構築の指針や方向性を提示してきたのも事実である。ストリーミング・サービスについても、ブロードバンド環境がある程度一般化した段階（グーグル・ミュージックの発足）で踏み切ったものだと思われるが、11年の段階でひとつのスキームを構築したことは大きな意義があった。

　では、『ブラッセルズ・アフェア』に続いたオフィシャル・ブートレグ・シリーズのタイトルについて、順を追って紹介していこう。第2弾の『ハンプトン・コロシアム（ライヴ１９８１）』は12年1月30日にダウンロードが開始された。81年12月18日にハンプトン・コロシアムで行なわれたコンサートを収録したもので、この日はＦＭラジオで生放送されるとともに、ケーブル・テレビのペイ・パー・ヴュー番組として全米に中継（ロック・コンサートの生中継としては初めて）されたこともあり、番組をソースにしたブートレグが出回っていたものである。続いて4月2日にデジタル販売されたのが『Ｌ.Ａ.フライデー（ライヴ１９７５）』で、75年7月9日から13日にかけてロサンゼルスのザ・フォーラムで開催されたコンサートのうち、13日の音源をまとめたもの。こちらもブートレグの定番だった。そして、7月10日には第4弾の『ライヴ・アット・東京ドーム（ライヴ１９９０）』が登場。90年2月14日から27日まで10回連続行なわれた東京ドーム公演のうち、26日の模様が収録されていた。10月16日に配信がスタートした『ライト・アット・ザ・フューズ（ライヴ２００５）』は、〈ア・ビガー・バン・ツアー〉のウォームアップ・ギグとして、05年8月10日にトロントのフェニックス・コンサート・シアターで行なわれたライヴを収めたもの。次に11月12日に公開されたのは、82年7月25日にリーズのラウンド・ハイ・パークで開催されたコンサートを収録した『ライヴ・アット・リーズ（ライヴ１９８２）』だった。結局、シリーズとしてはここで一旦打ち止めとなり、14年からはオフィシャル・ブートレグ・シリーズのコンセプトを残しながら、音源だけでなく映像も一緒にフィジカル・プロダクツでリリースする〝フロム・ザ・ヴォルツ（＝貴重品倉庫から）〟をスタートさせている。ストーンズはこれからの時代、音と併せて動画も求められることに気づいていたのだ。

フロム・ザ・ヴォルツ・コレクションのビジネス・パートナー（配給元）になったのはイーグル・ロック・エンターテインメントで、日本ではワードレコーズが契約。当時のストーンズはすでにユニバーサルミュージックと契約を結んでいたが、音源はユニバーサル、映像はイーグル・ロックの管理という形に分かれていた。こうして14年10月からスタートしたヴィジュアル・アーカイヴ・シリーズは『ハンプトン・コロシアム』を皮切りに、オフィシャル・ブートレグ・シリーズで映像も存在していたタイトルをフィジカル化し、新たにミックスし直すなど手を加えながら（『L・A・フライデー』は『L・A・フォーラム（ライヴ・イン・1975）』に改題）。音と映像を組み合わせたマルチ・フォーマットで発売。日本ではそこにさらなるボーナスや特典を加えて販売していった。また、オフィシャル・ブートレグ・シリーズでは配信されなかったタイトルも順次発売され、15年の『ザ・マーキー・クラブ ライヴ・イン１９７１』と『ハイド・パーク・ライヴ１９６９』、17年の『スティッキー・フィンガーズ・ライヴ・アット・ザ・フォンダ・シアター２０１５』、18年の『ノー・セキュリティー／サンノゼ１９９９』もフロム・ザ・ヴォルツのシリーズで発売された。契約の話で言えば、14年4月の段階でイーグル・ロックはユニバーサルミュージックの傘下に入っていたが、18年になってストーンズがユニバーサルミュージック・グループと新たに包括契約を結び直したことによって、映像と音源の権利がユニバーサルにまとめられている。これにより配給元もユニバーサルミュージックへと移行し、イーグル・ロックから出ていた既発作品の再発が行なわれると同時に、新たな作品がデジタルも含むマルチ・フォーマットで続々リリースされることになっている。それぞれのリイシューには新規ボーナスの追加もあり、アーカイヴのバンドル作品以外にもさまざまなプロダクツが次から次へと出てくるのだから、ただでさえ多くのタイトルが存在するストーンズのディスコグラフィはより複雑化し、ファンは混乱しながらもうれしい悲鳴をあげている状況にある。

さらにコロナ禍の2020年5月3日からは、公式YouTubeチャンネルでストリーミング・ライヴ・シリーズ、エクストラ・リックスも6週に亘って公開され、『オレ・オレ・オレ！・パフォーマンス』、『ハバナ・ムーン・パフォーマンス』、『ライヴ・アット・フォンダ・シアター・パフォーマンス』、『スウィート・サマー・サン・パフォーマンス』、『ブリッジズ・バビロン・パフォーマンス』、『ヴードゥー・ラウンジ・パフォーマンス』の映像が配信された。ストーンズは、94年11月18日にダラスのコットン・ボウルで開いたコンサートを世界ではじめてインターネットを通じて生中継するなど、早くからインターネットの可能性に着目していたのだが、今から約10年前のオフィシャル・ブートレグ・シリーズの蔵出しから満を持して参入した配信事業は、プロモーション・ツールとしての活用も含めて、ファンからのニーズとIT環境の発展に伴って急成長を遂げた。アーカイヴ・ビジネスと言うと、とかく後ろ向きに捉えられがちではあるものの、今ではどのアーティストも本事業に取り組んでいるのはご承知の通り。ストーンズがこの分野でも先見性があったとまでは言わないが、実にいいタイミング、いい形でスタートさせたことは認めてもいいはずだ。

彼らを支えるファンの中心層の多くがいまだにアナログやCDを愛する一方で、一般的なマーケットではフィジカルのシェアが下がり、サブスクリプション型ストリーミング・サービスに代表されるデジタル・メディアが主要な収益形式となっている。現状、ストーンズはフィジカル＋デジタルの全対応型をとっているが、この先ますますデジタル・プラットフォームを核にしたコンテンツが加速していく中で、メタバース時代に向けて新たなプランも練られているだろう。60年もの長い間、シーンのトップに立ち続けるストーンズを牽引し、各業界をリードしてきたミック・ジャガーならば、NFT（非代替性トークン）の発売を考えていてもおかしくないと思う。

2014 tokyo ©Mikio Ariga

Singles / EPs
ISAO INUBUSHI

時代と向き合い続けたストーンズの姿が刻まれたシングル・リリースの変遷

犬伏 功

１９６０年代のポップ・ミュージックの〝核〟となるのはアルバムではなくシングルであり、とくに英国ではその傾向が強い。世間にはいまだにビートルズがシングルの寄せ集めだったアルバムをひとつの作品にまで昇華させた、という言説が流布しているが、英国ではクリフ・リチャードの時代からアルバムとシングルは別物であり、シングルに刻まれたヒット曲の大半はアルバムでは聴くことができなかったのだ。それは60年代の後半になっても基本的には変わらず、例えば『ベガーズ・バンケット』に針を降ろしても、「ジャンピング・ジャック・フラッシュ」を聴くことはできず、ビートルズの『サージェント・ペパーズ・ロンリー・ハーツ・クラブ・バンド』には「ストロベリー・フィールズ・フォーエヴァー」や「ペニー・レイン」は収められていない。つまり、バンドを理解する上でシングルのリリースを振り返ることは非常に重要なのだ。ローリング・ストーンズがその時、その時代になにを考え、どこを目指していたのかを端的に表しているのが、シングル・レコードだと言っていいだろう。また、英国におけるＥＰはシングルとは少し違った趣があるが、ストーンズの場合、英国でリリースされた3枚のＥＰ（2枚のスタジオ作と、もう1枚はライヴを収めたもの）はどれも非常に重要なものであり、決して外すことはできない。一方の米国ではヒット曲をアルバムに入れる習慣が古くからあり、アルバムは〝寄せ集め〟という傾向がきわめて強かった。そのため英国とはシングルの意味が異なっているが、同地で独自にカットされたものを含め、それらシングルを聴くことで、この国でなにが売れたか、なには好まれたかを知ることができる。
しかし、70年代以降は事情が大きく変わってくる。基本的にシングルはアルバム収録曲をカットしたものになるからだ。セールスの中心がシングルからアルバムへと移行し、シングルはアルバムの〝顔見せ〟的役割を担うようになったのだ。それが70年代の後半になると、世界的なディスコ・ブームの影響もあり、12インチ・シングルのような新しいフォーマットが登場。リミックスやエクステンデッド・ヴァージョンなど、ほかでは聴けないものが収録されるようになった。それがCD時代の到来とともに、事情はさらに複雑となり、同じ曲のシングルがカップリング違いで何種類もリリースされるようになる。要するに、同じ曲を収めた別のシングルを何種類も買いたくなるような仕掛けをほどこすことで、より多角的なチャート・アクションを目指したわけだ。これは単に売る側の都合をカタチにしたものではあったが、アルバム未収録の新曲が〝カップリング曲〟としていくつもリリースされるようになったことで、ファンはそこに新たな楽しみを見つけるようになった。ストーンズはさらに、膨大なリミックスのヴァリエーションを生み出し、ディスコやクラブをはじめとするさまざまなシーンに向けたリリースを行うようになったわけだが、それは彼らが常に時代と向き合い、トレンドを消化し続けるバンドとしての使命でもあったように思う。

本稿では英国でリリースされたものをベースに、英国未発売の米国及び各国のシングルを加えて完全に近いリストを目指している。基本的に、シングルやEPとして一般にリリースされたものを〝正〟とし、プロモーション盤や書籍等の付属品、アルバムやボックス・セットなどに封入されたシングル、EPは除外した。とくに、近年のCDなどに見られるリミックス・ヴァージョンに関してはかなり煩雑で、プロモーション盤のみに収録されているものもあることから、本リストから漏れているものが存在する。ただし、一般流通していないものに関しては除外していることをご承知いただきたい。なお、ピクチャー・スリーヴが付属するリリースに関してはすべてスリーヴ写真を掲載している。特記のないものはすべて英国盤7インチ・シングルで、サイズの異なるもの、フォーマットの異なるものは都度表記するようにした。なお、前提としてプロモーション盤は除外したが、収録内容がとくに重要と判断した2作品のみ、最後に別枠で記載している。

It's All Over Now

A : It's All Over Now
B : Good Times, Bad Times
Decca F.11934
1964.6.26／1位

Come On

A : Come On
B : I Want To Be Loved
Decca F 11675
1963.6.7／21位

Five By Five

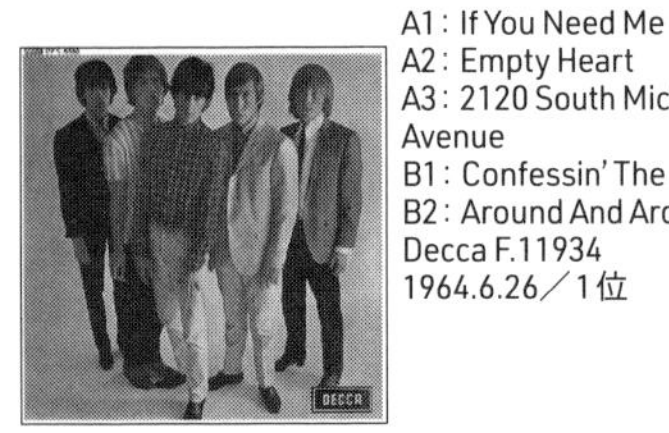

A1 : If You Need Me
A2 : Empty Heart
A3 : 2120 South Michigan Avenue
B1 : Confessin' The Blues
B2 : Around And Around
Decca F.11934
1964.6.26／1位

I Wanna Be Your Man

A : I Wanna Be Your Man
B : Stoned
Decca F 11764
1963.11.1／12位

Time Is On My Side

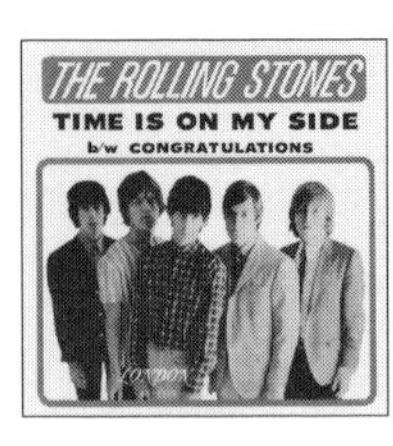

A : Time Is On My Side
B : Congratulations
London 45-LON 9687 (US)
1964.7.24／6位(米)

The Rolling Stones

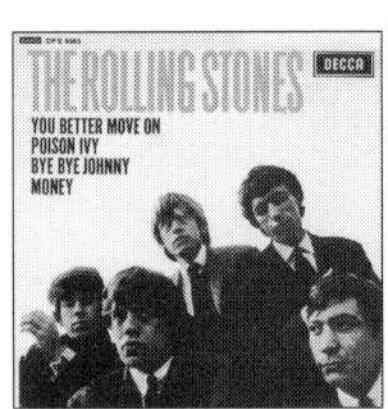

A1 : Bye Bye Johnny
A2 : Money
B1 : You Better Move On
B2 : Poison Ivy
Decca DFE 8560
1963.11.1／1位

Little Red Rooster

A : Little Red Rooster
B : Off The Hook
Decca UK F 12014
1964.11.13／1位

Not Fade Away

A : Not Fade Away
B : Little By Little
Decca F 11845
1964.2.21／3位

The Last Time

A : The Last Time
B : Play With Fire
Decca F 12104
1965.2.26／1位

Tell Me (You're Coming Back)

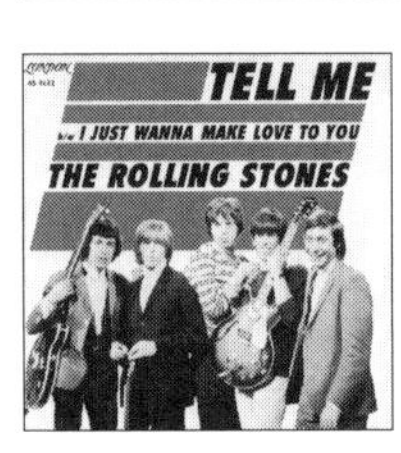

A : Tell Me (You're Coming Back)
B : I Just Want To Make Love To You
London 45-9682 (US)
1964.6.12／24位(米)

19th Nervous Breakdown

A：19th Nervous Breakdown
B：As Tears Go By
Decca F 12331
1966.2.4／2位

Paint It, Black

A：Paint It, Black
B：Long Long While
Decca F 12395
1966.5.13／1位

Mothers Little Helper

A：Mothers Little Helper
B：Lady Jane
London 45-902 (US)
1966.7.2／8位 (米)

Have You Seen Your Mother, Baby, Standing In The Shadow?

A：Have You Seen Your Mother, Baby, Standing In The Shadow?
B：Who's Driving Your Plane
Decca F 12497
1966.9.23／5位

Let's Spend The Night Together

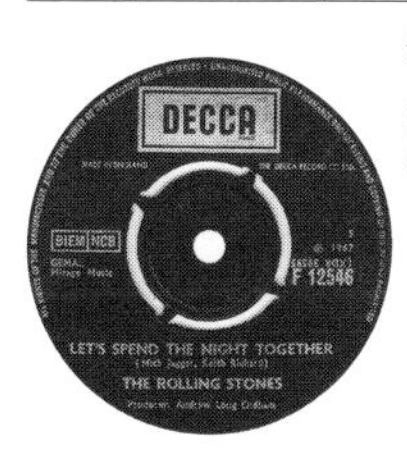

A：Let's Spend The Night Together
B：Ruby Tuesday
Decca F 12546
1967.1.13／3位

Heart Of Stone

A：Heart Of Stone
B：What A Shame
Decca F 22180 (Export Issue)
1965.6／19位 (米)

Got Live If You Want It!

A1：We Want The Stones (Live)
A2：Everybody Needs Somebody To Love (Live)
A3：Pain In My Heart (Live)
A4：(Get Your Kicks On) Route 66 (Live)
B1：I'm Moving On (Live)
B2：I'm Alright (Live)
Decca DFE 8620
1965.6.11／1位

(I Can't Get No) Satisfaction

A：(I Can't Get No) Satisfaction
B：The Spider And The Fly
Decca F 12220
1965.8.20／1位

Get Off Of My Cloud

A：Get Off Of My Cloud
B：The Singer Not The Song
Decca F 12263
1965.10.22／1位

As Tears Go By

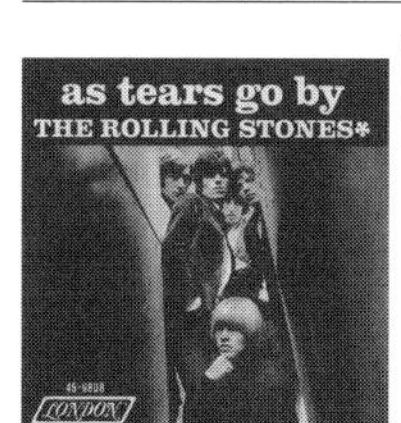

A：As Tears Go By
B：Gotta Get Away
London 45-9808 (US)
1965.12.18／6位 (米)

Honky Tonk Women

A：Honky Tonk Women
B：You Can't Always Get What You Want
Decca F 12952
1969.7.4／1位

Little Queenie (Live)

A：Little Queenie (Live)
B：Love In Vain (Live)
Decca F 13126 (Export Issue)
1971.2／ -

Brown Sugar

A1：Brown Sugar
B1：Bitch
B2：Let It Rock (Live)
Rolling Stones RS 19100
1971.4.16／2位

Wild Horses

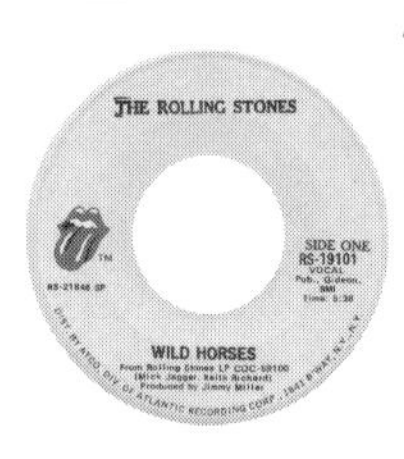

A：Wild Horses
B：Sway
Rolling Stones Records RS 19101 (US)
1971.6.12／28位 (米)

Street Fighting Man

A1：Street Fighting Man
A2：Surprise Surprise
B1：Everybody Needs Somebody To Love
Decca F 13195
1971.6.18／ -

We Love You

A：We Love You
B：Dandelion
Decca F 12654
1967.8.18／8位

In Another Land

A：In Another Land
B：The Lantern (Bill Wyman)
London 45-907 (US)
1967.12.2／87位 (米)

2,000 Light Years From Home

A：2,000 Light Years From Home
B：She's A Rainbow
Decca F 22706 (Export Issue)
1967.12／25位 (米)

Jumpin' Jack Flash

A：Jumpin' Jack Flash
B：Child Of The Moon Decca F 12782
1968.5.24／1位

Street Fighting Man

A：Street Fighting Man
B：No Expectations (Export Issue)
Decca F 22825
1968.8／48位 (米)

Doo Doo Doo Doo Doo (Heartbreaker)

A : Doo Doo Doo Doo Doo (Heartbreaker)
B : Dancing With Mr. D.
Rolling Stones RS-19109 (US)
1973.12.19／15位 (米)

Street Fighting Man

A : Street Fighting Man
B : Surprise Surprise
Decca F 13203
1971.7／21位

It's Only Rock 'N Roll

A : It's Only Rock 'N Roll
B : Through The Lonely Nights
Rolling Stones RS 19114
1974.7.26／10位

Tumbling Dice

A : Tumbling Dice
B : Sweet Black Angel
Rolling Stones RS 19103
1972.4.14／5位

Ain't Too Proud To Beg

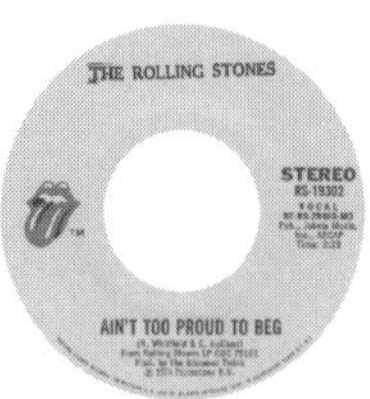

A : Ain't Too Proud To Beg
B : Dance Little Sister
Rolling Stones RS-19302 (US)
1974.10.31／17位 (米)

Happy

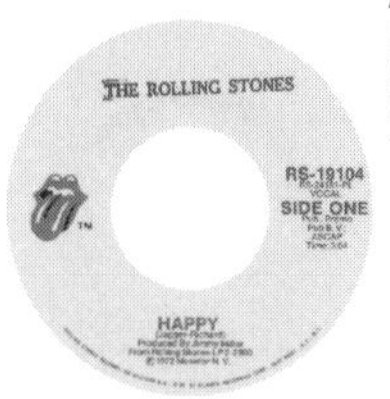

A : Happy
B : All Down The Line
Rolling Stones RS-19104 (US)
1972.6.28／22位 (米)

I Don't Know Why

A : I Don't Know Why
B : Try A Little Harder
Decca F 13584
1975.5.30／ -

Sad Day

A : Sad Day
B : You Can't Always Get What You Want
Decca F 13404
1973.4.27／ -

Out Of Time

A : Out Of Time
B : Jiving Sister Fanny
Decca F 13597
1975.9.5／45位

Angie

A : Angie
B : Silver Train
Rolling Stones RS 19105
1973.8.17／5位

Emotional Rescue

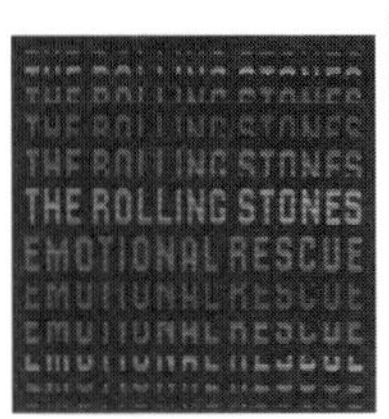

A：Emotional Rescue
B：Down In The Hole
Rolling Stones RSR 105
1980.6.20／9位

Fool To Cry

A：Fool To Cry
B：Crazy Mama
Rolling Stones RS 19121
1976.4.16／6位

She's So Cold

A：She's So Cold
B：Send It To Me
Rolling Stones RSR 106
1980.9.22／33位

Miss You

[7]
A：Miss You (Edit)
B：Faraway Eyes (Edit)
Rolling Stones EMI 2802
1978.5.26／3位
[12]
12″A：Miss You (Long Version)
B：Faraway Eyes (Edit)
Rolling Stones 12 EMI 2802
1978.6.2

Start Me Up

A：Start Me Up
B：No Use In Crying
Rolling Stones RSR 108
1981.8.7／7位

Waiting On A Friend

A：Waiting On A Friend
B：Little T&A
Rolling Stones RSR 109
1981.11.27／50位

Respectable

A：Respectable
B：When The Whip Comes Down
Rolling Stones EMI 2861
1978.9.22／23位

Going To A Go Go (Live)

A：Going To A Go Go (Live)
B：Beast Of Burden (Live)
Rolling Stones RSR 110
1982.6.1／26位

Shattered

A：Shattered
B：Everything Is Turning To Gold
Rolling Stones RS 19310 (US)
1978.11.29／31位(米)

Harlem Shuffle

[7]
A: Harlem Shuffle
B: Had It With You
Rolling Stones A 6864
1986.2.26／13位
[Special Edition 7]
A: Harlem Shuffle
B: Had It With You
Rolling Stones QA 6864
1986.2.26
[12]
A: Harlem Shuffle (New York Mix)
B1: Harlem Shuffle (London Mix)
B2: Had It With
You Rolling Stones TA 6864
1986.5.24

Time Is On My Side (Live)

A: Time Is On My Side (Live)
B: Twenty Flight Rock
Rolling Stones RSR 111
1982.9.10／62位

Undercover Of The Night

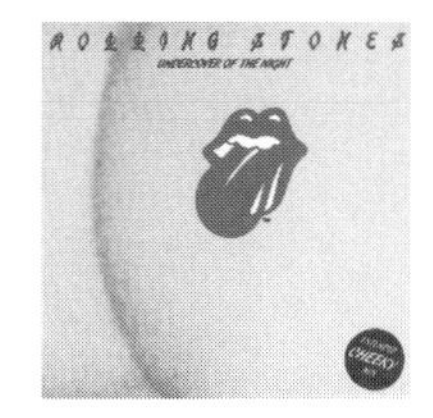

[7]
A: Undercover Of The Night
B: All The Way Down
Rolling Stones RSR 113
[12]
A: Undercover Of The Night
(Extended Cheeky Mix)
B: All The Way Down
Rolling Stones 12 RSR 113
1983.11.1／11位

One Hit (To The Body)

[7]
A: One Hit (To The Body)
(Edit)
B: Fight
Rolling Stones A 7160
1986.5.16／80位

One Hit (To The Body) (London Mix)

[12]
A: One Hit (To The Body)
(London Mix)
B1: One Hit (To The Body)
(Edit)
B2: Fight Rolling Stones
44-05388n (US)
1986.5.20／ -

She Was Hot

[7]
A: She Was Hot
B: I Think I'm Going Mad
Rolling Stones RSR 114
[Shaved Pic. Disc]
A: She Was Hot
B: I Think I'm Going Mad
Rolling Stones RSRP 114
1984.1／42位

Rock And A Hard Place

[7]
A：Rock And A Hard Place (Edit)
B：Cook Cook Blues
Rolling Stones 655422 7
1989.11.13／63位
[CD]
1. Rock And A Hard Place (Edit)
2. Rock And A Hard Place (Dance Mix)
3. Rock And A Hard Place (Bonus Beats Mix)
Rolling Stones 655422 2
1989.7

Rock And A Hard Place (Dance Mix)

A1：Rock And A Hard Place (Dance Mix)
A2：Rock And A Hard Place (Oh-Oh Hard Dub Mix)
B1：Rock And A Hard Place (Michael Brauer Mix)
B2：Rock And A Hard Place (Bonus Beats Mix)
Rolling Stones 44-73133 (US)
1989.11.1／-

Terrifying (12″ Remix)

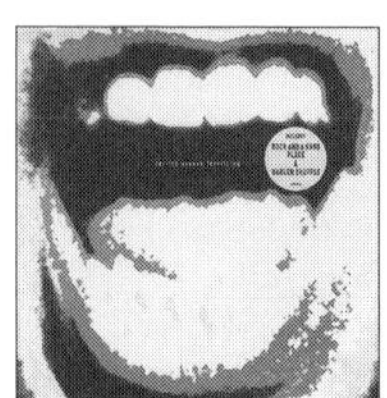

[12]
A1：Terrifying (12″ Remix)
B1：Rock And A Hard Place (Dance Mix)
B2：Harlem Shuffle (London Mix)
Rolling Stones 656122 6
1990.2.26／82位

Terrifying (12″ Remix)

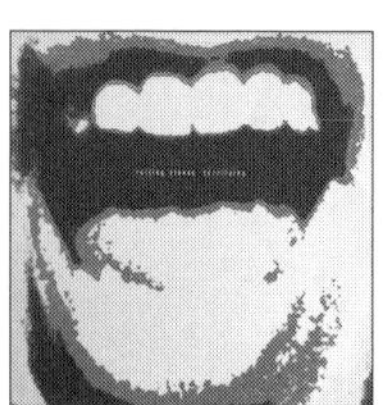

[12]
A1：Terrifying (12″ Remix)
A2：Wish I'd Never Met You
B1：Terrifying (7″ Remix Edit)
B2：Terrifying (Album Version)
Rolling Stones 655661 6 (Holland)
1990.2.26／-

Winning Ugly (London Mix)

[12]
A：Winning Ugly (London Mix)
B：Winning Ugly (New York Mix)
Rolling Stones 12CXP-7191 (Canada)
1986.11／-

Too Much Blood (Long Version)

[12]
A1：Too Much Blood (Long Version)
A2：Too Much Blood (Short Dance Version)
B1：Too Much Blood (Dub Version)
B2：Too Much Blood
Rolling Stones 0-96902 (US)
1986.12／-

Mixed Emotions

A：Mixed Emotions (Edit)
B：Fancyman Blues
Rolling Stones CBS 655193 7
1989.8.16／36位
[12]
A：Mixed Emotions (Chris Kimsey's 12″ Remix)
B：Fancyman Blues
Rolling Stones CBS 655193 6
1989.8.16
[CD]
1. Mixed Emotions (Edit)
2. Mixed Emotions (Chris Kimsey's 12″ Remix)
3. Fancyman Blues
Rolling Stones CBS 655193 2
1989.8.24

Terrifying (7″ Remix)

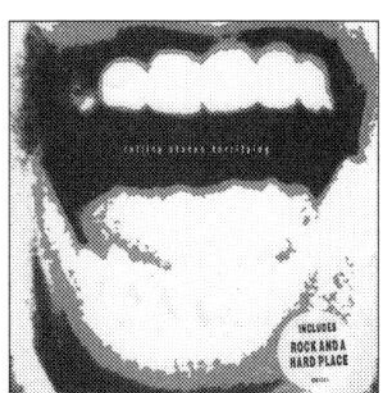

A: Terrifying (7″ Remix)
B: Rock And A Hard Place (7″ Version)
Rolling Stones 656122 7
1990.7.30／ -

Highwire (7″ Version)

[7]
A: Highwire (7″ Version)
B: 2000 Light Years From Home (Live)
Rolling Stones 656756 7
1991.3.18
[12]
A1: Highwire
A2: 2000 Light Years From Home (Live)
B1: Sympathy For The Devil (live)
B2: I Just Want To Make Love To You (Live)
Rolling Stones 656756 6
1991.3.18
[CD]
1. Highwire
2. Play With Fire (Live)
3. Factory Girl (Live)
Rolling Stones 656756 5
1991.3.25／29位

A: Ruby Tuesday (Live)

[7]
A: Ruby Tuesday (Live)
B: Play With Fire (Live)
Rolling Stones 656892 7
[12]
A1: Ruby Tuesday (Live)
A2: Play With Fire (Live)
B1: You Can't Always Get What You Want (Live)
B2: Rock And A Hard Place (Live)
Rolling Stones 656892 6
[CD]
1. Ruby Tuesday (Live)
2. Play With Fire (Live)
3. You Can't Always Get What You Want (Live)
4. Undercover Of The Night (Live)
Rolling Stones 656892 6
1991.5.24／59位

Sad Sad Sad

A: Sad Sad Sad
B: Blinded By Love
Rolling Stones 656197 7 (Holland)
1990.8.13／ -

Almost Hear You Sigh

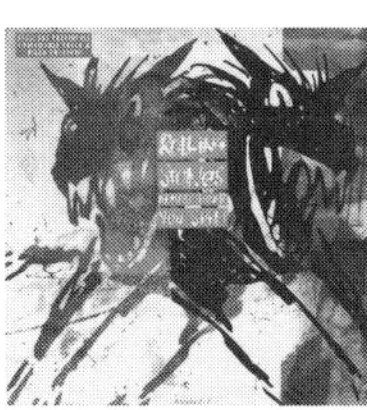
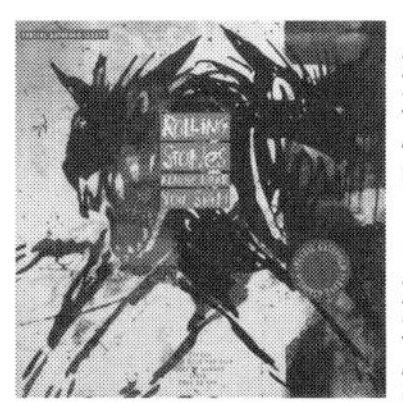

[7]
A1: Almost Hear You Sigh
B1: Wish I'd Never Met You
B2: Mixed Emotions
Rolling Stones 656065 7
[12]
A1: Almost Hear You Sigh
A2: Beast Of Burden
B1: Angie
B2: Fool To Cry
Rolling Stones 656065 6
[CD]
1. Almost Hear You Sigh
2. Beast Of Burden
3. Angie
4. Fool To Cry
Rolling Stones 656065 2
[CD in Can Box]
1. Almost Hear You Sigh
2. Miss You
3. Waiting On A Friend
4. Wish I'd Never Met You
Rolling Stones 656065 5
1990.6.18／31位

Jumpin' Jack Flash (Live)

[7]
A：Jumpin' Jack Flash (Live)
B：Tumbling Dice (Live)
Rolling Stones 657597 7
(Holland)
[CD]
1. Jumpin' Jack Flash (Live)
2. Tumbling Dice (Live)
3. Street Fighting Man (Live)
Rolling Stones 657597 2
(Holland)
1991.11.29／ -

Love Is Strong

A：Love Is Strong (Album
Version)
B：The Storm
Virgin VS 1503
[CD]
1. Love Is Strong (Teddy
Riley Radio Remix)
2. Love Is Strong (Teddy
Riley Extended Remix)
3. Love Is Strong (Teddy
Riley Extended Rock Remix)
4. Love Is Strong (Teddy
Riley Dub Remix)
5. Love Is Strong (Joe The
Butcher Club Mix)
6. Love Is Strong (Teddy
Riley Instrumental)
Virgin VSCDX1503
1994.7.4／14位

Ruby Tuesday (Live)

[CD]
1. Ruby Tuesday (Live)
2. Harlem Shuffle (Live)
3. Winning Ugly (London
Mix)
Rolling Stones 656892 5
1991.5／ -

Sexdrive

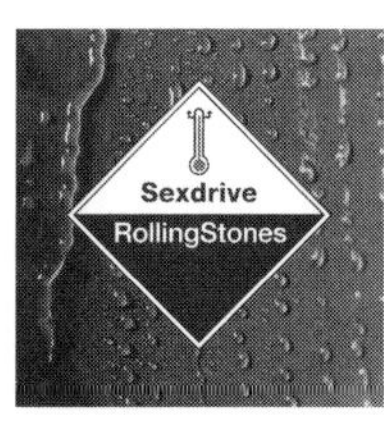

[7]
A：Sexdrive (Single Edit)
B：Sexdrive (Dirty Hands
Mix)
Rolling Stones 6657334 7
[12]
A：Sexdrive (Club Version)
B1：Sexdrive (Dirty Hands
Mix)
B2：Sexdrive (Single Edit)
Rolling Stones 657334 6
19 Aug 1991
[CD]
1. Sexdrive (Single Edit)
2. Sexdrive (Dirty Hands Mix)
3.Sexdrive (Club Version)
Rolling Stones 657334 2
1991.8.19／ -

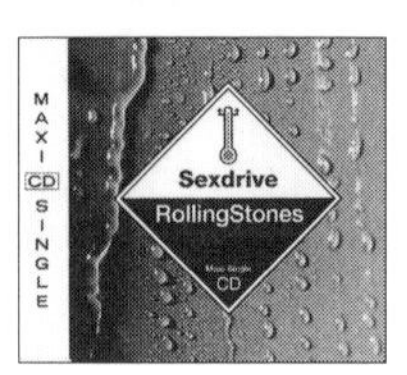

Sexdrive

[CD]
1. Sexdrive (Club Version)
2. Sexdrive (Edited Club
Version)
3. Sexdrive (Single Edit)
4. Undercover Of The Night
(Live)
Rolling Stones SRCS 5532
(Japan)
1991.7.18／ -

I Go Wild

［Pic. Disc］
A：I Go Wild
B：I Go Wild (Scott Litt Remix)
Virgin VSP 1539
［CD］
1. I Go Wild (Album Version)
2. I Go Wild (Scott Litt Remix)
3. I Go Wild (Live)
4. I Go Wild (Luis Resto Straight Vocal Mix)
Virgin VSCDX 1539
1995.7.3／29位

Like A Rolling Stone

［CD］
1. Like A Rolling Stone (Album Version)
2. Black Limousine
3. All Down The Line
4. Like A Rolling Stone (Edit)
Virgin VSCDT 1562
1995.10.10／12位

Wild Horses

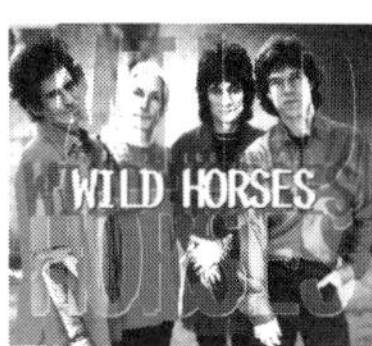

［CD］
1. Wild Horses
2. Live With Me (Live)
3. Tumbling Dice (Live)
4. Gimme Shelter (Live)
Virgin VSCDT 1578
1996.3.11／ -

You Got Me Rocking

［7］
A：You Got Me Rocking
B：Jump On Top Of Me
Virgin VS 1518
［12］
A：You Got Me Rocking (Perfecto Mix)
B1：You Got Me Rocking (Sexy Disco Dub Mix)
B2：You Got Me Rocking (Trance Mix)
Virgin VST 1518
［CD］
1. You Got Me Rocking
2. Jump On Top Of Me
3. You Got Me Rocking (Perfecto Mix)
4. You Got Me Rocking (Sexy Disco Dub Mix)
Virgin VSCDT1518
1994.9.26／23位

Out Of Tears

［7］
A：Out Of Tears (Don Was Edit)
B：I'm Gonna Drive
Virgin VS 1524
［CD in Teardrop Case］
1. Out Of Tears (Don Was Edit)
2. I'm Gonna Drive
3. Sparks Will Fly (Radio Clean)
4. Out Of Tears (Bob Clearmountain Remix Edit)
Virgin VSCDX 1524
1994.11.28／36位

Out Of Control

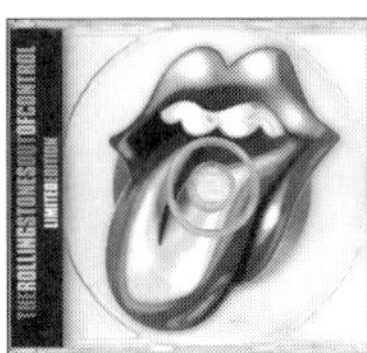

[Pic. Disc]
A: Out Of Control (Album Radio Edit)
B: Out Of Control (In Hand With Fluke Radio Edit)
Virgin VSY 1700
[CD]
1. Out Of Control (Album Radio Edit)
2. Out Of Control (In Hand With Fluke)
3. Out Of Control (In Hand With Fluke Instrumental)
4. Out Of Control (Bi-Polar At The Controls)
Virgin VSCD F 1700
[CD]
1. Out Of Control (Saber Final Mix)
2. Out Of Control (Bi-Polar At The Controls)
3. Out Of Control (Bi-Polar's Fat Controller Mix)
Virgin VSCD X 1700
1998.8.10／51位

Anybody Seen My Baby?

[Pic. Disc]
A: Anybody Seen My Baby? (LP Edit)
B: Anybody Seen My Baby? (Soul Solution Remix Edit)
Virgin UK VS 1653
[12]
A1: Anybody Seen My Baby? (Armand's Rolling Steelo Mix)
B1: Anybody Seen My Baby? (Soul Solution Remix)
B2: Anybody Seen My Baby? (Bonus Roll)
Virgin VST1653
[CD]
1. Anybody Seen My Baby? (LP Edit)
2. Anybody Seen My Baby? (Armand's Rolling Steelo Mix)
3. Anybody Seen My Baby? (Soul Solution Remix)
4. Anybody Seen My Baby? (Album version)
Virgin UK VSCDT 1653
1997.9.22／22位

Don't Stop

[7]
A: Don't Stop (Edit)
B: Don't Stop (New Rock Remix)
Virgin VS 1838
[CD]
1. Don't Stop (Edit)
2. Don't Stop (New Rock Mix)
3. Miss You (Remix)
Virgin VSCDT 1838
2002.10.14／36位

Saint Of Me

[Pic. Disc]
A: Saint Of Me
B: Anyway You Look At It
Virgin VSY 1667
[CD]
1. Saint Of Me (Radio edit)
2. Gimme Shelter (live)
3. Anybody Seen My Baby? (Phil Jones Remix)
4. Saint Of Me (Deep Dish Grunge Garage Dub)
Virgin VSCDT 1667
[12]
A: Saint Of Me (Deep Dish Grunge Garage Remix) (Parts 1&2)
B: Anybody Seen My Baby? (Armand's Rolling Steelo Mix)
C: Saint Of Me (Deep Dish Grunge Garage Dub)
D1: Saint Of Me (Deep Dish Rolling Dub)
D2: Anybody Seen My Baby? (Bonus Roll) Virgin VSTX 1667
1998.1.26／26位

Streets Of Love

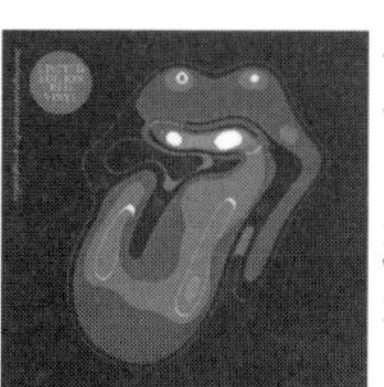

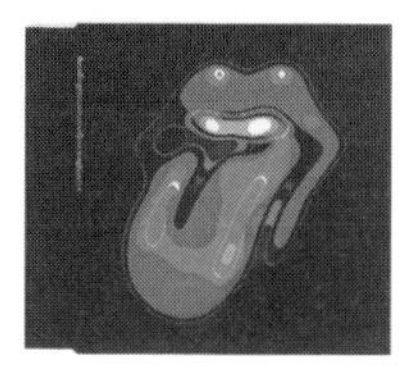

[7]
A：Streets Of Love
B：Rough Justice
Virgin VS 1905
[CD]
1. Streets Of Love
2. Rough Justice
Virgin VSCDT 1905
2006.7.7／15位

Biggest Mistake

[7]
A：Biggest Mistake
B：Hand Of Fate (Live)
Virgin VS 1914
[CD]
1. Biggest Mistake
2. Dance (Live)
3. Before They Make Me Run (Live)
Virgin VSCDX 1914
2006.7.7／51位

Plundered My Soul

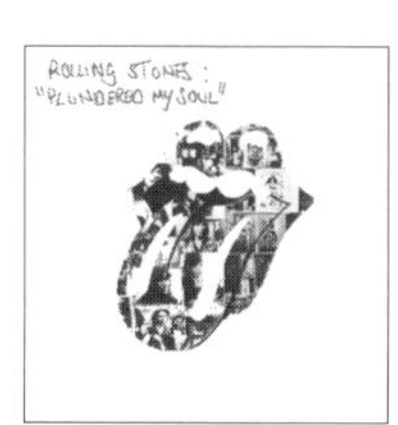

A：Plundered My Soul
B：All Down The Line
Universal 2735477
2010.4.17／２位(米)

Sympathy For The Devil (Remix)

[7]
A：Sympathy For The Devil (The Neptunes Radio Edit)
B：Sympathy For The Devil (Original)
Decca 0602498106136
[CD]
1. Sympathy For The Devil (The Neptunes Radio Edit)
2. Sympathy For The Devil (Fatboy Slim Full Length Remix)
3. Sympathy For The Devil (The Neptunes Full Length Remix)
4. Sympathy For The Devil (Original Version)
5. Sympathy For The Devil (The Neptunes Remix) (Video)
Abkco 06024 981 060 9 9
2003.9.1／14位

Hurricane

[CD]
1. Hurricane (Benefit-single in help for the victims of hurricane Katrina)
No Number
2005.11／-

Rain Fall Down (Will.I.Am Remix)

[7]
A1：Rain Fall Down (Will.I.Am Remix)
B1：Rain Fall Down (Radio Edit)
B2：Rain Fall Down (Ashley Beedle's 'Heavy Disco' Radio Edit)
Virgin VS 1907
[CD]
1. Rain Fall Down (Will.i.am Remix)
2. Rain Fall Down (Radio Edit)
3. Rain Fall Down (Ashley Beedle's 'Heavy Disco' Radio Edit)
Virgin VSCDX 1907
2005.12.5／33位

Steel Wheels Live

[10]
A: Rock And A Hard Place (Live)
B: Almost Hear You Sigh (Live)
Universal 0872829
2020.9.26／ -

Rain Fall Down (Live)

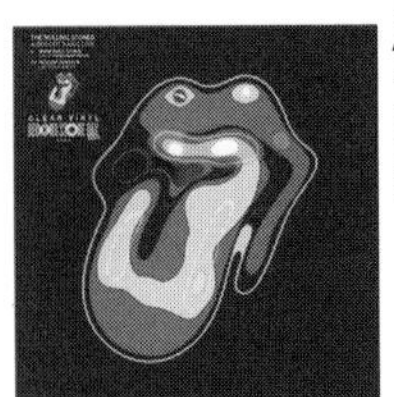

[10]
A: Rain Fall Down (Live)
B: Rough Justice (Live)
Mercury/Rolling Stones/Universal 0602435511498
2021.6.12／ -

Promo Only Releases

A: Before They Make Me Run (Bob Clearmountain Remix / Stereo)
B: (同 / Mono)
Rolling Stones PR 316 (US)
1978.10

ボブ・クリアマウンテンによる、ここでしか聴けないリミックス・ヴァージョンを収録

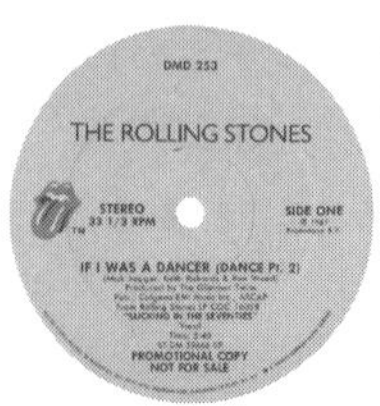

[12]
A: If I Was A Dancer
B: Dance (Instrumental Version)
Rolling Stones DMD 253 (US)
1981.12.1

ここでしか聴けない「ダンス」のインストゥルメンタル・ヴァージョンを収録

Doom And Gloom

[10]
A: Doom And Gloom
B: -
Universal 372 32 78
2012.11.23／61位

Wild Horses

[CD]
1. Wild Horses (Sticky Fingers Version)
2. Wild Horses (Acoustic Version)
Universal 4730721 (US)
2015.5.12

Ride 'Em On Down

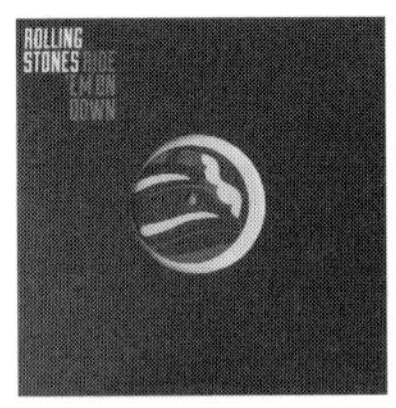

[10]
A: Ride 'Em On Down
B: -
Polydor 571 775-2
2016.11.25／ -

She's A Rainbow (Live)

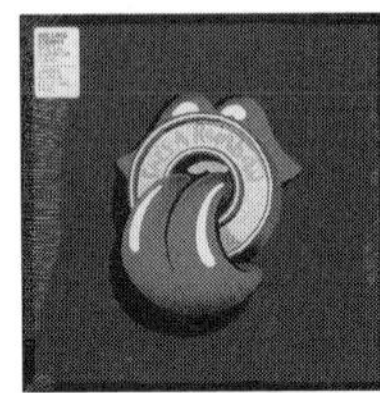

[10]
A: She's A Rainbow (Live)
B: -
Polydor 773 480-9
2019.4.13／ -

Living In A Ghost Town

[CD]
1. Living In A Ghost Town
Universal 00602507148393
2020.6.26／61位

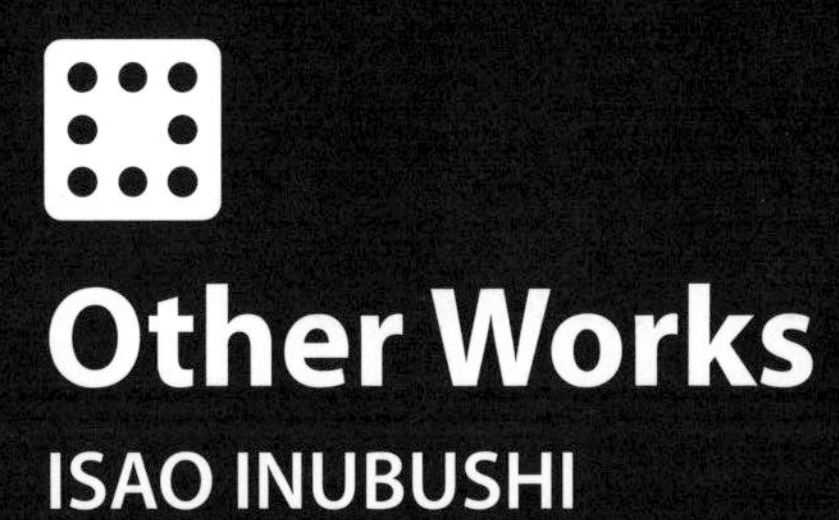

Other Works

ISAO INUBUSHI

提供曲／プロデュース作品

犬伏 功

ローリング・ストーンズが外部へ楽曲を提供した時期は、アンドルー・ルーグ・オールダムがマネージャーを務めていた1960年代に集中している。バンドの初期に、オールダムがミック・ジャガーとキース・リチャードに曲づくりを促したことはよく知られているが、完成した曲がストーンズにふさわしくないと判断されると、オールダムにより手がけていたほかのシンガーやバンドに提供されるようになった。これにはふたりにソングライターとしての〝箔をつける〟目的もあったようだが、対象が非常に多岐にわたるため、本項では60年代の重要な提供曲／プロデュース作品に絞って紹介したい。

ジャガー／リチャードが最も初期に手がけた曲として知られるのが、ジョージ・ビーンに提供された64年の「ウィル・ユービー・マイ・ラヴァー・トゥナイト」と「イット・シュッド・ビー・ユー」だ。A面はまだ18歳の頃にジョー・ミークに見出され、天才的なアレンジャーとしての才能を開花させたチャールズ・ブラックウェルのアレンジが光っている。一方のB面はキース、チャーリー・ワッツ、ビル・ワイマンがバックを務めているのがポイントだが、曲自体はいかにも〝捨て曲〟といった感が否めない。ジーン・ピットニーの「ザット・ガール・ビロングス・イエスタデイ」はオールダムがプロデューサーだが、米国録音で端正な仕上がりだ。ソングライターとしての評価も定まらない時点でピットニーに歌わせてしまうあたりはさすがオールダム、である。モデルで歌手、女優のエイドリアン・ポスターの「シャング・ア・ドゥ・ラング」（64年）はガールズ・ポップへ進出した1曲で、ここでもブラックウェルのアレンジが冴えている。

ジャガー／リチャードの提供曲で最も成功したもののひとつがマリアンヌ・フェイスフルの「アズ・ティアーズ・ゴー・バイ」（65年）だ。「テル・ミー」の例を出すまでもな

Marianne faithful
A: As Tears Go By
B: Greensleeves
英・Decca／F 11923
1964.6.26

Adrienne Poster
A: Shang A Doo Lang
B: When A Girl Really Loves You
英・Decca／F 11864
1964.3.20

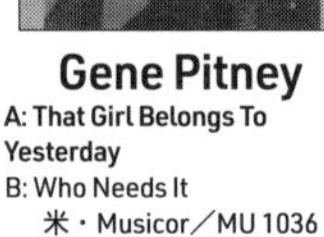

Gene Pitney
A: That Girl Belongs To Yesterday
B: Who Needs It
米・Musicor／MU 1036
1964.1

George Bean
A: Will You Be My Lover Tonight
B: It Should Be You
英・Decca／F 11808
1964.1.10

く、曲をつくり始めた頃にはストーンズの"R&Bグループ"というイメージからかけ離れた曲ばかりができてしまったらしい。

米国のカルト的シンガー、ボビー・ジェイムソンのロンドン録音「オール・アイ・ウォントイズ・マイ・ベイビー」は、作曲がリチャード／オールダムという珍しい組み合わせだ。マンチェスター出身のトガリー・ファイヴに提供された'I'd Much Rather Be With The Boys'(Parlophone／R 5249)も同じ組み合わせで、発掘されたストーンズ版が75年の『メタモーフォシス』で聴ける。米国のデュオ、ディック・アンド・ディー・ディーは「ブルー・ターンズ・トゥ・グレイ」と「サム・シングス・ジャスト・スティック・イン・ユア・マインド」を歌ったが、後者は『メタモーフォシス』収録のものと同じバック・トラックを使用。「サム・シングス〜」はその後ヴァシティ(のちのヴァシティ・バニヤン)のデビュー曲にもなったが、その際はデヴィッド・ウィッタカーが手がけた新たなトラックが用意された。

この時期、ふたりから最も楽曲提供を受けていたのが、オールダムが手がけていた英国ラグビー出身のザ・マイティ・アヴェンジャーズ。セカンド・シングル以降、3枚連続でA面はジャガー／リチャード作品だ。「(ウォーキン・スルー・ザ)スリーピー・シティ」は、『メタモーフォシス』にも収録された。なお、彼らはメンバー・チェンジを経てバンド名をジグソーに改め、'Sky High'などのヒットで成功する。

マリアンヌ・フェイスフルと並んで、ジャガー／リチャード作品が最もヒットしたのがクリス・ファーロウだ。彼は62年デビューとストーンズよりキャリアが古いが、売れる機会に恵まれていなかった。それが、オールダムのイミディエイト・レーベルに移籍すると状況は一変、瞬く間に人気シンガーとなった。65年発売のEP『ファーロウ・イン・ザ・ミッドナイト・アワー』はオールダム、ジャガー、リチャードのプロデュース作。ちなみに3名のチームは"ウィ・スリー・プロダクションズ"と命名されている。録音レヴェルの

The Mighty Avengers
A: (Walking ThruThe) Sleepy City
B: Sir Edward And Lady Jane
英・Decca／F 12198
1965.7.16

Vashti
A: Some Things Just Stick In Your Mind
B: I Want To Be Alone
英・Decca／F 12157
1965.5.21

Dick & DeeDee
A: When Blue Turns To Grey
B: Some Things Just Stick In Your Mind
米・Warner Brothers／5627
1965.4

Bobby Jameson
A: All I Want Is My Baby
B: Each And Every Day Of The Year
英・Decca／F 11923
1964.6.26

針を振り切るようなヴォーカルの力に圧倒される1枚。ファーロウはその後'Think'（Immediate／IM 023）を経て、66年に'Out Of Time'（同／IM 035）で英1位を獲得している。ジャガーのプロデュースによる66年発売の傑作アルバム"The Art Of Chris Farlowe"（Immediate／IMSP006）も必聴だ。

リチャードはオールダムの手がけたオーケストラ作品、アランビー・ポップ・シンフォニー・オーケストラ名義（アンドルー・オールダム・オーケストラはデッカと契約していたので、名前が使えなかったらしい）の『トゥデイズ・ポップ・シンフォニー』にプロデューサーとミュージカル・ディレクターとして名前がクレジットされている。同じく66年にはファッション・フォトグラファーのチャールズ・ディケンズとハードの競作で、ジャガー／リチャード作品の「ソー・マッチ・イン・ラヴ」がリリースされた。ハードは元々ビル・ワイマンが関わっていたグループで、ドラマーは初期ストーンズのメンバー、トニー・チャップマンだ。ご存知の通り、その後の彼らはフォンタナへ移籍、ピーター・フランプトンの加入によりヒットを連発する人気グループとなった。デイヴィッド・スキナーとアンドルー・ローズによるデュオ、トゥワイス・アズ・マッチのデビュー・シングルとなったのが66年発売の'Sittin' On A Fence'（Immediate／IM 033）で、英25位と提供曲ではまずまずのヒットとなった。

ストーンズの提供曲の中で、最も重要なのがマリアンヌ・フェイスフルの「シスター・モーフィン」だ。68年にジャガーがプロデュース、ジャック・ニッチェをアレンジャーに迎え、ライ・クーダー、ジャガー、ワイマン、チャーリー・ワッツによって録音された。歌詞は彼女が自身の経験をもとに書いたといわれている。ストーンズ版が録音されるのは翌年以降のことで、最終的には『スティッキー・フィンガーズ』に収録された。フェイスフルのシングルは、歌詞の過激さから発売中止になっている。のちに彼女の申し立てが認められ、現在はクレジットがジャガー／リチャーズ／フェイスフルの連名となっている。

Marianne Faithful
A: Something Better
B: Sister Morphine
英・Decca／F 12889
1969.2.21

The Herd
A: So Much In Love
B: This Boy's Always Been True
英・Parlophone／R 5413
1966.2.18

The Aranbee Pop Symphony Orchestra
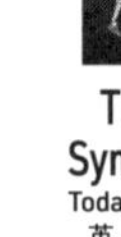
Todays Pop Symphony
英・Immediate／IMLP 003
1966.3.11

Chris Farlowe
Farlowe In The Midnight Hour
英・Immediate／IMEP 001
1965.11.19

Nicky Hopkins, Ry Cooder, Mick Jagger, Bill Wyman, Charlie Watts
Jamming With Edward!

米・Rolling Stones：COC 39100
録音：1969年4月23日
発売：1972年1月7日
［A］1. The Boudoir Stomp / 2. It Hurts Me Too / 3. Edward's Thrump Up
［B］1. Blow With Ry / 2. (a)Interlude A La El Hopo (b) The Loveliest Night Of The Year / 3. Highland Fling
プロデューサー：Glyn Johns

72年1月にローリング・ストーンズ・レーベルから突如リリースされたアルバム。69年4月23日にオリンピック・スタジオで行われたアルバム『レット・イット・ブリード』制作時のジャム・セッションが収められている。この日は到着して間もないキース・リチャーズがアニタ・パレンバーグからの電話を受け早々に帰宅してしまい、主人公のひとりを欠いたスタジオでは自然発生的にジャム・セッションが始められた。本作はそれを聴いたグリン・ジョンズは自身の判断でこの様子をテープに収めていたものだ。

中心的役割を果たしているのが新進気鋭のギタリスト、ライ・クーダー。持ち前の器用さから、当時頻繁にストーンズのセッションに呼ばれていたが、結局はマンドリン奏者としてのクレジットしか与えられず、彼らに対する不満を口にしていた。本作はその〝手打ち〟として発売されたと言われているが、理由はなんであれ、歴史的な録音がこうやって聴けるようになったことを喜びたい。 **犬伏**

The Rolling Stones
Metamorphosis

英・Decca：SKL 5212
米・ABKCO：ANA-1
録音：1964年2月〜1970年7月
発売：1975年6月6日
［A］1. Out Of Time / 2. Don't Lie To Me / 3. Somethings Just Stick In Your Mind (UK only) / 4. Each And Everyday Of The Year / 5. Heart Of Stone / 6. I'd Much Rather Be With The Boys / 7. (Walkin' Thru The) Sleepy City / 8. We're Wastin' Time (UK only) / 9. Try A Little Harder
［B］1. I Don't Know Why / 2. If You Let Me / 3. Jiving Sister Fanny / 4. Downtown Suzie / 5. Family / 6. Memo From Turner / 7. I'm Going Down
プロデューサー：Andrew Oldham, Jimmy Miller

ローリング・ストーンズ・レーベル設立に際し、敵対関係となってしまったアブコ主導で制作されたデッカ／ロンドン期の未発表作品集。アブコはストーンズの北米ツアー開始間もない75年6月6日にリリースすることで、バンド側から話題を奪い、かつ好セールスを得ようという目論見だった。

本作の元となったのは、72年に制作されながら未発売に終わった『ネクロフィリア』（屍体愛好者）というアルバムで、オーヴァー・ダビングなどの作業は終わっていたようだ。

A面を占めるのは外部提供された曲のデモ録音で、アンドルー・ルーグ・オールダムのお膳立てによりセッション・マンがバックを務めているものが大半だ。しかし、B面に収められたミック・テイラー加入後のトラックでは、70年代以降のストーンズを予感させる気迫溢れる演奏が捉えられている。

現在もデッカ／ロンドン時代の未発表録音を収録した唯一のアルバムとして、重要な作品であることに変わりはない。 **犬伏**

コンピレイション／ボックス・セット

犬伏 功

　ローリング・ストーンズ初のベスト・アルバムが、66年11月リリースの『ビッグ・ヒッツ（ハイ・タイド・アンド・グリーン・グラス）』。英米ともに同じタイトルながら異なるアート・ワークが施されている。英国盤のジャケットはシングル「ハヴ・ユー・シーン・ユア・マザー、ベイビー、スタンディング・イン・ザ・シャドウ」のプロモーション用に撮影されたカットを使用。それまでに発売された11枚のシングルA面中「アイ・ウォナ・ビー・ユア・マン」を除く10曲に、米国でシングルA面曲としてリリースされた「ハート・オブ・ストーン」「アズ・ティアーズ・ゴー・バイ」「タイム・イズ・オン・マイ・サイド」、アルバム『アフターマス』収録曲「レディ・ジェーン」を加えた14曲が収められている。米国盤（London／NPS-1）は未発表アルバム“Could You Walk On Water?”のために撮影されたカットを全面に用いており（英盤は裏面に使用）。「グッド・タイムス・バッド・タイムス」や「プレイ・ウィズ・ファイアー」など、少々捻りがある選曲が特徴だ。69年9月発売の『スルー・ザ・パスト・ダークリー（ビッグ・ヒッツ Vol. 2）』はデッカ契約下における2枚目のベスト・アルバムで、英米ともに同じ六角形の変形スリーヴだが選曲は異なっている。ストレートに同地でのシングルA面曲を11曲収めた米国盤（London／NPS-3）に対し（前作から外されていた「ハヴ・ユー～」も収録）、英国盤には「ユー・ベター・ムーヴ・オン」や同国で未発表のままだった「シッティン・オン・ア・フェンス」が収められており、単なるベスト・アルバムではない回顧的アルバムとなっていた。

　ローリング・ストーンズ・レーベル始動後の71年に発売されたのが、デッカ／ロンドン期を総括した2枚組の米国編集盤『ホット・ロックス』。アブコ側の主張により、デッカ在

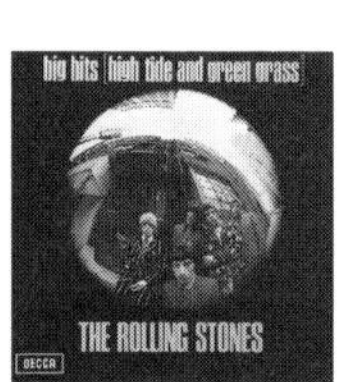

Big Hits (High Tide and Green Grass)
英・Decca／
TXS 101：1966年

Through the Past, Darkly (Big Hits Vol. 2)
英・Decca／
SKL 5019：1969年

Hot Rocks 1964-1971
米：London／
2PS 606/7：1971年

No Stone Unturned
英・Decca／
SKL 5173：1973年

籍時に録音されていた〝新曲〟の「ブラウン・シュガー」と「ワイルド・ホーシズ」を含む21曲が収録されている。ストーンズ側は新曲をそのまま渡すのを躊躇したのか、それともミスなのかは不明だが、本アルバムの最初期プレスには2曲ともラフなヴァージョンが収められていた。　72年には続編〝More Hot Rocks〟(London／2PS626/7)がリリースされたが、これにはアンドルー・ルーグ・オールダムが関わるかたちで米アブコが制作したものの発売されることがなかった、デッカ／ロンドン期の未発表曲集『ネクロフィリア』のアート・ワークが一部流用されている(『ネクロフィリア』に収録予定だった曲の多くは、75年の『メタモーフォシス』に収録された)。アルバム曲やシングルB面も含んだ〝裏ベスト〟的な選曲が面白い。この時期には英デッカも〝Stone Age〟や〝Gimme Shelter〟(いずれも71年)、〝Milestones〟(72年)などの編集盤を発売したが、ストーンズ側は〝Stone Age〟がリリースされた際に「選曲、アートワークともに我々が保つべき基準には達していない」という声明を発表しているように、内容的に重要なものは皆無と言っていい。しかし、73年にリリースされた『ノー・ストーン・アンターンド』は、コンセプトがはっきりした編集盤だ。メンバー全員の後ろ姿を捉えた写真がフロント・カヴァーにあしらわれているが、制作時点で〝Golden B-Sides〟のタイトルがつけられていただけに(〝Golden～〟はテスト・プレスが存在するが一部選曲が異なる)、シングルB面がずらりと並び、初LP化の曲もある。現在はシングルのAB面を集めた編集盤があり、本作の存在価値は薄れたが、例えば「ジャンピン・ジャック・フラッシュ」のB面、「チャイルド・オブ・ザ・ムーン」が入った英国盤LPはこれが初であり、当時は意義ある盤だったのだ。

75年発売の『ロールド・ゴールド』はデッカがストーンズとの契約を終了して以降、英国でようやくリリースされた36曲入りの回顧的ベスト・アルバム。07年にはアート・ワークを刷新した40曲入りベストとしてCD化されている。この時期の忘れられないものとし

Rolled Gold: The Very Best Of The Rolling Stones
英・Decca／ROST 1/2：1975年

A Rolling Stone Gathers No Moss
日・London／GXF 2025-6：1977年

Time Waits for No One: Anthology 1971-1977
英・Rolling Stones／COC 59107：1979年

Collector's Only
独・Decca／6.24 321：1980年

て、アルバム未収録曲を集めたＬＰ２枚組の『ア・ローリング・ストーン・ギャザー・ノー・モス』がある。同様の編集盤は海外でも企画されたが、その先駆けとして重要なアルバムである。

79年の『タイム・ウェイツ・フォー・ノー・ワン』はＥＭＩ配給時代の英国で発売されたストーンズ・レーベル期のベスト・アルバム。米国未発売だが、当時日本でもワーナー・パイオニアからリリースされた。なかなか渋い選曲で、『イッツ・オンリー・ロックンロール』の英国盤のみで聴くことができた、タイトル曲の長尺版も収められていた。

80年発売の『コレクターズ・オンリー』は西ドイツ企画のレア・トラック集で、「アイヴ・ビーン・ラヴィング・ユー・トゥー・ロング」の歓声が重ねられていないヴァージョンはこれが初出。81年の英国盤『スロー・ローラーズ』はデッカ期のメロウな曲ばかりを集めた企画盤で、当時伊のみでシングル発売された「アズ・ティアーズ・ゴー・バイ」のイタリア語ヴァージョン収録が〝売り〟だった。同年発売の『サッキング・イン・ザ・70's』は当時制作中だったニュー・アルバム（『タトゥー・ユー』）が完成しなかった場合に備えて用意されたという説もある編集盤で、レアなライヴやエディット・ヴァージョンなどが収められた、見逃せない1枚だ。

独編集盤『ザ・レスト・オブ・ザ・ベスト』は、同地でのアルバム未収録曲を詰め込んだＬＰ４枚組ボックスで、64年6月にチェス・スタジオで録音された「テル・ミー・ベイビー」が収録され、さらに未発表曲「コック・サッカー・ブルーズ」を収めた7インチ・シングルが封入された商品が一部で流通していたことが話題になった。

84年発売の『リワインド』はＥＭＩとの契約満了にともない企画されたベスト・アルバムで、同名のヴィデオ・ソフトも発売された。シングル発売された曲のみを集めた王道的内容だが、ＬＰ、カセットの3形態それぞれで選曲が異なっていた。93年の『ジャンプ・バック』も同様のベスト・アルバムで、これがヴァージン契約第一弾アルバムとなった。

Slow Rollers
英・Decca／TAB 30：1981年

Sucking In The Seventies
米・Rolling Stones／COC 16028：1981年

The Rest Of The Best
Single-Tracks And Rarities From The Decca-Period
独・Decca／6.30125 FA：1983年

Rewind (1971-1984)
英・Rolling Stones／EJ 2601061：1984年

『シングルズ・コレクション：ザ・ロンドン・イヤーズ』は89年のデッカ／ロンドン期のリマスターに際して組まれた編集盤。初めてこの時期のシングル両面を網羅した内容で、発売当初はLPサイズのボックスに収められた豪華な仕様となっていた（4LP版も同時発売）。89年版では一部シングルとは異なるミックス（中にはリミックスと表記されたものもある）が含まれていたが、02年のボブ・ラドウィグによるリマスター盤ではしっかり収録内容が見直され、オリジナル・シングルと同じヴァージョンで統一されている。

04年発売の"Singles 1963-1965"（Abkco／0602498188644）、続編となる"1965-1968"（0X01-1220-2）と05年の"1968-1971"（0X01-1221-2）は、いずれもオリジナルのスリーヴ入りのCDシングルをボックスに収めたもの。"1968-1971"のみPV収録のDVDが付けられていた。22年には63～66年のシングル15枚を収めたアナログ・ヴァージョン"7" Singles 1963-1966"（Abkco／2005-1）がリリースされている。

05年の『レアリティーズ 1971-2003』はヴァージンとの契約の最後を飾る編集盤で、タイトル通りのレア・トラック集。長らく再発が叶わなかった71年の「レット・イット・ロック」（ライヴ）や、「イッツ・オンリー・ロックン・ロール」のB面「スルー・ザ・ロンリー・ナイツ」が収録されたことが話題となったが、後述のストーンズ・レーベル期のシングル・ボックスがリリースされたこともあり、早々にカタログから削除されている。

11年の『ザ・シングルズ 1971-2006』はストーンズ・レーベルからリリースされた全シングルをCDシングル化したボックス・セット。近年のリミックス・ヴァージョンも可能な限り詰め込まれた、計45枚、全173曲のヴォリュームを誇る驚異的なボックスだ。71年の「ブラウン・シュガー」から72年の「タンブリング・ダイス」までの6曲がステレオ・ヴァージョンで収められているなど（オリジナル・シングルはモノ・ヴァージョン）、些か不満もあるが、質、量ともに圧巻の内容である。

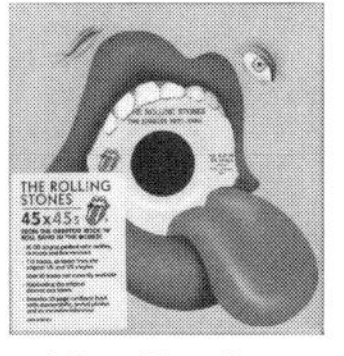

The Singles 1971-2006
欧・Rolling Stones／06025 2760346 9：2011年

Rarities 1971-2003
英・Vergin／CDVX 3015：2005年

Jump Back: The Best Of The Rolling Stones
英・Vergin／CDV 2726：1993年

Singles Collection - The London Years
米・Abkco／1218-2：1989年

その他映像作品／出演映画

犬伏 功

『ローリング'63～'89』は、アルバム『スティール・ホイールズ』発売後の90年に発表された、ローリング・ストーンズにとって初となるドキュメンタリー作品。テレビ出演などを含む数々の貴重なパフォーマンスが発掘され、当時まだ未公開のままだった『ロックンロール・サーカス』も一部ではあるが収録されるなど、非常に見応えのある作品だったが、残念ながら現在は廃盤で観ることができない。過去にヴィデオとレーザー・ディスクが発売されたのみでデジタル化もまったく進んでおらず、作品発売後すでに30年以上が経過して、本作が対象とした25年という時間を超えてしまっていること、映画ではないためヴィデオで制作され、そのままHD化するのが難しいことから、同じ内容で再リリースされる可能性はないのかもしれない。

同様のドキュメンタリーで目下のところ最新作となるのが、ストーンズ結成50周年にあたる12年に公開された映画『クロスファイアー・ハリケーン』。監督のブレット・モルゲンによって膨大なアーカイヴ映像が徹底的に解析され、驚くほど細かく、かつ巧みな編集作業によって緊張感溢れる作品に仕上がっている。映像発掘の深さも驚異的なレヴェルに達しており、初めて観る貴重な映像が満載だったが、映画自体は81年ツアーのシーンで終わっており、実は前出の『ローリング～』より対象となった期間は短い。ミック・ジャガーによると「時間がなかった（50周年に公開を間に合わせる必要があった）」ためらしいが、そろそろ全キャリアを対象にしたドキュメンタリー作品が作られてもいいと思う。

ストーンズは現在まで実に多くのプロモーション・フィルム／ヴィデオ・クリップを制作している。ネット上では公式に公開が進んでいるものの、商品化はまったくといっていいほど行われていない。60年に及ぶバンドの歴史の中で唯一まとまった作品なのが、84年発売の『ビデオ・リワインド』だけという有

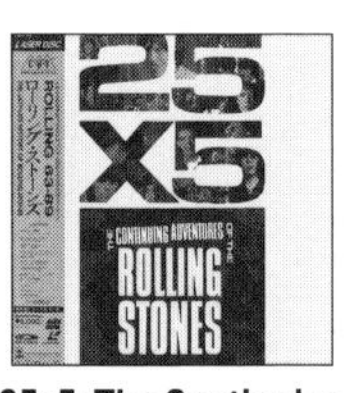

25x5: The Continuing Adventures of the Rolling Stones
ローリング'63～'89
日・CBSソニー／CSLM-753/4［LD］1990年

Crossfire Hurricane
クロスファイアー・ハリケーン
日・ユニバーサル ミュージック／UIXY-15025［Blu-ray］2012年

Video Rewind
ビデオ・リワインド
ザ・ローリング・ストーンズ グレート・ビデオ・ヒット
日・ベストロン／G88M5307［LD］1984年

The Mike Douglas Show – Moments & Memories
米・Kultur International Films／D4330［DVD］2008年

様だ。この作品は単に映像を並べるのではなく、ビル・ワイマンを主役にしたミニ・ドラマが進行しながら、そこにヴィデオ・クリップが挿入されるストーリー仕立ての映像作品。ミック・ジャガーも劇中に自身の役で出演するなど、なかなかユニークな仕上がりとなっていた。現在は廃盤で、本作も『ローリング～』同様、過去にヴィデオとレーザー・ディスクが発売されたのみだが、数年前にデジタル化され、ストーンズの公式アプリでストリーミング配信されていた。なぜ突然配信されたのかは謎だが、将来何らかの映像パッケージに組み込まれる可能性があるのかもしれない。

　ストーンズ単独の商品ではないが、08年発売の番組を振り返るドキュメンタリー作品『ザ・マイク・ダグラス・ショウ：モーメンツ&メモリーズ』に、ストーンズが64年6月に出演した際の「ノット・フェイド・アウェイ」の演奏がノーカットで収められている。

　64年の〈T.A.M.I.ショウ〉は、サンタモニカのシヴィック・オーディトリアムで行われたステージを収録、テレビ放映したもので、古くからヴィデオ・ソフトの定番的作品だった。08年のDVD化を経て、09年に米国でかつてのVHSと同様に『T.A.M.I.ショウ／ビッグT.N.T.ショウ』の組み合わせでブルーレイ化、驚くほど画質が向上した映像を楽しめるようになった（『ビッグT.N.T.ショウ』にストーンズは出演していない）。当時まだ米国進出したばかりのストーンズだが、ショウのメイン・アクトとして登場して「アラウンド・アンド・アラウンド」「オフ・ザ・フック」「タイム・イズ・オン・マイ・サイド」「イッツ・オール・オーヴァー・ナウ」「アイム・オールライト」の5曲を続けて演奏、出演者全員がステージに登場したレアな「レッツ・ゲット・トゥゲザー」でショウを締めている。これは現在観ることができる初期映像の中でもとくに素晴らしいパフォーマンスで、国内未発売だが必見の映像作品である。

　06年に発売された『ローリング・ライク・ア・ストーン』は65年のスウェーデン・ツア

Various／Hullabaloo Vol. 5-8
米・MPI Video／MP 7119［DVD］1998年

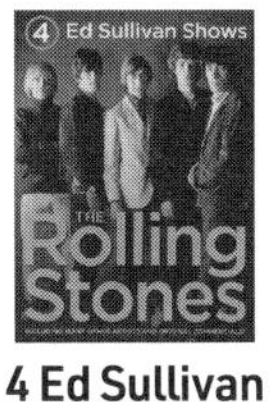

4 Ed Sullivan Shows
米・SOFA Entertainment／B0015938-09［DVD］2011年

Rolling Like A Stone
瑞・Auto Images／BPFD001［DVD］2005年

T・A・M・I Show / The Big T.N.T. Show
米・Shout! Factory／SF 17008［Blu-ray］2016年

ーのドキュメンタリー作品で、サイレントながら8㎜フィルムに収められたマルモ公演やプライヴェート・パーティーの貴重な映像を観ることができる。

『4エド・サリヴァン・ショウズ』は11年に米国でリリースされたDVDで、ストーンズが出演した4回の放送を丸ごと収録、ほかの出演者のパフォーマンスやCMなども当時の雰囲気そのままに楽しむことができる。同じく米国の人気番組を収録した98年発売のDVD『フラバルーVol.5〜8』にもストーンズが65年11月に出演した際ののパフォーマンスが収められていたが、これは現在廃盤で入手が難しいようだ。

70年代以降の映像は優れたものが数多くリリースされているが、ストーンズ名義ではない作品にも重要なパフォーマンスが収められているものがある。06年米国発売の『NFLスーパー・ボウルXL：ピッツバーグ・スティーラーズ・チャンピオンシップ』にはストーンズが出演したハーフタイム・ショウがフル収録。「スタート・ミー・アップ」「ラフ・ジャスティス」「サティスファクション」のパフォーマンスを観ることができる。12年発売の『12-12-12・ザ・コンサート・フォー・サンディ・レリーフ』は、同年大きな被害を出したハリケーン・サンディ被害者の救済を目的に、ニューヨークで行われたチャリティ・コンサートを収めた映像作品。ストーンズの演奏は「ユー・ガット・ミー・ロッキン」と「ジャンピング・ジャック・フラッシュ」の2曲が収められている。

最後に、出演映画についても触れておきたい。ストーンズがバンドを演じた作品はないが、ミック・ジャガーは70年以降、数多くの映画に〝俳優〟として出演していた。最初の主演作となったのが、「メモ・フロム・ターナー」を歌うシーンでおなじみの70年公開作品『パフォーマンス／青春の罠』。ミック本来のキャラクターが反映された役柄が楽しめる作品だ。一方で、同年公開の『太陽の果てに青春を』は、オーストラリアに実在したアウトロー、ネッド・ケリーの生涯を描いた作品で、演技の領域を広げようとするミックの

Ned Kelly
太陽の果てに青春を
日・キング／KIBF-2088

Performance
パフォーマンス／青春の罠
日・ワーナー／DLVY11687［DVD］

12-12-12 The Concert For Sandy Relief
121212 ニューヨーク、奇跡のライブ
日・角川書店／DAXA4817［Blu-ray］2015年

NFL Super Bowl XL - Pittsburgh Steelers Championship
米・Warner Home Video／80199［DVD］2006年

〝熱〟を感じる仕上がりだった。一方で、久々の出演作となったのが92年公開のエミリオ・エステベス主演によるSF映画『フリージャック』だが、さすがにこれは領域を広げすぎた感が否めない。ちなみにミックは82年のクラウス・キンスキー主演の独映画『フィッツカラルド』の撮影にも参加していたが、こちらは最終的にミックの出演シーンがすべてカットされている。

86年の『ランニング・アウト・オブ・ラック』は久々の主演映画で、無一文でブラジルの田舎に放り出されたミックが騒動に巻き込まれる冒険劇。中でも自分がミック・ジャガーだと説明するため、必死で普段のステージでの動きをオーバーに演じるシーンが笑えるが、ミックのことをよく知るジュリアン・テンプルらしい演出が楽しい。英国人らしいユーモアがあふれた作品なのだが、現在は廃盤で観ることができないのが残念だ。

ミックが〝最後の映画出演〟として本気で挑んだのが20年公開のサスペンス映画『ザ・バーント・オレンジ・ヘレシー 炎に消えた名画』。ミックが演じる絵画収集家の富豪は、物語の中核をなす重要な役割で、彼の本気ぶりが窺えたが、残念ながら日本ではソフト化されていないようだ。

ストーンズのメンバーの中で、もうひとり映画に〝俳優〟として出演していたのがキース・リチャーズだ。彼はジョニー・デップ主演の人気シリーズの第3作『パイレーツ・オブ・カリビアン／ワールドエンド』（当初は2作目の『パイレーツ・オブ・カリビアン／デッドマンズ・チェスト』へ出演オファーがあったが、本人が固辞したといわれている）、第4作『パイレーツ・オブ・カリビアン／生命の泉』にエドワード・ティーグ役で出演している。ジョニー・デップは主人公のジャック・スパロウ船長の演技について「キースをイメージした」と公言しており、キースの出演は彼の念願だったようだ。ジョニーは11年に発売されたキースの自伝『ライフ』の音声版の朗読を務めるなど、この映画をきっかけに、ふたりの親密な関係は変わらず続いているようだ。

The Burnt Orange Heresy
ザ・バーント・オレンジ・ヘレシー - 炎に消えた名画
米・Sony Pictures／56962［Blu-ray］

Pirates of the Caribbean: At World's End
パイレーツ・オブ・カリビアン／ワールドエンド
日・ディズニー／VWBS-1035［Blu-ray］

Running Out Of Lack
ランニング・アウト・オブ・ラック
日・CBSソニー／96LP 107［LD］

Fleejack
フリージャック
日・ポニーキャニオン／PCBP-50477［DVD］

2017 Paris ©Mikio Ariga

Solo Works

KOJI WAKUI
JUNICHI YAMADA
YASUKUNI NOTOMI
ISAO INUBUSHI
JIRO MORI

最古の音楽にブルーズを見た男

和久井光司

42年2月28日に、ウェールズ人航空技師ルイスとその妻ルイーズのあいだに生まれたブライアン・ジョーンズは、IQが135もある優等生として少年時代を過ごし、58年地元チェルトナムの「66クラブ」でギターとサックスをプレイするようになった。ミドル・クラスの美少年ということもあったからか、中学時代から女性関係は派手で、16歳のときに14歳の少女を妊娠させたことからチェルトナム・グラマー・スクールから退学を命じられている。

仕方なくバスの運転手やレコード屋の店員、石炭商などのバイト生活をしていたが、60年にチェルトナムでアレクシス・コーナーと出会い、62年初頭にアレクシスの勧めでロンドンに出て、本格的に音楽活動するようになるのだ。

同年4月7日、イーリング・ジャズ・クラブで行われたブルーズ・インコーポレイテッドのステージで、エルモア・ジェイムズの「ダスト・マイ・ブルーム」のスライド・ギターを披露したのが観に来ていたミックとキースを感動させ、バンド結成ということになった。〝ローリング・ストーンズ〟と命名したのはブライアンである。

ギターにはこだわらず、多くの楽器をプレイすることでサウンド・プロデューサー的にストーンズに貢献したことはあまりにも有名だが、わかっているだけで5人の子供がいるほどブライアンのセックス・ライフは盛んだった。

よく知られているのは、キースに取られる格好になったアニタ・パレンバーグとの関係だが、63〜64年につきあっていたリンダ・ローレンスとのあいだに生まれた5人目の子供ジュリアンには愛情も芽生えたらしく、リンダの父親

(gettyimages)

は娘の夫となるものと信じてブライアンのボディガードをかって出たりしていたそうだ。

リンダは70年10月にブライアンの親友だったドノヴァンと結婚。ジュリアンはドノヴァンが育て、現在もファミリー・バンドやレーベルの運営する〝長男〟としてドノヴァン一家を支えている。

私はドノヴァンから直接聞いたのだが、ジュリアンはブライアンの才能を受け継いでいるそうで、実の父が取り組んだブルーズや、ワールド・ミュージック的な視点を活かした音楽活動はドノヴァンから見ても非常に魅力があり、優しい性格はリンダの両親に似ているそうだ。

ドノヴァン夫妻は80年代半ばにジュリアンを連れてモロッコのジャジューカ村を訪れ、牧羊神を称えるために演奏するパン・パイプの楽隊を現地で体験したという。

そのとき、司祭役の牧羊神がステージに現れた瞬間に、3人が同時に「あれはブライアンだ！」と感じたというのだから、数千年の歴史があると言われるジャジューカの音楽をブライアンがソロ作としたのも納得がいく。実際ストーンズのメンバーをモロッコに連れていったことがブードゥーへの興味となっていくのだから、ブルーズの学習は「ブライアンがバンドに残したもの」とも言えるだろう。

The Master Musicians Of Joujouka
Brian Jones Presents The Pipes Of Pan At Joujouka

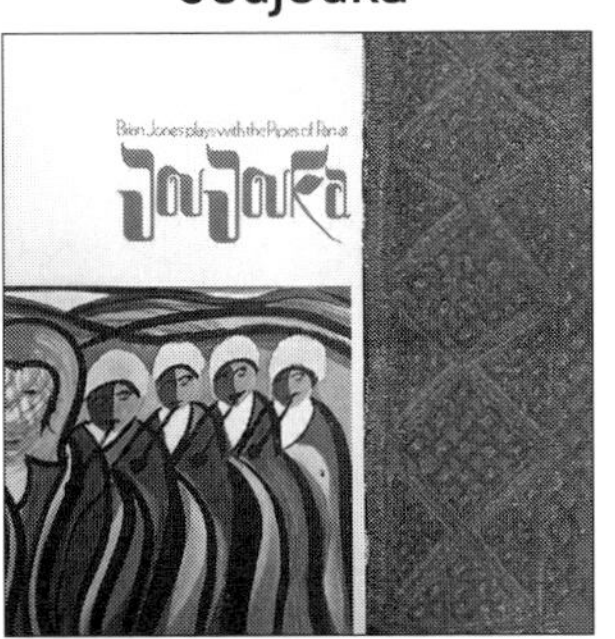

米・Rolling Stones：COC 49100
録音：1968年７月23日、24日
発売：1971年10月８日
[A] Untitled
[B] Untitled
プロデューサー：Brian Jones
参加ミュージシャン：
The Master Musicians Of Joujouka

1995 Remaster CD
米・Point Music：446 487-2
1. 55 (Hamsa Oua Hamsine) / 2. War Song / Standing + One Half (Kaim Oua Nos) / 3. Take Me With You My Darling, Take Me With You (Dinimaak A Habibi Dinimaak) / 4. Your Eyes Are Like A Cup Of Tea (Al Yunic Sharbouni Ate) / 5. I Am Calling Out (L'Afta) / 6. Your Eyes Are Like A Cup Of Tea (Reprise With Flute)

1968年7月23日と24日の二日間、ブライアン・ジョーンズはモロッコのジャジューカ村に入り、ウーヘル社のポータブル・テープ・レコーダーを使って現地の民俗音楽を録音。オリンピック・スタジオのジョージ・チキアンツの助けを借りて編集、69年6月に完成していた作品だ。ブライアンの死後、ローリング・ストーンズ・レコーズからリリースされて日の目を見た。

ブライアンは65年からミックやキースらとモロッコを訪れていたが、次第に現地の音楽に興味を持ち、村出身の画家モハメド・ハムリの紹介を受けて音楽集団のマスター・ミュージシャンズ・オブ・ジャジューカの音をテープに残すことにした。先祖代々受け継がれるジャジューカの音楽は心の病気を癒やし、平和と調和を促進する力があると信じられているので、ブライアンが惹かれていったのもわかるような気がする。内容としては、のちのワールド・ミュージックやトランス・ミュージックを予見しているようで、実に興味深い。グループはリーダーだったハージ・アブデサラム・アッタールの次男、バジールに継承され、89年にはストーンズの「コンチネンタル・ドリフト」で共演している。また、ジャジューカ村では今でもブライアンが大切な存在として認められていて、彼を讃える歌がつくられたり、記念フェスティヴァルが開かれたりしている。

英国盤の初版LPは誤って〝ブライアン・ジョーンズ・プレイ〜〟と印刷されたため、修正ステッカーが貼られているものが多い。95年の再発盤CDはボブ・ラドウィグがリマスターを担当し、AB面で1曲ずつだったトラックを6曲に分割、2曲のリミックス・ヴァージョンを追加した（1枚ものと2枚組がある）。アートワークも一新されている。

山田

ブライアン・ジョーンズの関連作品

山田順一

ブライアン・ジョーンズは、1964年にピーター＆ゴードンの『イン・タッチ・ウィズ・ピーター・アンド・ゴードン』に収録された「ラヴ・ミー・ベイビー」と「ア・メス・オブ・ブルーズ」でハーモニカを吹いたほか、66年、67年にはザ・ビートルズの「イエロー・サブマリン」と「ユー・ノウ・マイ・ネーム」で、効果音とコーラス、サックスを担当している。ほかにもアンドルー・オールダム・オーケストラの「365ローリング・ストーンズ」（64年）やニコ「ザ・ラスト・マイル」（65年）、グリン・ジョンズ「レディ・ジェーン」（66年）、マリアンヌ・フェイスフル「イズ・ディス・ホワット・アイ・ゲット・フォー・ラヴィング・ユー？」（67年※ジ・アンダーテイカーズの同名異人の可能性あり）などのシングルに協力しているが、参加作品はさほど多くはない。

ファンから最もリリースが期待されているのは、67年に公開されたアニタ・パレンバーグ主演の映画『ア・ディグリー・オブ・マーダー（原題：モルト・ウント・トーシュラグ）』のサウンド・トラックだろう。一説によればジミー・ペイジ、ニッキー・ホプキンス、ケニー・ジョーンズらも参加したと言われているが、ブライアンはストーンズとはひと味違う音楽性を披露し、マルチ・プレイヤーぶりを発揮してサウンドを練り上げている。全編インストゥルメンタルながら、このままソロ・アルバムを制作したらどうなっていただろうかと夢想させる内容になっている。

68年にはマイク・マクギアの二作目『マクギア』に収められた「ベースメント・フラット」と「サマー・ウィズ・モニカ」でサックスをプレイ。ジミ・ヘンドリクスが68年に発表した『エレクトリック・レディ・ランド』にはパーカッションで参加、「オール・アロング・ザ・ウォッチタワー」の未発表テイクは『サウス・サターン・デルタ』（97年）に収録された。

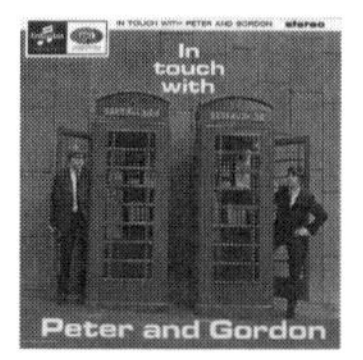

Peter & Gordon
In Touch With Peter And Gordon
英・Columbia／33SX1660 (mono)／SCX3532 (stereo)：1964年

Mord Und Totschlag (A Degree Of Murder).
独・Media Target：MT-6720［Blu-ray］

Mike McGear
McGear
英・Warner Bros. Records／K 56051：1974年

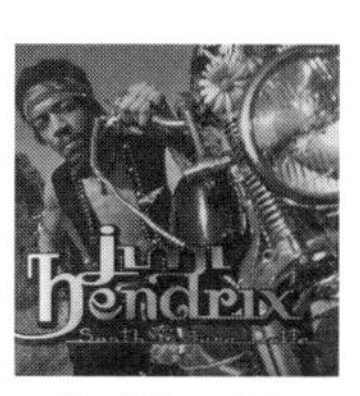

Jimi Hendrix
South Saturn Delta
米・MCA／Experience Hendrix／MCAD-11684［CD］1997年

ナチュラル・ニュー・ウェイヴの伊達男

納富廉邦

ビル・ワイマンは、ベーシストとしてのキャリアの最初期から、ダラス・タキシードのショート・スケールのベースを使っていた。元々はギターを弾いていたこと、手が小さかったことなど、理由は色々あったと思うけれど、ビルにとって、この音がベースの音だったのだ。だから、そのあともずっとショート・スケールでフレットレスのベースを弾き続けていたのだろう。

本書の責任編集者であり、ミュージシャンでもある和久井光司氏は、「結局、ギターの音は指の音なんですよ」と言っていた。しかも、抑えた指が直接音程に関わるフレットレスの弦楽器は、指の影響がより強く出る。ビルのベースの音が真似できないと言われるのも当然だろう。なによりも彼は、その音を最初から選んでいたのだ。

本人も華麗なテクニックは持っていないということを、事あるごとに語っている。一方で、余計なテクニックは必要ないとも言っているのが重要なポイント。必要最小限の音を、的確な場所に置くようなプレイ、それがビルにとってのベースなのだ。

音をあまりレガートで繫がず、ころんと塊を置いていくビルの奏法は、ロック・バンドにおけるベースの役割を考え抜いた結果のようにも聴こえる。チャーリー・ワッツの、曲自体に補助線を引くようなキックと合わさることで、エモーションや臭みを適度に緩和さえするのだ。ビル在籍時のストーンズが時代遅れにならなかった大きな要因のひとつは、このリズム・セクションの特異性にあった。

80年代になると、ビルはスタインバーガーのベースを頻繁に使っている。早くからコンピューターを使うなど、新しもの好きの面もあるとは思うが、特有のコリコリした固さが当時のビルには必要だったのだ。

『サム・ガールズ』から『アンダーカヴァー』に至る、70年代末から80年代初頭にかけて、ストーンズがオールド・ウェイヴに堕ちずにいられたのは、ビルのベースの音の選択と、ミック・ジャガーの嗅覚の鋭さの合わせ技だったと思う。ソロ・アルバム『ビル・ワイマン』や『スタッフ』でのパンキッシュな楽曲でも、ビルとニュー・ウェイヴ的なサウンドとの相性の良さを感じることができる。

振り返れば、ビルのベースはずっと同じで、ずっと新しいのだ。その原点に、リード・ベリーのような、乾いたスキッフル・ビートがある。それが何故、現在でも新しいのかを解き明かしたのが『ビル・ワイマンズ・ブルーズ・オデッセイ』だし、実証実験としてのリズム・キングスだ。

古くなりようがない奏法という変な才能の一方で、他人と合奏するのが大好きなのが、ベーシストとしてのビルの分かりにくさでもあり、魅力でもある。

それにしても『デジタル・ドリームス』や『ウィリー&ザ・プア・ボーイズ』などの映像で見せる楽しそうな顔を見ると、そりゃモテるだろうなと思うのだ。

(gettyimages)

Bill Wyman
Monkey Grip

英・Rolling Stones：COC 59102
録音：1973年11月〜1974年２月
発売：1974年５月10日
［A］1. I Wanna Get Me A Gun / 2. Crazy Woman / 3. Pussy / 4. Mighty Fine Time / 5. Monkey Grip Glue
［B］1. What A Blow / 2. White Lightnin' / 3. I'll Pull You Thro' / 4. It's A Wonder
プロデューサー：Bill Wyman
参加ミュージシャン：
Leon Russell (p)
Dr. John (kbd)
Hubert Heard (kbd)
Lowell George (g)
William Smith (p)
Danny Kortchmar (g)
Joe Lala (per)
Bruce Rowland (ds)
Joey Murcia (g)
Duane Smith (p)
George Terry (g)
Wayne Perkins (g)
John McEuen (banjo, mandolin)
Byron Berline (fiddle)
Peter Graves (trombone, horn arrangements)
Gwen McCrae (cho)
George McCrae (cho)
Betty Wright (cho)
Jackie Clark (g)
Abigale Haness (cho)
Mark Colby (sax)
Neal Bonsanti (sax)
Ken Faulk (trumpet, flugelhorn)

2006 Reissue CD
欧・Castle Music：CMRCD1362
Bonus Tracks: 10. Wine & Wimmen (Early Version) / 11. It's Just A Matter Of Time / 12. If You Got The Feelin' / 13. Five Card Stud / 14. Monkey Grip Glue (Single Edit) / 15. What A Blow (Single Edit) / 16. White Lightnin' (Single Mix) / 17. Pussy (Single Mix)

　このアルバムが発売された１９７４年は、『イッツ・オンリー・ロックンロール』が発売された年であり、暮れにはミック・テイラーが脱退。翌年に発売されるのがオムニバスの『メタモーフォシス』で、オリジナル・アルバムの発売は76年の『ブラック・アンド・ブルー』まで空いてしまう、ストーンズの区切りの年。そこに、メンバー初のソロ・アルバムを出してくるのが、なんともビル・ワイマンらしい。

　しかもその内容は、ブリティッシュ・スワンプを装いながら、決定的にビートが違う、架空のアメリカ音楽史のような、何とも人を食ったアルバムである。全編に渡って、ダニー・コーチマーのアメリカ西南部の風を感じさせるギターは鳴るし、一曲目の「アイ・ウォナ・ゲット・ミー・ア・ガン」からドクター・ジョンのピアノに、ベティ・ライトのコーラスと、スワンプ色の濃い音がガンガン聴こえる。

　しかし、肝心のビルの歌声は陽気だが、どこか乾いて、けだるい諧謔に満ちている。ベースもまた、いつものように一音一音がコロンとした音の塊を並べたもの。そこから生まれる独特のグルーヴは、曲がエモーショナルに流れることを抑制している。

　佳曲揃いの名盤だが、白眉は「ファット・ア・ブロウ」でのビルのエレキ・ギターだろう。74年の時点で、流れないリズムを、抑制したタッチで弾く。ザクザクとした音の新しさに、今さらながら驚いてしまう。「プッシー」や「ホワイト・ライトニン」で聴けるアコースティック・ギターも含め、ギタリストとしてのビルの、ユーモアと音楽的センスが融合したプレイスタイルにも注目したい。

　ストーンズでは出せないアーティストとしての自分を、演奏そのものの楽しさで発散しているから、音が明るいのだ。**納富**

Bill Wyman
Stone Alone

英・Rolling Stones：COC 59105
録音：August-September 1975年 8 月～ 9 月
発売：1976年 2 月27日
［A］ 1. A Quarter To Three / 2. Gimme Just One Chance / 3. Soul Satisfying / 4. Apache Woman / 5. Every Sixty Seconds / 6. Get It On
［B］ 1. Feet / 2. Peanut Butter Time / 3. Wine & Wimmen / 4. If You Wanna Be Happy / 5. What's The Point / 6. No More Foolin'
プロデューサー：Bill Wyman
参加ミュージシャン：
Bob Welch (g)
Danny Kortchmar (g)
Terry Taylor (g)
Jackie Clark (g)
Ronnie Wood (g)
Joe Walsh (g)
Nicky Hopkins (p)
Joe Vitale (p)
Al Kooper (p)
Dr. John (kbd, marimba)
Dallas Taylor (ds, per)
Jim Keltner (ds)
Van Morrison (sax, harmonica, g)
John McFee (fiddle, pedal steel)
Mark Naftalin (p)
Paul Harris (organ)
Hubert Heard (organ)
Albhy Galuten (syn)
Greg Errico (ds)
Guille Garcia (per)
Rocki Dzidzornu (per)
Mark Colby (sax)
Floyd Cooley (tuba)
Emilio Castillo (horn)
Lenny Pickett (horn)
Bonnie Pointer (cho)
Ruth Pointer (cho)
Clydie King (cho) etc.

2006 Reissue CD
欧・Castle Music：CMRCD1363
Bonus Tracks: 13. High Flying Bird / 14. Back To School Again / 15. Can't Put Your Picture Down / 16. Love Is Such A Wonderful Thing / 17. A Quarter To Three (Single Mix) / 18. Apache Woman (Single Mix)

好評を得た前作に比べると、やや評判が悪いセカンド・ソロ・アルバムだが、ビルの姿勢は、一貫して変わっていないように見える。基本は、ストーンズではやれない自作曲を楽しんで演奏すること。ヴァン・モリスン、ポインター・シスターズ、ボブ・ウェルチ、ドクター・ジョン、ジム・ケルトナーにジョー・ウォルシュというメンバーにしても、自作曲を楽しく演奏するための技術を持った友人を集めたという感じで、これも前作と変わりはない。

元々、ノン・ジャンルに音楽が好きな人なのだろう。ただし、ジャンルとは違ったところで、音楽を構成する要素としてのそれぞれの音や演奏方法について、自らの見識を大事にしている。だからこそ、このアルバムではブルーズからロックンロール、レゲエにディスコなど、ジャンルを横断した楽曲が並んでいても、とっ散らかった印象はないのだ。

例えば、「ギミ・ジャスト・ワン・チャンス」では、ドクター・ジョンのオルガンとボブ・ウェルチのアコースティック・ギターによるアンサンブルを、ビルのピアノがまとめ上げている。音楽におけるユーモアの重要性を知っているから、オールド・ファッションなメロディを軽いノリのポップに仕立てることも可能になるのだ。このユーモア感覚こそビルの見識なのである。

もしかすると、仲間と楽しく演奏したいだけで、深い考えはないのかも知れない。ならば、ユーモアは身に付いたセンスだ。「アパッチ・ウーマン」で見せるルーツ・ミュージックとディスコの融合、「ファッツ・ザ・ポイント」での、ジョー・ウォルシュの歌うようなスライド・ギターを起用して、カントリーをパロディ風に聴かせる構成など、音楽的にユーモアを表現するアイディアがいくつも発見できる。 **納富**

Bill Wyman

Green Ice - The Original Soundtrack From The Motion Picture

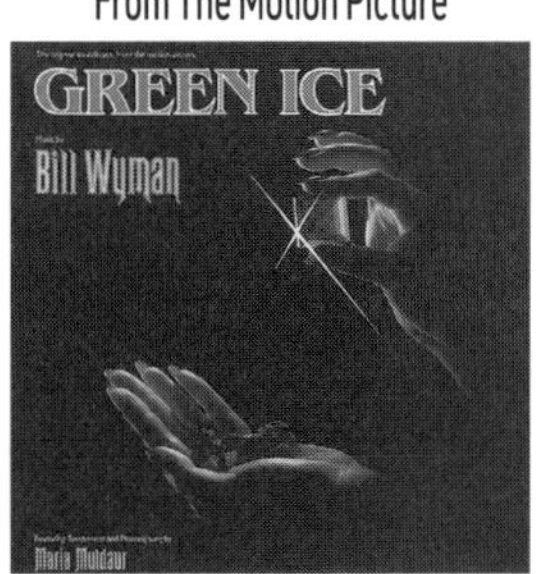

英・Polydor：POLS 1031
発売：1981年 6 月
[A] 1. Si Si / 2. Beach Chase / 3. Holbrooks House (Green Ice Theme) / 4. Floating (Cloudhopper Theme) / 5. Emerald Guitars / 6. Emerald Vault / 7. The Water Bottle / 8. Noche De Amore / 9. Colombia (Green Ice Opening Title)
[B] 1. Tenderness / 2. Showdown / 3. Cloudhoppers / 4. Churchyard (Green Ice Theme) / 5. The Mines / 6. Sol Y Sombra / 7. Miami Arrival / 8. Emerald Waltz / 9. Si Si - Reprise
プロデューサー：Bill Wyman

テレビでは『サンダーバード』、映画では『カサンドラ・クロス』などを製作したサー・リュー・グレイドが、キャリアの後半に手掛けた81年の映画が、『エメラルド大作戦』。

映画としては脚本の出来が悪く面白くはない。しかし、銃撃戦のあっさりした録り方や、名手ギルバート・テイラーの絶妙なカメラ・ワークで、何となく見てしまう不思議な作品だ。

うっかり見てしまう要因のひとつが、ビル・ワイマンによるサウンドトラック。タイトル・バックに流れる「コロムビア」の、メキシコ版モリコーネのような旋律の面白さ。熱気球での侵入シーンに、浮遊感あふれる電子音とチャーミングなマリア・マルダーのヴォーカルを合わせたポップ・チューン「フローティング」で美しい夜景を見せるなアイディアなど、音楽で見せられてしまうシーンが多い。

ビルの映像喚起力の高い音楽性は映画に向いていたのではないかと思わせる作品。のちにダリオ・アルジェント監督が声をかけるのも当然だ。　**納富**

Bill Wyman

Digital Dreams - Original Motion Picture Soundtrack

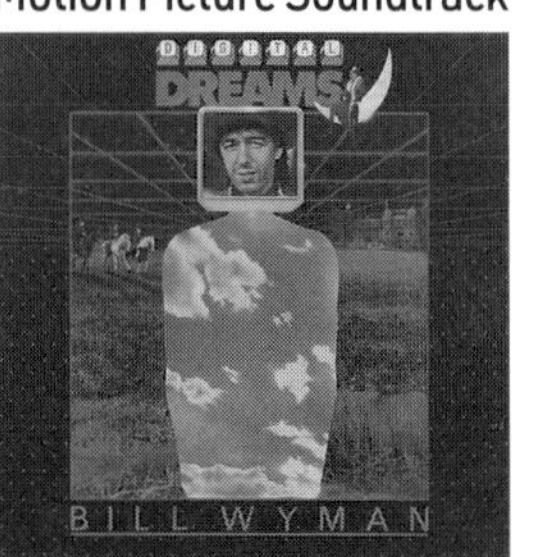

英・Ripple：MRA26264
発売：1983年10月
[A] 1. Digital Dreams (main theme) / 2. Famous Last Words / 3. Western Man (I) / 4. Western Man (II) / 5. Dream Waltz / 6. Computercide / 7. The Snake / 8. Chagall / 9. Digital Dreams (reprise)
[B] 1. Nuclear Reactions / 2. Stanley Unwin / 3. Joining The Rolly Stokers (various takes) / 4. Basic Engli-Twentyfido (various takes) / 5. The Undertaker
プロデューサー：Bill Wyman

ビルの生涯とデジタルへの時代の変遷を重ねた映像作品『デジタル・ドリームズ』は、ビル・ワイマンとアストリッド・リンドストルムの共同プロデュースによるテレビ映画だ。そして、ビルによるニュー・ウェイヴ宣言のようにも見える。

サントラ盤の中で、唯一のビルの曲「ニュークリア・リクションズ」は、シーケンサーによるリズム・トラックに、不穏なムードのエフェクトを重ねた、あからさまにニュー・ウェイヴな曲。

そして、屋内でパソコンに向かうビルと傍らでくつろぐアストリッドのシークエンスはゴダール的な色彩設計と構図で撮影されている。さらに、屋外でのファミリー・ムーヴィー的なシーンは、トリュフォーの詩情を感じさせるカメラワークだ。コラージュで場面を繋ぐ構成もヌーヴェルヴァーグ映画そのもの。

リチャード・オブライエンが脚本、寓話的なアニメーションはジェラルド・スカーフ。ジェイムズ・コバーンの小芝居も含め、小品だが良作だ。　**納富**

Bill Wyman
Bill Wyman

英・Ripple/A&M：AMLH 68540
録音：1982年
発売：1982年 3 月26日
［A］ 1. Ride On Baby / 2. A New Fashion / 3. Nuclear Reactions / 4. Visions / 5. Jump Up
［B］ 1. Come Back Suzanne / 2. Rio De Janeiro / 3. Girls / 4. Seventeen / 5. (Si Si) Je Suis Un Rock Star
プロデューサー：Bill Wyman
参加ミュージシャン：
Terry Taylor (g, cho)
Dave Lawson (syn)
Dave Mattacks (ds)
The Cookham Cookies (cho)
Chris Kimsey (cho)
Stuart Epps (cho)
Brian Setzer (g)
Chris Rea (g)
Stephen Wyman (syn)
Bogdan Wiczling (ds)
Slim Jim Phantom (ds)
Bruce Rowland (ds)
Annie Whitehead (horn)
Martin Drover (horn)
Mel Collins (horn)

2006 Reissue CD
欧・Castle Music：CMRCD1364
Bonus Tracks: 11. Rio De Janeiro (Single Edit) / 12. Come Back Suzanne (Single Edit) / 13. Visions (Single Edit) / 14. (Si, Si) Je Suis Un Rock Star (Single Edit)

78年の『サム・ガールズ』から80年の『エモーショナル・レスキュー』でのビル・ワイマンのプレイを聴いていれば、ソロとしては6年ぶりとなる、このアルバムでのニュー・ウェイヴぶりに驚くことはないだろう。白人ロックとディスコの融合は、既にブロンディやジェイムズ・チャンスが試みて成功していたわけだし、ビル自身も81年に『グリーン・アイス』で電子音楽と自身のベース・ラインの相性の良さを実験済みなのだ。

ブライアン・セッツァーのレイド・バック再発見のようなギターと、ビルの息子スティーヴンのシンセサイザーを上手く使った「ライド・オン・ベイビー」は、グルーヴを抑えたテクノ風のリズムに、ロックのノリを重ねた未来のロカビリー。「ニュー・ファッション」の情緒的なメロディとクールなリズムの組み合わせ、エレ・ポップとカリプソを合体させたサウンドで大ヒットした「(シ・シ)ジ・サス・ウン・ロック・スター」、80年代らしい音色のシンセでビル風パワー・ポップを試みた「カム・バック・スザンヌ」などなど、佳曲が並ぶ。しかも、新しいことをやってやる、という妙な気負いが無いのがいい。豪華なゲスト・ミュージシャンを多用するスタイルもやめて、さまざまな楽器を自分で操りながら、コンパクトな編成で演奏するスタイルも成功している。英国のミュージシャンを多く起用したロンドンでの録音だからか、スワンプ的な匂いはほぼなくなっている。その代わり、ワールド・ミュージック的なリズムの広がりが見られるのも、このアルバムの特徴だろう。

ストーンズのメンバーとしてではなく、新しい波に刺激されたビル・ワイマンという個人による最初のオリジナル・アルバム。タイトルは、そういう意味なのだろう。**納富**

Bill Wyman
Stuff

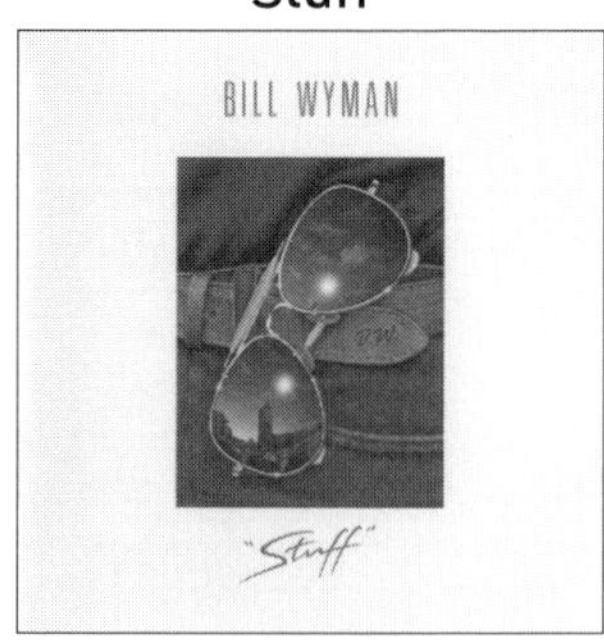

日・Victor：VICP-5202［CD］
録音：1988年〜1992年
発売：1992年10月21日
1. If I Was A Doo Doo Doo / 2. Like A Knife / 3. Stuff (Can't Get Enough) / 4. Leave Your Hat On / 5. This Strange Effect / 6. Mama Rap / 7. She Danced / 8. Fear Of Flying / 9. Affected By The Towns / 10. Blue Murder (Lies)
プロデューサー：Bill Wyman & Terry Taylor for Wytel Productions
参加ミュージシャン：
Terry Taylor (g)
Graham Broad (ds, per)
Richard Cottle (kbd)
Chuck Leavell (p)
Nicky Hopkins (kbd)
Ray Cooper (per)
Frank Mead (sax)
Dave Palmer (ds)
Matt Clifford (kbd, programming)
Milton MacDonald (g)
Barbie Carey (cho)
Maggie Ryder (cho)
Zoe Nicholas (cho)
Linzi Hunter (cho)

88年から92年の間に、ロンドンで録音され、92年に日本、95年にアルゼンチン、２０００年にイギリスと、変則的な形で発売されたアルバム。ストーンズ在籍時のビルの最後の音を収録している。

内容は、前作『ビル・ワイマン』を踏襲するエレ・ポップ・ロック路線だが、そのサウンドは、よりヨーロッパに向かう。

シンセ・ベースを効果的に使ってファンク要素を取り入れた「ライク・ア・ナイフ」の、それでも、ブラック・ミュージック的な弾みは感じさせないサウンドが特異だ。ブリティッシュ・ファンクと呼びたくなる独特なリズム。バービー・キャリーとマギー・ライダーのコーラスがまた、バナナラマのような可憐さで、ビルのふわっとした歌声によく似合っている。

ヴォーカルが弱いと言われるビルだが、ニュー・ウェイヴ的なサウンドを取り入れて以降は、むしろ前に出ない歌い方がタイムレスな魅力になっている。「スタッフ（キャント・ゲット・イナフ）」や「ママ・ラップ」などの電子音のリズムが強い曲ほど、声とのコントラストが生きるのだ。「スタッフ」に見られる、ＧＡＦＡの時代を先取りした上に揶揄するようなふざけた歌詞も健在。ハードなサウンドの中にもユーモアを埋め込むことを忘れないビルの個性は、キャリアを通じて常に中心にある。この曲が２０１５年の『バック・トゥ・ベーシックス』で再び取り上げられた時、自然と新曲として受け入れられたのも、ユーモア・センスの普遍性ゆえだろう。

その一方で、「ザ・ストレンジ・エフェクト」はＡＯＲ的なアプローチだ。手弾きのベースが、相変わらずコロンとした音で、それが曲のオシャレさに貢献しているのだから、元々この音に普遍性があったのかもしれない。

納富

Willie And The Poor Boys
Willie And The Poor Boys

英・Ripple/Decca：BILL 1
発売：1985年4月
［A］1. Baby Please Don't Go / 2. Can You Hear Me / 3. These Arms Are Mine / 4. Revenue Man (White Lightning) / 5. You Never Can Tell / 6. Slippin' And Slidin'
［B］1. Saturday Night / 2. Let's Talk Over It / 3. All Night Long / 4. Chicken Shack Boogie / 5. Sugar Bee / 6. Poor Boy Boogie
プロデューサー：Bill Wyman

1990年、クラブチッタ川崎で見たロニー・レインは、アンコールで車椅子のまま「グッドナイト・アイリーン」を歌った。その溢れる多幸感は今でも忘れられない。

ロニーが、自分と同じ多発性脳脊髄硬化症に苦しむ人たちの支援のために立ち上げた研究機関がARMS。その機関へのチャリティを目的として、ビル・ワイマンの呼びかけで作られたのが、このアルバムだ。

ビルとチャーリーのリズム・セクションを軸に、曲ごとにジミー・ペイジ、ポール・ロジャースらが参加するのだが、バンドの真価はそこではない。

曲は、このメンバーなら「せーの」で名演が生まれるようなロックンロール・スタンダード。それをダンス・パーティーのようなノリで次々と繰り出していくことで生まれる幸せなグルーヴこそが狙いだ。

ビルのソロ・アルバムにあった「演奏することの楽しさを直接届ける感覚」が、ここでも発揮されている。だから、明るく楽しいのに泣けるのだ。

納富

Willie And The Poor Boys
Willie And The Poor Boys - Live

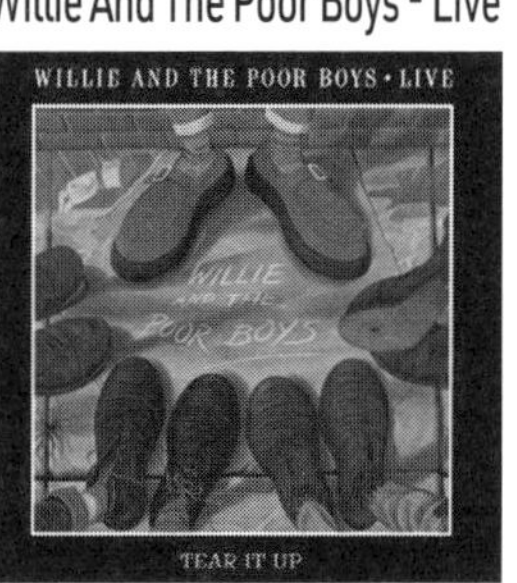

英・Ripple/Sequel：NEM CD 689［CD］
録音：1992年7月
発売：1994年3月
1. High School Confidential / 2. Tear It Up / 3. Baby Please Don't Go / 4. Medley: Ooh Poo Pah Doo〜Rocking Pneumoia And The Boogie Woogie Flu / 5. Mystery Train / 6. Chicken Shack Boogie / 7. Stagger Lee / 8. Red Hot / 9. Lovin' Up A Storm / 10. Poor Boy Boogie Medley: Hound Dog〜Shake Rattle & Roll〜Looking For Someone To Love / 11. Land Of 1,000 Dances
プロデューサー：Bill Wyman, Terry Taylor

ARMS支援のチャリティ・ライヴを録音したもので、『ウィリー&ザ・プア・ボーイズ』とバンドのコンセプトは同じ。ロックンロール・スタンダードを演奏しているのだけれど、曲の被りは3曲のみで、「ミステリー・トレイン」など、よりお馴染でライヴで盛り上がりそうな選曲になっている。

ウィリー&ザ・プア・ボーイズ名義になっているものの、メンバーはこのライヴと同じ年のビルのソロ『スタッフ』と重なっているので、実質上、ビルのソロ・プロジェクトだ。

92年7月にスウェーデンのラジオ局用に客前で演奏されたもので、スタジオ盤のゴージャスな音ではなく、軽いリズムと疾走感で聴かせている。

前作同様、ビルはほとんどリード・ヴォーカルをとらず、主にハーモニカ・ソロでも活躍するジミー・ヘンダーソンに歌を任せる趣向だ。それも悪くはないが、ビルが歌ってくれれば、もっと良くなったと思う。こういう軽いロックンロールにとても似合う声なのだ。

納富

Rhythm Kings
Struttin' Our Stuff

欧・RCA Victor/BMG Classics：74321 51441 2［CD］
発売：1997年10月
1. Green River / 2. Walking On My Own / 3. Melody / 4. Stuff (Can't Get Enough) / 5. Bad To Be Alone / 6. I'm Mad / 7. Down In The Bottom / 8. Motorvatin' Mama / 9. Jitterbug Boogie / 10. Going Crazy Overnight / 11. Hole In My Soul / 12. Tobacco Road
プロデューサー：The Dirt Boys (Bill Wyman, Terry Taylor)

ニュー・ウェイヴ的な音色でブルージーなフレーズのギターに、ビルらしい適当だけどタイトなリズムと、マックス・ミドルトンのピアノが絡む。そこに、かすれた低音のビルの声と、ベヴァリー・スキートのソウルフルな歌声が重なっていく。まるで、ビルがストーンズを辞めた理由を提示しているような「グリーン・リヴァー」からアルバムは始められる。

ストーンズの「メロディ」を、ブルーズからR&Bを追い越して一足飛びにジャズ・ロックに向かうサウンドでカヴァー。そこにエリック・クラプトンのブルーズとしか言いようのないフレーズが重なると、まるであり得たかも知れない未来のストーンズのようだ。

レイド・バックではなく、音楽の歴史の分岐点から、従来のロックが辿らなかった道筋をシミュレイションしたような音。だから「アイム・マッド」など、R&Bのパロディのように聴こえる曲もある。分かりにくいユーモアだが、これがビルの90年代の音なのだ。 **納富**

Bill Wyman's Rhythm Kings
Anyway The Wind Blows

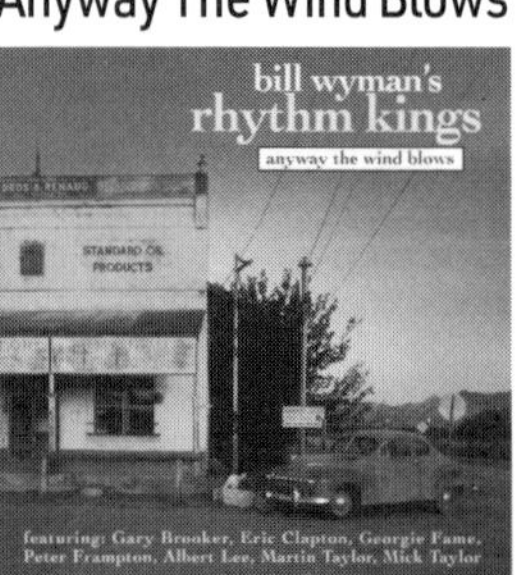

欧・RCA Victor/BMG Classics：74321 59523 2［CD］
発売：1998年10月
1. Anyway The Wind Blows / 2. Spooky / 3. Walking One And Only / 4. Mojo Boogie / 5. Too Late / 6. Every Sixty Seconds / 7. Ring My Bell / 8. Days Like This / 9. He's A Real Gone Guy / 10. A True Romance / 11. Gee Baby Ain't I Good To You / 12. When Hollywood Goes Black And Tan / 13. Crazy He Calls Me / 14. Struttin' Our Stuff
プロデューサー：The Dirt Boys (Bill Wyman, Terry Taylor)

3分台のコンパクトな曲が16曲。そのうち、11曲がカヴァー。ビルがリード・ヴォーカルを取る曲は無い。

メイン・ヴォーカルは、前作でジャズとブルーズが未分化なまま同居したような歌声を聴かせた、ベヴァリィ・スキートだ。

でも、そこで鳴っている音は、確実にビルとジ・エンド時代からの相棒、テリー・テイラーのもの。ビルが構想した、古き良き時代の音に似て非なる、ブルーズやブギの最新の形なのだ。

ブルーズやR&B原理主義者からは「違う！」と断定されそうな、「スプーキー」のセクシーにはならないのに柔らかい音像。20年代のジャズを50年代にリメイクしたようなビル作詞作曲の「エヴリィ・シックスティ・セカンズ」は、巧妙に定型から逸脱している。

頭の中にハッキリと設計図がないと作れない曲が並ぶ。ピーター・フランプトンの見事にロックのテイストを湛えながら、ブルージーな揺らぎを見せるギターの配置の絶妙さなど、ビルならではの芸だろう。 **納富**

Bootleg Kings
Live In Europe

英・Ripple Records：RIPCD 001［CD］
発売：2000年4月
プロデューサー：The Dirt Boys (Bill Wyman, Terry Taylor)

リズム・キングスは、ユーモアをたたえながらも、古い革袋に新しい酒を詰め過ぎて袋が破れるような音楽を演奏する。その分息抜きが必要なのか、ひたすら演奏する楽しさに耽溺したような音を出すのが、ブートレグ・キングス。つまりはウィリー＆ザ・プア・ボーイズの路線なのだ。

98年にデンマーク、フランス、ドイツ、ノルウェーを回ったツアーでの録音を集めたもので、気心の知れたメンバーでのロックンロール大会。だが、ノルウェーでの「ジョージア・オン・マイ・マインド」ではマーティン・テイラーをフィーチャーして、のちに定番となる、複雑なコードのアドリブを聴かせたりもする。しかし、ここでもビルが歌わないのが残念。

納富

Bill Wyman's Rhythm Kings
Groovin'

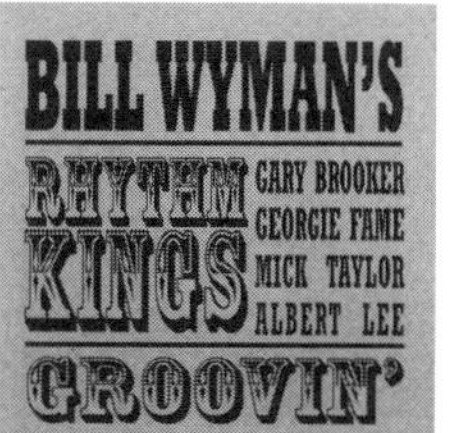

欧・Ripple/Roadrunner/Papillon：RR 8544-2［CD］
発売：2000年5月
プロデューサー：The Dirt Boys (Bill Wyman, Terry Taylor)

イギリスのジャズ、ブルーズのチャートで一位を獲得したヒット作。前の二作に比べると肩の力が抜けた印象なのは、間にブートレグ・キングスのツアーなどを挟んでリラックスしたからかも知れない。

テリー・テイラーのアコースティック・ギターにマーティン・テイラーのジャズ・ギターが絡み、ベヴァリィ・スキートの声が軽やかに転がる「グルーヴィン」は、数ある同曲のカヴァーの中でも出色だろう。

南部の臭いが濃い「キャント・ゲット・マイ・レスト・アット・ナイト」でのミック・テイラーのスライド・ギターと、テリーのギターの絡みつくようなプレイをクールにまとめるビルのベース。この匂い消しのようなビルのプレイが楽しい。

納富

Bill Wyman's Rhythm Kings
Double Bill

英・Ripple：BTFLYCD 015［CD］
発売：2001年4月
プロデューサー：Bill Wyman

溜まっていた録音を一挙に放出したような、全24曲、二枚組。目玉はジョージ・ハリスンがスライド・ギターで参加した「ラヴ・レター」だろう。

ただ、このあとしばらく、ブートレグ・キングスとしての活動が続くからか、演奏には懐古趣味的なムードが漂う。同じ路線の曲がずーっと続くため、全体に締まりが無く、続けて聴いていると飽きてしまう。

それでも「ラヴズ・ダウン・ザ・ドレイン」や「ブラウン・スキン・ガール」などの、ビルがヴォーカルを取る曲には、独特の乾いた味があって目が覚める。

リズム・キングスならではの、絶妙にツボを外したロックンロール「ジェリー・ロール・フール」も悪くない。

納富

Bootleg Kings
Ride Again

英・Ripple：RIPCD 002［CD］
発売：2001年５月
プロデューサー：The Dirt Boys (Bill Wyman, Terry Taylor)

２０００年の６月にＵＫを回ったツアーからセレクトされたライヴ・アルバム。ビルを除く5人のヴォーカリストの歌が満遍なく聴ける構成で、ブートレグ・キングスというバンドを把握するのに最適だ。

ゲイリー・ブルッカー（プロコル・ハルム）がソロ曲の「リード・ミー・トゥ・ザ・ウォーター」をセルフ・カヴァーしているが、これが中々の名演。ビルのベースとレゲエの相性の良さに驚かされる。

ゲイリーとベヴァリィ・スキートのデュエットによる「ベイビー・ユー・ガット・ホワット・イット・テイクス」のカヴァーは、まるで昭和の歌謡ショーのようなムード。それが狙いのバンドだから成功なのだけど、ちょっと笑ってしまう。

納富

Bootleg Kings
Travlin' Band

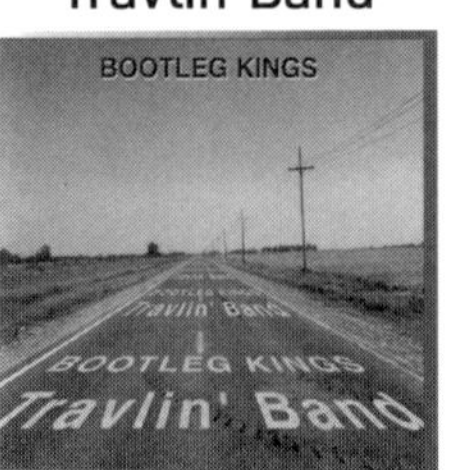

英・Ripple：RIPCD 003［CD］
発売：2002年５月
プロデューサー：The Dirt Boys (Bill Wyman, Terry Taylor)

２００１年６月から７月にかけてのＵＫツアーの録音。７か所で演奏された全11曲だから、正に旅するバンドの記録だ。ライヴを重ねてすっかりこなれた演奏は、名人が語る古典落語の味わいさえ感じられる。

実際に「ラヴ・レター」や「キャッツ・アイ」といったしっとり聴かせる曲も、全然退屈しないのだ。そのくらい、演奏の息の合い方、バンドとしてのまとまりが高いレベルで安定している。スリリングではないけれどずっと聴いていられるのは、ライヴの熱が伝わるからだろう。

ラスト2曲が、「メイキン・ウーピー」のアレンジ違いなのだが、確かに両方入れたくなるのが分かる。全く演奏の方向が違っていて、甲乙つけがたいのだ。

納富

Bootleg Kings
On The Road Again

英・Ripple：RIPCD 004［CD］
発売：2003年
プロデューサー：The Dirt Boys (Bill Wyman, Terry Taylor)

4枚目にして、遂に登場したスタジオ録音盤。ビルの曲は1曲も無く、全てカヴァー。こういう徹底もビルの個性なのだろう。自己主張よりもコンセプト。

しかし、アルバム中随一の名品は、そのビルがリード・ヴォーカルをとる「ミッドナイト・スペシャル」なのだ。少ない音数のアレンジの中、淡々と歌うビルの声に漂う旅情がたまらない。

ボーナス・トラックにリズム・キングス版とは全くテイストが違う「メロディ」を収録。より軽く、ヴォーカルの掛け合いを中心に聴かせるアレンジに、ストーンズの影は無い。最後にロニー・ドネガンが歌う「フランキー&ジョニー」を収録。郷愁がバンドの終わりを飾っている。

納富

Bill Wyman's Rhythm Kings
Just for a Thrill

欧・Ripple：RAMCD007［CD］
発売：2004年５月
プロデューサー：The Dirt Boys (Bill Wyman, Terry Taylor)

ブートレグ・キングスのラスト・アルバムの翌年、リズム・キングスが帰ってきたのだけど、それは、二つのキングスの合体だった。21世紀を迎えて、バンドを別々に行う意味がなくなったのだろう。

「ロール・エム・ビート」のような懐古的ロックンロールも、「タウン・リヴィング」のような、ビルのシンガー・ソング・ライターとしての側面も、マーク・ノップラーをフィーチャーして新しいR&Bを模索した「ディスアピアリング・ナイトリィ」も、全てが水準以上の出来だ。

その意味では飽きが来ないし、何となく聴く分には統一感もある。「タックスマン」をファンク風のカッティングとビルの低い声で聴かせる遊びも楽しい。　**納富**

Jean-Noël Coghe, Bill Wyman
Bill Wyman - Steady Rollin' Man

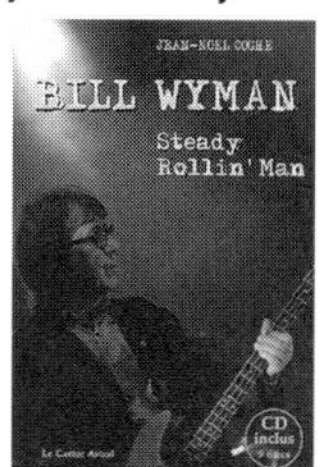

仏・Ripple/Le Castor Astral：no number［CD］
発売：2004年

ジャン＝ノエル・コーゲは、ジミ・ヘンドリックスやロリー・ギャラガーのドキュメンタリーなどを書いているフランスの作家だ。彼は２００３年のリズム・キングスのヨーロッパ・ツアーに同行。その成果として、ビル・ワイマンとストーンズをアートや哲学と結びつけた論考本『ステディ・ローリン・マン』を発刊した。

書籍の付録として、著者が取材したツアーからフランスでの公演を収録したのが、この全９曲入りのＣＤだ。「レット・ザ・グッドタイムス・ロール」や「ティア・イット・アップ」といった選曲から、この時期ブートレグ・キングスとリズム・キングスが融合してしまっていることがよく分かる。　**納富**

Bill Wyman's Rhythm Kings
Live

欧・Roadrunner/Randm：RR 8101-2［CD］
発売：2005年11月

２００４年6月15日のベルリンでのライヴを収録。ビルのベースが珍しくクッキリとした音なのだが、ジャケットの写真を見ると、フレットのあるベースを使っているらしい。それだけで、バンド全体の音の輪郭が変わる。弾き方自体は40年代のウッドベース的で、やっぱり普通のベースの音ではない、ビル独自の音なのだが。

チャック・ベリーの「ユー・ネヴァー・キャン・テル」は、ビルのふわふわした歌い方が抜群にカッコいい。不良の若者の音楽ではないロックンロールの新提案だ。

アンディ・フェアウェザー・ロウが歌うジミー・リード「ブライト・ライツ・ビッグ・シティ」では、マイク・サンチェスのR&B臭が濃いピアノも聴きどころ。　**納富**

Bill Wyman's Rhythm Kings
Live Communication

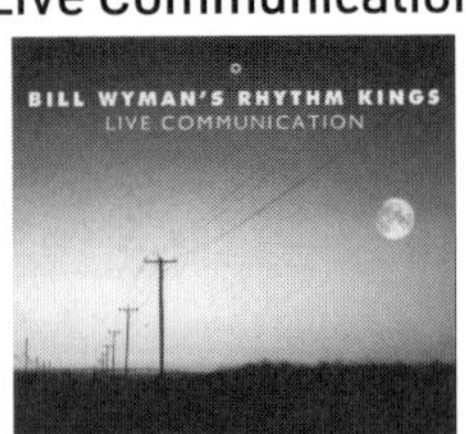

独・Repertoire：REP 5170［CD］
発売：2011年９月

前作のライヴの4年後、2008年に英国のドーキング・ホールで行われたライヴは、いつものメンバーに加え、珍しくアメリカ人のデニス・ロコリエをフィーチャー。彼のハーモニカとヴォーカルを活かした、ランディ・ニューマン作の「ルイジアナ1927」は、このアルバムのハイライトのひとつと言える名演だ。

「トゥー・レイト」での、テリー・テイラーによるスライド・ギターの土臭さを打ち消す洗練されたプレイ。「ジョニー・B・グッド」を、ロックンロール以前の音楽スタイルで新鮮に聴かせるアイディアなど、本当に楽しそうに演奏する熟練のメンバー。こういうバンドが近所で定期的にライヴをやってたら幸せだなあ。 **納富**

Bill Wyman
Back To Basics

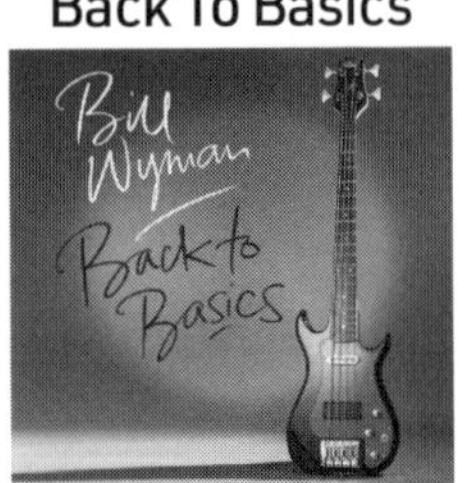

英・Proper：PRPCD125［CD］
発売：2015年10月22日
プロデューサー：Bill Wyman, Guy Fletcher

全曲ビル・ワイマンが書いて、自分で歌っている。正真正銘、久々のソロ・アルバムだ。リズム・キングスの楽しさも良いのだが、音楽家としてのビルが十全に発揮された作品は、やはり唯一無二。

従来のトラックをリメイクしたものが4曲、新曲が8曲だが、「スタッフ（キャント・ゲット・イナフ）」を聴けば分かる通り、昔の曲にも新しいアイディアが加えられている。尖った電子音を有効に使った、ガイ・フレッチャーの仕事が光っている。

40年代風のジャジーなリズムと弾む黒っぽさを電子音で繋いだ「ホワット&ハウ&イフ&ホェン&ホワイ」を冒頭に置いて、ガツンと喰らわせる構成は、『ビル・ワイマン』以来のビルの得意技だ。 **納富**

Bill Wyman's Rhythm Kings
Studio Time

欧・Edsel：EDSL0019［CD］
発売：2018年４月28日
プロデューサー：The Dirt Boys (Bill Wyman, Terry Taylor)

87年3月から2004年までの8回のスタジオ・セッションから15曲のアウト・テイクを収録。全曲、ビルとテリー・テイラーが新たにリミックスを施している。

白眉はプリテンダーズかキンクスかといった演奏で聴かせるミッドナイト・オイルの「ベッズ・アー・バーニング」。埋もれていたのが不思議なほどの名演だが、バンドのコンセプトとは違うという判断か。

一方で87年のセッションである「ユー・アー・ザ・ワン」は、本格的なブルーズになってしまって、これもまたリズム・キングスとしては出しにくかったのだろう。

音作りの過程でこぼれ落ちたものを公開することが、バンドのコンセプトを際立たせる構造になっているのが面白い。 **納富**

ビル・ワイマンの関連作品

納富廉邦

リチャード・ハーズとの共著『ビル・ワイマンズ・ブルーズ・オデッセイ』は、ブルーズを思想や歴史に留まらず、現在に繋がる音楽として聴くためのガイドブック。同時に、ビル・ワイマンの音楽のつかみ所のなさがどこから来ているのか、分かるような気もする内容の好著だ。

この本と並行して、ビル自身がコンパイルしたブルーズの名演を集めたCDと、110分に及ぶ映像作品が、同名作品として制作されている。どちらも必然性があるリリースで、三作揃えると理解が深まる。

面白いのは、どの曲を誰が、どんな風にカヴァーしたのかを詳細にたどる部分。現在のロックへと繋いでいく手際が鮮やかだ。DVDでも発売されている映像作品では、自らのプレイで奏法を解説するシーンもある。

自伝的ローリング・ストーンズ本の『ストーン・アローン』も、記録魔としてのビルの側面が出ていて興味深いが、それよりも、もっとビルの視点がハッキリするのが、写真集『ストーンズ・フロム・ジ・インサイド』だろう。モノクロのポートレート作品からは、写真家としてのビルの感覚が溢れ、カラーのスナップ写真は、現場を生々しく伝えている。その視線の使い分けと撮影の上手さで、良質なドキュメンタリー作品になっている。

19年の映画『ザ・クワイエット・ワン』もビルが撮影・管理していた資料を中心に作られたストーンズの記録が中心。こんな風に自分を裏方に置こうとする作品ほどビルの存在感が画面を支配して、その結果、自伝的な映画になっているのが、とても面白いと思う。

ビルとテリー・テイラーがダリオ・アルジエント監督の『フェノミナ』に提供した「ヴアレイ」は、ビルの映画音楽作家としての傑出した才能が発揮された名曲なので必聴。

ビルの才能は、何かをサポートする側に回った時に、最大限に発揮されるように思う。そして、そういう仕事が大好きなのだろう。

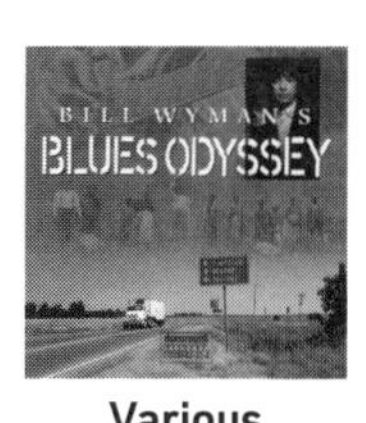

Various
Bill Wyman's Blues Odyssey
英・Document／
DOCD-32-20-2［CD］2001年

ビル・ワイマン／源田緑(訳)
ストーンズ・フロム・ジ・インサイド
日・ele-king books：2021年

Bill Wyman
The Quiet One
(DVD DOCUMENTARY)
英・CADIZ／CADIZDVD223
［DVD(PAL)］2021年

Various
Phenomena
(Original Soundtrack)
伊・Cinevox／
MDF 33.167：1985年

〝脇役〟として〝主役級〟ギタリストの心意気
バンドを支えてきた

犬伏 功

ロン・ウッドがローリング・ストーンズに加わってから、早くも45年もの月日が流れた。まるで永遠の〝新入り〟のようにすら思えた彼も、今や在籍期間では歴代メンバーのブライアン・ジョーンズ、ミック・テイラーを軽く抜き、なんとデビュー以来のメンバーだったビル・ワイマンをも上回るまでになっている。今やストーンズでは堂々の〝ナンバー3〟なのだ。93年に正式な契約書を交わすまでの間、ロンは〝雇われ〟メンバーだったという驚くべき事実もあり、ストーンズのビジネス感覚のシビアな一面を実感する一方で、本来〝主役級〟のミュージシャンでありながら〝脇役〟を務めることをいとわない柔軟性にストーンズ自身が甘えていた、という見方もできるのだ。彼はストーンズを支え、ときにはミック・ジャガーとキース・リチャーズの〝仲違い〟の緩和役も果たしてきた。ロンがいるからこそ、バンドが結成60年を迎えてなお途絶えることなく活動が続けられているのだ。

ストーンズのギタリストとしてのロンはキースを支える役回りが多く、必ずしも彼自身の個性が前に出ているとは言い難い。74年の『アイヴ・ガット・マイ・オウン・アルバム・トゥ・ドゥ』から続くソロ・アルバムでは主役として大いに気を吐いたものの、93年にストーンズの正式メンバーとなってからは、10年に一度のような〝課外活動〟になってしまったようだ。そんな彼の60年近いキャリアを振り返ってみると、ジェフ・ベック・グループでの素晴らしいベース・プレイや、エリック・クラプトンの再起を促すために行われた73年の『レインボウ・コンサート』での見事なギター・ソロなど、ストーンズ以外でも脇役としての名演が数多いことに気づく。やはり、誰かをサポートして引き立てる役割に長けているのだ。だからこそ、音楽界で豊かな交友を深め、さまざまなミュージシャンとの強い信頼関係を育んでこられたのだろう。もちろん、ロンにとってストーンズのギタリストという役割がどれほどの〝重責〟で、支える役割がどれほど尊いものかは理解しているつもりだ。

現在の年齢を考えると、ストーンズのギタリストという立場がロンのキャリアの終着点になるのだろう。しかし、我々は知っている。ロンがフェイシズのギタリストであったことを。とくにステージではたったひとりのギタリストだったことを。我々は忘れていない。まるで曲全編がギター・ソロのような「ハッド・ミー・ア・リアル・グッド・タイム」や、見事な緩急で曲全体を先導する「ステイ・ウィズ・ミー」での極上のプレイを。イアン・マクレガンのキーボードと絶妙に絡みながら、曲調をめまぐるしく変化させていく「ミス・ジュディーズ・ファーム」のグルーヴ感溢れるリックを。そんなロンの〝主役級〟の演奏を、アイディアと閃き、湧き出るグルーヴを、ぜひストーンズでも聴いてみたいのである。

1993 Tokyo ©Mikio Ariga

Ron Wood
I've Got My Own Album To Do

英・Warner Bros.：K56065
録音：1973年〜1974年
発売：1974年９月13日
［A］1. I Can Feel The Fire / 2. Far East Man / 3. Mystifies Me / 4. Take A Look At The Guy / 5. Act Together / 6. Am I Grooving You
［B］1. Shirley / 2. Cancel Everything / 3. Sure The One You Need / 4. If You Got To Make A Fool Of Somebody / 5. Crotch Music
プロデューサー：Ronnie Wood, Gary Kellgren
参加ミュージシャン：
Keith Richards (g, kbd, per, vo, cho)
Mick Jagger (g, cho)
Mick Taylor (g, b, kbd)
David Bowie (cho)
Rod Stewart (cho)
George Harrison (g, cho)
Willie Weeks (b)
Andy Newmark (ds, per)
Micky Waller (ds)
Ian McLagan (kbd)
Pete Sears（b, kbd)
Jean Roussel (kbd)
Martin Quittenton (g)
Ross Henderson (per)
Sterling（per)
Ruby Turner (cho)
Ireen and Doreen Chanter (cho)

ロン・ウッドがまだフェイシズの一員だった74年9月にリリースされた、記念すべきファースト・ソロ・アルバム。当時ロンの自宅だった、リッチモンドに建つジョージ王朝時代の邸宅〝ザ・ウィック〟に造られた地下スタジオで、74年4〜6月に行われた断続的なセッションが8トラックのレコーダーで録音されている。

錚々たる顔ぶれとの共演歴を誇る名ベーシスト、ウィリー・ウィークス（彼が参加するまではミック・テイラーがベースを弾いていたようだ）、元スライ&ファミリー・ストーンのアンディ・ニューマークという強力なリズム隊に、フェイシズでの相棒イアン〝マック〟マクレガンを加えたバンドを基本に、さまざまなミュージシャンが出入りするかたちで制作が進められたが、それは酒代が制作費を上回ったという逸話もあるほどにリラックスした雰囲気だったらしい。ミック・ジャガーが「アイ・キャン・フィール・ザ・ファイアー」など2曲で、ロッド・スチュアートが名バラード「ミスティファイズ・ミー」など3曲でコーラスを務め、「ファー・イースト・マン」では作者のジョージ・ハリスンが無記名ながらギターとバッキング・ヴォーカルで参加したが、中でも聴きどころはキース・リチャーズがリード・ヴォーカルをとる実質的な初のソロ曲「シュアー・ザ・ワン・ユー・ニード」。キース自身もお気に入りの曲らしく、ローリング・ストーンズのツアーでも何度か披露されている。曲調はさまざまで幅広いが、ノリの良さを全体に貫きながらも、聴かせるところはしっかり聴かせるツボを押さえた仕上がりで、自宅スタジオと8トラック・レコーダーによる些かコンパクトな音像も、むしろ本作にはピッタリではないかと思う。邦題の『俺の仲間』が言い得て妙な、愛すべき1枚だ。 **犬伏**

Ronnie Wood
Now Look

英・Warner Bros.：K56145
録音：1974年4月22日〜6月6日
発売：1975年7月2日
［A］1. I Got Lost When I Found You / 2. Big Bayou / 3. Breathe On Me / 4. If You Don't Want My Love / 5. I Can Say She's Allright
［B］1. Carribean Boogie / 2. Now Look / 3. Sweet Baby Mine / 4. I Can't Stand The Rain / 5. It's Unholy / 6. I Got a Feeling
プロデューサー：Bobby Womack, Ian McLagan, Ronnie Wood
参加ミュージシャン：
Keith Richards (g, cho)
Bobby Womack (g, cho)
Mick Taylor (g)
Willie Weeks (b)
Ian McLagan (kbd, cho)
Jean Roussel (kbd)
Andy Newmark (ds, per)
Kenney Jones (ds)
Womack Sisters (cho)

フェイシズにとって最後となった北米ツアー開始直前の、75年7月にリリースされた2枚目のソロ・アルバム。この時期、ロンはバンドの先行きが不透明な中、ストーンズの〝グレイト・ギタリスト・ハント〟へ参加するなど、自身が進むべき方向を模索していた。つまり、自分の足場が些か不安定な状態で制作がスタートしたわけだ。

しかし、ウィリー・ウィークス、アンディ・ニューマークによる鉄壁のリズム隊をキープしながら、敬愛するボビー・ウォーマックに協力を要請、ストーンズがレッド・ツェッペリンから〝横どり〟した名エンジニア、キース・ハーウッドにちゃっかり録音を依頼するなど、万全な状態でアルバム制作を進めている。きっとロンには〝ソロ・ミュージシャン〟になるという選択肢もあったはずだ。良い意味で〝ラフ〟な佇まいだった前作と印象が大きく異なるのは、そんな背景があってのことだろう。

ボビーが加わったことで、アルバム全編にソウル／R&Bのムードが溢れる仕上がりとなった。とくに彼の影響はロンの歌唱に強く現れており、ふたりのヴォーカルの絶妙な絡み具合が本作におけるソウルな感触の〝核〟となっている。アルバムの完成度は高く、この『ナウ・ルック』をロンの最高作とするファンも少なくない。

ベーシックな録音は75年4月にオランダで行われ、ニューヨークのエレクトリック・レディ・スタジオとレコード・プラントでオーヴァー・ダビングとミックス作業が行われている。キース・リチャーズの参加曲があるのは、ファースト・アルバムのセッションでの録音も用いられているため。前作からシングル・カットされた「アイ・キャン・フィール・ザ・ファイアー」のB面だった「ブレイス・オン・ミー」は、新たに再録音されたものだ。

犬伏

Ron Wood & Ronnie Lane
Mahoney's Last Stand

英・Atlantic：K 50308
録音：1972年5月、9月～11月、1976年3月
発売：1976年9月
［A］1. Tonight's Number / 2. From The Late To The Early / 3. Chicken Wire / 4. Chicken Wired / 5. I'll Fly Away / 6. Title One / 7. Just For A Moment (Instrumental)
［B］1. Mona The Blues / 2. Car Radio / 3. Hay Tumble / 4. Woody's Thing / 5. Rooster Funeral / 6. Just For A Moment
プロデューサー：Glyn Johns
参加ミュージシャン：
Pete Townshend (g)
Rick Grech (b, ds, violin)
Kenney Jones (ds)
Micky Waller (per)
Ian McLagan (kbd)
Ian Stewart (p)
Benny Gallagher (b)
Bruce Rowland (ds)
Bobby Keys (sax)
Jim Price (trumpet)
The Wood/Lane Vocal Ensemble - Billy Nicholls, Bruce Rowland, Glyn Johns, Ron Wood and Ronnie Lane (vo)

72年に製作されたカナダ映画のサウンドトラックで、ロニー・レインが映画のプロデューサーで主役も務めるアレクシス・カナーより依頼を受け、ロン・ウッドとともに録音したもの。しかし、映画は76年まで公開されなかったため、本作も同様に長らく放置されたが、76年春にロンドンのオリンピック・スタジオで仕上げられ、同年9月にリリースされた。

本作は72年5～11月にかけて、元グリース・バンドのブルース・ローランド、当時トラフィックで活動していたリック・グレッチ、フェイシズの盟友イアン・マクレガン、ローリング・ストーンズの録音およびツアー・メンバーだったふたりのブラス、ボビー・キーズとジム・プライスという顔ぶれを基本として、グリン・ジョンズにより録音されている。単発参加のベニー・ギャラガーも含め、いずれもグリンが関わりのあるミュージシャンだ。この時期、ロッド・ステュアートの『ネヴァー・ア・ダル・モーメント』（72年3～5月）、フェイシズの『ウー・ラ・ラ』（72年8～11月、73年1～2月）もグリンのプロデュースで録音が進められている。恐らくロニーがグリンにセッションの仕切りを委ねたのだろう。ザ・フーもグリンとともに同じスタジオで録音しており、ピート・タウンゼントとビリー・ニコルズも加わっているが、ロニーとピート、ビリーはインドの導師、ミハー・ババの信者としての繋がりもあり、「ジャスト・フォー・ア・モーメント」はババ信者向けの自主アルバム『ウィズ・ラヴ』で一足先に発表されていた。

サントラゆえ多くの曲がインストゥルメンタルだが、『ウー・ラ・ラ』やロニーのソロに繋がるカントリー嗜好が溢れた良盤。ロンがいつになく渋いギターを披露しているのも本作の聴きどころだ。 **犬伏**

Ron Wood
Gimme Some Neck

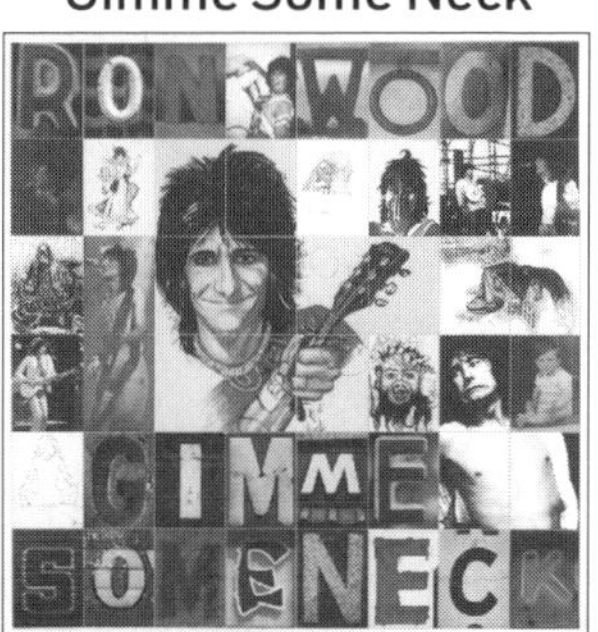

英・CBS：83337
録音：1978年1月〜3月、10月〜12月
発売：1979年4月20日
[A] 1. Worry No More / 2. Breakin My Heart / 3. Delia / 4. Buried Alive / 5. Come To Realise / 6. Infekshun
[B] 1. Seven Days / 2. We All Get Old / 3. F.U.C. Her / 4. Lost And Lonely / 5. Don't Worry
プロデューサー：Roy Thomas Baker
参加ミュージシャン：
Keith Richards (g, cho)
Charlie Watts (ds)
Mick Jagger (cho)
Dave Mason (g)
Robert Popwell (b)
Mick Fleetwood (ds)
Jim Keltner (per)
Ian McLagan (kbd)
Harry Phillips (p)
Jerry Lynn Williams (p, cho)
Jon Lind (cho)
Bobby Keys (sax)

ローリング・ストーンズの正式メンバーとして加わった初のスタジオ・アルバム『サム・ガールズ』（初参加となった『ブラック・アンド・ブルー』録音時ではゲスト扱いだった）の完成とツアーを経て、チャーリー・ワッツの全面協力を得て録音された3枚目のソロ・アルバム。新たにストーンズと同じCBSとソロ契約を交わしてリリースされたロン・ウッドの代表作である。

それまでロンのソロを支えたリズム隊、ウィリー・ウィークス／アンディ・ニューマークとは一旦離れ、チャーリーが11曲中10曲に参加、その相棒は元クルセイダーズでジャズ／フュージョン界の名ベーシスト、ロバート〝ポップス〟ポップウェルが務めている。フェイシズの盟友で、この時ストーンズのツアー・メンバーでもあったイアン・マクレガンも前作、前々作同様に参加しているが、実質上のリード・トラックとなった「バリード・アライヴ」にはミック・ジャガー、キース・リチャーズも加わり、まるでストーンズの課外活動を聴いているようでもある。日本でもシングル・カットされた「セヴン・デイズ」はボブ・ディランがエリック・クラプトンのために書き下ろしながら、エリックが取り上げなかったためにロンがちゃっかり頂いたという逸話もある名曲。この曲のみミック・フリートウッドがドラムを叩いている。80年代を先取りしたような音作りに時代を感じなくもないが、ロンらしいロックンロール全開のゴキゲンな傑作に仕上がっている。本作発売に際し、〝トロント裁判〟の執行猶予判決の条件としてチャリティー・コンサートの開催を求められたキースと思惑が一致。リリースに伴うツアーはロンとキースが結成したニュー・バーバリアンズによって行われ、収録曲の多くがステージで披露されている。 **犬伏**

The First Barbarians
Live From Kilburn

英・Wooden：WDN4［CD+DVD］
録音：1974年7月
発売：2007年
［CD］1. Intro / 2. Am I Grooving You / 3. Cancel Everything / 4. Mystifies Me / 5. Take a Look at the Guy / 6. Act Together / 7. Shirley / 8. Forever / 9. Sure the One You Need / 10. I Can't Stand the Rain / 11. Crotch Music / 12. I Can Feel the Fire
［DVD］1. Intro / 2. Am I Grooving You / 3. Cancel Everything / 4. If You Gotta Make A Fool Out Of Someday / 5. Mystifies Me / 6. Take A Look At The Guy / 7. Act Together / 8. Shirley / 9. Forever / 10. Sure The One You Need / 11. Crotch Music / 12. I Can Feel The Fire

ソロ・デビュー作となったアルバム『アイヴ・ガット・マイ・オウン・アルバム・トゥ・ドゥ』のプロモーションを兼ね、74年7月13～14日にキルバーンのガーモント・ステイト・シアターで2公演のみ行われたライヴを収録したもの。ロン・ウッド自身のレーベルからリリースされている。アルバムに準じたロン、イアン・マクレガン、ウイリー・ウィークス、アンディ・ニューマーク、キース・リチャーズによるバンドに、ロッド・スチュアートが客演するかたちですべてのアルバム収録曲が披露されている。

CDとDVDの2枚組。『ナウ・ルック』収録曲でアン・ピーブルズのカヴァー「アイ・キャント・スタンド・ザ・レイン」はCDのみ、逆にロッドが歌う「イフ・ユー・ガッタ・メイク・ア・フール・オブ・サムバディ」はDVDのみの収録となっている。

音、映像ともに決してパーフェクトとは言えないものの、貴重極まりない内容の発掘作品である。 **犬伏**

The New Barbarians
Live In Maryland: Buried Alive

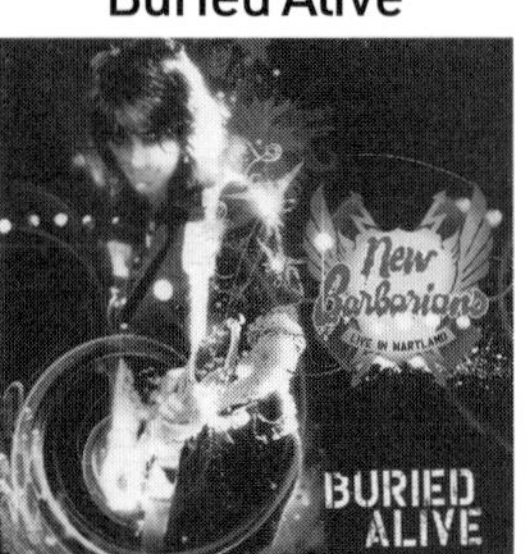

英・Wooden：WDN2
録音：1979年5月5日
発売：2006年
［1］1. Sweet Little Rock N Roller / 2. Buried Alive / 3. F.U.C. Her / 4. Mystifies Me / 5. Infekshun / 6. Rock Me Baby / 7. Sure The One You Need / 8. Lost & Lonely / 9. Love in Vain / 10. Breathe on Me
［2］1. Let's Go Steady / 2. Apartment No. 9 / 3. Honky Tonk Women / 4. Worried Life Blues / 5. I Can Feel the Fire / 6. Come to Realise / 7. Am I Grooving You? / 8. Seven Days / 9. Before They Make Me Run / 10. Jumpin' Jack Flash

キース・リチャーズが〝トロント裁判〟の温情判決の見返りとして約束させられた社会貢献のひとつ、チャリティ・コンサートを実行するために臨時に編成されたバンド、ニュー・バーバリアンズによるライヴ・アルバム。実質的にはロン・ウッドによる当時の最新作『ギム・サム・ネック』発売に伴うツアーとして行われ、同作の収録曲を中心にショウが構成されている。メンバーはロン、キース、イアン・マクレガンにスタンリー・クラーク、ジョセフ〝ジガブー〟モデリステというユニークなもの。チャリティを目的としたカナダでの2公演を終えたあと、そのまま1か月におよぶ北米ツアーが行われた。

本作には79年5月5日、メリーランドのキャピトル・センター・アリーナでの演奏が丸ごと収録されている。長らくブートレグとしてお馴染みのものだった録音だが、ロンのレーベルからのリリースに際して、歓声が加えられるなど、相応のトリートメントが施され、かなり聴きやすい音になっている。 **犬伏**

Ronnie Wood
1234

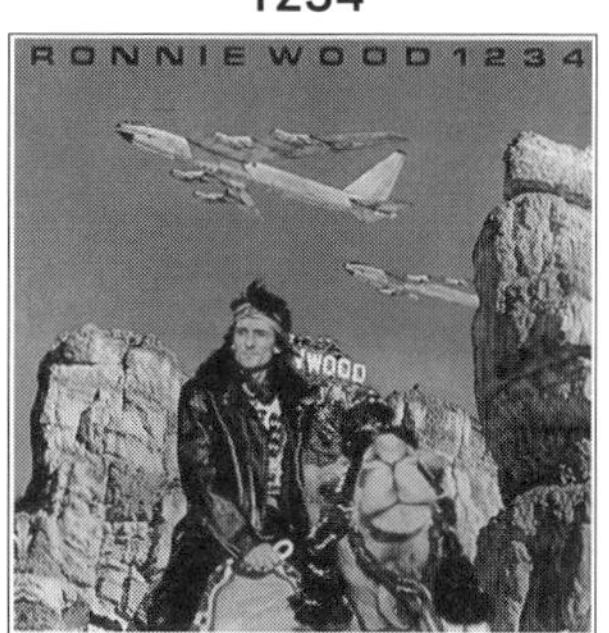

英・CBS：85227
録音：1981年4月～5月
発売：1981年9月2日
[A] 1. 1234 / 2. Fountain Of Love / 3. Outlaws / 4. Redeyes (Instrumental) / 5. Wind Howlin' Through
[B] 1. Priceless / 2. She Was Out There / 3. Down To The Ground / 4. She Never Told Me
プロデューサー：Ron Wood, Andy Johns
参加ミュージシャン：
Charlie Watts (ds)
Bobby Womack (g, b)
Ian McLagan (kbd)
Nicky Hopkins (kbd)
Bobby Keys (sax)
Waddy Wachtel (g)
Carmine Appice (ds)
Jim Keltner (per)
Robin Le Mesurier (g)
Jimmy Haslip (b)
Jay Davis (b)
Alan Myers (ds)
Ian Wallace (ds)
Alvin Taylor (ds)
Jim Horn (sax)
Steve Madaio (sax)
Anita Pointer (cho)
Clydie King (cho)
Sherlie Matthews (cho)
Jimmy Z (harmonica)

80年初頭にリリースが予定されていたローリング・ストーンズの『エモーショナル・レスキュー』が、収録曲の問題で発売延期になった。クロディーヌ・ロンジェが起こした愛人殺害事件をテーマにした「クロディーヌ」の収録をアトランティックが拒否、内容の変更を余儀なくされたのだ。リリースに伴うツアーも見送られたことから、スケジュールに空白が生まれたストーンズの面々は、課外活動に時間を充てるようになったが、ロン・ウッドがリンゴ・スターのアルバムにプロデューサーとして参加したあとに制作を進めたのが、通算4枚目、ストーンズ加入後2枚目のソロ・アルバムとなる『1234』だ。本作からロン改めロニー・ウッドと名義が変更になっている。

ロニー、イアン・マクレガン、イアン・ウォーレスの3人を中心に、ニッキー・ホプキンス、チャーリー・ワッツ（3曲に参加）、ボビー・キーズやジム・プライスらストーンズ系の人脈、前々作『ナウ・ルック』以来となるボビー・ウォーマック、カーマイン・アピスと豪華な顔ぶれが揃っている。バッキング・ヴォーカルもクライディー・キング、シャーリー・マシューズ、ポインター・シスターズのアニタ・ポインターという充実ぶりだ。ベーシストを固定せず、ロニー自身が4曲でベースを弾いていることも大きな特徴だ。

本作は共同プロデューサーのアンディ・ジョンズにより、ある程度時代の音に近づけられる処理が施されている。しかし、ロックンロールあり、ジャマイカン・ビートあり、ゴスペルありと、ロニーの音楽的ルーツを感じることができる。「アウトローズ」では、珍しくロニーがチャック・ベリー風のギター・ソロまで披露しているのだ。アルバム全体を貫くカラッと乾いた手触りは、ロスで録音されたからだろう。　**犬伏**

Ronnie Wood & Bo Diddley
Live At The Ritz

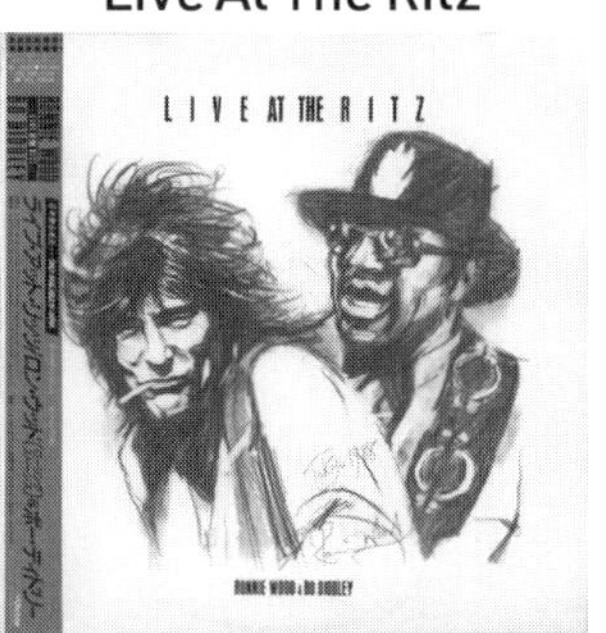

日・Victor：VDP-1329［CD］
録音：1987年11月
発売：1988年４月20日
1. Road Runner / 2. I'm A Man / 3. Crackin Up / 4. Hey Bo Diddley / 5. Plynth/Water Down The Drain / 6. Ooh La La / 7. They Don't Make Outlaws Like They Used To / 8. Honky Tonk Woman / 9. Money To Ronnie / 10. Who Do You Love
プロデューサー：Ronnie Wood, Martin Adam
参加ミュージシャン：
Jim Satten (g)
Hal Goldstein (harmonica, ds, kbd, cho)
Eddie Kendricks (harmonica, kdb, cho)
Debby Hastings (b, vo)
Mike Fink (ds)
David Ruffin (cho)
Sarah Dash (cho)
Faith Fusillo (cho)
Carol MacDonald (cho)

ロン・ウッドとボ・ディドリーによる〝ガンスリンガーズ〟ツアーは87年11月に北米で開幕、翌88年3月2日には来日公演が実現している。このツアーは日本のロック・ファンにとって〝ローリング・ストーンズのメンバー〟を自国で初めて観る機会となったが、千秋楽と入れ替わるようにミック・ジャガーの初来日公演がスタートしたこともあって、ロンとボのツアーは90年のストーンズ来日まで続く〝熱狂〟の起点となった出来事として印象深い。

本作は実質的な〝来日記念盤〟として、88年6月に日本のみでリリースされたライヴ・アルバム。87年11月25日にニューヨークのザ・リッツでの公演が収録された。ヴィデオ・シューティングと米ウェストウッド・ワン所有のモービル・ユニットによる録音が行われ、現地でラジオ放送されていたが、放送用に収録されていたものだけあって演奏、録音状態ともに最高レベルだ。ボはお馴染みの名曲を連発、それだけでも聴く価値は大いにアリだが、このツアーのみとなったロニーとの競演は、今や貴重なドキュメントでもある。

ふたりがクレジットされた曲は「クラッキン・アップ」と「フー・ドゥ・ユー・ラヴ」の2曲で、「プリンス」「ウー・ラ・ラ」「アウトローズ」（なぜか歌詞から起こした長いタイトルが記されている）「ホンキー・トンク・ウィメン」にボは不参加。ロンがギター一本で聴かせる「プリンス」では「アラウンド・ザ・プリンス」「ザッツ・オール・ユー・ニード」「ガソリン・アレイ」「アメイジング・グレイス」「プロディガル・サン」がメドレーで織り込まれている。

本作は92年に海外でもリリースされたが、近年出回っているDVDとそれに準じたCDは海賊盤なので要注意だ。

犬伏

Ronnie Wood
Slide On This

米・Continuum：19210-2［CD］
録音：1991年8月〜9月、12月、1992年2月
発売：1992年9月8日
1. Somebody Else Might / 2. Testify / 3. Ain't Rock & Roll / 4. Josephine / 5. Knock Yer Teeth Out / 6. Ragtime Annie (Lillie's Bordello) / 7. Must Be Love / 8. Fear For Your Future / 9. Show Me / 10. Always Wanted More / 11. Thinkin' / 12. Like It / 13. Breathe On Me
プロデューサー：Bernard Fowler, Ron Wood

ローリング・ストーンズの活動が落ち着いた92年にリリースされた、11年ぶりのソロ・アルバム。発売元となったコンティニウムはMCAの傘下レーベルだが、日本ではストーンズと同じソニーが配給契約を交わして大々的にプロモーションを行ったことで、ロン・ウッドの数あるソロ作品中、最も広く聴かれたアルバムとなった印象が強い。

ロンはこれまでもストーンズ人脈をソロ作品にうまく取り入れてきたが、本作ではバーナード・ファウラーを共同プロデューサーとして迎えている。盟友イアン・マクレガン、チャーリー・ワッツらに加え、U2のエッジやサイモン・カーク、ジョー・エリオットら豪華ゲスト、さらにウェイン・シーヒーやコルム・マッコウレイらアイリッシュ系プレイヤーの参加も目立つ本作だが、ギターのリフが際立った音があるかと思えば、まんまブルーグラスな「ラグタイム・アニー」のような曲もある。

ロンが温めていたアイディアを、一気に詰め込んだ印象のアルバムだ。

犬伏

Ronnie Wood
Slide On Live – Plugged In And Standing

米・Continuum：19309-2［CD］
録音：1992年10月31日、12月3日〜1993年1月14日
発売：1993年9月28日
1. Testify / 2. Josephine / 3. Pretty Beat Up / 4. Am I Groovin You? / 5. Flying / 6. Breathe On Me / 7. Silicon Grown / 8. Seven Days / 9. Show Me / 10. Show Me (Groove) / 11. I Can Feel The Fire / 12. Slide Inst. / 13. Stay With Me
プロデューサー：Ronnie Wood, Bernard Fowler, Eoghan McCarron

11年ぶりのソロ・アルバム『スライド・オン・ディス』発売に伴い、ロンは92年10月28日から12月5日まで北米ツアーを敢行、93年1月10日から14日には、ボ・ディドリーとの共演以来となるジャパン・ツアーも行っている。本作はこれらのショウのうち、92年10月31日のニューヨーク、ザ・リッツ公演、同年12月3日のボストン、アヴァロン公演、93年1月14日の日本武道館公演から選曲された93年9月発売のライヴ盤。ソロ・ツアー、ライヴ・アルバムのいずれもロンにとっては初めてとなった、記念すべき1枚だ。

アルバムの中核を成したバーナード・ファウラーとお馴染みのイアン・マクレガンに、元ベイビーのジョニー・リー・シェル、ショウン・ソロモン、ウェイン・シーヒーによるバンドは、安定感、表現力ともに抜群。フェイシズからソロに至るロンのキャリアを総括した選曲を、最高の状態で支えている。なお、97年のBMGによる再発盤には、96年録音のスタジオ録音2曲が追加されている。

犬伏

Ronnie Wood
Live And Eclectic

英・Burning Airline：Pilot 70［CD］
発売：2000年4月3日

04年に活動を終えた英NMC傘下のバーニング・エアラインが00年にリリースした発掘ライヴ。92年11月2日にニューヨークのエレクトリック・レディ・スタジオで録音、当時ラジオ放送されたショウの模様が収められている。このレーベルは以前から怪しいリリースを手がけており、本作もロン・ウッドの許可を得て発売されたのか疑問が残る内容で、同じ時期のツアーを収めた『スライド・オン・ライヴ』のクオリティの足元にも及ばない。本作には同じ品番で5曲入りボーナス・ディスク付属版がある。11月16日のサンディエゴ公演と10月31日のザ・リッツ公演が収められているが、後者はなんと会場にテレコを持ち込んで録音されたものだった。 **犬伏**

Ronnie Wood
Not For Beginners

独・SPV：085-72762［CD］
発売：2001年11月19日
プロデューサー：Ronnie Wood, Mark Wells, Martin Wright

01年の夏頃に録音された楽曲に、96年に制作予定だったソロ作『アフター・スクール』用の録音を加えて完成させた、01年11月発売の通算6枚目、〝ロニー〟名義となって3枚目のスタジオ作だ。ソロ・アルバム。ロニーと息子ジョセ、娘リアを中心としたアット・ホームなバンドによる録音で、「ワッチャ・シンク」にはステレオフォニックスのケリー・ジョーンズがヴォーカルで参加している。「インターフィアー」「キング・オブ・キングス」は、ロニーが96年9月にボブ・ディランのデモ録音に付き合った際の録音で、前者にはスコッティー・ムーアとD.J.フォンタナも参加、ラフな手触りを敢えて残したような、リラックスしたムード漂うアルバムである。 **犬伏**

Ronnie Wood
Live In London - 19 October 2010

英・Sally Humphries：SHPRWLPBOX1
発売：2011年
プロデューサー：Sally Humphries Productions

アルバム『アイ・フィール・ライク・プレイング』発売を記念し、10年10月19日にロンドンのアンバサダー・シアターで行われた2回の公演から、セカンド・ショウを丸ごと収めたライヴ・アルバム。3枚のカラー盤アナログにサイン入り写真やピック、メモラビリアを封入、500セット限定のボックス・セットとして販売されたもので、今やロン・ウッドのソロには欠かせない人物となったバーナード・ファウラーに、アンディ・ニューマーク、息子のジョセなど、安定のメンバーでアルバムから10曲を披露している。後半はお約束のフェイシズ〜ローリング・ストーンズのナンバーで締める構成だが、現在でもこの高額なボックス以外では聴けないのが残念だ。 **犬伏**

Ronnie Wood
I Feel Like Playing

英・Eagle：EAGCD428［CD］
発売：2010年9月28日
1. Why You Wanna Go And Do A Thing Like That For / 2. Sweetness My Weakness / 3. Lucky Man / 4. I Gotta See / 5. Thing About You / 6. Catch You / 7. Spoonful / 8. I Don't Think So / 9. 100% / 10. Fancy Pants / 11. Tell Me Something / 12. Forever
日本盤ボーナス・トラック: 13. I Don't Think So (The Early Sessions) / 14. Tell Me Something (The Early Sessions)
プロデューサー：Ronnie Wood
参加ミュージシャン：
Slash (g)
Billy Gibbons (g)
Waddy Wachtel (g)
Darryl Jones (b)
Ivan Neville (kbd)
Ian McLagan (kbd)
Jim Keltner (ds)
Blondie Chaplin (cho)
Bobby Womack (cho)
Steve Ferrone (ds)
Bob Rock (g)
Flea (b)
Rick Rosas (b)
Johnny Ferraro (ds)
Bernard Fowler (vo, cho)
Kevin Gibbs (cho)
Saranella Bell (cho)
Skip McDonald (cho)

前作から実に9年ものインターヴァルを経た久々のソロ・アルバム。ロンは08年にアルコール依存症治療のためリハビリ施設へ入所、その後回復し、09年1月から5月に亘る断続的なセッションで録音されたようだ。ソロでは92年の『スライド・オン・ディス』以来の付き合いとなるバーナード・ファウラーがここでもプロデューサーとして名を連ねており、確かなサウンド・プロダクションを聴かせてくれる。録音には盟友イアン・マクレガンをはじめ、長い付き合いとなるボビー・ウォーマック、名手ジム・ケルトナー、ローリング・ストーンズ人脈からダリル・ジョーンズ、ワディ・ワクテルやブロンディ・チャップリン、子供時代から知り合いだったというスラッシュ、レッド・ホット・チリ・ペッパーズのフリー、アイヴァン・ネヴィルなど、相当に豪華な顔ぶれが並んでいる。

ロンは本作のレコーディング後に再び強度のアルコール依存症に陥っており、元妻ジョーからの訴えを受け、ミック・ジャガーはロンに「このままではバンドの計画が狂う。最悪の場合、代わりを探す」と最後通告を発したという。それを受けて10年には再びアルコール依存症治療のリハビリ施設に入所。治療を経てフェイシズの再結成に参加し、ステージに立てるまでに回復する。本作はそんなロンにとって〝復活宣言〟というべきアルバムでもあり、どっしりと地に足の着いた力作に仕上がった。タバコやアルコールで荒れた声も今や味わいのひとつだが、まるで達観したかのような堂々とした歌いっぷりに圧倒される。久々のソロ作品ながら、楽曲も実によく書けている。どうしても過去の作品に目が行きがちだが、本作はロンの最高傑作と呼んでいいほどの素晴らしい仕上がり。文句なしの〝必聴盤〟である。

犬伏

Ronnie Wood With His Wild Five
Mad Lad (A Live Tribute To Chuck Berry)

欧・BMG：538527702［CD］
発売：2019年11月15日
1. Tribute To Chuck Berry / 2. Talking About You / 3. Mad Lad / 4. Wee Wee Hours / 5. Almost Grown / 6. Back In The USA / 7. Blue Feeling / 8. Worried Life Blues / 9. Little Queenie / 10. Rock N Roll Music / 11. Johnny B Goode
プロデューサー：Ronnie Wood

18年11月13～15日にウィンボーン・ミンスターのチボリ・シアターで行われた、ベン・ウォーターズのバンドとロン・ウッドの共演によるチャック・ベリー追悼公演を収録したトリビュート・アルバム。

本作には13日に演奏された16曲から10曲がチョイスされ（14日にはロッド・ステュアート、15日にはジェフ・ベックとジョニー・デップがゲストで登場している）、そこにロンが録音した新曲「トリビュート・トゥ・チャック・ベリー」（オーディエンスの歓声をあしらい、ライヴ風に仕立てられたスタジオ作品）を冒頭に加えた11曲が収められている。

アルバム上はロンとワイルド・ファイヴ名義になっているが、ベン・ウォーターズのバンドにロンが客演したもので、2曲でリード・ヴォーカルを取るアイルランド出身のシンガー、イメルダ・メイの好演も印象的。今やローリング・ストーンズのお抱えエンジニアとなった感があるボブ・クリアマウンテンがミックスを手がけている。 **犬伏**

The Ronnie Wood Band
Mr Luck - A Tribute To Jimmy Reed: Live At The Royal Albert Hall

欧・BMG：538682242［CD］
録音：2013年11月1日 (except 1, 18)
発売：2021年9月17日
1. Essence / 2. Good Lover / 3. Mr Luck / 4. Let's Get Together / 5. Ain't That Loving You Baby / 6. Honest I Do / 7. High & Lonesome / 8. Baby What You Want Me To Do / 9. Roll And Rhumba / 10. You Don't Have To Go / 11. Shame Shame Shame / 12. I'm That Man Down There / 13. Got No Where To Go / 14. Big Boss Man / 15. I Ain't Got You / 16. I'm Going Upside Your Head / 17. Bright Lights, Big City / 18. Ghost Of A Man

ロン・ウッドによる〝トリビュート・アルバム〟の第2弾で、ジミー・リードの楽曲を取り上げたもの。メインとなる録音は意外に古く、『マッド・ラッド』より以前の13年11月1日、ロンドンのロイヤル・アルバート・ホールで行われた『ブルーズフエスト』で収録されている。本作には当日演奏された16曲に、アルバム化に際して新たに録音された短いインストゥルメンタル「エッセンス」、ロンが全パートを手がけた「ゴースト・オブ・ア・マン」を加えた全18曲が収められている。

ジャズ・ミュージシャンのデイヴ・グリーン、デクスター・ハーキュレスにミック・テイラーが加わったバンドに、前作『マッド～』でも共演したベン・ウォーターズやお馴染みのボビー・ウォーマック、フェイシズの再結成でリード・ヴォーカルを務めたミック・ハックネル、ポール・ウェラー、トミー・ヘアが客演して会場を湧かせている。変則的なライヴ・アルバムだが、聴きどころが随所にある好盤である。 **犬伏**

ロン・ウッドの関連作品

犬伏 功

99年発売の『ザ・コレクターズ・ガイド・トゥ・レア・ブリティッシュ・バーズ』は、ロン・ウッドにとって最初のプロフェッショナルなバンドとなったバーズ時代の録音を集めた編集盤。デッカからリリースされた3枚のシングル、リアクション移籍後に発売されたバーズ・バーズ名義では唯一のシングルに加え、デビュー前のアウトテイクや未発表曲など、現存する録音が網羅されている。バーズは当時ロンドンで盛り上がったR&Bブームに強く影響を受けたビート・グループで、ロンのギター・スタイルはまだ個性が確立されていないものの、すでに自作曲も披露するなど勢いは充分。いずれも60年代作品としてはなかなかの上物に仕上がっている。

ロンは68年3月にジェフ・ベック・グループを一時的に解雇、エディ・フィリップスを欠いたクリエイションに参加し4曲の録音を残している（うち3曲はドイツでシングル発売）。『メイキング・タイム：ザ・ベスト・オブ・クリエイション』は22年に発売された編集盤で、主要な曲はほぼ網羅され、ロンが加わったすべての曲を聴くことができる。

06年発売の『アンソロジー：ジ・エッセンシャル・クロスセクション』はロンのキャリアを総括する初の編集盤（CD2枚組）。ディスク1には2曲の新曲「リトル・ミックスド・アップ」「ユー・ストラム・アンド・アイル・シング」を含むソロ作品が17曲、ディスク2には前出のバーズ、クリエイション、ジェフ・ベック・グループ、フェイシズからローリング・ストーンズに至る〝バンド〟期の20曲が収められている。

02年発売の『ファー・イースト・マン』はアルバム『ノット・フォー・ビギナーズ』発売に伴って行われたアイルランド〜英国ツアーから、01年12月11日にロンドンのシェパーズ・ブッシュ・エンパイアで行われたショウを収めたもの。ひとつの公演を丸ごと収めたものとしては唯一の公式映像作品である。

Ronnie Wood
Far East Man
米・Steamhammer／SPV 554-7443A［DVD］2002年

Ronnie Wood
Anthology The Essential Crossexion
欧・EMI／00946 3 11735 2 3［CD］2006年

The Creation
Making Time: The Best Of The Creation
英・Edsel／EDSL0101［CD］2022年

The Birds
The Collectors' Guide To Rare British Birds
英・Deram／564 139-2［CD］1999年

若き天才ギタリストと呼ばれた男、ミック・テイラー

山田順一

17歳の若さでジョン・メイオール&ザ・ブルースブレイカーズのギタリストに抜擢されたミック・テイラーは、1949年1月17日にハートフォードシャーのウェリン・ガーデン・シティで生を受けている。叔父の影響で9歳からギターを弾き始め、62年に初めてのバンドとなるストラングラーズを結成。翌年にはジュニアーズと改名し、64年にコロンビアから「ゼアズ・アー・プリティ・ガール」でレコード・デビューを果たした。その後、66年4月18日にウエルウィン・ガーデン・シティのウッドホール・コミュニティ・センターで開かれたジョン・メイオールのコンサートを観に行った際、たまたま欠席していたエリック・クラプトンの代役として飛び入りでギターを弾いたことがメイオールの目に留まり、67年の春にピーター・グリーンの後任としてザ・ブルースブレイカーズに迎えられている。

ザ・ブルースブレイカーズでは『クルセード』、『ザ・ダイアリー・オブ・ア・バンドVol.1』、『同Vol.2』、『ベア・ワイアーズ』とメイオールのソロ『ブルーズ・フロム・ローレル・キャニオン』という5枚のアルバムに参加、さらに腕を磨いている。69年、メイオールの推薦でザ・ローリング・ストーンズの『レット・イット・ブリード』のレコーディング・セッションに加わり、そのままバンドを解雇されたブライアン・ジョーンズの後釜として加入する。しなやかなギター・プレイと美麗なルックスでバンドの絶頂期を支えた。

74年末のストーンズ脱退後は、ジャック・ブルース・バンドで活動しながらセッション・ワークを開始、ハービ

ー・マン、エリオット・マーフィー、リトル・フィート、ゴングらの作品に関わり、79年には初のソロ・アルバム『ミック・テイラー』をリリースした。以降はマイペースの活動を続け、ソロと並行してアルヴィン・リー、再結成ザ・ブルースブレイカーズ、ボブ・ディラン、カーラ・オルソンらをはじめとするさまざまなアーティストと共演、87年には自身のバンドを率いて初来日公演を果たしている。

なお、ストーンズを去ったあともバンドや関係者との共演は多く、81年12月にはカンザス・シティでのストーンズのステージに参加。12年のストーンズ50周年ライヴにも出演し、13年から14年にかけて行なわれた〈50&カウンティング〉ツアーにもビル・ワイマンとともにスペシャル・ゲストとして登場した。87年にはキース・リチャーズのソロ『トーク・イズ・チープ』の制作に協力し、93年にはボビー・キーズらとタンブリン・ダイスで活動。13年にはロニー・ウッド&ミック・テイラーとしてライヴを行なっている。

実際には幅広い音楽性と多彩なテクニックを持っていながら、どうしてもストーンズ・タイプのブルージーなギタリスト像ばかり求められるのは、彼にとっては不幸と言えるかもしれない。近年は目立った活動を行なっていないが、また再び元気な姿を見せてほしい。

(gettyimages)

Mick Taylor
Mick Taylor

英・CBS：82600
録音：1976年〜1979年
発売：1979年 6 月22日
［A］1. Leather Jacket / 2. Alabama / 3. Slow Blues / 4. Baby I Want You / 5. Broken Hands
［B］1. Giddy-Up / 2. S.W.5 / 3.(a) Spanish (b) A Minor
プロデューサー：Mick Taylor
参加ミュージシャン：
Richard Bailey (ds)
Mike Driscoll (ds)
Lowell George (g)
Kuma Harada (b)
Norman Mighell (tambourine)
Pierre Moerlen (ds)
Jean Roussel (p)
Alan Spenner (b)

１９７６年に最初のデモ録音が行なわれ、78年から79年初頭にかけて4か所でレコーディングされたファースト・ソロ・アルバム。サリーのリッジ・ファームに、ローリング・ストーンズ・モービル・ユニットを持ち込んで録音されたトラックも含まれている。

プロデュースはテイラー自身によるもの。全曲を書き、元ストーン・ザ・クロウズのコリン・アレンが手がけた「アラバマ」以外の作詞も担当。5曲でヴォーカルも披露している。また、54年のテレキャスターや58年のストラトキャスター、ギブソン・ファイアーバード、ギルド・アコースティックといったギター以外にもベース、ピアノ、シンセサイザーを演奏した。ストーンズを脱退してから4年半後の作品になるが、やはり初のソロということで持てる力のすべてを出そうとしていたことがわかる。

当時テイラーがアルバムに協力するなど、近しい関係にあったゴングのピエール・ムーランは「スロー・ブルーズ」と「スパニッシュ」に参加。77年8月4日のレインボウ・シアターで共演した、リトル・フィートのローウェル・ジョージが「ギディ・アップ」でスライド・ギターを弾いている。テイラーとジョージを繋いだのはクマ原田だったという。

ストーンズを思い起こさせるのは「タイム・ウェイツ・フォー・ノー・ワン」のフレーズが登場する「Aマイナー」くらい。アメリカンなテイストの歌ものと、ジェフ・ベックを彷彿とさせるクロスオーヴァー／フュージョンのインストゥルメンタルで構成されているが、ストーンズ時代は表に出てこなかった彼のコンポーザーとしての幅広い資質が露わになった佳作と言えるだろう。なお、ジャケットのアートワークは、かのヒプノシスが手がけている。 **山田**

Mick Taylor
Stranger In This Town

米・Maze：MCD 1062［CD］
録音：1989年
発売：1990年 6 月
1. Stranger In This Town / 2. I Wonder Why / 3. Laundromat Blues / 4. Red House / Goin' Down Slow / 5. Jumpin' Jack Flash / 6. Little Red Rooster / 7. Goin' South / 8. You Gotta Move
プロデューサー：Mick Taylor, Phil Collela
参加ミュージシャン：
Wilbur Bascomb (b)
Eric Parker (ds)
Blondie Chaplin (g)
Shane Fontayne (g)
Joel Diamond (kbd)
Max Middleton (kbd)

前作から11年ぶりとなったソロ二作目は、86年から始動させたミック・テイラー・バンドを率いたライヴ盤。89年からのラインナップだが、ヨーロッパ、日本、北米で精力的にツアーを重ねてきただけに安定感がある。充実した演奏活動を行なっていたから、ライヴ・アルバムを出そうという気にもなったのだろう。日本では90年8月の三度目の来日記念盤として発売された。

中心になっているのは89年4月6日、ストックホルムのハード・ロック・カフェでのステージ。89年4月のドイツ公演における「リトル・レッド・ルースター」と、のちにストーンズのツアー・メンバーになるブロンディ・チャップリンがギター、ジョー・ダイアモンドがキーボードで加わった89年12月、フィラデルフィア公演の「ユー・ガッタ・ムーヴ」が収録されている。テイラーのオリジナルとなるタイトル・トラックと「ゴーイン・サウス」（ジョン・ヤングとの共作）以外はカヴァーだ。アルバート・キングのレパートリーである「アイ・ワンダー・ホワイ」と「ラウンドロマット・ブルーズ」というモダン・ブルーズ、そしてジミ・ヘンドリクスの「レッド・ハウス」という、テイラーが敬愛する二人のナンバーを取り上げていることから、彼のブルーズに対する考え方が浮かび上がってくる。

なお、「ストレンジャー・イン・ディス・タウン」と、テイラーが大好きな曲と公言するストーンズの「ジャンピン・ジャック・フラッシュ」は、ロブ・フラボニがリミックスを手がけた。ザ・バンドやエリック・クラプトンらとの仕事で知られ、ウィングレス・エンジェルスや『ブリッジズ・トゥ・バビロン』での作業を通じてキース・リチャーズからも絶大な信頼を寄せられているエンジニアだ。

山田

Mick Taylor
A Stones' Throw

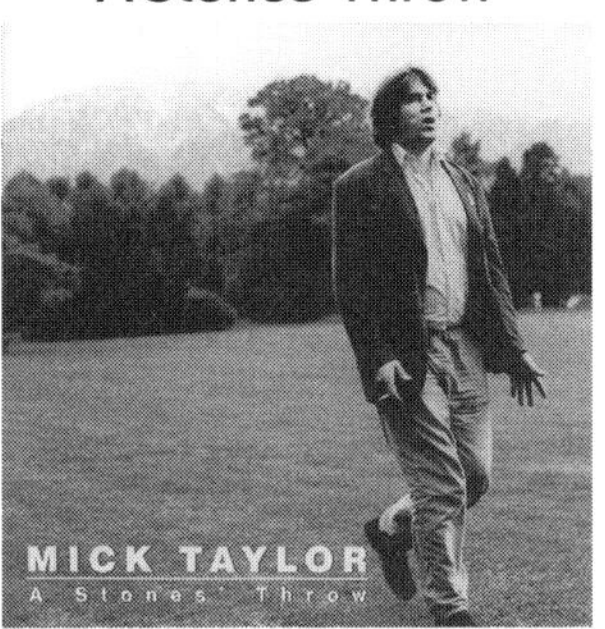

英・Sensible：SR1［CD］
発売：1998年11月
1. Secret Affair / 2. Twisted Sister / 3. Never Fall In Love Again / 4. Losing My Faith / 5. Morning Comes / 6. Lost In The Desert / 7. Blues In The Morning / 8. Late At Night / 9. Here Comes The Rain / 10. Blind Willy McTell
プロデューサー：Tony Taverner
参加ミュージシャン：
Max Middleton (kbd)
Jeff Allen (ds)
Michael Balley (b)
Richard Bailey (ds)
Kuma Harada (b)
Hillary Briggs (kbd)
Robert Ahwai (g)
Martin Ditcham (per)
John "Rabbit" Bundrick (kbd)
Lisa Daniel (cho)
Hazel Fernandes (cho)

日・Agent Con-Sipio：AGCY-20001［CD］
発売：1999年
Bonus Tracks: 11. Seperately / 12. Red House

『ミック・テイラー』以来、19年ぶりというインターヴァルで発表されたスタジオ・アルバム。『ストレンジャー・イン・ディス・タウン』が出てからは、ゲストとして参加した作品がミック・テイラー名義で発売されるなど混乱を生んでいたが、久々に本人のアルバムがリリースされた。しかし本作こ以降、彼のリーダー作が出ていないのが歯痒いところ。

全10曲中6曲がテイラー作で、「ツイステッド・シスター」はアルバムに参加しているジェフリー・アレン（元イースト・オブ・エデン）、マックス・ミドルトン（元ジェフ・ベック・グループ～ハミングバード）との共作。「ルージング・マイ・フェイス」はヒラリー・ブリッジスと書いた曲だ。プロデュースは日本のVOW WOWや矢沢永吉とも仕事をしたトニー・タヴァナーが担当している。ハートフルな「ネヴァー・フォール・イン・ラヴ・アゲイン」や「ブルース・イン・ザ・モーニング」では得意のスライド・ギターが聴けるし、アレンジが面白い「モーニング・カムズ」、ボサノヴァ調の「ロスト・イン・ザ・デザート」は新基軸と言える。当時のツアー・メンバーによる演奏は、リラックスした中にもグルーヴ感があり、聴いていて気持ちがいい。「ヒア・カムズ・ザ・レイン」はエリック・クラプトンの「ランニング・オン・フェイス」を提供したジェリー・リン・ウィリアムスの曲。興味深いのはボブ・ディラン作でテイラーも参加した『インフィデルズ』のアウトテイク曲「ブラインド・ウィリー・マクテル」だろう。また、99年の日本盤には『メインストリートのならず者』のセッションでつくられていた「セパラトリィ」と、ジミ・ヘンドリクスの「レッド・ハウス」のライヴが追加されているので、マニアは要注意。　**山田**

★関連作品リストは279ページから

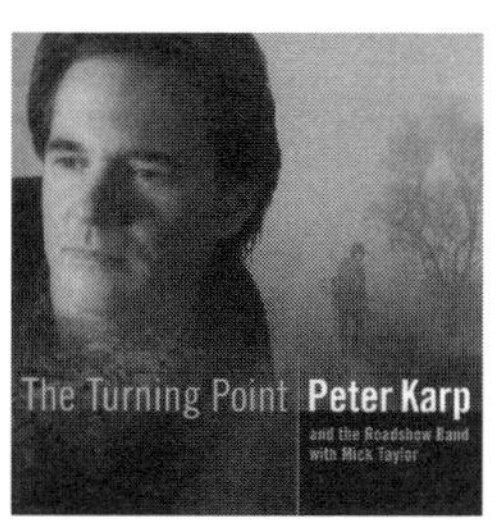

Peter Karp & The Roadshow Band With Mick Taylor
Turning Point

Pete Brown & Phil Ryan
Road Of Cobras

Robin Millar
Cat's Eyes

Inga Rumpf
Universe Of Dreams

Hans Van Lier／Hans Van Lier (蘭・Maura/2003MM32：2003年)
John Mayall & The Bluesbreakers & Friends／70th Birthday Concert (欧・Eagle/ER 20017-2：2003年)
Peter Karp & The Roadshow Band With Mick Taylor／Turning Point (米・Back Bender/0000707：2003年)
Andy Sharrocks／Walking In Familiar Footsteps (英・Lanta/KOHCD1：2004年)
Nikki Sudden & The Last Bandits／Treasure Island (米・Secretly Canadian/SC 077：2004年)
Bluespumpm／Dirty Thirty - Open Hearts (豪・Blue Danube/0000824X：2006年)
Hollywood Roses/Dopesnake (米・Deadline/CLP 1797-2：2007年)
Pereza／Aproximaciones (西・RCA/88697141162：2007年)
Wentus Blues Band／Family Meeting (芬・Ruf/RUF1134：2007年)
Crazy Chris Kramer／... Unterwegs (独・Blow Till Midnight/BM09C302：2009年)
Mick Taylor／Live In London (Carino Neue medien GmbH/No nmber：2010年)※Digital
Stephen Dale Petit／The Crave (米・333/2953-11：2010年)
Pete Brown & Phil Ryan／Road Of Cobras (英・Proper/PRPCD055：2010年)
Chris Kramer／Kramer Kommt! (独・Fastball/FB11C707：2012年)
Stephen Dale Petit／Cracking The Code (米・333/295333CD：2013年)
Chris Kramer／Chicago Blues (独・Blow Till Midnight/BM10C404 4：2013年)

《発掘セッション音源収録作》リスト

John Mayall／The First Generation 1965-1974 (英・Madfish/SMABX1140：2021年) ※1967〜1969 BBC rec.
John Mayall／The Masters (欧・Eagle/EDM CD 071：1999年) ※1969 rec.
Al Kooper／Rare & Well Done (米・Columbia/C2K 62153：2001年) ※1970 rec.
Jack Bruce／How's Tricks（欧・Polydor/065 608-2：2003年）※1974 rec.
Robin Millar／Cat's Eyes (蘭・Apcor Books/ApcorCD02：2019年) ※1974 rec.
The Jack Bruce Band／Live On The Old Grey Whistle Test (英・Strange Fruit/WHISCD010：1998年) ※1975 rec.
The Jack Bruce Band／Live '75 (欧・Polydor/065 607-2：2003年) ※1975 rec.
John Phillips／Pay Pack & Follow (欧・Eagle/WK18475：2001年) ※1976 rec.
V.A.／The Man Who Fell To Earth (欧・UMC/479 903 0：2016年) ※1976 rec.
Little Feat／Waiting For Columbus - Live Deluxe(米・Warner Bros. /RHINO/603497841226：2022年) ※1977 rec.
John Mayall／Rolling With The Blues (英・Shakedown/SHAKEBX116Z：2003年) ※1982 rec.
John Mayall & The Bluesbreakers／In The Shadow Of Legends (欧・Blues Boulevard/250294：2011年) ※1982 rec.
John Mayall & The Bluesbreakers／The 1982 Reunion Concert (独・Repertorie/REP4393WY：1994年) ※1982 rec.
Bob Dylan／The Bootleg Series Volumes 1 - 3 (米・Columbia/C3K 47382：1991年) ※1983 rec.
Bob Dylan／Springtime In New York: The Bootleg Series Vol. 16 1980-1985 (米・Columbia/19439865802：2021年)※1983 rec.
Inga Rumpf／Universe Of Dreams (欧・Ear/0216920EMU：2021年) ※1987 rec.
Adam Bomb／New York Times (加・GetAnimal/GA901：2002年) ※1990 rec.
The Wobblers／The Wobblers (米・Tee Hee/8 37101 30074 2：2007年) ※1990 rec.
Barry Goldberg／It's All My Vault (米・It's About/IAM0235：2011年) ※2000 rec.
Marcos Coll／Under The Wings (西・Gaztelupeko Hotsak/GH192：2011年) ※2001 rec.

Brian Kramer & The Blues Masters／Win Or Lose (米・Monsoon / FVCC 4862：1989年)

《1990's》

Carla Olson & Mick Taylor／Live (仏・Demon / DIENDCD197：1990年)
Rakatan／Better Than That (米・Auriga AU / 19RAK07：1990年)
Dramarama／Vinyl (米・Chameleon / 61242-2：1991年)
V.A.／Guitar Speak 3 (米・I.R.S. No Speak / X2-13111：1991年)
Speedo "Harmonica" Jones／Have Blues Will Travel (米・Integrity / 001：1992年)
John McVie's "Gotta Band" With Lola Thomas／John McVie's "Gotta Band" With Lola Thomas (米・WEA / 26909：1992年)
Coupe De Villes／Burnin' Blues (米・Ichiban / AFT 4138：1992年)
Tonky Blues Band Con Mick Taylor／Piedra Rodante (西・Cambaya / CD-028-E：1992年)
Carla Olson／Within An Ace (英・Demon / FIENDCD726：1993年)
Gerry Groom feat. Mick Taylor & Friends／Once In A Blue Moon (米・Shattered / SHA002：1993年)
John Mayall／Wake Up Call (英・Silverstone / ORECD527：1993年)
Anthony Thistlethwaite／Aesop Wrote A Fable (英・Rolling Acres / ACRE 1CD：1993年)
V.A.／Back To The Streets - Celebrating The rec Of Don Covay (米・Shanachie / 9006：1993年)
Ratones Paranoicos／Hecho En Memphis (米・SDI / CD81135：1993年)
Dead Amanda／Why (米・Shattered / SHA004-2：1994年)
Carla Olson／Reap The Whirlwind (米・Watermelon / CD1026：1994年)
Percy Sledge／Blue Night (仏・Sky Ranch / 7243 8398712 2：1994年)
The Chesterfield Kings／Let's Go Get Stoned (米・Mirror / Mirror19：1994年
Peter Schleicher／Steinzeit - Peter Schleicher Singt Rolling Stones (豪・VM / 316 245：1994年)
Anthony Thistlethwaite／Cartwheels (英・Rolling Acres / Acre002CD：1995年)
Finis Tasby／People Don't Care (米・Shanachie / 9007：1995年)
Mick Taylor & The Hollywood Blues Kings／Coastin' Home' (米・Shattered / SHA 007-2：1995年)
Boris Grebenshchikov & Aquarium／The Navigator (露・Red Astriariros Rediit / AM 064：1995年)
Savage Rose／Black Angel (丁・Mega MRCD3294：1995年)
Mick Taylor／Live At 14 Below (日・Shattered / 2WA002：1995年)
Mick Taylor Featuring Sasha／Shadowman (日・Alfa / ALCB-3147：1996年)
Blue Thunder／Blues And Beyond (仏・DixieFrog / DFGCD8457：1996年)
Walkie Talkie／School Yard Rhymes (米・Laundry Room / LRR9603：1996年)
The Institute Of Formal Research／Vol.1:File Under Subconscious (英・Bubblehead / BH005：1997年)
Black Cat Bone Featuring Mick Taylor／Taylormade (独・Music Maniac / MMCD99006：1997年)
Ligabue／Su e giu da un palco (伊・WEA / 0630 17805 2：1997年)
V.A.／Knights Of The Blues Table (米・Viceroy / 54189-2：1997年)
Anthony Thistlethwaite／Crawfish & Caviar (英・Demon / FIENDCD937：1997年)
Jon Tiven Group／Yes I Ram (米・New West / NW6009：1999年)
Majic Ship／Songwaves Project (米・Cozy Beef / CBM101：1999年)

《2000's》

Paul Brady／Oh What A World (欧・Rykodisc / RCD1049：2000年)
John Mayall & Friends／Along For The Ride (欧・Eagle / EAGCD150：2001年)
Dick Heckstall-Smith And Friends／Blues And Beyond (米・Blue Storm / 3004-2：2001年)
Carla Olson／The Ring Of Truth (英・Evangeline / GEL4024：2001年)
Todd Sharpville／The Meaning Of Life (英・Cathouse / CRCD0057P：2001年)
Mick & I／Miyuki (英・Invoke / SB01：2001年)
Barry Goldberg／Stoned Again (米・Antone TMG / ANT0058：2002年)
V.A.／From Clarksdale To Heaven - Remembering John Lee Hooker (米・Eagle / WK23629：2002年)
Debbie Davies／Key To Love (米・Shanachie / 9034：2003年

Carla Olson & Mick Taylor
Live

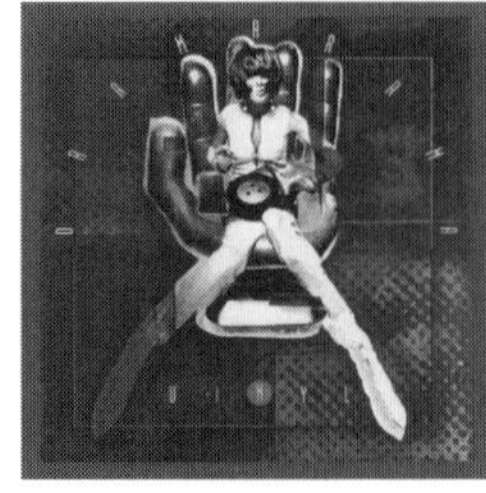

Dramarama
Vinyl

Gerry Groom feat. Mick Taylor & Friends
Once In A Blue Moon

V.A.
Knights Of The Blues Table

ミック・テイラーの関連作品——リスト作成：山田順一

The Juniors
There's A Pretty Girl

John Mayall & The Bluesbreakers
Crusade

Billy Preston
Live European Tour

Bob Dylan
Real Live

〈Singles〉

The Juniors／There's A Pretty Girl / Pocket Size (英・Columbia / DB 7339：1964年)
Mick Taylor／Leather Jacket / Slow Blues (米・Columbia / 1-11065：1979年)
Mick Taylor／Laundromat Blues / You Gotta Move (日・Fun House / FXD50290：1990年) ※Promo
The Barrelhouse Blues Orchestra With Guest Mick Taylor - Jumping Jack Flash／Jumping Jack Flash / All Downhill And No Brakes (欧・Springboard Media / SMCDSBB0001：2004年)

《1960's》

John Mayall & The Bluesbreakers／Crusade (英・Decca / LK4890：1967年)
John Mayall & The Bluesbreakers／The Diary Of A Band Volume One (英・Decca / LK4918：1968年)
John Mayall & The Bluesbreakers／The Diary Of A Band Volume Two (英・Decca / LK4919：1968年)
John Mayall & The Bluesbreakers／Bare Wires (英・Decca / LK4945：1968年)
John Mayall／Blues From Laurel Canyon / John Mayall (英・Decca / LK4972：1968年)
Champion Jack Dupree／Scoobydoobydoo (英・Blue Horizon / 7-63214：1969年)
Sunnyland Slim／Slim's Got His Thing Goin' On (英・Liberty / LBS83237：1969年)
Keef Hartley Band／The Battle Of North West Six (英・Deram / SML1054：1969年)

《1970's》

Jack Grunsky／Tronto (独・Kuckuck / 2375002：1970年)
B.B. Blunder／Workers' Playtime (英・United Artists / UAG 20196：1971年)
John Mayall／Back To The Roots (英・Polydor / 2657005：1971年)
Reg King／Reg King (英・United Artists / UAS29157：1971年)
Tucky Buzzard／Tucky Buzzard (米・Capotol / ST787：1971年)
Nicky Hopkins／The Tin Man Was A Dreamer (英・CBS / 65416：1973年)
Herbie Mann／London Underground (米・Atlantic / SD1648：1974年)
Herbie Mann／Reggae (米・Atlantic / SD1655：1974年)
Billy Preston／Live European Tour (英・A&M / AMLH68265：1974年)
Tom Newman／Fine Old Tom (英・Virgin / V2022：1975年)
Sirkel & Co.／With Special Guest Mick Taylor (英・Affinity / AFF1：1976年)
Herbie Mann／Reggae II (米・Atlantic / SD18182：1976年)
Elliott Murphy／Just A Story From America (米・Columbia / PC34653：1977年
John Mayall／Primal Solos (米・London / LC50003：1977年)
Little Feat／Waiting For Columbus (米・Warner Bros. / 2BS3140：1978年)
Gong／Expresso II (英・Virgin / V2099：1978年)
Pierre Moerlen's Gong／Downwind (英・Arista / SPART1080：1979年)

《1980's》

井上尭之／It's Never Too Late (日・Epic / 27・3H33：1981年)
Bob Dylan／Infidels (米・Columbia / QC38819：1983年)
Bob Dylan／Real Live (米・Columbia / FC39944：1984年)
Alan Merrill／Alan Merrill (Polydor / 823 577-4V-1：1985年)
Bob Dylan／Empire Burlesque (米・Columbia / FC40110：1985年)
Guido Toffoletti's Blues Society／No Compromise (伊・Appaloosa / AP048：1985年)
John Mayall／Return Of The Bluesbreakers (豪・Aim / AIM1004：1985年)
Guido Toffoletti's Blues Society／Ways Back (伊・Appaloosa / 122 059-1：1988年)
Joan Jett & The Blackhearts／Up Your Alley (米・Blackheart / FZ44146：1988年)
Joe Henry／Murder Of Crows (米・A&M / SP5210：1989年)
Phoebe Snow／Something Real (欧・Elektra / EKT56：1989年)
The Golden Palominos／A Dead Horse (米・Celluloid / CELCD6138：1989年)

ストーンズのプレイング・マネージャー

森 次郎

ミック・ジャガーは、1964年からアメリカ・ツアーへ出かけるようになると、そのたびに大量のレコードを買い求めていたという。マディ・ウォーターズやチャック・ベリーのアルバムをチェス・レコーズから直接取り寄せていたというエピソードからも頷ける話だ。弟のクリスによると、ブルーズやR&Bなどの米国黒人音楽だけでなく、メキシコのマリアッチ、ペルシャのウード、ザディコ・アコーディオンのクリフトン・シェニエ、マリのサリフ・ケイタ、フェラ・クティなど、ありとあらゆるジャンルに興味を示していたという。しかし、忙しさにかまけて多くの盤はすぐには開封されず、留守番役の弟が先に聴くことが多かったらしい。クリスの音楽性が、ミックよりもアメリカン・ルーツ寄りになったのも納得だ。

そもそも、ミックのそのときどきの興味がそのままストーンズに反映されたのかと言えば、甚だ疑わしい。初期の頃ならブライアン・ジョーンズやアンドルー・オールダムの判断が必要だっただろうし、キースとはずっとバンドの両輪だったわけで、ミックの独断で物事を推し進めようなどと、考えてもいなかったのではないか。あくまでストーンズが成功するためには、もっと言えば〝ウケる〟ためにはどうすればよいかが、判断軸だったに違いない。そのうえストーンズという〝企業体〟の判断を担う立場になったのだから、トラブル続きの会社の経営に神経をすり減らす二代目社長みたいなもので、自分のエゴなど二の次という状態のまま80年代に突入した、というのが実情だろう。

そんなときに持ち上がったソロ・プロジェクトの話にう

っかり乗ってしまい、何をやればいいのか（ウケるか）つかめないままレコーディングしたのが『シーズ・ザ・ボス』と『プリミティヴ・クール』なのではないか。ストーンズの良い時のような、問答無用のヴォーカルが聴けないことからも、そう思えるのだ。

それが、リック・ルービンと組んだ『ワンダリング・スピリット』になると、確信に満ちた歌声を聴かせてくれるのだから面白い。ミックほどのヴォーカリストが、相手によってこれほどまでに変わるのか。未発表のままだった、ジョン・レノンがプロデュースした「トゥー・メニー・クックス」も、歌は荒いが何かをつかもうとする得体の知れないパワーを感じてしまう。ただ、決して強烈な個性の持ち主とタッグを組めばいい、というわけでもなさそうだ。デイヴ・ステュアートとは何度目かの仕事になる『アルフィー』のサントラなど、ミックの新機軸になっているし。

ただ、好奇心旺盛なところはずっと変わっていないようで、スーパーヘヴィのプロジェクトも「なにか面白いことが起きないかな？」という期待があったのだろう。そのあともラッパー、ウィル・アイ・アムのゲスト・ヴォーカルに呼ばれたり、フー・ファイターズのデイヴ・グロールと共作したりと、変わらずミックのフットワークは軽い。

1988 Tokyo ©Mikio Ariga

Mick Jagger
She's The Boss

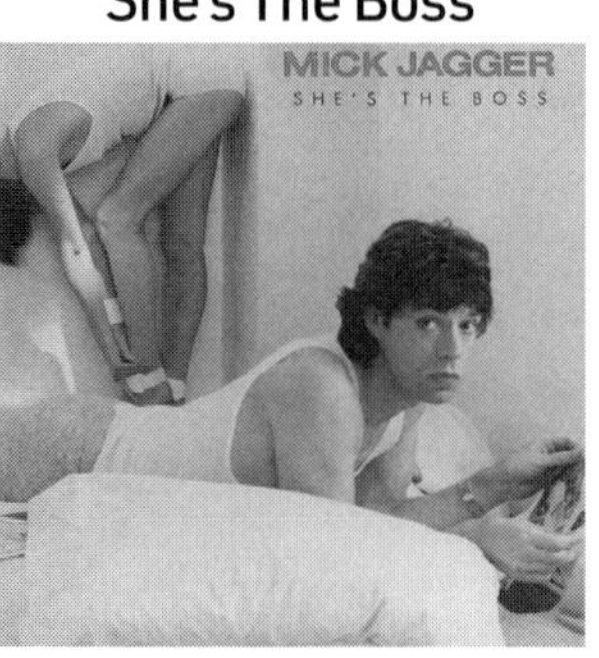

英・CBS：86310
録音：1984年5月〜11月
発売：1985年2月19日
［A］1. Lonely At The Top / 2. 1/2 A Loaf / 3. Running Out Of Luck / 4. Turn The Girl Loose / 5. Hard Woman
［B］1. Just Another Night / 2. Lucky In Love / 3. Secrets / 4. She's The Boss
プロデューサー：Mick Jagger, Bill Laswell, Nile Rodgers
参加ミュージシャン：
Jeff Beck (g)
Bill Laswell (b, syn)
Nile Rodgers (g)
Chuck Leavell (kbd)
Pete Townshend (g)
Herbie Hancock (kbd)
G. E. Smith (g)
Sly Dunbar (ds)
Robbie Shakespeare (b)
Bernard Edwards (b)
Steve Ferrone (ds)
Anton Fier (ds, per, programming)
Anton Fig (ds)
Michael Shrieve (ds)
Guy Fletcher (syn)
Bernard Fowler (cho)
Jan Hammer (p)
Ray Cooper (per)
Wally Badarou (syn)
Paul Buckmaster (strings arrangement, conductor)
John Bundrick (syn)
Aïyb Dieng (per)
Colin Hodgkinson (b)
Ron Magness (syn)
Eddie Martinez (g)
Alfa Anderson (rap)
Lenny Pickett (sax)
Daniel Ponce (per)
Robert Sabino (kbd)
Tony Thompson (ds)
Fonzi Thornton (cho)

ミック・ジャガー初のソロ・アルバム。1983年にローリング・ストーンズ・レコーズがCBSと結んだ契約に、ソロ・プロジェクトに関するオプションが盛り込まれていたことから、本盤の制作がスタートしている。

プロデュースは、ミックがビル・ラズウエル、ナイル・ロジャースと組んで行った。ビルはマテリアルでデビュー、デイヴィッド・アレンのニューヨーク・ゴングをバック・アップしたり、アントン・フィアのゴールデン・パロノミスに参加するなど、アンダーグラウンドでキャリアを積んだあと、83年にハービー・ハンコックの『フューチャー・ショック』を共同プロデュースしてメジャー・シーンに進出している。ナイルはシックの活動を経て、やはり83年にデイヴィッド・ボウイの『レッツ・ダンス』を手がけ、翌年にはマドンナの『ライク・ア・ヴァージン』をプロデュースした。

つまりは〝最先端のサウンドでメガ・ヒット〟を狙った人選だと言ってもいいだろう。確かにタイトル曲にはヒップ・ホップ感覚が感じられるが、当時にしても、もの凄く新しいものではない。リード・シングルの「ジャスト・アナザー・ナイト」も、マイケル・ジャクソンが使ってもおかしくないトラックに仕上がっている。ということは、時代の音ではあるが、同時に既視感をもたらしているのだ。

ミックにとって重要だったのは、ストーンズとの差別化と、CBSに対するプレゼンテイションになる程度のヒットだったのではないだろうか。結果は米13位、英6位。露払いとしては合格点だった。ただ、本作のリリースと『ダーティ・ワーク』のレコーディングの間に余裕がなかったことから、ミックがソロ重視と目される事態を招いてしまったのである。 森

Mick Jagger
Primitive Cool

英・CBS：4601231
録音：1986年11月17日〜12月18日、1987年１月〜５月
発売：1987年９月14日
［A］1. Throwaway / 2. Let's Work / 3. Radio Control / 4. Say You Will / 5. Primitive Cool
［B］1. Kow Tow / 2. Shoot Off Your Mouth / 3. Peace For The Wicked / 4. Party Doll / 5. War Baby
プロデューサー：Mick Jagger, David A. Stewart, Keith Diamond
参加ミュージシャン：
Phillip Ashley (kbd)
Greg Phillinganes (kbd)
Jeff Beck (g)
Vernon Reid(g)
Jim Barber(g)
Jimmy Rip(g)
David A. Stewart(g)
G. E. Smith(g)
Richard Cottle (kbd)
Patrick Seymour (kbd)
Keith Diamond (programming)
Olle Romo (programming)
Bill Evans (sax)
David Sanborn (sax)
Jon Faddis (trumpet)
Dean Garcia (b)
Doug Wimbish (b)
Omar Hakim (ds)
Simon Phillips (ds)
Seán Keane (fiddle)
Paddy Moloney (whistle)
Denzil Miller (kbd, cho)
Jocelyn Brown (cho)
Craig Derry (cho)
Brenda White King (cho)
Pamela Quinlan (cho)
Cindy Mizelle (cho)
Harrison College Choir (cho)
Barbados (cho)

ストーンズの『ダーティ・ワーク』が発売された86年の終わりから、ミックは再びソロ・アルバムのレコーディングを開始した。翌87年にリリースされた『プリミティヴ・クール』は、基本となるバンドのメンバーを固定し、デイヴ・ステュアート（ユーリズミックス）とキース・ダイアモンドを共同プロデューサーに起用している。前作でリード・ギターを弾きまくっていたジェフ・ベックと、「シークレッツ」で骨太なプレイを聴かせていたG.E.スミスを引き続き招集したことも効果的だ。

本作では、ミックのヴォーカルにリラックスした力強さが感じられる。ストーンズの諸作とも違う肌触りだ。どこか演奏と馴染んでいなかった『シーズ・ア・ボス』と比べると、ミック自身がソロでの歌い方を獲得したことがよくわかるだろう。

明快なロック／ポップス路線の曲も良いが、興味深いのは最後の２曲。「パーティー・ドール」はキースとの訣別を歌っているとも言われたが、チーフタンズのパディ・モローニとショーン・ケーンが参加して、アイリッシュ風味をまぶしているところがポイント。とくにパディのイーリアン・パイプスが郷愁を誘う。ミックの歌もウエットに過ぎず、それでもじゅうぶんにエモーショナルだ。「ウォー・ベイビー」はかなり直接的に戦争への異議を表明している。ストーンズ本体で歌うには、なかなかハードルが高い歌詞だろう。声高に訴えることなく、適度に抑制を効かせたヴォーカルでアルバムを締めくくっている。

『シーズ・ア・ボス』『ダーティ・ワーク』に伴うツアーは組まれなかったが、本作発表後、ミックは初のソロ・コンサートを行った。88年には遂に日本の地を踏むことになる。セット・リストは、ストーンズの曲が多過ぎた気もするが。 **森**

Mick Jagger
Wandering Spirit

英・Atlantic：7567-82436-2［CD］
録音：1992年2月〜9月
発売：1993年2月9日
1. Wired All Night / 2. Sweet Thing / 3. Out Of Focus / 4. Don't Tear Me Up / 5. Put Me In The Trash / 6. Use Me / 7. Evening Gown / 8. Mother Of A Man / 9. Think / 10. Wandering Spirit / 11. Hang On To Me Tonight / 12. I've Been Lonely For So Long / 13. Angel In My Heart / 14. Handsome Molly
プロデューサー：Mick Jagger, Rick Rubin
参加ミュージシャン：
Billy Preston (kbd)
Jim Keltner (ds)
Lenny Kravitz (vo)
Jimmy Rip (g, per)
Benmont Tench (kbd)
David Bianco (syn)
Curt Bisquera (ds)
Lenny Castro (per)
Matt Clifford (string arrangements, conductor)
Flea (b)
Lynn Davis (cho)
Jay Dee Maness (g)
Jean McClain (cho)
Pamela Quinlan (p, cho)
Robin McKidd (fiddle)
Brendan O'Brien (g)
Jeff Pescetto (cho)
John Pierce (b)
Courtney Pine (sax)
Frank Simes (g)
Doug Wimbish (b)

ストーンズが『スティール・ホイールズ』のリリースとツアーで〝復活〟を遂げたあと、『ブードゥー・ラウンジ』のプロジェクトが始まるまでの間にレコーディングされた、ミック3枚目のソロ・アルバム。リック・ルービンが共同プロデューサーとしてクレジットされている。

それまでの2作との大きな違いは、シンセサイザーの排除だろう。リックらしい、生音でガツンとしたサウンドにノセられるように、ミックの力強いヴォーカルが炸裂している。鍵盤類はビリー・プレストンとベンモント・テンチによるピアノとオルガンが中心で、あとはクラヴィネットとムーグが少し、といったところ。要所で効いている、ペダル・スティール・ギターやミック自身のハーモニカも聴きものだ。

繊細に聴こえないファルセットが引っ張る「スウィート・シング」、ミック流のゴスペルとも言うべき「アウト・オブ・フォーカス」、ヴォーカルの表現に深みを増したミディアムの「ドント・ティア・ミー・アップ」、軽快なブギーの「プット・ミー・イン・ザ・トラッシュ」と佳作が続く。

ビル・ウィザースの「ユーズ・ミー」をレニー・クラヴィッツとデュエットしているのはご愛嬌としても、ほかに3曲のカヴァーが収録されている。ファイヴ・ロイヤルズの「シンク」、フレデリック・ナイトの「アイヴ・ビーン・ロンリー・フォー・ソー・ロング」、そしてトラディショナルの「ハンサム・モリー」。フィドルに導かれる「ハンサム〜」は、前作の「パーティー・ドール」に続くアイリッシュ路線だ。

発売当時も1枚ものアナログ・レコードは発売されていたが、19年にリマスターされた2枚組が再発されている。これが生音中心のプロダクトと相性がいい。まだ手に入るので、聴いてみてください。　**森**

Mick Jagger
Goddess in the doorway

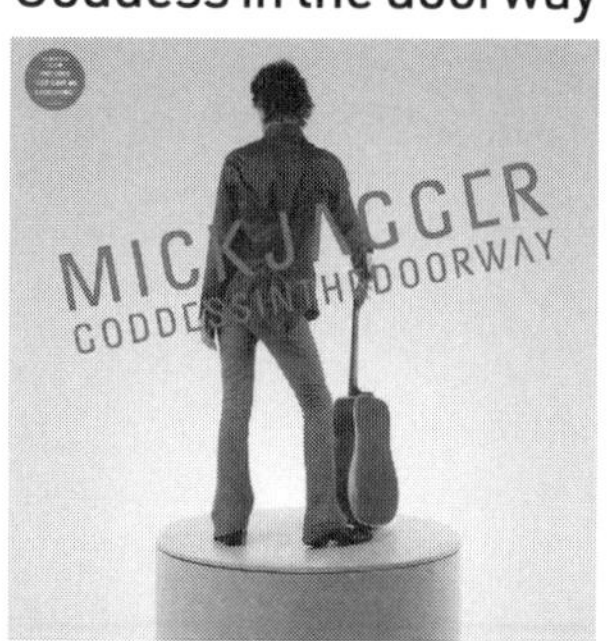

米・Virgin：7243 8 11288 4 8［CD］
録音：2000年2月、5月、2001年1月～2月、4月～6月
発売：2001年11月19日
1. Visions Of Paradise / 2. Joy / 3. Dancing In The Starlight / 4. God Gave Me Everything / 5. Hide Away / 6. Don't Call Me Up / 7. Goddess In The Doorway / 8. Lucky Day / 9. Everybody Getting High / 10. Gun / 11. Too Far Gone / 12. Brand New Set Of Rules
プロデューサー：Mick Jagger, Matt Clifford, Marti Frederiksen, Jerry 'Wonder' Duplessis, Wyclef Jean, Lenny Kravitz, Chris Potter
参加ミュージシャン：
Bono (vo)
Mike Dolan (g)
Milton McDonald (g)
Marti Frederiksen (g, ds, cho, programming)
Wyclef Jean (g)
Lenny Kravitz (g, b, ds, per, cho)
Kyle Cook (g)
Joe Perry (g)
Craig Ross (g)
Pete Townshend (g)
Jerry Duplessis (b)
Phil Spalding (b)
Christian Frederickson (b)
Steve Knightley (mandolin)
Robert Aaron (kbd, horns)
Matt Clifford (kbd, cho, programming)
Kenny Aronoff (ds)
Jim Keltner (ds)
Ian Thomas (ds)
Lenny Castro (per)
Paul Clarvis (per)
Martin Heyes (programming)
Chris White (sax)
Patsy Gamble (sax)
Steve Sidwell (trumpet)
Mikal Reid (trumpet, programming)
Neil Sidwell (trombone)
Pamela Quinlan (kbd, cho)
Rob Thomas (cho)
Ruby Turner (cho)
Elizabeth Jagger (cho)
Georgia May Jagger (cho)

現時点でのミックの最新ソロ・アルバム。エアロスミスと仕事をしてきたマーティ・フレデリクセンや、『スティール・ホイールズ』からの付き合いとなるマット・クリフォードなど、複数のプロデューサーとタッグを組んだ。

落ち着いた立ち上がりからスケールの大きな展開に至る「ヴィジョンズ・オブ・パラダイス」でアルバムは幕を開ける。U2のボノをヴォーカルに迎えた「ジョイ」、レニー・クラヴィッツと共作した硬質なロック・ナンバー「ゴッド・ゲイヴ・ミー・エヴリシング」、ハイチのワイクリフ・ジーン、ジェリー・ワンダー・デュプレシスとつくった緩いラップの「ハイド・ウェイ」と、さまざまな試みが見られるのも本作の特徴だ。

「ドント・コール・ミー・アップ」のメロディアスさとか、タイトル曲のデジタルとアコースティックの融合具合とか、「ラッキー・デイ」のひとりデュエット、ひとりコーラスにギターとハーモニカの追っかけ合いとか、「エヴリバディ・ゲッティング・ハイ」のジョー・ペリー（エアロスミス）を巻き込んだやかましい俺のロックめな感じとか、アイディア満載。

どの曲も非常によくできているが、ところどころオーヴァー・プロデュース気味になっているのが惜しい。ミックは時代の空気を刻印したかったのだろうが、20年経つとさすがにこの詰め込み具合はちょっと胸やけしそうになるかな。

それでもミックのヴォーカルの深みにヤられてしまう「トゥー・ファー・ゴーン」と、ついに伝家の宝刀を抜いたかと言いたくなるようなストーンズっぽいバラード「ブランド・ニュー・セット・オブ・ルールズ」で締めくくられると、妙に納得してしまうのだ（隠しトラックもあるけど）。 **森**

Mick Jagger & Dave Stewart
Alfie: Music From The Motion Picture

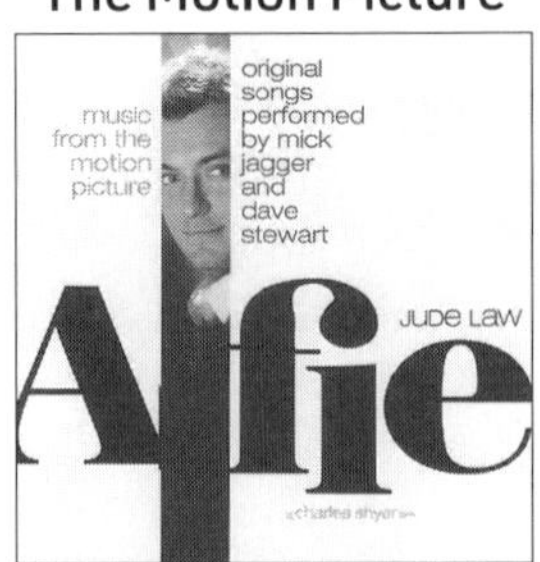

米・Virgin：7243 8 63934 2 5［CD］
録音：2004年
発売：2004年10月18日
1. Old Habits Die Hard / 2. Blind Leading the Blind (Live Acoustic Version) / 3. New York Hustle / 4. Let's Make It Up / 5. Wicked Time / 6. Lonely Without You (This Christmas) / 7. Darkness of Your Love / 8. Jack the Lad / 9. Oh Nikki / 10. Blind Leading the Blind / 11. Standing in the Rain / 12. Counting the Days / 13. Old Habits Reprise / 14. Alfie / 15. Old Habits Die Hard

2004年に公開された映画『アルフィー』のサウンド・トラック・アルバム。66年の同名映画のリメイクで、当時の音楽はソニー・ロリンズが担当していた。

新しく書き下ろされた曲はすべてミックとデイヴの共作。歌詞の乗せ方などに若干詰めが甘いところも見受けられるが、ストーンズやミックのソロという肩書がない分、リラックスして伸びやかな雰囲気が醸し出されているようだ。軽く歌うミックがこれほどまでに魅力的とは。シングル・カットされた「オールド・ハビッツ・ダイ・ハード」にしても、盛り上がり過ぎないメロディと演奏、さらにミックのヴォーカルが有機的に絡み合っている。ボーナス・トラックも、この曲をミックとシェリル・クロウがデュエットしたヴァージョンだ。サビはサントラを貫くテーマにもなっている。

最後はバート・バカラックとハル・デイヴィッドによるオリジナル・スコア「アルフィー」を、ジョス・ストーンをヴォーカルに迎えて再構築した。**森**

Mick Jagger
The Very Best Of Mick Jagger

米・Rhino/Atlantic：R2 328636［CD+DVD］
発売：2007年10月1日
［CD］1. God Gave Me Everything / 2. Put Me In The Trash / 3. Just Another Night / 4. Don't Tear Me Up / 5. Charmed Life / 6. Sweet Thing / 7. Old Habits Die Hard (with Dave Stewart) / 8. Dancing In The Street (with David Bowie) / 9. Too Many Cooks (Spoil The Soup) / 10. Memo From Turner / 11. Lucky In Love / 12. Let's Work / 13. Joy / 14. Don't Call Me Up / 15. Checkin' Up On My Baby (with The Red Devils) / 16. (You Got To Walk And) Don't Look Back (Peter Tosh with Mick Jagger) / 17. Evening Gown

2007年にライノから出された、ミック初のベスト盤。4枚のソロ・アルバムやいくつかのコラボレイション作から選曲されているが、未発表曲も含まれている。

「チャームド・ライフ」は『ワンダリング・スピリット』のアウト・テイク。ミックの娘、カリスがコーラスで参加した。

「トゥー・メニー・クックス」は、73年の冬にジョン・レノンのプロデュースで録音されたもの。ジェシ・エド・デイヴィス、ダニー・コーチマー、アル・クーパー、ジャック・ブルース、ジム・ケルトナー、ハリー・ニルソン、ボビー・キーズら強力なメンツが揃っている。

「チェッキン・アップ・オン・マイ・ベイビー」は、ロサンゼルスのブルーズ・ロック・バンド、ザ・レッド・デヴィルズとのセッションから。リック・ルービンの仲介でステージでも共演したが、『ワンダリング〜』には収録されなかった。13曲のブルーズ・スタンダードが録音されたらしいが、発表されたのはこの1曲のみだ。**森**

SuperHeavy
SuperHeavy

米・Universal：B0016106-02［CD］
録音：不明
発売：2011年9月16日
1. Superheavy / 2. Unbelievable / 3. Miracle Worker / 4. Energy / 5. Satyameva Jayathe / 6. One Day One Night / 7. Never Gonna Change / 8. Beautiful People / 9. Rock Me Gently / 10. I Can't Take It No More / 11. I Don't Mind / 12. World Keeps Turning［Bonus Tracks］13. Mahiya / 14. Warring People / 15. Common Ground / 16. Hey Captain / 17. Never Gonna Change (acoustic; Japan only)
プロデューサー：Mick Jagger, Dave Stewart
参加ミュージシャン：
Mick Jagger (vo, g)
Dave Stewart (g)
Joss Stone (vo)
Damian "Jr Gong" Marley (vo, programming)
A.R. Rahman (vo, kbd, programming)
Shiah Cooreb (b)
Courtney Diedrick (ds)
Mike Rowe (kbd)
Phillip "Winter" James (kbd)
Christian Lohr (kbd)
Leon Mobley (per)
Ann Marie Calhoun (violin)

ジャマイカにあるデイヴ・ステュアートの自宅をミックが訪ねたときに、このプロジェクトのアイディアが話し合われたらしい。「まったく違うジャンルのミュージシャンが集まってバンドをつくったら、どんな音を出すことになるのだろう」と。

まず、デイヴがプロデュースしたばかりだったジョス・ストーンの名前が挙がり、プロジェクトがスタート。ジャマイカのミュージシャンにも声をかけようと、ボブ・マーリーの息子であるダミアンにコンタクトがとられた。さらに09年の初め、曲づくりのためにロサンゼルスのスタジオに集まった際に、インドの映画音楽家であるA.R.ラフマーンと知り合い、急遽グループに引き入れることになった。ちなみにラフマーンは、『スラムドッグ$ミリオネア』で第81回アカデミー賞の作曲賞を受賞している。

こうして集まった5人はレコーディングを断続的に行い、膨大な録音が残された。最終的にデイヴが中心となってまとめられたのが、本作である。

ダミアンはレゲエしか歌わないわけだし、ジョスもR&B的なヴォーカルしか披露していない。デイヴとラフマーンは職人的な作曲家、プロデューサーなので、強烈な色を出すことはない。ミックに至っては自ら先頭を切って走らなくてもいい体制をつくったわけで、抑えに回ることで満足している節がある。

つまり、当初ミックとデイヴが抱いた疑問の答えは、結構フツーだよ、ということになってしまったのである。いや、良く出来てるんだけど、何度も繰り返しては聴かないかな。ライヴをやった形跡もないし、企画モノで終わった感が強い。ミックがサンスクリット語で歌った'Satyameva Jayathe'は珍しいけど。〝スーパー・グループ〟にありがちなオチということで。**森**

ミック・ジャガーの参加作品

森 次郎

ミックは60年におよぶキャリアの中で、ソロ・アルバムだけでなく、さまざまな〝ストーンズ以外〟の作品に参加してきた。その中から、シングル化された曲を中心に紹介する。

70年に公開された映画『パフォーマンス』に出演したミックは、ジャガー／リチャーズ作の「メモ・フロム・ターナー」をサウンド・トラックに提供した。とは言っても、ミックがスティーヴ・ウィンウッドらとレコーディングしていたヴァージョンからヴォーカルのみがジャック・ニッチェに送られ、ライ・クーダー、ランディ・ニューマンらによって仕上げられたようだ。サウンドトラック・アルバムに収録されたほか、ミックのソロ名義のシングルが発売されている。

ローリング・ストーンズ・レコーズに招聘したピーター・トッシュのアルバム『ブッシュ・ドクター』では、テンプテーションズの「ドント・ルック・バック」をデュエットした。シングル・カットされたこの曲をテレビ番組の『サタデー・ナイト・ライヴ』で演奏したり、ストーンズの78年全米ツアーで共演することもあった。

84年にはザ・ジャクソンズのシングル「ステイト・オブ・ショック」で、ミックとマイケル・ジャクソンがデュエットしている。最初はゲストとしてフレディ・マーキュリーの名前が挙がっていた曲だ。

デイヴィッド・ボウイと連名でリリースしたシングル「ダンシング・イン・ザ・ストリート」は、マーサ&ザ・ヴァンデラスのカヴァー。85年にライヴ・エイドの一環としてレコーディングされたもので、収益はすべて慈善団体に寄付された。全英1位、全米7位。

86年には映画『ルースレス・ピープル』の主題歌を担当、シングル・カットされた。B面の「アイム・リンギング」とともに、未だにCD化されていない。

このほか、チーフタンズやジミー・ロジャースなどのアルバムでも歌っている。

Mick Jagger
Ruthless People
米・Epic／
34-06211［7″］1986年

David Bowie & Mick Jagger
Dancing In The Street
米・EMI America／
B-8288［7″］1985年

Peter Tosh
(You Got To Walk And) Don't Look Back
米・Rolling Stones／
RS 19308［7″］1978年

Mick Jagger
Memo From Turner
英・Decca／
F13067［7″］1970年

クリス・ジャガーのアルバム

森 次郎

ミックの弟、クリス・ジャガー（1947年12月19日生まれ）は、俳優、執筆、映像制作、会社経営など、さまざまな分野で活動している。

ミュージシャンとしては73年にセルフ・タイトルのファースト・アルバム、翌74年には『ジ・アドヴェンチャーズ・オブ・ヴァレンタイン・ヴォックス・ザ・ヴェントゥリロクウィスト』を発表。この頃はまだ、アコースティックも導入した、当時のシンガー・ソング・ライター的な音づくりだった。

その後しばらくはリリースから遠ざかったが、ストーンズの『スティール・ホイールズ』では「ブレンディッド・バイ・ラヴ」と「オールモスト・ヒア・ユー・サイ」にリテラリー・エディターとしてクレジットされている。歌詞のとりまとめを任されたようだ。

94年からはクリス・ジャガーズ・アッチャ名義でアルバムを制作している。この頃からケイジャン、ザディコ、カントリーなどを取り入れた、独自のルーツ・ミュージック路線に邁進していった。『クリス・ジャガーズ・アッチャ』（94年）、『フロム・ラサ・トゥ・ルイシャム』（98年）、『チャンネル・フィーヴァー』（99年）、『アクト・オブ・フェイス』（06年）『コンサーティナ・ジャック』（13年）と、リリースが続く。

ソロ名義でも路線は変わらず、『ロック・ザ・ザディコ』（95年）、『ザ・リッジ』（09年）をリリース、14年には生楽器中心の『クリス・ジャガーズ・アコースティック・ルーツ』を発表している。

17年の『オール・ザ・ベスト』を挟んで、目下の最新作が21年の『ミキシング・アップ・ザ・メディスン』。いかにもパンデミック下に制作したことを思わせるタイトルだが、ジャジーな面も見せた一枚だ。

なお、ミックはファースト・アルバム以降、クリスの作品の多くにコーラスやハーモニカで参加している。

Chris Jagger
Chris Jagger
英・GM／GML 1003：1973年

Chris Jagger
The Adventures Of Valentine Vox The Ventriloquist
米・Asylum／7E-1009：1974年

Chris Jagger's Atcha
Act Of Faith
英・Blue Label／SPV 80000979：2006年［CD］

Chris Jagger
Mixing Up The Medicine
欧・BMG／538656392：2021年［CD］

グルーヴを翻訳して伝えるバンドの頭脳

納富廉邦

チャーリー・ワッツのプレイ・スタイルは、控えめで謙虚だと言われることが多い。そう言われれば、そんな風に聴こえなくもない。では、出しゃばりで我がままなドラムは良くないのかというとそんなことはなく、つまり、控えめで謙虚であることは、プレイ・スタイルではなく、人柄の話でしかないのではないだろうか。

ストーンズにおいては、チャーリー自身も「キースに合わせている」と言っていた。これも控えめと言われる原因になっている。しかしそのセリフは、単に「ストーンズのグルーヴはキースのリズムが基本になっている」と言っているだけなのだ。

そのことが、チャーリーの「自分はジャズのドラマーである」という発言に繋がっている。決まったＢＰＭに合わせて演奏するのではなく、その場のグルーヴを敏感に感じて対応していくのは、ジャズなら至って普通のスタイルだろう。ただ、その即応性に現れるセンスが問われるだけだ。

例えば、ザ・チャーリー・ワッツ・オーケストラの『ライヴ・アット・フルハム・タウン・ホール』の1曲目、「ストンピング・アット・ザ・サヴォイ」でのチャーリーは、ハイハットを連打し、スネアのロールで曲全体を引っ張っていく。トランペットのソロになると、リズム・キープはベースに任せてソロに寄り添うプレイになり、徐々にほかの楽器が入ってくるところは、それぞれの楽器をコントロールするための、楔を打つようなスタイルに変わる。

チャーリーのジャズ・アルバムの中で、最も人数が少ない編成で録音されているチャーリー・ワッツ・クインテットの『フロム・ワン・チャーリー』では、ビバップをやっていることもあって、全体にパーカッシヴなドラムだ。ソロをとらないという意味では、控えめなプレイと言えるのかも知れないが、曲に輪郭となる線を引いて、コントラストを際立たせるプレイは、十分に目立っている。

スネアとハイハットを同時に叩かないチャーリーのスタイルが取り沙汰されるのも、ロックのリズムが3拍目にアクセントを置きがちで、8ビートの曲は大体ハイハットを拍の頭に叩いているから、自動的に3拍目にスネアとハイハットが同時に叩かれるケースが多いというだけだろう。これが鉄則という訳では無いことは、チャーリーが証明している。

キースのギターは、結構、細かくリズムを刻んでいることが多いから、ハイハットの連打は、邪魔になることが多い。キースのリズムがストーンズのグルーヴだから、チャーリーはそれに合わせて叩くだけなのだ。

チャーリーのプレイは、その場を支配しているグルーヴがどういうものかを、ほかのメンバーに伝える翻訳機のようなもの。それがチャーリーが考えるドラムの役割なのだろう。そう考えると、常に周囲を引き立てるプレイをしているように聴こえることも、納得できる気がする。

1991 Tokyo ©Mikio Ariga

The Charlie Watts Orchestra
Live At Fulham Town Hall

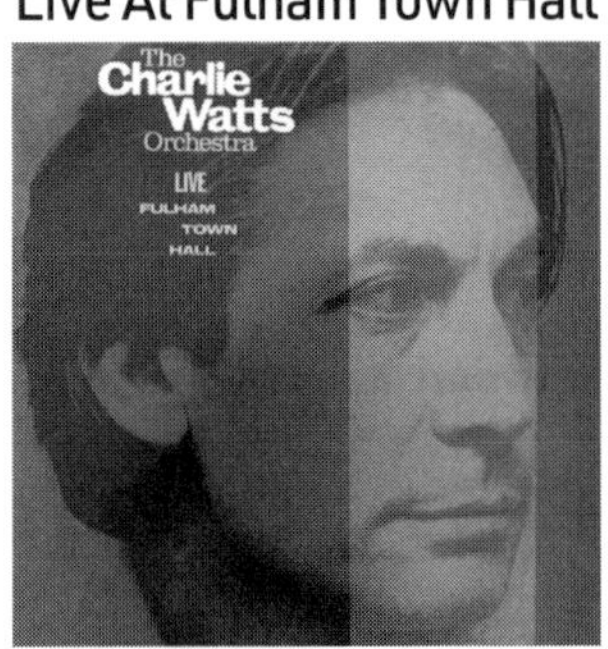

米・Columbia：FC 40570
録音：1986年3月23日
発売：1986年12月
［A］1. Stomping At The Savoy / 2. Lester Leaps In / 3. Moonglow
［B］1. Robbins Nest / 2. Scrapple From The Apple / 3. Flying Home
プロデューサー：Charlie Watts, John Stevens
参加ミュージシャン：
John Stevens, Bill Eyden (per)
Stan Tracy (p)
Jim Lawless (vibes)
Bill Lesage (vibes)
Ron Mathewson (b)
Dave Green (b)
Jack Bruce (cello)
Colin Smith (trumpet)
Dave Defries (trumpet)
Harry Beckett (trumpet)
Jimmy Deuchar (trumpet)
John Huckeridge (trumpet)
Steve Sidwell (trumpet)
Ted Emmett (trumpet)
Annie Whitehead (trombone)
Chris Pyne (trombone)
John Picard (trombone)
Paul Rutherford (trombone)
Peter King (sax)
Ray Warleigh (sax)
Willie Garnett (sax)
Gail Thompson (sax)
Alan Skidmore (sax)
Bobby Wellins (sax)
Courtney Pine (sax)
Danny Moss (sax)
Don Weller (sax)
Evan Parker (sax)
Olaf Vass (clarinet, flute)
Alan Cohen (arrange, conductor)

『エモーショナル・レスキュー』をリリースしたあと、メンバーがソロ活動に向かう中で、チャーリー・ワッツも1985年11月に自身の夢であったロニー・スコッツ・クラブでのライヴを実現させる。

チャーリーがやるならと、総勢33名に膨れ上がったバンドからヴォーカル2人を除いたメンバーによって、86年3月にフルハム・タウン・ホールで行われたライヴを録音したのが、このアルバムだ。

チェロのジャック・ブルース、トランペットのコリン・スミス、トロンボーンのジョン・ピカードといった、ブルーズとジャズを横断するプレイヤーと、ベースのデイヴ・グリーンとロン・マシューソンなど、生え抜きのジャズマンが混在するバンドを、チャーリーは軽やかなドラミングで見事に捌いている。まるで名指揮者のようだ。

「ストンピング・アット・ザ・サヴォイ」の、溢れる祝祭感。流れるように連続するスネアの音は、ストーンズでも聴き慣れているはずなのに、よりシャープに音楽に輪郭を与えている。ヴァイブスが印象的な「ムーングロウ」で微かに聴こえるブラシの音は、バンドのため息として機能する。「転石苔生さず」のようで少し違う、どちらかというと方丈記の「行く川の流れは絶えずして、しかし元の水に非ず」といった趣のチャーリーのドラミングは、ひたすら心地よい。

ビッグバンドにありがちな、むやみにスウィングしようとしてアクセントを強調するホーンや、テクニックを押し出すソロが無い、柔らかい感触はアンビエント・ジャズとでも言ってしまいたくなる。

そして、ラストの「フライング・ホーム」で、何かから解放されたかのように、はしゃぎ始める。その初々しさが、今もこのアルバムが古くならない理由だ。　**納富**

Charlie Watts
From One Charlie

英・UFO：2 LP［10″+Book］
録音：1991年2月26日～27日、3月6日
発売：1991年4月
［A］1. Practising, Practising, Just Great / 2. Blackbird - White Chicks / 3. Bluebird
［B］1. Terra De Pájaro / 2. Badseeds - Rye Drinks / 3. Relaxing At Caramillo / 4. Going, Going, Going, Gone
プロデューサー：Adrian Kerridge
参加ミュージシャン：
Peter King (sax)
Brian Lemon (p)
David Green (b)
Gerard Presencer (trumpet)

冒頭、いきなりチャーリー・ワッツが吹くアルト・サックスのソロで始まる。このアルバムの元になっている絵本『オウド・トゥ・ア・ハイフライング・バード』が、練習を重ねるチャーリー・パーカーの姿から始まるからだ。

チャーリー・ワッツがアート・スクールの学生時代に描いた、チャーリー・パーカーの生涯を扱った絵本を復刻するに当たって作られたアルバムなのだが、パーカーの曲は、「ブルーバード」、「リラクシング・アット・カマリロ」の2曲のみ。大半はチャーリー・ワッツ・オーケストラにも参加していた、アルト・サックスのピーター・キングが書いた曲で構成されている。

スケール練習が徐々にメロディに変わっていき、バンドが入ってくると、いきなりクールなジャズに変貌する「プラクティシング・プラクティシング・ジャスト・グレイト」をはじめ、オリジナル曲がどれも、なんとも良い味わいなのだ。

ビバップの誕生とバードの生涯を重ねたコンセプトに基づく演奏は、元が絵本だということもあるのか、とても穏やかだ。いかにもチャーリー・パーカーらしい、高速のアドリブなどは敢えて抑えられている。

その中でも、溢れる音楽への情熱を表現しているのが、チャーリー・パーカーとストリングスの出会いのシーンで演奏される「テラ・デ・パジャーロ」だろう。

この曲だけは、クインテットではなく、ヴァイオリンのマイケル・ジョーンズなど、クラシックのストリングスも加わった編成で演奏されている。多彩な楽器がそれぞれに、リズムの頭をずらしていく中で、切り込むようにパーカッシヴなドラミングを見せるチャーリー・ワッツが熱い。

元の絵本の絵をそのまま使ったジャケットも、あまりにもチャーミングだ。 **納富**

The Charlie Watts Quintet
A Tribute To Charlie Parker With Strings

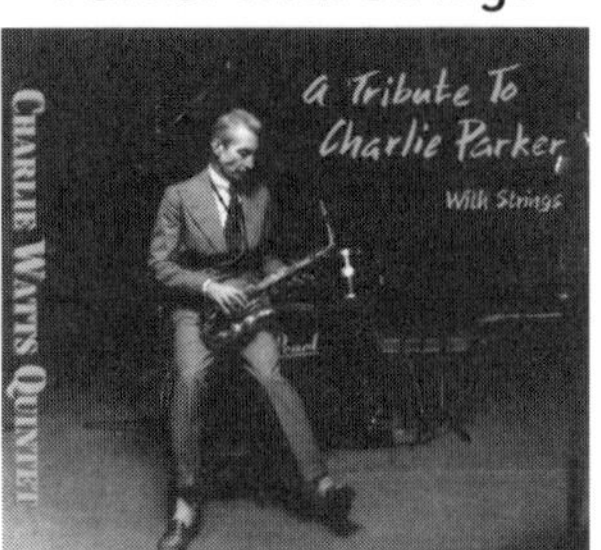

米・Continuum：19201-2［CD］
録音：1991年10月30日、11月1日
発売：1992年5月
1. Intro / 2. Practicing, Practicing, Just Great / 3. Black Bird, White Chicks / 4. Bluebird / 5. Bound for New York / 6. Terra de Pajaro / 7. Bad Seeds-Rye Drinks / 8. Relaxin' at Camarillo / 9. Going, Going, Going, Gone / 10. Just Friends / 11. Cool Blues / 12. Dancing in the Dark / 13. Dewey's Square / 14. Rocker / 15. Lover Man / 16. Perdido
参加ミュージシャン：
Peter King (sax)
Brian Lemon (p)
David Green (b)
Gerard Presencer (trumpet)
Bernard Fowler (vo)
Adrian Staines (violin)
Andrew Hughes (violin)
Arnold Goodger (violin)
Jim Davis (violin)
Nicola Akeroyd (viola)
Sylvia Knussen (cello)
Robert Johnson (harp)
Julie Robinson (oboe)
Gerard Presencer (trumpet)

前半は『フロム・ワン・チャーリー』で演奏されている曲に、ストーンズのサポート・メンバーでもあるバーナード・ファウラーによる、絵本『オウド・トゥ・ア・ハイフライング・バード』に書かれたテキストの朗読を合わせている。絵本と演奏でチャーリー・パーカーを物語る本来の構造を、ライヴで再現する試みだ。

これが効果的で、音楽自体もぐっとドラマティックに聴こえてくる。実際に、演奏も前作よりもメリハリを利かせたスタイルになり、ピーター・キングのアルト・サックスなど、かなり派手に飛び回っている。「ブラック・バード、ホワイト・チックス」のリズム・セクションはハード・ビバップそのもの。ブライアン・レモンのピアノ・ソロも冴え渡っている。ピーターとトランペットのジェラルド・プレゼンサーによるユニゾンのリフも見事に決まった。

後半の「ジャスト・フレンズ」からは、アルバム・タイトルにある通り、チャーリー・パーカー・ウィズ・ストリングスの代表曲のカヴァーが演奏される。ストリングスは、前作とはメンバーを一新。「ジャスト・ア・フレンズ」「ダンシング・イン・ザ・ダーク」できらびやかなハープを聴かせる、ロバート・ジョンソンのプレイに耳が惹れてしまう。

チャーリー・パーカー・ウィズ・ストリングスの演奏と比べると、現代風にエッジを立たせた演奏で、とくにピーターのサックスは、より華やかな音だ。チャーリー・パーカーの乾いているのに膨らみのある音とは方向が違うが、チャーリー・ワッツのドラミングが、見事にストリングスに溶け込んで、オリジナルの味わいを醸し出す。

なお、カセット・テープで発売されたヴァージョンには、CDの14曲目と15曲目の間に「ローラ」が収録されている。**納富**

Charlie Watts Quintet
Warm & Tender

米・Continuum：19310-2［CD］
録音：不明
発売：1993年10月
1. My Ship / 2. Bewitched, Bothered And Bewildered / 3. My Foolish Heart / 4. Someone To Watch Over Me / 5. I'll Be Around / 6. Love Walked In / 7. It Never Entered My Mind / 8. My One And Only Love / 9. I'm Glad There Is You / 10. If I Should Lose You / 11. Ill Wind / 12. Time After Time / 13. Where Are You? / 14. For All We Know / 15. They Didn't Believe Me / 16. You Go To My Head
参加ミュージシャン：
Peter King (sax)
Brian Lemon (p)
David Green (b)
Gerard Presencer (trumpet)
Bernard Fowler (vo)
Metropolitan Orchestra

ビッグ・バンド、クインテット、ウィズ・ストリングスと続いた、チャーリー・ワッツによるジャズの冒険。4枚目は、メトロポリタン・オーケストラをバックに、前作で朗読と「ラヴァー・マン」のヴォーカルを担当したバーナード・ファウラーが全曲で歌うアルバムとなった。内容は、いわゆるアメリカン・グレイト・ソングブック。誰もが知っている、映画やミュージカルのために書かれた名曲たちだ。

本作のバンドは、ゴージャスなナイト・クラブ専属の楽団といった風情。チャーリーは、例によってソロをとることはなく、ブラシ・ワークを中心に、歌声に寄り添ったデリケートなプレイを聴かせている。

また、バーナードのわずかにかすれた甘い声が、ガーシュウィンの「ラヴ・ウォークド・イン」や、リチャード・ロジャースの「ビー・ウィッチド」といったロマンティックな楽曲にぴったりなのだ。ソフトで滑らかに演奏するオーケストラと溶け合って、ミラー・ボールが見える気がしてくる。「サムワン・トゥ・ウォッチ・オーヴァー・ミー」は、ヴァースでピーター・キングのサックス・ソロをたっぷりと聴かせたあとで、軽快なリズム・セクションによるイントロに続けられる。そのスムーズな入り方は、軽快さとゴージャスさを両立させていて、どこまでも気持ちいい。歌もののジャズへの入門編としても楽しめる、ツボを押さえた分かりやすい演奏だ。

歌を聴かせることを目的として、4分台で揃えたコンパクトな演奏も嬉しい。聴き終えると、私はついつい「タイム・アフター・タイム」を口ずさんでしまう。そのくらい、メロディが頭に残るのだ。

ジャケットの女性は、チャーリーの娘のセラフィーナ。彼のアルバム・ジャケットは、全部かっこいいな。

納富

Charlie Watts
Long Ago & Far Away

英・Pointblank/Virgin：VPBCD 36［CD］
発売：1996年10月
1. I've Got A Crush On You / 2. Long Ago (And Far Away) / 3. More Than You Know / 4. I Should Care / 5. Good Morning Heartache / 6. Someday (You'll Be Sorry) / 7. I Get Along Without You Very Well / 8. What's New? / 9. Stairway To The Stars / 10. In The Still Of The Night / 11. All Or Nothing At All / 12. I'm In The Mood For Love / 13. In A Sentimental Mood / 14. Never Let Me Go
参加ミュージシャン：
Peter King (sax)
Brian Lemon (p)
David Green (b)
Gerard Presencer (trumpet, horn)
Bernard Fowler (vo)
Louis Jardim (per)
London Metropolitan Orchestra

3年ぶりのチャーリー・ワッツ・クインテットのアルバムは、前作と同様、バーナード・ファウラーによる歌もののジャズ・スタンダード曲集。日本盤のみ収録のボーナス・トラック「プリーズ・ドント・エヴァー・リーヴ・ミー」だけは、アルト・サックスのピーター・キングの作品だ。

いつものクインテットにバーナードのヴォーカル、メトロポリタン・オーケストラという点も変わらず。気心が知れたメンバーで、手の内に取り込んだスタンダードを気持ちよく聴かせてくれる。

アレンジは、ピアノのブライアン・レモンと、トランペットのジェラルド・プレゼンサー、そして、ピーターの三人が分け合っている。個人的には、ブライアンが編曲した「アイヴ・ゴット・ア・クラッシュ・オン・ユー」や「グッド・モーニング・ハートエイク」の、ピアノとオーケストラの絡みや、オブリガード風に入る短いフレーズにハッとさせられた。

ピーターはドラマティックなアレンジが多く、ジェラルドは叙情的な展開を好むようで、三者三様のアプローチの違いが楽しめるのも、歌もののアルバムならでは。

本作からの参加となる、名手ルイス・ジャルディンのパーカッションが冴える「オール・オア・ナッシング・アット・オール」は、このアルバムのハイライトだろう。チャーリーのスネアとルイスのパーカッションが、ヴォーカルやサックスのソロの後ろで、こっそりとインタープレイさながらに拮抗している。いかにも奥ゆかしいプレイだが、こういう部分があるから、音楽に奥行きが生まれるのだろう。

ジャケットは、ミュージシャンのポートレートや、名作映画のスティール写真を数多く撮ってきた写真家ジャック・イングリッシュの撮影によるものだ。　**納富**

Charlie Watts - Jim Keltner Project
Charlie Watts - Jim Keltner Project

英・Cyber Octave：VHOCDX69［CD］
発売：2000年５月
［1］1. Shelly Manne / 2. Art Blakey / 3. Kenny Clarke / 4. Tony Williams / 5. Roy Haynes / 6. Max Roach / 7. Airto / 8. Billy Higgins / 9. Elvin Suite
Special Limited Edition:［2］1. Elvin Suite (Coldcut Remix For Helen Dawn) / 2. Airto (Restless Soul 2gether 4ever Mix) / 3. Airto (Restless Soul Moonshine Mix) / 4. Airto (Modaji Contemporary Mix) / 5. Max Roach (J Flava 2000 Mix) / 6. Airto (Eat Static Featuring Will White And Stuart Zender Remix)
プロデューサー：Charlie Watts, Philippe Chauveau

1997年、ジム・ケルトナーがスチール棚や蒸し器、パイプなど、彼自身が集めた、変わった音が出るコレクションを叩いて、いくつかのサンプリング・シークエンスを作った。それを、チャーリー・ワッツに渡したことから始まったプロジェクトだ。チャーリーは「二人で遊んだ」と言う。

ストーンズのツアーでの中断などを挟みながら、二人の遊びは2年間続き、99年に共同プロデューサーのフィリップ・ショーヴォーを加えた3人での編集作業が始まる。その過程で、敬愛するドラマーたちの肖像をドラムを中心に据えた音で表現するというコンセプトが生まれた。

面白いのは、デジタル作業による切り貼りを主体にした編集で仕上げた作品なのに、ソースは全て、生の楽器や手で叩いたものが使われていることだ。

「アート・ブレイキー」でのジムが叩くフロア・タムによる規則的なビートの上で、チャーリーが見せる自在なドラミングは、アフロ・キューバンの創始者たるアートの姿をクッキリと描く。スタイルの模倣ではなく、音の表情で人物を描いているのだ。

「ケニー・クラーク」の中近東風なヴォイスはショーヴォーの仕事。ジムとチャーリーがからみ合いながら紡ぐ、メロディアスな打楽器の解説のように機能している。

音階を持ったメロディがほとんど無い楽曲群は、ジャンル分けするならアヴァンギャルドになる。制作手法は、ほとんどドラムン・ベースだ。しかし出来上がった音楽は、チャーリーの絵にも似た優しい感触だ。

アフリカの大地を吹く風のような「エルヴィン・スイート」でのチャーリーのシンバルを聴いていると、デジタルとかアナログとか具象とか抽象とか、どうでも良くなってくる。世にも稀な、あたたかくて分かりやすい前衛がここにある。

納富

Charlie Watts And The Tentet
Watts At Scott's

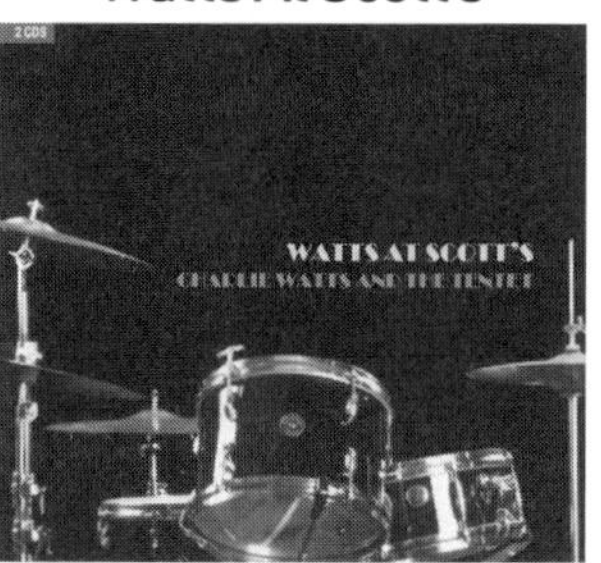

英・Black Box/Sanctuary：BBJ3000［CD］
録音：2001年 6 月12日、14日
発売：2004年
1. Main Stem / 2. Bemsha Swing / 3. Anthony's Dice / 4. Roll' Em, Charlie / 5. What's New / 6. Body And Soul / 7. Here's That Rainy Day / 8. Tin Tin Deo / 9. Sunset And The Mockingbird / 10. Little Willie Leaps / 11. Airto II / 12. Chasing Reality / 13. Faction & Band Introduction / 14. Elvin's Song / 15. Take The A Train
プロデューサー：Charlie Watts, Dave Green
参加ミュージシャン：
Peter King (sax)
Brian Lemon (p)
David Green (b)
Gerard Presencer (trumpet, horn, kbd)
Louis Jardim (per)
Evan Parker (sax)
Julian Argüelles (sax)
Mark Nightingale (trombone)
Henry Lowther (trumpet, horn)
Anthony Kerr (Vibs)

2001年に、ロンドンのロニー・スコッツ・クラブで行われたライヴを収録したアルバム。チャーリー・ワッツの夢だった同クラブへの出演は、1985年に既に果たされていたが、ライヴ盤として世に出るのは本作が初めてだ。

だから、という訳でもないだろうが、チャーリーといつものクインテット、それに、4人の管楽器、ヴィブラフォンにパーカッションの計11人の豪華な編成だ。ジャズのバンドの人数の数え方として、10人編成のテンテットが上限だからか、チャーリー・ワッツ&テンテットとして、無理やり11人編成を表現しているのがかわいらしい。

時代を問わず好きなジャズを全部やる、といった感じの選曲に、チャーリーの喜びが伝わってくる。それこそ、ビッグ・バンドの「テイク・ジ・A・トレイン」から、30年代のスタンダードの「ボディ・アンド・ソウル」、さらにはビバップとモダン・ジャズの境界線のような「サンセット・アンド・ザ・モッキンバード」と、コンセプトは抜きで名曲が続くのだ。

その上、チャーリー自身のペンによる、ノワール風のバッキングにモダン・ジャズ的なソロを被せる「チェイシング・リアリティ」、「サティスファクション」のカヴァーである「ファクション&バンド・イントロダクション」までやってしまうサービス精神というか、はしゃぎ様というか。

こんなライヴだから、文句なしに楽しい。普段ジャズを聴かない人でも、これなら十分楽しめるのではないかと思える、優れた音楽的エンターテインメントだ。

そういえば、『スティル・ライフ』の冒頭でデューク・エリントンの「テイク・ジ・A・トレイン」が流されていたことを思い出した。そこから20年経って、同じ曲をチャーリーが演奏しているのだった。 **納富**

Axel Zwingenberger, Dave Green, Charlie Watts
The Magic Of Boogie Woogie

独・Vagabond：VRCD 8.10035［CD］
録音：2009年6月8日〜10日
発売：2010年3月27日
1. Shepperton Strut / 2. Lagonda Ride / 3. Heathrow Jet / 4. Windsor Park Walk / 5. High Barn Stampede / 6. Blues, Indeed / 7. Honky Tonky Train Blues / 8. V-Disc Stomp / 9. Smashingly Blue / 10. Second Line Bounce / 11. Bass Goin' Crazy / 12. Careless Love Swing / 13. Boogie Train Mystique / 14. Lady Be Good / 15. Boogie Asado / 16. How Long Blues etc.

アクセル・ツウィンゲンバーガーのピアノを中心にしたブギ・ウギ・バンドによるスタジオ盤。このセッションにチャーリーを誘ったのは、ピアノのベン・ウォーターズらしいが、このアルバムには参加していない。

ベースはチャーリーの幼なじみにして盟友のデイヴ・グリーンで、曲はほぼ全曲ブギ・ウギのリズムだから、まるで酒場の即興演奏のような気楽さだ。

曲も、ミード・ルクス・ルイスの「ホンキー・トンク・トレイン・ブルーズ」とか、ガーシュウィン兄弟の「レディ・ビー・グッド」といった、ご機嫌なナンバーを選んでいる。その徹底ぶりが、いっそう清々しい。

シンプルで仕掛けもほとんどないストレートな楽曲なので、チャーリーとデイヴの文字通り「息の合った」と言うしかないセッションが十分に楽しめる。本作をつい聴いてしまう要因は、ここにあるのだろう。

アクセルの切れ味の良いピアノもブギ・ウギにぴったり。しかも、とてもチープな音なのが「分かってる」感じだ。 **納富**

The ABC&D Of Boogie Woogie
Live In Paris

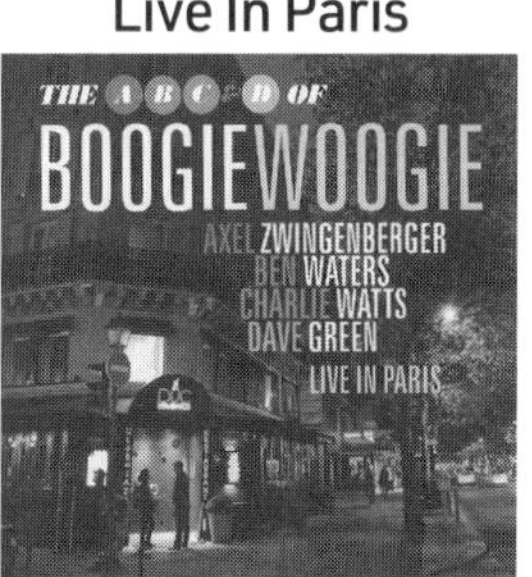

独・Eagle：EAGCD488［CD］
録音：2010年9月7日、11日
発売：2012年
1. Bonsoir Boogie! / 2. Evolution Blues / 3. (Get Your Kicks On) Route 66 / 4. Somebody Changed The Lock On My Door / 5. Roll 'Em Pete / 6. Duc De Woogie Boogie / 7. Street Market Drag / 8. Struttin' At Sebastopol / 9. More Sympathy For The Drummer / 10. Blues Des Lombards / 11. Down The Road A Piece / 12. St. Louis Blues / 13. Low Down Dog Blues / 14. Encore Stomp

『ザ・マジック・オブ・ブギ・ウギ』の3人に、ピアノのベン・ウォーターズが参加して、名前の頭文字がABCDになったことから、このバンド名になったのだろう。しかし、やってることは、ほとんど同じだ。

パリという土地柄のせいか、やや抑え目のおしゃれっぽい演奏。しかし、アクセルとベンのピアノ・コンビによる1曲目のタイトルは「ボンジュール・ブギ！」なのだ。どうなんだ。

一方で、ピアノが二本になった分、スロー・テンポの曲でも間が持つようになったのは大きい。アクセル、チャーリー、デイヴによる「ストリート・マーケット・ドラッグ」のような、渋い曲で聴かせる芸も披露した。

とはいえ、このバンドの本領はやはり「(ゲット・ユア・キックス・オン) ルート66」や「デューク・デ・ウギ・ブギ」のような、軽快なブギだ。

チャーリーとデイヴの音を前に出したミックスは落ち着いていて聴きやすいが、前作での、あの突き抜けた明るさが恋しい気もする。 **納富**

Charlie Watts Meets The Danish Radio Big Band

Charlie Watts Meets The Danish Radio Big Band

欧・Impulse!：0602557244779［CD］
録音：2009年
発売：2017年４月21日
1. Elvin Suite Part. 1 / 2. Elvin Suite Part. 2 / 3. (Satis) Faction / 4. I Should Care / 5. You Can't Always Get What You Want / 6. Paint It Black / 7. Molasses
参加ミュージシャン：
Gerard Presencer (conductor, horn)
David Green (b)
Pernille Bévort (sax, flute)
Uffe Markussen (sax, flute)
Pelle Fridell (sax, clarinet)
Kasper Vadsholt (b)
Steen Rasmussen (kbd)
Søren Frost (per,ds)
Nicolai Schultz (sax)
Lars Møller (sax, clarinet)
Annette Saxe (trombone)
Jakob Munck Mortensen
Peter Jensen
Steen Nikolaj Hansen (trombone)
Vincent Nilsson (trombone)
Anders Gustafsson (trumpet, horn)
Christer Gustafsson
Mads La Cour
Thomas Kjærgaard (trumpet, horn)

デンマークの歴史あるビッグ・バンド、ザ・ダニッシュ・レディオ・ビッグ・バンドと、若き日にデザイナーとして彼の国に滞在していたチャーリー・ワッツ。両者の共演は、チャーリーのクインテットでトランペットなどの金管楽器を担当しているジェラルド・プレゼンサーによって実現した。

オープンしたばかりだったナショナル・コンサート・ホールで、２０１０年に収録された。リリースは17年と随分間が空くのだが、このアルバムでの演奏が、チャーリーのジャズ・アルバムの正規盤としては、最新の録音となる。

いきなり、ビッグ・バンドをバックに、あのジム・ケルトナーと作った衝撃作「エルヴィン・スイート」を、二部構成で聴かせている。ジェラルドのアレンジの上手さもあるが、ジャズの巨人としてのエルヴィン・ジョーンズを仰ぎ見るようなスケールの大きな演奏は、ほとんど交響楽。この編成ならではのヴァージョンなのだ。

一転して「(サティス)ファクション」で盛り上げるサービス精神が、また楽しい。しかも、あの有名なリフは最後の最後でしか使わず、メインテーマはAメロの変奏になっている。そこに、フリー・ジャズっぽいソロも絡めた、プログレッシヴ・ロックが目指した先のような演奏が見事だ。

同じストーンズのカヴァーでも「ペイント・イット・ブラック」では、ギターによるメロディをバンドがさまざまな形で盛り上げる、ムーディーなアレンジで聴かせてくれる。

瞬間瞬間で短いアドリブを効かせたり、ドカンとビッグ・バンドならではのユニゾンをぶつけたりと、その自在な演奏に翻弄される楽しい作品。チャーリーのクインテットがもつ瞬発力と、老舗バンドの懐の広さが融合した結果なのだろう。

納富

チャーリー・ワッツの関連作品

納富廉邦

ストーンズ加入前、ブルーズ・インコーポレイテッド時代のチャーリーが聴けるのが、『ザ・BBCラジオ・セッション』。「エヴリシング・シー・ニーズ」で、若き日の軽快に疾走するドラミングが聴ける。

同アルバムの「マネー・ハニー」と「ブリング・イット・オン・ホーム（トゥ・ミー）」では、リズム・セクションをチャーリーとビル・ワイマンで担当している。

独自の人脈と見識で、多くのトリビュート・アルバムを作ったハル・ウィルナーによる、チャーリー・ミンガス・トリビュート『ウィード・ナイトメア（メディテイションズ・オン・ミンガス）』では、チャーリーが2曲でドラムを叩いた。

「トゥナイト・アット・ヌーン」では、珍しくもパワフルなドラミングで全体を引っ張る。シンコペーションの裏をキッチリと取る正確無比なタイム感が凄い。

「オン・ロード、ドント・レット・ゼム・ドロップ・ザット・アトミック・ボム・オン・ミー」のギターとヴォーカルはキース・リチャーズ。チャーリーはキースのサポートに回ってブルージーに演奏を盛り立てている。

トロンボーン奏者、マイケル・デイヴィスの『アブソルート・トロンボーンII』にも参加。余所のジャズ・セッションに呼ばれた時のチャーリーは、打ち込みのように、正確なリズムを刻むことが多いように思う。それが分かりやすいのが、このアルバムの「ザ・ムード」での演奏だ。

一方で、「ミスター・C」では、いつもの流れるようなシンバル・ワークで、トロンボーンだらけの演奏を見事に捌いている。

ザ・ピープル・バンドの『ザ・ピープル・バンド』はチャーリーのプロデュース作品。60年代らしいフリー・ジャズ・ユニットによる、荒廃したモダン・ジャズ的な音だ。しかし、どこか穏やかで優しい感じがするのは、チャーリーの人柄のおかげだろうか。

The People Band
The People Band
英・Transatlantic Records／
TRA 214：1970年

Michael Davis
Absolute Trombone II
米・Hip-Bone Music／
M107［CD］2007年

Various
Weird Nightmare (Meditations On Mingus)
米・Columbia／
CK 52739［CD］1992年

Alexis Korner
The BBC sessions
欧・Music Club／
MCCD 179：1994年

音楽をリードするリズム・ギタリスト

納富廉邦

ブルーズに憧れ、祖父にギターの練習にはマラゲーニャが良いと教えられ、のちにカントリーの奏法に傾倒したキース・リチャーズにとって、ギターはリズム楽器だった。ネットフリックスが製作したドキュメンタリー『キース・リチャーズ：アンダー・ザ・インフルエンス』の中で、彼は「ロックンロールが、白人のロック・ミュージックになってしまった」と嘆く。リード・ギター、リズム・ギターという役割分担も、彼の中には最初から無かったのだ。ジャズ・ドラマーであるチャーリー・ワッツとの相性が良かったのも当然だし、その出会いがストーンズの奇跡でもある。

エクスペンシヴ・ワイノーズでは、キースとワディ・ワクテルが、楽曲に求められるままにギターを持ち替え、融通無碍にフレーズとコードの役割分担が入れ替わる演奏を繰り広げた。これが、キースにとっては至極当然のギターという楽器の使い方なのだ。

だから、サステインの長さは必要としない。キースによる印象的なリフは、エレキ・ギターで弾いても、アコースティック・ギターで弾いても、カッコよさに変わりはないのだ。「ストリート・ファイティング・マン」のイントロのリフなんて、わざわざアコースティック・ギターを安いカセット・テープ・レコーダーで録って歪んだ音にしているが。

そこが「世界一のリズム・ギタリスト」と呼ばれる由縁なのだけど、実は彼のリフやコード・ストローク自体が曲をリードしているのだ。ロバート・ジョンソンにしても、ジミ・ヘンドリクスにしても、マーク・ボランにしても、最高のリズム・ギタリストと言われるプレイヤーは、ギター一本で曲を成立させる。そういうものだ。
キースのソロ活動でのパートナーが、ドラマーのスティーヴ・ジョーダンだというのも興味深い。ビル・ワイマンにはギタリストのテリー・テイラー、チャーリー・ワッツにはベーシストのデイヴ・グリーンがいる。それぞれの楽器の組み合わせが、彼らの音楽性に直結しているように感じられる。

つまり、キースが考えるロックンロールの基本は、ギターとドラムスなのだ。ポイントとなるのは、キースの凄くデリケートなピッキングだろう。弦へのタッチが柔らかく、アタックを強調しない。それが、あのジャラジャラした独自のグルーヴを生んでいる。アタックはドラムスの役割で、そのあとのノリを自分のギターが作っていくというスタイル。これは、彼のブルーズ・マニアとしての〝歌〟に重きを置く視点と、カントリーを学ぶことで習熟した自在なコード・プレイの融合なのではないかと思う。

キースのソロが、時に弾き語りの要素を強く感じさせるのも、この優しいとさえ言える繊細なピッキングから来るものだ。トム・ウェイツの「ビッグ・ブラック・マライア」や、ソロの「クロスアイド・ハート」の、暗い街に射す陽射しのような音が、それを証明している。

1992 London ©Mikio Ariga

Keith Richards
Talk Is Cheap

米・Virgin：7 90973-1
録音：1987年8月〜1988年5月
発売：1988年10月3日
［A］1. Big Enough / 2. Take It So Hard / 3. Struggle / 4. I Could Have Stood You Up / 5. Make No Mistake / 6. You Don't Move Me
［B］1. How I Wish / 2. Rockawhile / 3. Whip It Up / 4. Locked Away / 5. It Means A Lot
プロデューサー：Keith Richards, Steve Jordan
The X-Pensive Winos：
Keith Richards (vo, g)
Steve Jordan (ds, per, b, cho)
Sarah Dash (cho)
Charley Drayton (b, ds, cho)
Ivan Neville (kbd, cho)
Bobby Keys (sax)
Waddy Wachtel (g, cho)
参加ミュージシャン：
Mick Taylor (g)
Bootsy Collins (b)
Johnnie Johnson (p)
Chuck Leavell (organ)
Bernie Worrell (kbd)
Maceo Parker (sax)
Michael Doucet (violin)
Stanley "Buckwheat" Dural (accordion)
Joey Spampinato (b, g)
Patti Scialfa (cho)
The Memphis Horns: Jimmi Kinnard, Andrew Love, Ben Cauley, Gary Topper, Jack Hale, James Mitchell
Willie Mitchell (horn arrangements)

キース・リチャーズが、45歳にして初めて出したソロ・アルバム。当たり前だが、ほかのメンバーと同様に、ストーンズではできないことを実現した作品になった。

もちろん、ストーンズのサウンド面での顔でもあるキース自身がギターを弾いているのだから、「テイク・イット・ソー・ハード」のようなストーンズ風のリフが先導する曲が含まれるのは仕方がない。しかし、すべての曲をキースが歌い、しかもストーンズ以上に、ジャラジャラとした、ルーズなグルーヴでギターを弾いているので、音の違いがハッキリと表れているのだ。

スティーヴ・ジョーダンのタイトなドラミングと、キースのカッティングと言うには敢えてキレを抑えているような、独特なストロークの組み合わせは、今の耳で聴くと、ルー・リードやニューヨーク・パンクに通じるものが感じられて面白い。

弾き語りの上に、音を重ねていったような印象のアルバムで、キースの遠慮がちにさえ聴こえるヴォーカルを引き立てる形で作られているように思う。そのせいで、「ビッグ・イナフ」では、ブーツィー・コリンズのゴリッとしたファンクのノリがちょっと邪魔に聴こえたりもするのだが。

「ユー・ドント・ムーヴ・ミー」では、アコースティック・ギターとエレキ・ギターを並列に並べて、どちらもリズムギター的な使い方をしている。音色の違いでリズムを複雑にするアレンジに、ギタリストとしての特異なセンスを感じてしまう。こうしたギターの実験もやってみたかったに違いない。

楽しそうにロックンロールを演奏する「アイ・クッド・ハヴ・ストゥッド・ユー・アップ」や、ロマンティシズム溢れる「ロックド・アウェイ」からは、ビル・ワイマンやチャーリー・ワッツのソロと同様に、セッションが大好きな顔を覗かせている。**納富**

Keith Richards
Talk Is Cheap (30th Anniversary Deluxe Edition Box Set)

欧／米・Mindless：BMGCAT322DBOX［LP+7″+CD］
発売：2019年3月19日
［A］［B］Talk Is Cheap: Remastered 180 g LP
［C］Talk Is Cheap Sessions: 180 g LP; 1. Blues Jam / 2. My Babe / 3. Slim
［D］同; 1. Big Town Playboy / 2. Mark On Me / 3. Brute Force
［E］Take It So Hard (7″)
［F］I Could Have Stood You Up (7″)
［G］Make No Mistake (7″)
［H］It Means A Lot (7″)
［1］Talk Is Cheap: Remastered CD
［2］Talk Is Cheap Sessions: CD

『トーク・イズ・チープ』30周年ボックス・セットの目玉は、『トーク・イズ・チープ・セッションズ』として収録された6曲の未発表音源だろう。元のアルバムの楽曲も、スティーヴ・ジョーダンの手によってリマスターされているのだが、個人的にはあまり成功していないように感じる。

ベースのレベルを上げて音にキレを加えた挙げ句、ギターの解像度を増したミックスは、確かに今風の音にはなっている。リズムがクッキリして聴きやすいし、ノスタルジーに否定的な方向性自体は確かに正解だと思う。

しかし、そのせいでキース特有のちょっとダルいグルーヴが消えてしまっているのだ。個人的には、ストーンズでの演奏以上にジャラジャラと弾いているギターに新しさを感じていたので残念だ。

未発表音源では、「ブルーズ・ジャム」の、ミック・テイラーとのリラックスしたムードの中で繰り広げられるソロのやりとりが泣ける。ジョニー・ジョンソンのピアノや、ボビー・キーズのテナー・サックスにも、キッチリと見せ場を用意する温かさもいい。

そのまま、同じメンバーで同じグルーヴを保持したまま「マイ・ベイブ」、「スリム」と、ブルージーなロックンロール・ナンバーが続くセッションは、『トーク・イズ・チープ』というアルバムが、どれだけ良い雰囲気の中で作られたかを物語っている。

それは同時に、こうしたベタなブルーズを聴かせるアルバムにはしたくなかったというキースの意志でもある。そこが見えるという意味でも、未発表曲群が世に出る意味はあったと思う。

オリジナル盤発売時のツアーで使ったデザインのピックや、ラミネート・パスなどのツボを押さえた付録も嬉しい。　**納富**

Keith Richards And The X-Pensive Winos

Live At The Hollywood Palladium, December 15, 1988

米・Virgin：2-91808［CD］
録音：1988年12月15日
発売：1991年12月10日
1. Take It So Hard / 2. How I Wish / 3. I Could Have Stood You Up / 4. Too Rude / 5. Make No Mistake / 6. Time Is On My Side / 7. Big Enough / 8. Whip It Up / 9. Locked Away / 10. Struggle / 11. Happy / 12. Connection / 13. Rockawhile
プロデューサー：Keith Richards, Steve Jordan, Don Smith
The X-Pensive Winos：
Keith Richards (vo, g)
Steve Jordan (ds, b, kbd, cho)
Waddy Wachtel (g, cho)
Charley Drayton (b, ds, cho)
Ivan Neville (kbd, b, g, cho)
Bobby Keys (sax)
Sarah Dash (vo, cho)

『トーク・イズ・チープ』発売後、1988年暮れに行われた短期間のアメリカ・ツアーで録音されたライヴ・アルバム。バンド・メンバーも、レコーディングとほぼ同じだが、ツアーに出るに当たって、彼らに付けられたバンド名がエクスペンシヴ・ワイノーズ。高価なワインを山ほど飲む連中、といった意味だろう。

セット・リストはアルバムの曲が中心だが、「ハッピー」「コネクション」といったストーンズの曲や、ストーンズでもカヴァーしている「タイム・イズ・オン・マイ・サイド」なども演奏された。「タイム・イズ～」ではサラ・ダッシュのヴォーカルをフィーチャー。ブラック・コンテンポラリーの味わいのある独特な演奏だ。このアルバムの聴きどころのひとつだろう。

冒頭のオリジナル曲3連発では、スタジオ盤以上にギターをジャラジャラと弾いている。リアにハムバッカー一発のみ搭載したレス・ポールの甘い輪郭の音は、バンド全体を包み込む。キースならではのダルなグルーヴと、リラックスした低い歌声が心地いい。

「トゥ・ルード」でのレゲエ風のカッティングでは、ギターを持ち替えて、切れ味の良いシングル・コイルのピックアップの音を聴かせる。曲に合わせて音色は変えているものの、演奏は弾き語りっぽい緩いストロークが中心。それがサウンドに隙間を作り、とても風通しがいいのだ。

何より、ライヴであっても声を張らずに歌うのがカッコいい。シャウトすることもなく、呟きのような、語りのような、時には愚痴のような歌い方が、起伏の少ないメロディ・ラインによく合うのだ。こういった曲が書けるソングライターとしての才能は、キースがストーンズでは発揮できなかった部分なのだろう。　**納富**

Keith Richards And The X-Pensive Winos
Live At The Hollywood Palladium, December 15, 1988 (Super Deluxe Box Set)

欧／米・Mindless/BMG：4050538588125
［LP+10″+CD+DVD］
発売：2020年11月13日
［A］［B］［C］［D］Live At The Hollywood Palladium: Remastered 180g LP
［E］1. I Wanna Be Your Man / 2. Little T&A (10″)
［F］1. You Don't Move Me (10″)
［CD］Live At The Hollywood Palladium: Remastered CD
［DVD］Live At The Hollywood Palladium: Restore DVD

2020年に発売された『ライヴ・アット・ザ・ハリウッド・パラディウム』のスーパー・デラックス・ボックス・セットは、91年に発売されたCDと、同じ内容のLPレコード2枚、未発表音源3曲収録の10インチ・アナログ盤に、ライヴの模様を収録したDVD（未発表音源分は含まず）、40ページの上製本、キース手書きのセット・リストやピックなどなどを収納。資料の充実ぶりがマニア心をそそる。

目玉は、未発表音源のレノン／マッカートニーによる「アイ・ウォナ・ビー・ユア・マン」になるだろう。ストーンズ曲のカヴァー以上にしっくり来ている、バンドのノリの良さが面白い。

「リトル・T&A」は、元々キースが歌っているため、ストーンズ寄りの演奏になるのは仕方ない。十分にカッコいいけれど、これなら原曲の方が良いと思わせるところが、ストーンズの凄いところか。

ライヴの模様を収めたDVDは、当時はリミテッド・エディションに付属していたVHSテープのDVD化で、リージョン・フリーなので日本でも再生可能。

ライヴ盤を聴いて想像した通りの明るい表情のキースが、まるで弾き語りのようなフォームで演奏している。

キースがハムバッカーのギターを持つと、ワディ・ワクテルはストラトキャスターを持ち、キースがシングル・コイルのギターを持てば、ワディはレス・ポールを持つという、相互補完的なギターの組み合わせを目と耳の両方で確認できる。このバンドの場合、2本のギターのコンビネイションが、曲の表現に大きく貢献していることがよく分かるのだ。

音だけよりも、映像付きで聴く方が遥かに楽しいライヴというのは、当たり前なようで、そうそうあるものではない。 **納富**

Keith Richards
Main Offender

米・Virgin：V2-86499［CD］
録音：1992年3月18日～9月6日
発売：1992年10月19日
1. 999 / 2. Wicked As It Seems / 3. Eileen / 4. Words Of Wonder / 5. Yap Yap / 6. Bodytalks / 7. Hate It When You Leave / 8. Runnin' Too Deep / 9. Will But You Won't / 10. Demon
プロデューサー：Keith Richards, Steve Jordan, Waddy Wachtel
参加ミュージシャン：
Steve Jordan (ds, per, kbd, cho)
Waddy Wachtel (g, kbd, per, cho)
Charley Drayton (b, kbd, cho)
Ivan Neville (kbd, b, cho)
Sarah Dash (vo, cho)
Bernard Fowler (cho)
Babi Floyd (cho)
Jack Bashkow (woodwind)
Crispin Cioe (woodwind)
Arno Hecht (woodwind)

前作から4年後、『スティール・ホイールズ』のツアーを終えて、『ブードゥー・ラウンジ』に入る前に出されたセカンド・ソロ・アルバム。プロデューサーとして、キース・リチャーズとスティーヴ・ジョーダンに加え、前作でもギターを担当していたワディ・ワクテルがクレジットされたが、メンバーもコンセプトもほぼ同じだ。

しかし、このアルバムの方がぐっとストーンズ風の味わいがあるのは、ドラムスのスティーヴがかなりチャーリー・ワッツに寄せた演奏をしているからだ。テクニシャンのスティーヴにとって、チャーリーっぽく叩くのは簡単なのだろうが、スタイルだけでなくキースのギターへの寄り添い方まで似せているのだ。前作のキースを引っ張るようなドラミングではなく、キースが弾くリフやコード・ストロークが生み出すグルーヴに、その場で対応していくプレイだ。「ワーズ・オブ・ワンダー」では、ハイハットを、2拍目と4拍目で、ちょっと突っかかるように叩いている。それが、キースのカッティングの音にアクセントを加えて、レゲエとカリプソの合体のような独特なグルーヴを生み出している。ベースもキースが弾いた「アイリーン」の歌い出しの瞬間などにも感じるリズムの組み立て方は、ストーンズ風というより、キースにとって、とても自然なやり方なのだろう。

「ヤップ・ヤップ」のジャキジャキしたリフを横揺れのリズムに乗せた演奏や、「ハヴ・イット・フェン・ユー・リーヴ」でキースが弾くチェリスタの音を聴いていると、あり得たかも知れない、もう一つのストーンズの可能性が見える気がする。

これこそＡＯＲを越えた〝大人のロック〟かも、とも思うが、キースの枯れた声と、ワディの柔軟なギターに騙されているだけかも知れない。

納富

Keith Richards
Main Offender (Limited Edition Deluxe Box set)

米・Mindless/BMG：BMGCAT520DBOX
［LP+CD］
発売：2022年３月18日
［A］［B］Main Offender: Remastered 180g LP
［C］Winos Live In London '92: 1. Take It So Hard / 2. 999 / 3. Wicked As It Seems / 4. How I Wish
［D］同: 1. Gimme Shelter / 2. Hate It When You Leave / 3. Before They Make Me Run
［E］同: 1. Eileen / 2. Will But You Won't / 3. Bodytalks
［F］同: 1. Happy / 2.Whip It Up
［1］Main Offender: Remastered CD
［2］Winos Live In London '92: CD

『メイン・オフェンダー』発売30周年記念のボックス・セットは、オリジナル盤のスティーヴ・ジョーダンによるリマスターに加え、キースが１９８８年以来、アルバム製作もツアーも共にしているバンド、エクスペンシヴ・ワイノーズと行った92年のロンドンでの未発表ライヴを収録。

リマスターは、『トーク・イズ・チープ』の時とは違い、あまりレベルは弄らず、各楽器の音のコントラストを上げて、音像の定位をハッキリさせる方針で作られた感じ。ギターの演奏が前に出ている分、ドライヴ感が向上している。

元々、90年代的なスッキリした音だっただけに、ロック色強めのリマスタリングは、アルバムの個性を分かりやすく聴かせる、バランスの良い音になっている。

目玉のライヴ盤では、バンドの一体感に圧倒される。ゴチャっとした録音もあって、臨場感がものすごいのだ。『メイン・オフェンダー』の収録曲をメインにしたセット・リストで、スティーヴ・ジョーダンはスタジオ盤同様、まるでチャーリーのようなキースへの寄り添い方を見せる。その上に、サステインを効かせたチャーリー・ドレイトンのベースが重なるのが新鮮だ。

「ウィックド・アズ・イット・シームズ」での、重厚なギター・ソロや、よりエロティックでヘヴィになった「ボディ・トークス」でのサラ・ダッシュのヴォーカルなど、ライヴならではのヤバい演奏が続く。ギター2本の、どちらがリードともリズムとも知れない、ヌルヌルと役割が入れ替わるアレンジもスリリング。

声を張らずに、シャウトと同じような効果を見せる歌唱と、ゆったりとした中に緊張感を滲ませるギター・ソロが鮮烈な「ギミー・シェルター」は、キースが提示する未来型ストーンズの音だ。

納富

Keith Richards
Vintage Vinos

米・Mindless：no number
発売：2010年11月2日
1. Take It So Hard / 2. Big Enough / 3. You Don't Move Me / 4. Struggle / 5. Make No Mistake / 6. Too Rude (Live) / 7. Time Is On My Side (Live) / 8. Happy (Live) / 9. Connection (Live) / 10. Wicked As It Seems
プロデューサー：Lawrence Peryer

キース・リチャーズ・著／棚橋志行・訳
ライフ－キース・リチャーズ自伝

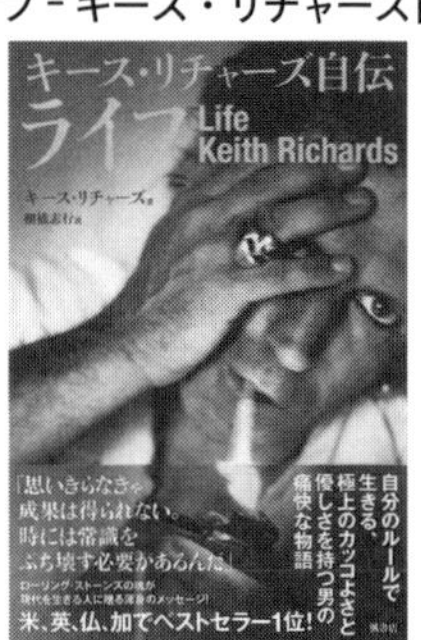

日・楓書店/サンクチュアリ出版
発売：2011年

『トーク・イズ・チープ』『メイン・オフェンダー』の2枚のソロ・アルバムと、エクスペンシヴ・ワイノーズとの『ライヴ・アット・ザ・ハリウッド・パラディウム』の3枚からの13曲に、カトリーナ台風救済に寄付した人のみが聴けるトラックだった「ハリケーン」のリマスター・ヴァージョンを加えたコンピレイション。

同年に発売された、キース・リチャーズの回顧録『ライフ／キース・リチャーズ自伝』と相互補完の関係にあるが、とくに、タイアップがあったわけではないようだ。

この自伝は、1941年にケニアのハッピー・ヴァレーで起こった殺人事件を取材して、映画化もされた『ホワイト・ミスチーフ』を書いた、アメリカのジャーナリスト、ジェイムズ・フォックスの5年に及ぶインタビューを元に作られたもの。

生い立ちから、ストーンズのこと、ミック・ジャガーとの関係から、ドラッグ依存、女性関係までが書かれているのだけど、それよりも、英語版で発売されているオーディオ・ブックが凄い。キース本人、ジョニー・デップ、ジョー・ハーリーによる朗読で製作されているのだ。

アルバムは、曲が時系列順に並んでいるわけではなく、バラードの名作「ロックド・アウェイ」で締めて、リプライズ的に「ハリケーン」を聴かせる構成。このドラマティックな曲順は、自伝で描かれる物語と、キース流アメリカ音楽史を重ね合わせた結果ではないかと思う。

「ハリケーン」は、02年の『フォーティ・リックス』製作時のセッションで録音された曲。ロン・ウッドとのアコースティック・ギター2本をバックに、物語るように歌うキースの声の表情がとてもいい。

タイトルはエクスペンシヴ・ワイノーズこそ自分のバンドという宣言かも。　**納富**

Keith Richards
Crosseyed Heart

米・Republic/Mindless：B0023615-02［CD］
録音：不明
発売：2015年9月18日
1. Crosseyed Heart / 2. Heartstopper / 3. Amnesia / 4. Robbed Blind / 5. Trouble / 6. Love Overdue / 7. Nothing On Me / 8. Suspicious / 9. Blues In The Morning / 10. Something For Nothing / 11. Illusion / 12. Just A Gift / 13. Goodnight Irene / 14. Substantial Damage / 15. Lover's Plea
プロデューサー：Keith Richards. Steve Jordan
The X-Pensive Winos：
Keith Richards (vo, g, b, kbd)
Steve Jordan (ds, per, kbd, cho)
Waddy Wachtel (g, cho)
Ivan Neville (kbd, cho)
Bobby Keys (sax)
Sarah Dash (cho)
Babi Floyd (cho)
参加ミュージシャン：
Norah Jones (vo)
Bernard Fowler (cho)
Spooner Oldham (organ)
Aaron Neville (cho)
Charles Hodges (kbd)
David Paich (kbd)
Larry Campbell (violin, g)
Pino Palladino (b)
Blondie Chaplin (cho)
Meegan Voss (cho)
Paul Nowinski (b, viola)
Charles Dougherty (sax)
Harlem Gospel Choir (cho)
Pierre DeBeauport (g)
Kevin Batchelor (trumpet)
Clifton Anderson (trombone)
Ben Cauley (trumpet)
Jack Hale (trombone)
Lannie McMillan (sax)
Jim Horn (sax)
Lester Snell (horn arrangement)

23年ぶりだが、バックを務めるのはベース以外、かつてと同じエクスペンシヴ・ワイノーズの面々だということに驚く。演奏も前2作と変わらない瑞々しさだ。

一曲目はロバート・ジョンソンに捧げたアコースティック・ギター一本の弾き語りの「クロスアイド・ハート」。これが、純然たるブルーズなのに、全然古くない。もちろん、録音とミックスが良くて、音色が正しくアップデイトされていることも大きいのだけど、何より演奏の細部までアクチュアリティが行き渡っているのだ。

アメリカ音楽史を俯瞰しながら、新しさは音楽のスタイルだけで作るものではないことを証明するアルバムになっている。

懐かしのR&Bコーラス・グループ風の「ナッシング・オン・ミー」では、エクスペンシヴ・ワイノーズでずっと一緒にプレイしているアイヴァン・ネヴィルの父親にして、ネヴィル・ブラザーズのアーロン・ネヴィルが、本物のコーラスを聴かせてくれた。遊びとリスペクトとキースの個性をごちゃ混ぜにするセンスが、アルバム全体に感じられる。これが歴史を重ねた音楽だと見せつけるような、人種を超えたロック・ミュージックの到達点的サウンドだ。

それは「ブルーズ・イン・ザ・モーニング」での、パロディになるギリギリで踏みとどまっているようなキースの歌い方や、続く「サムシング・フォー・ナッシング」でのゴスペルのスケールと、ロックンロールのリズムが融合したアレンジなどでもハッキリと表現されている。

そこに、ノラ・ジョーンズの曲で彼女自身にリード・ヴォーカルをとらせ、完全に主役の座を譲った「イリュージョン」を放り込むのがキースの面白さ。自らギターのほか、オルガンまで演奏して、ボーダーレス化した〝今〟を体現してみせるのだ。 **納富**

キース・リチャーズの関連作品

納富廉邦

ソロ・ミュージシャンとしてのキースのデビューは、1978年の12月に発売されたシングル『ラン・ランドルフ・ラン／ザ・ハーダー・ゼイ・カム』だ。チャック・ベリーのクリスマス・ソングと、ジミー・クリフのヒット曲のカヴァーで、キースによるセルフ・プロデュース作品。71年頃、ジャマイカに住んでレゲエの黎明期を現地で体験したからなのか、生活感のある演奏が新鮮だ。

85年には、これ以降、親友となるトム・ウエイツの『レイン・ドッグス』に参加。「ビッグ・ブラック・マライア」「ユニオン・スクエア」「ブラインド・ラヴ」で、哀しい街のスケッチに射し込む優しい光のようなギターを聴かせている。「ブラインド・ラヴ」での、ロバート・クワインとの2本のギターの音が絡みつくような演奏は、キースとNYパンクが交差する瞬間のドキュメンタリーだ。

トム・ウェイツ絡みでは、ジョニー・デップが仕掛人となってハル・ウィルナーなどと製作した、船乗りの歌のコンピレイション『サン・オブ・ローグス・ギャラリー：パイレート・バラッド、シー・ソング&チャンテイズ』に参加。トムとふたりでアメリカ民謡の「シエナンドー」を、ネイティヴ・アメリカンの娘への荒くれ男の恋歌といった風情で、朗々と歌っている。パティ・スミスによる「ザ・マーメイド」では、ジョニーがドラムスを叩いているほか、イギー・ポップ、トッド・ラングレン、ドクター・ジョンなどが、それぞれに海と舟に関わる人間を描く面白いアルバムだ。

87年に音楽監督を務めた、チャック・ベリーのライヴ・ドキュメント・ムーヴィー『ヘイル！ヘイル！ロックンロール』で、キースはスティーヴ・ジョーダンに出会う。それが契機になって、ソロ・アルバム『トーク・イズ・チープ』が生まれ、さらにパーマネント・バンドとなったエクスペンシヴ・ワイノーズが誕生することになる。映画のサントラには、全編でギターを弾き、バンドをまとめ

Chuck Berry
Hail! Hail! Rock 'N' Roll (Original Motion Picture Soundtrack)
MCA／MCAD-6217：1987年

Various
Son Of Rogues Gallery: Pirate Ballads, Sea Songs & Chanteys
Anti／
ANTI-86904-2［CD］2013年

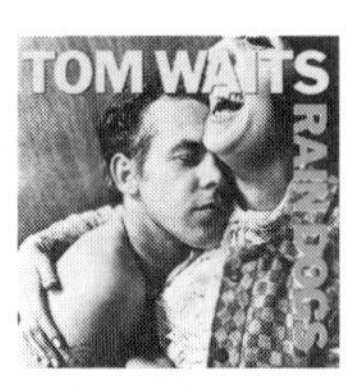

Tom Waits
Rain Dogs
Island／
90299-1：1985年

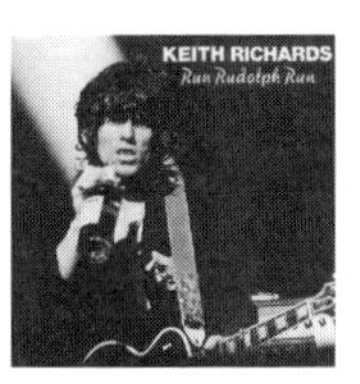

Keith Richards
Run Rudolph Run / The Harder They Come
Rolling Stones／
RS 19311［7″］：1978年

るキースの奮闘ぶりが記録されている。

ジェリー・リー・ルイスのアルバムにも、さまざまな形で参加した。古くは、83年にテレビ番組『サルート』のジェリー特集の回で、ミック・フリートウッドと共にセッションを行っている。「ホール・ロッタ・シェイキン・ゴーイング・オン」の、コード弾きだけでもインタープレイが成立することを見せつけるパンキッシュな演奏が素晴らしい。

アルバムでは、さまざまなミュージシャンとジェリーとのデュエットを集めた『ラスト・マン・スタンディング』での「ザ・カインド・オブ・フール」が面白い。とにかく二人の声の相性がいいのだ。

ほかにも、『ミーン・オールド・マン』での「スウィート・ヴァージニア」や、『ロック&ロール・タイム』での「リトル・クイーニー」などで、息の合ったプレイが楽しめる。

バディ・ガイの『ザ・ブルーズ・イズ・アライヴ・アンド・ウェル』では、「コニャック」で、ジェフ・ベックと共演。バディのギルド・スターファイヤーによる演奏に、二人がかりで挑んでいる。三本のギターが絡み合うけれど、誰が弾いているかがハッキリと分かる、それぞれの個性の違いが楽しい。

シェリル・クロウの『スレッズ』では、ストーンズの「ザ・ワースト」をカヴァーしている。キースはアコースティック・ギター、エレキ・ギター、ナイロン弦のギターにベースとピアノまで演奏し、プロデュースはスティーヴ・ジョーダンだから、ほとんどシェリルをゲスト・ヴォーカルに呼んだ彼のソロ・プロジェクトみたいな仕上がり。セント・ヴィンセントとシェリルの共演による「ウドゥント・ウォント・トゥ・ビー・ライク・ユー」も大傑作なので、是非聴いて欲しい。

15年にネットフリックスが製作した『キース・リチャーズ：アンダー・ザ・インフルエンス』は、キースの音楽への興味の変遷を、『クロスアイド・ハート』のメイキングと重ねたドキュメンタリー。キースが何に影響されて現在の場所にいるのかを見せることが、そのままアメリカ音楽史になる構成が見事。嬉しそうに喋るトム・ウェイツが印象的だ。

Jerry Lee Lewis
Last Man Standing (The Duets)
Artists First／AFT-20001-2［CD］2006年

Buddy Guy
The Blues Is Alive And Well
Silvertone／19075-81247-1［CD］2018年

Sheryl Crow
Threads
The Valory／VMCSHC100D［CD］2019年

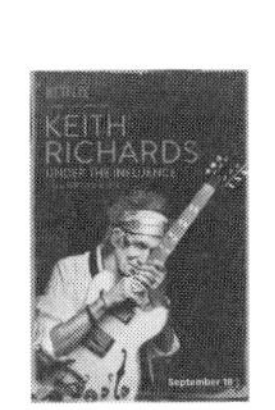

Morgan Neville
Keith Richards: Under The Influence
NETFLIXオリジナル・ドキュメンタリー［配信］2015年

執筆・参加者プロフィール／アンケート

有賀幹夫（ありが・みきお）
❶1960年8月1日生まれ、東京都小平市出身。写真家。
❷80年代半ばよりミュージシャンを対象にした撮影で、フリーランスとして活動開始。RCサクセション、ザ・ブルーハーツ、浅川マキ等。1988年ボ・ディドリーとの共演で来日したロニー・ウッドに写真を気に入られ、日本公演とその後のアメリカ・ツアーにも同行、ロニーから「ヒッチハイク・フォトグラファー」と名誉（?）ある肩書を賜る。ザ・ローリング・ストーンズ1990年初来日公演でオフィシャル・フォトグラファーとして採用され、以降2014年までのすべての来日公演に関与（全公演撮影、ということではない）。写真はさまざまな公式プロダクツに使用、掲載。16年ロンドンからスタートした世界巡回『Exhibitionism - ザ・ローリング・ストーンズ展』（日本では19年に開催）において、日本人としては唯一のコンテンツ協力者として写真が使用された。14年の来日公演以降も各国でライヴ撮影を継続。国内では写真展を定期的に企画、開催している。
❸『ディセンバーズ・チルドレン』『ゲット・ヤー・ヤ・ヤズ・アウト』『イッツ・オンリー・ロックン・ロール』『ブラック・アンド・ブルー』『刺青の男』
❹「悪魔を憐れむ歌」「ダイスをころがせ」「ハンド・オブ・フェイト」「スリッピング・アウェイ」「コウ・トウ」

❶生年、出身地、肩書き
❷経歴
❸個人的に好きなストーンズのアルバム5作（ソロ作も含む）
❹個人的に好きなストーンズ・ナンバー5曲（ソロ作も含む）
❺改めて、ローリング・ストーンズの魅力とは

❺複数メンバーで構成されるロックバンドの本気と覚悟。

池上尚志（いけがみ・たかし）
❶1971年8月3日、長岡市生まれ。ライター。
❷赤と黄色のCD屋を経て、90年代の終わり頃、音楽関係じゃない雑誌編集者に。その頃から音楽の原稿を書き始める。以降、さまざまな仕事をしながらライター業を並行して行い、つらい日々を過ごす。現在は原稿執筆のほか、CDの再発企画、イベントの企画・制作（脇田もなり、Chocolate Lips、当山ひとみ、小林泉美、船山基紀、近田春夫など）、ラジオ番組（「ジャパニーズ・ロック80's on Radio」）なども行う。著書「ジャパニーズ・ロック80's」「Japanese City Pop 100: Selected By Night Tempo」発売中。
❸『ブラック・アンド・ブルー』『女たち』『刺青の男』『レット・イット・ブリード』、キース・リチャーズ『トーク・イズ・チープ』
❹「メモリー・モーテル」「シャイン・ア・ライト」「オール・アバウト・ユー」「悪魔を憐れむ歌」「トゥー・マッチ・ブラッド」
❺どんな音楽性を取り入れても結局ストーンズでしかあり得ない懐の深さとエコー。

犬伏 功（いぬぶし・いさお）
❶1967年大阪生まれ、大阪市在住の音楽文筆家／グラフィック・デザイナー。
❷2000年より音楽雑誌、ライナーノーツなどの執筆、再発監修などを行う。主に英国産ポップ・ミュージックを軸足にさまざまな執筆活動を展開、地元大阪ではトーク・イヴェント『犬伏功のMusic Linernotes』を定期開催中。
❸『アフターマス』『レット・イット・ブリード』『山羊の頭のスープ』『ヴードゥー・ラウンジ』、ロン・ウッド『俺の仲間』
❹「ギミー・シェルター」「ドゥー・ドゥー・ドゥー……（ハートブレイカー）」「タイム・ウェイツ・フォー・ノー・ワン」「エニバディ・シーン・マイ・ベイビー?」「スリッピング・アウェイ」
❺彼らに出会っていなかったら、"王道"を胸張って歩むことの偉大さに気づけなかったかも。"外して"気取るより、堂々と真ん中を歩いていきたい。これこそがストーンズから学んだ「人生の指針」です（選盤、選曲は今の気分、ということで）。

梅村昇史（うめむら・しょうじ）
❶1961年名古屋生まれ。グラフィック・デザイン／イラストを成業とする。在野のザッパ研究家。
❷書籍、絵本等のデザインやイラストを手掛けつつ、CDジャケットのデザインなどを制作。『デイヴィッド・ボウイ完全版』『カンタベリー・ロック完全版』『ザ・バンド完全版』などでは漫画ページと原稿の執筆担当。
❸『ビトウィーン・ザ・バトンズ』『サタニック・マジェスティーズ』『ベガーズ・バンケット』『メイン・ストリートのならず者』『ラヴ・ユー・ライヴ』
❹「イエスタデイズ・ペーパー」「シーズ・ア・レインボウ」「シンパシー・フォー・ア・デヴィル」「キャント・

ユー・ヒア・ミー・ノッキン」「ホット・スタッフ」
❺いつの日か異星人に20世紀の地球のロック・バンドの最高のサンプルとして紹介するなら、やっぱりストーンズかな。というくらいのアート・フォームと伝統芸。

サエキけんぞう（さえき・けんぞう）
❶1958年7月28日、千葉県市川市出身。作詞家、アーティスト。
❷1980年ハルメンズ、86年パール兄弟でデビュー。最新作はソロ・シングル「カルナバろう」。作詞家として沢田研二ほかに作品を提供。
❸『ベガーズ・バンケット』『レット・イット・ブリード』『サム・ガールズ』『エモーショナル・レスキュー』『イッツ・オンリー・ロックンロール』
❹「ジャンピン・ジャック・フラッシュ」「ストリート・ファイティング・マン」「悪魔を憐れむ歌」「一人ぼっちの世界」「シーズ・ア・レインボウ」
❺黒人に黒人音楽の魅力を思い出させたこと。

寺田正典（てらだ・まさのり）
❶1962年（ストーンズとは同級生）、福岡県、餅屋店主兼ストーンズ偏愛家。
❷1985年ミュージック・マガジン社入社、93年より『レコード・コレクターズ』編集長を務めるが、2011年に退社。12年に実家へ戻り、以来は現職。太宰府市商工会理事。
❸『メイン・ストリートのならず者』『スティッキー・フィンガーズ』『ラヴ・ユー・ライヴ』『レット・イット・ブリード』『Nasty Music』（正規盤に限れば『ブラッセルズ・アフェア』で代替）
❹キース・リチャーズ『トーク・イズ・チープ』、ミック・テイラー『ミック・テイラー』、ロン・ウッド『ナウ・ルック』、ミック・ジャガー『プリミティヴ・クール』、ロケット88『ロケット88』（チャーリーのちゃんとしたソロに限るのであれば『ア・トリビュート・トゥ・チャーリー・パーカー・ウィズ・ストリングス』）
❺ブラック・ミュージックに憧れつつも、結果として出来上がったそこから少しズレた彼らならではの猥雑なビート感（チャーリー・ワッツの貢献は大）。それに今はそこまで感じられなくなったが、反社会的なアティテュードとその裏でしっかりと経済力を磨き、しぶとく生き残ってきたところですね。

納富廉邦（のうとみ・やすくに）
❶1963年6月22日、佐賀市生まれ。フリー・ライター。
❷大学在学中からフリーランスでコピー・ライターを始め、1985年に雑誌を中心にノン・ジャンルで書くライターになる。94年に初の著書『CD-ROM Review Book』を刊行。以降、『iPod Fan Book』シリーズは、アメリカ、ドイツ、フランスでも発売されたほか、『やかんの本』『Drinkin Cha』『子供の本がおもしろい!』『大人カバンの中身講座』『40歳からのハローギター』『二十一世紀の名品小物101』など著書多数。『ザ・バンド完全版』『NYパンク以降のUSロック完全版』などに寄稿。新聞、雑誌、Web、テレビ、ラジオ、講演、製品プロデュースなどで活動。
❸『スティッキー・フィンガーズ』『サム・ガールズ』『アンダー・カヴァー』、ビル・ワイマン『バック・トゥ・ベイシックス』、キース・リチャーズ『クロスアイド・ハート』
❹「マザーズ・リトル・ヘルパー」「2000ライト・イヤーズ・フロム・ホーム」「ブラウン・シュガー」「ビースト・オブ・バーデン」「エモーショナル・レスキュー」
❺ロックが音楽的に構築された知的なエンタテインメントであることを、世界に見せつけたこと。

藤本国彦（ふじもと・くにひこ）
❶1961年東京生まれ。ビートルズやくざ。
❷CDジャーナル編集部（1991〜2011年）を経てフリーに。著作は『ビートルズ213曲全ガイド』『ゲット・バック・ネイキッド』『ビートル・アローン』『ビートルズ語辞典』『ジョン・レノン伝 1940-1980』『気がつけばビートルズ』『365日ビートルズ』ほか多数。近刊は『56年目に聴き直す「リボルバー」深掘り鑑賞ガイド』『アンド・ザ・ビートルズ vol.4 リボルバー』『ディスカバー・ビートルズ THE BOOK』。映画『ジョージ・ハリスン／リヴィング・イン・ザ・マテリアル・ワールド』『ザ・ビートルズ〜EIGHT DAYS A WEEK』『ザ・ビートルズ：Get Back』『ミーティング・ザ・ビートルズ・イン・インド』『ジョン・レノン〜音楽で世界を変えた男の真実〜』などの字幕監修も担当。相撲とカレーと猫が好き。
❸『ビトウィーン・ザ・バトンズ』『メタモーフォシス』『エモーショナル・レスキュー』『ヴードゥー・ラウンジ』『ブルー&ロンサム』
❹「ビッチ」「スレイヴ」「シャッタード」「エモーショナル・レスキュー」「ラフ・ジャスティス」
❺ビートルズとタメを張れる60年代唯一のロック・バンドであることと、「しぶとさとは何ぞや?」をいまだに体現し続けているところ。

真下部緑朗（まかべ・ろくろう）
❶1964年、鹿児島県生まれの典型的な（?）九州男児、某出版社・営業部勤務。

❷大学卒業後、婦人実用書出版社営業部、食肉専門商社経理部を経て某文芸出版社へ。『ニール・ヤング全公式音源攻略ガイド』『デイヴィッド・ボウイ完全版』『カンタベリー・ロック完全版』『ザ・バンド完全版』『NYパンク以降のUSロック完全版』など。
❸『イッツ・オンリー・ロックン・ロール』『ゴーツ・ヘッド・スープ』『ブラック・アンド・ブルー』『サム・ガールズ』『タトゥー・ユー』
❹「ドゥー・ドゥー・ドゥー…（ハートブレイカー）」「タイム・ウェイツ・フォー・ノー・ワン」「シーズ・ア・レインボー」「ペイント・イット・ブラック」「ウェイティング・オン・ア・フレンド」
❺何をおいても60年以上も活動し続けているところ。今更、解散できないでしょうが……。

森 次郎（もり・じろう）
❶1968年愛媛県生まれ、ツッコミ担当。
❷2021年より執筆活動開始。五十の手習い。
❸『フラワーズ』『シングル・コレクション：ザ・ロンドン・イヤーズ』『ブルー&ロンサム』、ロン・ウッド『ギミ・サム・ネック』、ミック・ジャガー『ワンダリング・スピリット』
❹「シッティン・オン・ア・フェンス」「ワイルド・ホーシズ」「ハッピー」「スタート・ミー・アップ」「ミックスド・エモーションズ」
❺パクりパクられ六十年なところ。

森山公一（もりやま・こういち）
❶1973年。大阪府大阪市東成区。ミュージシャン。
❷“オセロケッツ”のヴォーカリストとして97年にメジャーデビュー。シングル10枚、アルバム3枚をリリース。ソロとしても02年にシングル、15年にアルバム『Record!』を発表した。大阪を拠点にした“the Sokai”、京都が誇る老舗カントリーバンド“永富研二とテネシーファイブ”のほか、さまざまなバンドでの活動や楽曲提供、プロデュース、専門学校講師など、幅広い分野で活躍している。21年12月、48歳の誕生日に48曲demo音源集『Koichi Moriyama DEMOs 48』の配信を開始、音盤化に向けたクラウドファンディングを成功させた。22年11月にはオセロケッツの25周年ライヴを開催、現在新作を鋭意制作中?
❸『フラワーズ』『レット・イット・ブリード』『メイン・ストリートのならず者』『女たち』『ア・ビガー・バン』
❹「悪魔を憐れむ歌」「ワイルド・ホース」「ラヴィング・カップ」「ファー・アウェイ・アイズ」「ラフ・ジャスティス」
❺とにかくプロフェッショナル。野蛮なロックンロールの皮を被った世界一真面目でストイックなバンドだと思います。

山田順一（やまだ・じゅんいち）
❶東京出身。ライター／エディター&リサーチャー。
❷出版社に勤務後、フリーとなり、現在はライナー・ノーツ（ザ・ローリング・ストーンズ、ミック・ジャガー、ロニー・ウッド、ミック・テイラーなど）や雑誌、書籍への執筆及び編集、ラジオ出演、CD／LPの企画編纂、監修を行なう。編著は『グラム・ロック黄金時代1971〜1977 フィーチャーリング・モダーン・ポップ』、『GSアイ・ラヴ・ユー ニュー・ロック&アフターGSサウンド時代』ほか。
❸『アフターマス（UK）』『サタニック・マジェスティーズ』『レット・イット・ブリード』『スティル・ライフ』、ミック・ジャガー『プリミティヴ・クール』
❹「タイム・イズ・オン・マイ・サイド」「ソルト・オブ・ジ・アース」「ブラウン・シュガー」「ドゥー・ドゥー・ドゥー…（ハートブレイカー）」「エニバディ・シーン・マイ・ベイビー?」
❺ロック・バンドの“雛形”となり、今もなお、先頭に立って前進し続けているところ。

和久井光司（わくい・こうじ）
❶1958年10月2日に東京渋谷で生まれ、横浜で育つ。総合音楽家、出版プロデューサー。
❷81年にスクリーンを率いてレコード・デビュー。翌年キティレコードと作家契約し、他者に詞・曲を提供するようにもなる。バンドで5枚、ソロで5枚のフル・アルバムがあり、プロデュース、参加、楽曲提供、企画・コーディネイト、デザインなどで関わった音楽作品は60作を超える。代表作はソロ名義の『ディランを唄う』と、和久井光司&セルロイド・ヒーローズの『愛と性のクーデター』（ともにソニー）。著書に『ビートルズ原論』『放送禁止歌手 山平和彦の生涯』『ビートルズはどこから来たのか』『ヨーコ・オノ・レノン全史』など、編著に『英国ロックの深い森』『LOVE ジョン・レノン』『ジョージ・ハリスン スワンプ・ロック時代』などがある。
❸『ビトウィーン・ザ・バトンズ』『レット・イット・ブリード』『メイン・ストリートのならず者』『エモーショナル・レスキュー』、ロン・ウッド『ナウ・ルック』
❹「ギミー・シェルター」「ミッドナイト・ランブラー」「ダイスをころがせ」「ビースト・オブ・バーデン」「スリッピング・アウェイ」
❺ロック・バンドを“芸術”の域にまで高めたところ。もしくは、「そういう人生」を教えてくれたところ。80歳でもロックができることを実践している。

執筆	池上尚志　犬伏 功　梅村昇史 サエキけんぞう　寺田正典　納富廉邦 藤本国彦　真下部緑朗　森 次郎 森山公一　山田順一　和久井光司
編集統括	森 次郎
写真	有賀幹夫
データ作成	森 次郎　犬伏 功　山田順一
アート・ディレクション	和久井光司
デザイン	和久井光司　梅村昇史
カヴァー写真（表）	GettyImages

ローリング・ストーンズ完全版

2023年 9 月30日　初版発行
2023年10月30日　2 刷発行

責任編集	和久井光司
発行者	小野寺優
発行所	株式会社河出書房新社 〒151-0051 東京都渋谷区千駄ヶ谷2-32-2 電話 03-3404-1201（営業） 03-3404-8611（編集） https://www.kawade.co.jp/
組版	坂本芳子
印刷・製本	株式会社暁印刷

Printed in Japan
ISBN978-4-309-25693-1

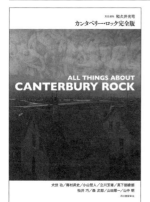